Errington
Geschichte Makedoniens

MALCOLM ERRINGTON

Geschichte Makedoniens

Von den Anfängen
bis zum Untergang des
Königreiches

VERLAG C.H. BECK MÜNCHEN

Mit 1 Karte und 4 Stammtafeln

CIP-Kurztitelaufnahme der Deutschen Bibliothek

Errington, Malcolm:
Geschichte Makedoniens: von d. Anfängen bis zum Untergang d. Königreiches / Malcolm Errington. – München : Beck, 1986.
ISBN 3 406 31412 0

ISBN 3 406 31412 0

Gesamtherstellung: C. H. Beck'sche Buchdruckerei, Nördlingen
Printed in Germany

Meinen Kindern
Rachel
Nicholas
Philip

Vorwort

Ziel dieses Buches ist, die Entwicklung und Geschichte des makedonischen Staates zur Zeit der Königsherrschaft zu schildern. Deswegen habe ich versucht, staatliche Interessen der Makedonen zum Interpretationsmaßstab der Darstellung zu erheben. Es geht mir also nicht vorwiegend um Biographisches – obwohl die Handlungen einzelner Herrscher zwangsläufig viel Platz beanspruchen –, sondern um Leistungen im Interesse des Staates. Deswegen gliedert sich das Buch nicht nach bloßen Regierungsdaten der Herrscher, sondern nach anderen sachlichen Gesichtspunkten. Dabei habe ich mich bemüht, Konstanten des Staatswesens, auch über mehrere Generationen hinweg, zu erfassen und aufzuhellen. Aktivitäten von Makedonen außerhalb des Bereiches des makedonischen Staates – insbesondere die draufgängerischen Unternehmungen, die zur Gründung und Etablierung der sogenannten hellenistischen Monarchien führten – werden deswegen nur dann erörtert, wenn sie den makedonischen Staat selbst betreffen. Ich habe versucht, den Text für den nicht griechischkundigen Leser verständlich zu machen, indem ich alle Zitate aus antiken Quellen übersetzt habe.

Vielen Freunden und Kollegen bin ich verpflichtet für ihr Interesse und ihre Hilfe beim Schreiben dieses Buches: Karl Christ ermunterte mich zuerst, es in dieser Form zu versuchen, und Christian Habicht, der mir einen Aufenthalt am Institute for Advanced Study in Princeton ermöglichte, wo die letzten Teile geschrieben wurden, hat mir durch ständiges Interesse und durch Anregungen sehr geholfen. Volker Losemann, Christian Marek und Hans Werner Ritter haben aufopferungsbereit verschiedene Fassungen durchgesehen und kritisiert, außerdem nicht wenige Anglizismen und andere Barbarismen getilgt, auch dann, wenn sie mit meinen Auffassungen nicht ganz einverstanden waren. Meine Frau Catherine hat als Nicht-Spezialist einen guten Teil des Manuskripts durchgesehen, und Anneliese Schneider hat mit ihrer unschätzbaren Geduld und Sorgfalt das Manuskript geschrieben. Allen sei hier herzlichst gedankt.

Inhaltsverzeichnis

I. Makedonien im Spiel der Mächte

1. Land und Leute

Der athenische Historiker des Peloponnesischen Krieges, Thukydides, der den nordägäischen Raum gut kannte, schrieb von seinem Zeitgenossen, dem makedonischen König Archelaos (413–399), daß er Burgen und Festungen auf dem Lande und gerade Straßen bauen ließ, außerdem, daß er in Kriegsgerät – Pferde, Panzerausrüstungen und anderes – mehr investiert habe als alle seine Vorgänger zusammen.[1] Dennoch gewann der Alexanderhistoriker Arrian in Anbetracht der Zustände in Makedonien etwa zwei Generationen später den Eindruck, daß vor Philipp II. (359–336) die Makedonen ein ärmliches Hirtenleben führten und immer wiederkehrenden Angriffen ihrer Nachbarn ausgesetzt waren. Erst durch Philipp II. wurden sichere Grenzen und der Wohlstand einer städtischen Zivilisation erreicht.

Die Leistungen der nächsten Generation der Makedonen faßt derselbe Arrian in einer Rede, die er Alexander dem Großen zuschreibt, so zusammen: „Nachdem ich die Satrapen des Dareios mit der Kavallerie besiegte, fügte ich Eurem Reich ganz Ionien und die ganze Äolis, die beiden Teile Phrygiens und Lydien hinzu; Milet nahm ich durch Belagerung ein; alles andere, das sich freiwillig ergab, übergab ich Euch zum Nutznießen. Alle Güter aus Ägypten und aus Kyrene, die ich ohne Kampf einnahm, fließen Euch zu; Koile Syrien, Palästina und Mesopotamien sind in Eurem Besitz; Euch gehören Babylon, Baktra und Susa; der Reichtum der Lyder, die Schätze der Perser, die Güter der Inder und der indische Ozean, alle gehören Euch. Ihr seid Satrapen, Generäle, Offiziere geworden."[2] Wieder zwei Generationen später war aus dem Alexanderreich eine machtpolitische Struktur hervorgegangen, in der drei makedonische Herrscherfamilien die östliche Mittelmeerwelt bis zur römischen Eroberung beherrschten: in Makedonien selbst die Antigoniden, in Syrien, Kleinasien, Mesopotamien und im Iran die Seleukiden und in Ägypten die Ptolemäer.

Was war das für ein Volk, was für Könige waren es, die in zwei Generationen ihren Staat von einer Randerscheinung im Norden der griechischen Welt zur herrschenden Macht im ganzen Ostmittelmeerraum und darüber hinaus machten? Vor Philipp II. fristeten die Makedonen eine Randexistenz; kein Historiker interessierte sich für sie, bis auf die wenigen Augenblicke, da sie anläßlich irgendeines bedeutenden Ereignisses eine Rolle im Leben der führenden griechischen Staaten spielten. Im

Zusammenhang mit dem großen Perserkrieg von 480/79 erzählt Herodot über die makedonische Teilnahme, genauso wie Thukydides es für den Peloponnesischen Krieg und Xenophon für das frühe 4. Jahrhundert tun. Zwischen den epochalen Krisen der griechischen Geschichte jedoch ist man auf beiläufige Erwähnungen bei späteren Schriftstellern oder auf gelegentliche Urkunden angewiesen. Fast ohne Ausnahme sind die literarischen Äußerungen anekdotenhaft oder sie erwähnen bloß Namen oder Sitten, die Urkunden sind ausnahmslos unvollständig. Aus diesem fragmentarischen Quellenmaterial kann kein vollständiges und historisch abgesichertes Bild des makedonischen Staates und der makedonischen Lebensweise in der Zeit vor Philipp II. gewonnen werden. Nur erste Ansätze zu einer Geschichte sind möglich.

Zu der Zeit, als der makedonische Staat am Anfang des 5. Jhs. v. Chr. historisch faßbar wird, regierte Alexander, Sohn des Amyntas, der siebente in der von Herodot überlieferten Reihe der makedonischen Könige. Seine sechs Vorgänger sind für uns bloß Namen oder Charaktere in einer legendenhaften Tradition. Doch bei der Annahme einer durchschnittlichen Regierungszeit von 25 Jahren ergibt sich etwa die Mitte des 7. Jhs. als Zeitansatz für die erste Durchsetzung von Herrschaftsansprüchen der Argeadai, der königlichen Familie, im Gebiet um die Hauptstadt Aigai. Zwei Legenden befassen sich mit der Machtübernahme, beide verraten eine primitive Neigung, aus einer falschen Etymologie pseudohistorische Schlüsse zu ziehen. Herodot, der wahrscheinlich zur Zeit Alexanders Makedonien besuchte, erzählt die früheste, vielleicht die offiziöse, Fassung, die von der Klanggleichheit des peloponnesischen Stadtnamens Argos und des königlichen Familiennamens Argeadai ausgeht. Demnach wanderten von Argos drei Brüder aus, Gayanes, Aeropos und Perdikkas, Sprößlinge des adligen Geschlechts der Temeniden, die ihren Stammbaum über Herakles auf Zeus zurückführten. Sie kamen nach Obermakedonien, wo sie zunächst dem dortigen König dienten. Danach wurden die Brüder aber entlassen und vertrieben, und sie flüchteten in das Gebiet um die sogenannten Gärten von Midas, am Fuße des Bermiongebirges. Dort blieben sie und eroberten nach und nach die anderen Teile Makedoniens: Perdikkas wurde dann der Gründer des königlichen Geschlechts.[3]

Justinus, ein Schulbuchautor des 3. Jhs. n. Chr., erzählt eine andere Geschichte, die von der Klanggleichheit des Hauptstadtnamens Aigai und des griechischen Wortes *Aiges* (Ziegen) ausgeht. Danach bemächtigte sich der Ziegenhirt Caranus der Stadt Edessa, die dann wegen seiner Ziegen in Aigai umbenannt wurde. Perdikkas sei der erste Nachfolger des Caranus gewesen.[4]

Historisch geben diese Sagen nicht viel her. Doch zwei Schlüsse lassen sich ziehen: erstens, die ursprüngliche Heimat der Argeadai befand sich im Haliakmontal, wahrscheinlich im heutigen Verghina, wo vor einigen Jahren spektakuläre Gräber gefunden wurden, die auf die königliche Begräbnisstätte schließen lassen. Zweitens, Herodots frühe Sage verrät den Wunsch, die Urgeschichte der Argeadai an die Sagen der griechischen Welt zu knüpfen. Beide Sagen machten den Anspruch geltend, die Makedonen und ihre Könige wären griechischen Ursprungs. Diese Behauptung findet sich schon bei Alexander I. Alexander wollte als Läufer an den Olympischen Spielen teilnehmen, was vor ihm anscheinend kein Makedone getan hatte. Weil aber die Teilnahme traditionsgemäß allein Griechen vorbehalten war, mußte Alexander sein Griechentum nachweisen, was er mit der Geschichte der argivischen Abstammung seiner Familie glänzend tun konnte. Daß die Makedonen und ihre Könige tatsächlich einen griechischen Dialekt sprachen und Namen griechischer Art trugen, darf heute als gesichert gelten. Der makedonische Dialekt benutzte zwar viele Lehnwörter aus den Sprachen der illyrischen und thrakischen Nachbarn, was den modernen Sprachwissenschaftler nicht überrascht, dem antiken Gegner der Makedonen jedoch den Beweis lieferte, daß sie eben nicht Griechen waren. Die Frage des wirklichen Volkstums der antiken Makedonen – waren sie Griechen? – kann nach Sprache oder sozialem und religiösem Brauchtum aus der historischen Zeit nicht ausreichend beantwortet werden. Sie ist aber wissenschaftlich trivial und hat nur deswegen in der Neuzeit Bedeutung gewonnen, weil Nationalisten jeglicher Art auf dem Balkan und anderswo sie aufgriffen und je nach der Antwort in den Dienst territorialer oder anderer Ansprüche stellten.

Antike Vorwürfe, die Makedonen seien keine Griechen, stammen alle von Athen aus der Zeit der Auseinandersetzung mit Philipp II. Hier, wie in der Neuzeit, schuf ein politischer Kampf das Vorurteil. Der Redner Aeschines hielt es sogar einmal für nötig, gerade um diesem von seinen Gegnern kräftig geschürten Vorurteil vorzubeugen, Philipp in Schutz zu nehmen und ihn vor der athenischen Volksversammlung als ‚vollkommen griechisch' zu bezeichnen.[5] Den Vorwürfen des Demosthenes wurde zwar ein Anschein von Glaubwürdigkeit verliehen durch die Tatsache, die jedem Beobachter ins Auge sprang, daß die geographisch und historisch bedingte Lebensweise der Makedonen und der Aufbau des makedonischen Staates anders als diejenigen der Polis-Griechen waren. Diese Andersartigkeit jedoch hatten die Makedonen mit den Westgriechen in Epeiros, Akarnanien und Aitolien gemeinsam, deren grundsätzliche Zugehörigkeit zu den Griechen niemals bezweifelt wurde. Nur wegen der politischen Auseinandersetzung mit Makedonien wurde die Frage überhaupt aufgeworfen.

Die meisten Griechen lebten in relativ kleinen sich selbst verwaltenden Gemeinden (Poleis), die normalerweise ein städtisches Zentrum besaßen, welches als politischer Staatskern galt und als Verwaltungssitz für das dem Staat und seinen Bürgern zugehörige Territorium fungierte. Makedonien war im Gegensatz dazu ein relativ großer zentralistischer Territorialstaat mit einer königlichen Hauptstadt als Machtzentrum. Die Bevölkerung lebte vorwiegend auf dem Lande in Dörfern. Größere Dörfer dürften zwar stadtähnliches Ausmaß erlangt haben, hatten aber (soweit wir die Frühzeit überblicken können) zunächst keine Selbstverwaltungsfunktionen: Das Staatsterritorium scheint, sofern überhaupt, von ortsansässigen Adligen verwaltet worden zu sein, die, je nach Nähe zur königlichen Hauptstadt, die Belange des Gesamtstaates vertraten oder bloß ihre eigenen. Dort wo die örtlichen Fürsten und Barone den König der Argeadai anerkannten, herrschte aber allein der König, der eine prinzipielle Machtvollkommenheit besaß, die die Griechen sonst nur bei den nichtgriechischen Völkern, etwa den Thrakern, den Illyrern oder den Persern kannten. Auch hier also stellte man einen großen Unterschied zur politischen Struktur der meisten griechischen Staaten fest. Unter den größeren Poleis am Anfang des 5. Jhs. bestand das erbliche Königtum nur noch in Sparta, und selbst dort war es in seinen Befugnissen förmlich eingeschränkt.

Ob das makedonische Königtum in der Praxis so unabhängig von anderen Machtblöcken innerhalb des Staates war, wie es zu sein scheint, ist umstritten. Aus naheliegenden Gründen ist mit einer Einflußnahme von mächtigen Baronen auf die wichtigsten Staatsangelegenheiten – etwa bei Entscheidungen über Krieg und Frieden oder bei der Thronnachfolge – zu rechnen. Es hätte für den König keinen Sinn gehabt, Entscheidungen zu treffen, die seine Gefolgschaft nicht mittragen wollte. Die jeweils einflußreichsten Fürsten und Barone dürften also einen lockeren Staatsrat gebildet haben. Die Quellen bieten zwar keinen Anhaltspunkt für die Annahme, daß es je eine formale Versammlung des ganzen Volkes gegeben hatte. Gleichwohl wär es möglich, daß zufällige Versammlungen etwa der Bewohner der Hauptstadt oder der Wehrfähigen, gelegentlich auf den König Druck ausübten oder eine Gruppenmeinung äußerten. Die praktische Verwaltung lag zwar beim König und seinen Leuten: die Durchsetzbarkeit seiner Entscheidungen und Verwaltungsmaßregeln war jedoch weitgehend von der Bereitschaft der Barone abhängig, ihn anzuerkennen (die vielleicht durch einen Eid bei der Thronbesteigung verkündet wurde).[6]

Diese primitive staatliche Struktur war den Griechen der Poleis im 5. Jh. wesensfremd. Auch die Größe des Territoriums, das die Könige der Makedonen beanspruchten – selbst dann, wenn sie sich vor allem in den bergigen obermakedonischen Fürstentümern im Westen nicht immer durchsetzen konnten –, verriet eine ganz andere Dimension. Den geographischen Kern des antiken Makedonien bildete das Gebiet, das zu dem großen Fluß Haliakmon und zum südlichen Verlauf des Axios (Vardar) entwässert wird; am unteren Haliakmon bei Verghina lag Aigai, der ursprüngliche Wohnsitz der Argeadai. Über die allmähliche Ausbreitung des Argeadenstaates vor dem Peloponnesischen Krieg macht Thukydides Angaben im Zusammenhang mit den Ereignissen des Jahres 429: „Den Makedonen gehören auch die Lynkesten und Elimioten und andere Stämme des oberen Berglandes; sie sind zwar Verbündete und Untertanen, doch haben sie jeweils eigene Königtümer. Alexander, der Vater des Perdikkas, und seine Vorfahren, ursprünglich Temeniden aus Argos, nahmen als erste das heutige Küstenmakedonien ein und herrschten dort. Aus Pieria vertrieben sie nach einer Schlacht die Pierier, ... aus der sogenannten Bottia die Bottiaier; sie nahmen von Paionia einen engen Streifen entlang dem Axios bis Pella und zum Meer hin, östlich des Axios bis zum Strymon vertrieben sie aus der sogenannten Mygdonia die Edonen und nahmen das Land in Besitz. Auch aus der heutigen Eordeia vertrieben sie die Eordi. ... und aus Almopia die Almoper. Diese Makedonen bemächtigten sich der Gebiete anderer Stämme, die sie heute noch beherrschen – Anthemous und Krestonia und Bisaltia und einen großen Teil der eigentlichen Makedonen. Das Ganze heißt Makedonien und Perdikkas, Sohn des Alexander, war König."[7]

Diese Bestandsaufnahme bietet leider keinen Anhaltspunkt für die chronologische Einordnung der Herrschaftsausweitung. Thukydides scheint zwar Alexander hervorzuheben, wahrscheinlich aber nur deswegen, weil er Vater des regierenden Königs Perdikkas war und es dürfte ziemlich sicher sein, daß Alexander nur die letzten Phasen selbst durchführte. Nach Thukydides war der erste Schritt die Eroberung der unmittelbar östlich von Aigai liegenden Küstenlandschaft Pieria und die Vertreibung der Bevölkerung. Zugang zum Meer und Kontrolle über die landwirtschaftlich reiche Pieria dürften wesentliche Gesichtspunkte bei dieser Expansion gewesen sein. Ähnliche Momente dürften die Übernahme der Bottia, der an Pieria unmittelbar angrenzenden Ebene zwischen Haliakmon und Axios, und des Streifens im Axiostal selbst (Amphaxitis) wünschenswert gemacht haben. Geographisch schließen sich Krestonia, Mygdonia, Bisaltia und Anthemous hier an, doch es ist wahrscheinlich, daß diese Gebiete erst infolge der Auflösung der persischen Satrapie in Thrakien nach dem gescheiterten Griechenlandfeldzug des Xerxes im Jahr 480/79 an Makedonien kamen. Um den Erwerb der anderen von Thukydides erwähnten ‚niedermakedonischen' Gebiete zeitlich einzuordnen, bieten die Quellen keine Handhabe. Es ist aber nicht unwahrscheinlich, daß sie alle schon vor den Perserkriegen dem Argeadenhaus unterstanden.

Beim sogenannten Obermakedonien ist die Entwicklung noch schwieriger zu fassen: Eordeia, das nach Thukydides nicht ursprünglich makedonisch war, dürfte ziemlich früh dem Herrschaftsstreben der Argeadai zum Opfer gefallen sein. Die makedonischen Stämme Obermakedoniens behielten ihre eigenen erblichen Fürsten (Basileis), die eine gewisse Selbständigkeit beanspruchten und – wegen der relativen Schwäche des Argeadenhauses – auch genossen. „Verbündete und Untertanen" nennt sie Thukydides in einem Versuch, das offensichtlich schwer zu definierende und nach dem Verlauf der Ereignisse immer wieder wechselnde Verhältnis dieser obermakedonischen Basileis zum Basileus der Argeaden in Aigai auf einen Nenner zu bringen. Zwischen den Fürsten des rauhen Berglandes und den Argeadai der sanfteren Küstenebene, die doch die Anerkennung ihrer Hoheit über alle Makedonen beanspruchten, war das Verhältnis wohl immer etwas gespannt. Vor Philipp II. waren die Argeadai normalerweise nicht in der Lage, ihre Ansprüche auf Dauer und in der Form einer festen Kontrolle geltend zu machen.[8]

Am Anfang des 5. Jhs. v. Chr. war der makedonische Staat also ein lockeres Gebilde von Gebieten, die, je nach ihrer geographischen Lage und der jeweiligen politischen Veranlagung ihrer Fürsten, den Argeadenkönig, der in Aigai wohnte, mehr oder weniger freiwillig anerkannten. Nach außen vertrat auf jeden Fall der Argeadenkönig den Staat der Makedonen, selbst dann, wenn, um einem Staatsvertrag die notwendige Überzeugungskraft zu verleihen, auch einige Fürsten und Barone gelegentlich einen Eid leisten mußten.[9] Auch beim Thronwechsel im Argeadenhaus, wo normalerweise ein erwachsener, vom König anerkannter Sohn seinem Vater folgte (wenn es mehrere gab, dann der älteste), mußten die jeweils mächtigsten Barone und Fürsten des Landes anscheinend auch ihre Anerkennung aussprechen; im Streitfall dürfte ihr Einfluß maßgeblich gewesen sein.

Über die wirtschaftliche Struktur Makedoniens im 5. Jh. ist wenig Konkretes bekannt. Landwirtschaftlich dürfte das Land autark gewesen sein: sowohl für Getreideanbau als auch für Pferde- und Schafzucht eignet sich das makedonische Klima, das Mittelmeerklima an der Küste ebenso wie reines Kontinentalklima im Binnenland einschließt, viel besser als viele andere Gebiete Griechenlands. Im bergigen Obermakedonien haben, wenn die zitierte Schilderung Arrians überhaupt mit der Wahrheit übereinstimmt, noch im 4. Jh. viele Makedonen als Hirten gelebt. Die makedonischen Reiter nahmen später, zusammen mit ihren thessalischen Nachbarn, eine Spitzenstellung unter den Griechen ein, was auf eine ausgedehnte Pferdezucht schließen läßt. Reich war Makedonien auch an Holz – eine Gemeinde hieß sogar ‚Xylopolis', ‚Holzstadt' –, das vor allem für den Schiffsbau exportiert wurde. Wie dieses Geschäft abgewickelt wurde, ist unklar, möglich ist aber, daß der Wald oder große Teile davon in königlichem Besitz waren; auf jeden Fall war der König in der Lage, die Holzausfuhr zu kontrollieren.[10]

Makedonien verfügte daneben über Silber- und Goldvorkommen, obwohl das ergiebigste Gebiet für Edelmetalle im nordägäischen Raum, das Pangaiongebirge, bis zu Philipp II. außerhalb der Grenzen des makedonischen Staates lag. Der Alexanderhistoriker Kallisthenes, dessen Aufgabe und Stil es war, die Angelegenheiten der Makedonen in Zusammenhang mit griechischen Mythen zu bringen, schrieb, daß der für seinen Reichtum berühmte phrygische König Midas diesen Reichtum aus dem Bermiongebirge bezog, aber diese Aussage bezieht sich wahrscheinlich auf das dortige Eisenvorkommen: in der Neuzeit ist dort kein Silber- oder Bleivorkommen bekannt. Der Fluß Echedoros (‚Geschenkbringer') war als goldtragender Strom bekannt; Bergwerke auf dem Dysoronberg, westlich vom Axios, warfen zur Zeit Alexanders I. täglich ein Talent Silber ab, das die erste makedonische Münzprägung ermöglichte. Ob Dysoron vor oder nach dem Rückzug der Perser, die das Gebiet zumindest theoretisch bis 479 beherrschten, makedonisch wurde, läßt sich nicht feststellen. Aber diese ergiebigen Bergwerke, einmal makedonisch geworden, wurden der königlichen Verwaltung unmittelbar unterstellt.[11]

2. *Vor dem Peloponnesischen Krieg*

Für den Historiker wird Makedonien erst faßbar, als Dareios, der König der Perser, den Versuch unternahm, die an sein asiatisches Reich angrenzenden Gebiete Europas zu erobern. Schon seit dem Zusammenbruch des Lydischen Königreiches ca. im Jahr 546 beherrschte Persien das westliche Kleinasien einschließlich der zahlreichen griechischen Poleis; zu einer Ausweitung auf das europäische Festland kam es jedoch erst ca. 512, als Dareios einen Feldzug gegen die transdanubischen Skythen durchführte. Dieser Feldzug blieb in den Steppen Südrußlands stecken, und nach einigen Monaten mußte sich Dareios über die Donau zurückziehen. Um überhaupt etwas von der aufwendigen Expedition zu haben, entschloß sich Dareios, ein Heer in Europa zurückzulassen, dessen Aufgabe es war, Thrakien zu erobern. Nach der Angabe von Herodot hat der Kommandeur Megabazos tatsächlich den Küstenstreifen untertänig gemacht. Auf größeren Widerstand stieß er nur bei Perinthos am Marmarameer und bei den Paionen im Strymontal: doch konnte er sich auch hier schließlich durchsetzen, die Paionen des Tales und bis zum Prasiassee hin wurden unterworfen und sogar nach Asien abtransportiert. Eine persische Satrapie (Verwaltungseinheit) scheint jedoch noch nicht eingerichtet worden zu sein.[1]

Mit Makedonien hatten diese Ereignisse unmittelbar nichts zu tun. Eine Stelle bei Herodot deutet zwar an, daß Kontakt mit König Amyntas aufgenommen wurde, doch Amyntas unterwarf sich den Persern nicht. Der Kontakt dürfte trotzdem nicht unfreundlich gewesen sein. Von einer

Schwächung der Paionen profitierte Makedonien durchaus, und es mag um diese Zeit gewesen sein, daß Amyntas die Amphaxitis (die zumindest teilweise als paionisch galt) und den dazugehörigen Küstenstreifen am thermäischen Golf an Makedonien angliederte: er war nämlich im J. 506 in der Lage, dem vertriebenen athenischen Tyrannen Hippias eine Zuflucht im Anthemous anzubieten.[2] Hier fällt ein Streiflicht auf makedonische Beziehungen zu den griechischen Poleis. Um diese Zeit nahm Amyntas' Sohn Alexander an den Olympischen Spielen, vielleicht mehr als einmal, aktiv teil.[3] Die Olympischen Spiele waren nicht nur ein religiöses Fest mit sportlichen und künstlerischen Ereignissen. Sie boten den meistens immer noch adligen Teilnehmern, die in ihren eigenen Staaten führende Persönlichkeiten waren, zwar seltene aber regelmäßige Gelegenheit, einander persönlich kennenzulernen. Für den makedonischen Königssohn, künftigen Herrscher des großen Territorialstaates am Rande der griechischen Welt, dürfte dies von Bedeutung gewesen sein. Solche Bekanntschaften konnten sich durchaus politisch auswirken. Im Jahre 480 wird Alexandros als *Proxenos* (Staatsgastfreund) und Wohltäter der Athener beschrieben, eine Ehrenbezeichnung, die konkrete Wohltaten voraussetzt.[4] Worin sie bestanden ist nicht bekannt, vielleicht in der Lieferung von Schiffsbauholz für den Ausbau der athenischen Flotte: Der Titel könnte aber auch von seinem tyrannenfreundlichen Vater Amyntas geerbt worden und so ein Hinweis auf längerfristige gute Beziehungen über die Zeit der Vertreibung der athenischen Tyrannen hinweg sein. Auf jeden Fall ließen sich solche Beziehungen bei den Olympischen Spielen leicht knüpfen und festigen.

Als Amyntas ca. 497/6 starb, standen die politischen Zeichen in der Ägäis auf Sturm. Die erste Phase des Aufstandes der ionischen Städte gegen die Perser in Kleinasien war schon gescheitert. Nach der Schlacht bei Lade und der persischen Rückeroberung von Milet im Jahr 494 war der Aufstand endgültig niedergeschlagen. Es folgte eine Neuordnung der Verhältnisse in Kleinasien, die zwangsläufig die persische Schwäche im nordägäischen Raum deutlich machte; die Erinnerung, daß die Eretrier und Athener den Ioniern geholfen hatten, lieferte einen zusätzlichen Impuls zu dem Vorhaben, das im Kern schon 512 in Dareios' Auftrag Megabazos verfolgt hatte: daß auch die europäischen Griechen für das persische Reich gewonnen werden sollten. Makedonien war von den bisherigen persischen Aktivitäten in Thrakien, falls überhaupt, bloß positiv tangiert worden. Aber eine konsequente Durchführung des neuen Vorhabens konnte es nicht unangetastet lassen. Eine Satrapie, eine Verwaltungs- und Besteuerungseinheit des persischen Reiches, sollte in Europa eingerichtet werden, zunächst als eine Konsolidierung des nordägäischen Bereichs, aber gewiß auch als Vorstufe einer weitergehenden und längerfristigen Expansion persischer Interessen auf der Balkanhalbinsel. Im Jahr 492 bekam Mardonios, der Neffe und Schwiegersohn des Großkönigs, den Auftrag, „so viele wie möglich der Griechenstädte zu erobern." Mardonios erreichte, daß „sie die Thasier mit der Flotte, ohne Widerstand zu erleben, botmäßig machten, mit dem Heer fügten sie die Makedonen zu den persischen Untertanen hinzu; alle Stämme jenseits (d. h. östlich) der Makedonen waren nämlich schon Untertanen geworden."[5]

Der Feldzug war jedoch kein voller Erfolg. Ein großer Teil der Flotte ging beim Versuch, den Athos zu umsegeln, verloren und Mardonios selbst wurde bei einem thrakischen Nachtangriff auf sein Lager ‚in Makedonien' verwundet. So wurden Eretria und Athen nicht erreicht. Doch einige Erfolge waren zu verzeichnen. Die persischen Untertanen im nordägäischen Raum schlossen jetzt die Makedonen ein und wurden als eine Satrapie organisiert. Der makedonische König Alexander erfuhr eine schmeichelhafte Sonderbehandlung: er durfte seine Schwester Gygaea mit Boubares, dem Sohn des Megabazos, des Eroberers von Thrakien, vermählen, der vielleicht jetzt selbst als Satrap der neuen Satrapie amtierte.[6] Es ist deswegen unwahrscheinlich, daß Alexander seine Beziehung zu Persien als eine besondere Last empfand. Die persische Präsenz in Thrakien hatte für Makedonien durchaus Vorzüge, die er über seine Verbindung mit Boubares wahrnehmen konnte. Vor allem war die Beruhigung seiner thrakischen Nachbarn wichtig. Solange auch sie unter persischer Hoheit standen, dürfte es für sie schwierig sein, Makedonien zu stören. Auch im innermakedonischen Bereich dürfte ihm seine Anerkennung durch die persische Großmacht Ansehen gebracht haben, insbesondere in den Gebieten, die Amyntas kürzlich erworben hatte. Sein enges Verhältnis zu den Persern hinderte ihn jedoch nicht daran, auch mit Athen freundschaftliche Beziehungen aufrechtzuerhalten. Im Jahr 480 waren seine Titel als *Proxenos* und Wohltäter trotz der gegensätzlichen Interessenlage nicht aberkannt.

Zwei Jahre später versuchte Dareios Eretria und Athen mit einer Flottenexpedition über die Kykladen zu erreichen, in deren Verlauf zwar Eretria zerstört wurde, die aber am erbitterten athenischen Widerstand bei Marathon schließlich scheiterte. Daraufhin kam Mardonios' Route über Thrakien wieder zu Ehren; doch Dareios' Tod verhinderte weitere Vorbereitungen. Sein Sohn und Nachfolger Xerxes hielt die Griechenlandpläne seines Vaters aufrecht, konnte aber erst im Jahr 484 konkrete Vorbereitungen treffen. In der neuen europäischen Satrapie wurden große Materiallager in Thrakien und in Makedonien aufgebaut; um die Gefahr auszuschließen, der Mardonios 493 beim Athos begegnet war, wurde ein Kanal durch den ‚Hals' der Halbinsel ausgehoben, eine Arbeit, die unter der Aufsicht des ortskundigen Boubares und des Artachaees durchgeführt wurde.[7] Als im Jahr 480 Xerxes endlich europäischen Boden betrat, fand er bis Therme in Makedonien alles bestens vorbereitet. Der Transport der Flotte und des Heeres funktionierte bis auf einige Schwierigkeiten mit der Wasserversorgung reibungslos. Die Einbindung von Makedonien in den persischen Kriegsapparat hatte sich ausgezahlt.

Alexander blieb weiterhin zuverlässig. Als das Heer der vereinigten Griechen beim Tempepaß, dem engsten aber leichtesten und vor allem kürzesten Weg von Makedonien nach Thessalien Stellung bezog, schaffte es Alexander, daß sie den Paß alsbald räumten: er ließ ihnen mitteilen, daß sie dort keine Chance gegen Xerxes hätten. Herodot selbst meint, sie hätten sich zurückgezogen, weil sie andere Pässe entdeckt hätten, und Xerxes benutzte tatsächlich auch schwierigere Pässe, weil Tempe sehr eng war. Alexander hatte aber zweifellos den Weg des persischen Heeres nach Thessalien geebnet und vereinfacht. Es lag gewiß auch im engeren makedonischen Interesse, daß sich das große persische Heer so schnell wie möglich von makedonischem Gebiet entfernte. Auch im weiteren Verlauf des Krieges ließ sich Alexanders Einfluß bei den Griechen einsetzen. Nach der dramatischen Niederlage der Perser bei Salamis im September 480 und Xerxes' Rückzug nach Sardis, versuchte Mardonios, der als persischer Kommandeur zurückblieb, die wackelige Allianz der Griechen zu spalten. Den Athenern unterbreitete er über den athenischen Proxenos und Wohltäter König Alexander ein günstig erscheinendes Kapitulationsangebot; aber Alexander konnte in der Sache, trotz eigener Empfehlung, keinen Erfolg erzielen.[8]

Nach der zweiten persischen Niederlage bei Plataiai im Jahr 479, zogen sich die Reste des großköniglichen Heeres nach Kleinasien zurück. In Europa blieben bloß zwei Garnisonen in den Festungen Eion und Doriskos, die europäische Satrapie war nicht mehr aufrechtzuerhalten. Im unmittelbaren Umland von Makedonien scheint Alexander diese Gelegenheit wahrgenommen zu haben, um die bergigen Gebiete zwischen Amphaxitis und dem Strymon – Mygdonia, Krestonia und Bisaltia – einzunehmen. Damit gewann er nicht nur Land und Leute. Sehr wichtig waren die Silbervorkommen am Dysoron, die dann sogar ein Talent Silber täglich abwarfen und es ihm ermöglichten, als erster makedonischer König eigene Münzen zu prägen.[9] Ein förmlicher Bruch mit den Persern scheint aber nicht erfolgt zu sein. Auf jeden Fall wurde sein Neffe, der Sohn des Boubares und seiner Schwester Gygaea, von den Persern als Verwalter der karischen Stadt Alabanda eingesetzt.[10]

In der Zukunft mußte Alexander jedoch mit den siegreichen Griechen auskommen. Nach dem Abzug der Perser stiftete er in Delphi ein vergoldetes Standbild seiner selbst, das Herodot dort sah. Die Mittel dazu sollten seiner Angabe zufolge ein Anteil der persischen Beute sein, womit er sicherlich „Beute" aus den von ihnen übernommenen Territorien meinte.[11] Er bemühte sich auch sonst, seine Handlungen während des

Krieges als den Griechen hilfreich darzustellen. Dabei hatte er das Glück, Herodot, den maßgeblichen Historiker der Perserkriege, wahrscheinlich während eines Besuches in Makedonien, zu überzeugen. Seinem Vater Amyntas schob er die Schuld für die erste Anerkennung der persischen Oberhoheit zu und erzählte, daß er – damals ein Knabe – versucht habe, die makedonische Ehre zu retten, indem er die persischen Gesandten ermorden und verschwinden ließ.[12] Dann, in seinem Bericht über die Ereignisse vom Jahr 480, betont Herodot die Griechenfreundlichkeit des Ratschlages bei Tempe sowie seine Freundschaft mit Athen, als er im Winter 480/79 das Anliegen des Mardonios dort vortrug. In Boiotien soll er bei der Rettung von Städten behilflich gewesen sein; und in einer Nacht- und Nebelaktion vor der Plataiaischlacht soll er den Griechen den Hinweis gegeben haben, daß der nächste Tag entscheidend sein würde.[13] Herodot nahm offensichtlich die ganze *interpretatio Macedonica* mit Wohlwollen in seine Geschichte auf und trug wesentlich dazu bei, daß ein Herodotkenner der hellenistischen Zeit für Alexander den Beinamen „Philhellene" erfand, um ihn von einem gleichnamigen Nachkommen, Alexander dem Großen, zu unterscheiden. Alexanders Selbstdarstellungskampagne hatte also durchaus Erfolg.[14]

Die Tatsachen waren bescheidener. Kontakt mit den siegreichen Griechen wird er zwangsläufig gehabt haben. Es dürfte ziemlich sicher sein, daß makedonisches Holz sowie Teer und Pech für die athenische Flotte nach wie vor guten Absatz fanden und daß wirtschaftlicher Zwang der Selbstdarstellung Alexanders zu einer gewissen nachträglichen Glaubwürdigkeit unter den Griechen verhalf. Nach dem Abzug der Perser versank Makedonien aber für die südlichen Griechen wieder in eine politische Randexistenz. Es wurde nicht Mitglied des unter athenischer Führung stehenden Bundes der Griechen (des ‚Delisch-Attischen Seebundes'), der sich das Ziel setzte, die Perser aus dem von Griechen besiedelten Raum zu vertreiben. Militärische Aktivitäten des Bundes fanden dann auch im nordägäischen Raum statt, wo nach 479 mindestens in Eion und Doriskos persische Besatzungen aushielten. Herodot erzählt von der heldenhaften Verteidigung und der verzweifelten Selbstzerstörung des persischen Kommandanten in Eion, Boges. Von einer makedonischen Beteiligung auf griechischer oder auf persischer Seite weiß er aber nichts.[15] Auch scheint der makedonische König tatenlos zugesehen zu haben, als Athen ca. 476 im unteren Strymontal versuchte, eine Pflanzstadt zu gründen, und als dieser Versuch bei Drabeskos am Widerstand der Thraker blutig scheiterte.[16]

Erst etwa zehn Jahre später wird sein Name im Zusammenhang mit der Tätigkeit der Athener und ihrer Bundesgenossen erwähnt. Inzwischen waren die Perser aus dem ägäischen Raum vertrieben worden, die meisten Insulaner und Küstenstädte Nordgriechenlands sowie Kleinasiens wurden Mitglieder des Bundes, dessen Tätigkeitsbereiche athenische Interessen zunehmend bestimmten.[17] Im nordägäischen Raum waren diese sicherlich vorwiegend wirtschaftlicher Natur: es lag Athen zwar sehr daran, unmittelbare Kontrolle über Lieferungen von Schiffsbauholz zu bekommen, aber die Bodenschätze des Pangaiongebirges östlich des Strymons, die als das reichste Silber- und Goldvorkommen im ägäischen Raum galten, dürften die Hauptattraktion dargestellt haben. Ausgebeutet wurden diese Edelmetallvorkommen bislang vor allem von den dortigen thrakischen Stämmen, aber die Inselstadt Thasos, Mitglied des Bundes, hatte ebenfalls bedeutende wirtschaftliche Interessen im Pangaiongebiet verfolgen können. Ca. 465 wandten sich die Athener gegen die Thasier, die ihre Festlandsbesitzungen an Athen abgeben mußten. Die schon einmal gescheiterten Siedlungspläne im unteren Strymontal wurden damals auch wieder aufgenommen. Nach Ennea Hodoi (‚Die Neun Wege') schickten die Athener etwa gleichzeitig mit dem Angriff auf Thasos eine größere Siedlergruppe (die Zahl 10000 wird überliefert). Aber auch diesmal leisteten die Thraker erbitterten Widerstand, und bei einem athenischen Vorstoß in das Binnenland konnten sie die Siedler so dezimieren, daß sie das Siedlungsprojekt aufgeben mußten.[18]

Die Aussicht, daß Athen, inzwischen zur stärksten und expansivsten Macht des ägäischen Raumes emporgestiegen, so viele Siedler aus den Seebundstaaten unmittelbar an seiner Grenze ansiedeln wollte, kann dem makedonischen König nicht geheuer gewesen sein. Gewisse Kontakte hatte es mit dem athenischen Feldherrn Kimon offenbar gegeben. Nach dem Scheitern von Ennea Hodoi wurde Kimon von politischen Gegnern in Athen angeklagt: er hätte sich von Alexander bestechen lassen, damit er nicht Makedonien angreife und Territorien für Athen gewinne, obwohl ihm dies leicht möglich gewesen wäre. Kimon wurde freigesprochen.[19] Sehr konkret ist dieser Bericht nicht. Er reicht aber für den Schluß, daß es schon in den 460er Jahren Kreise in Athen gab, die nicht davor zurückschreckten, einen Angriffskrieg auf Makedonien zu propagieren. Der Wunsch war offenbar noch nicht sehr ausgeprägt, aber Konsequenz ist nicht zu leugnen. Die griechischen Küstenstädte in unmittelbarer Nachbarschaft zu Makedonien, auf der Chalkidike und in Thrakien, waren schon Mitglieder des Bundes; man strebte an, das Pangaiongebiet in Besitz zu nehmen; und es braucht keine große Vorstellungskraft, um einzusehen, daß das Hauptziel der Athener im makedonischen Raum die Bergwerke von Bisaltia gewesen waren.

Das Scheitern der Siedlung bei Ennea Hodoi ließ diese Pläne momentan nicht durchführbar erscheinen. Auch ließen die 450er Jahre Athen keine Möglichkeit zur Verwirklichung von nordägäischen Träumen. Entsprechend der politischen Vernachlässigung durch Athen wird dann von Makedonien in diesen Jahren nichts überliefert. Es spielte bestimmt nur noch die traditionell bescheidene wirtschaftliche Rolle als Rohstofflieferant. Zu der Zeit als die Überlieferung wieder einsetzt, war Alexander schon gestorben.

3. Das Zeitalter des Peloponnesischen Krieges

Als Alexander in den 450er Jahren starb, hatte er die Herrschaftsnachfolge nicht ausreichend vorbereitet. Sein Tod leitete deswegen eine Periode innerer Instabilität ein, welche interessierten auswärtigen Mächten fast immer irgendeine Handhabe für Einmischung lieferte und die vieles der Aufbauarbeit Alexanders vernichtete. Er hinterließ fünf Söhne, von denen Perdikkas, wohl der älteste, als Nachfolger anerkannt wurde. Nichts spricht für die moderne Annahme, daß Alexander das Königreich unter seine Söhne formell aufteilte.[1] Zwei von Perdikkas' Brüdern, Philippos und Alketas, erwarben allerdings Teilherrschaften *(Archai)*, Philippos sogar in der zentralen Amphaxitis. Ein dritter Bruder, Menelaos, blieb auch irgendwie an der Staatsführung beteiligt; bloß der vierte, Amyntas, scheint sich auf seinen Besitz zurückgezogen und an der Herrschaft keinen Anteil gehabt zu haben.[2]

Wie diese Situation zustande kam, ist nicht klar. Vielleicht ist eine Übertragung von Landgütern mit dazugehörigen Verwaltungsaufgaben, die sich im Verlauf der Zeit als Herrschaftsbereiche innerhalb des Staatsverbandes der Makedonen entpuppten, die wahrscheinlichste Entwicklung. Der Charakter des makedonischen Staates zur Regierungszeit des Perdikkas wird durch einen Staatsvertrag mit Athen beleuchtet. Die Inschrift wurde in Athen gefunden, ist verstümmelt und kann nicht genau datiert werden. Doch für eine Datierung in die 440er Jahre spricht vieles.[3] Aufschlußreich ist die Liste derjenigen, die für den makedonischen Staat den Eid schwören: aufgeführt werden Mitglieder des königlichen Hauses – Perdikkas, Alketas, Menelaos, vielleicht auch Philippos und Amyntas, ferner Archelaos, Sohn des Perdikkas (als vorgesehener Thronnachfolger: wohl noch sehr jung, aber immerhin nach seinem Onkel Alketas aufgeführt), Söhne des Alketas – dann eine Reihe von uns sonst unbekannten Leuten, alle sicherlich Barone aus Niedermakedonien, darunter aber auch ein Sohn des Philippos. Gegen Ende des erhaltenen Teiles des Textes stehen Namen, die wahrscheinlich aus Obermakedonien stammen: Arrhabaios (aus Lynkestis), mit dem die Athener ein besonderes Abkommen abschlossen, Derdas (aus Elimiotis) sowie ein Antiochos (aus Orestis) und ein anderer Mann, dessen Name nicht erhalten ist, die alle den Titel Basileus, ‚König', tragen (ein Titel, der makedonischen Gepflogenheiten gemäß Perdikkas selbst nicht beigegeben wird).[4] Die Athener, aus der Position der Stärke heraus verhandelnd, scheinen die ganze Prominenz des makedonischen Staates als Schwurzeugen verlangt zu haben, was auf eine relativ schwache Stellung der Zentralgewalt und auf die Stärke der regionalen Fürsten und Barone schließen läßt.

Wenn der Vertrag die relative Schwäche des Perdikkas erkennen läßt, bezeugt er doch auch die grundsätzliche Verbundenheit der maßgeblichen Magnaten mit dem makedonischen Staat, welches eine politische Leistung des Alexander sein dürfte. Der Vertrag stammt wahrscheinlich aus den ersten Jahren des Perdikkas, bevor diese Ansätze zur Gemeinsamkeit verspielt worden waren, aus einer Zeit, als der Kronprinz Archelaos jung genug war, um noch nach seinem Onkel Alketas protokollarisch aufgeführt werden zu müssen. Auch Thukydides bezeugt eine anfängliche Freundschaft des Perdikkas mit Athen, die jedoch bis 433 die Athener dadurch gekündigt hatten, daß sie zwei Gegner von Perdikkas, seinen Bruder Philippos und Derdas, den Fürsten der Elimiotis, unterstützten.[5] Gründe für den Bruch sind nicht bekannt. Doch die athenische Politik im nordägäischen Raum war seit dem Scheitern von Ennea Hodoi ca. 465 nicht stehengeblieben. Schon während der 450er Jahre war Argilos, ein Städtchen an der bisaltischen Küste, zahlendes Mitglied des athenischen Bundes geworden. Das bisaltische Land, vor allem das Bergwerksgebiet des mittleren Strymontales wurde zwar von Makedonien seit dem Abzug der Perser beansprucht, aber eine alte griechische Küstenstadt stellte vielleicht eine Ausnahme dar. Die Mitgliedschaft des binnenländischen Berge (erst 451 bezeugt) und die Entsendung von 1000 athenischen Siedlern durch Perikles ins bisaltische Land ca. 450 waren aber gefährlicher. Dann wurde während der 440er Jahre eine athenische Kolonie nach dem nicht genauer bekannten Ort Brea ausgesandt, der aber im Strymontal liegen dürfte; es folgte im Jahr 437 unter athenischer Führung die Gründung von Amphipolis am unteren Strymon, womit die langjährigen athenischen Pläne für die Besitznahme und Besiedlung dieses Gebietes endlich in Erfüllung gingen.[6] Es gibt außerdem unsichere Andeutungen, daß im bisaltischen Gebiet die makedonische Staatsgewalt vielleicht Schwierigkeiten hatte, sich durchzusetzen. Perdikkas prägte aus unbekannten Gründen nur kleine Münzen (Tetrobolen), die eher für den lokalen Bedarf als für Handelszwecke geeignet waren. Eine partielle Erklärung könnte sein, daß er zeitweilig die Kontrolle über die bisaltischen Silberquellen verloren hatte.[7] Wir wissen aber viel zu wenig über den Absatz des Silbers – es mußte nicht alles vom Erzeuger in Münzen geprägt worden sein –, um Gewißheit zu erlangen. Doch kann man sich leicht vorstellen, daß die Athener bei dieser Sachlage in Versuchung kommen konnten, einen unmittelbaren Einfluß in Makedonien anzustreben.

Nach der Gründung von Amphipolis erhöhten die Athener auch bei einigen Tributpflichtigen des Seebundes die Tributzahlungen. Die Aufzeichnungen für die Tributzahlungen sind keineswegs vollständig erhalten, sie reichen aber aus, um festzustellen, daß auf der chalkidischen Halbinsel, in unmittelbarer Nähe zur makedonischen Landschaft Anthemous, etliche Erhöhungen stattfanden: am krassesten wurde bei Potidaia, von 6 Talenten im Jahr 434 auf 15 im Jahr 432, und bei Torone, von 800 Drachmen im Jahr 434 auf 3000 für das Jahr 433, erhöht; aber auch unter den Bottiaioi wurde Spartolos von 2 Talenten auf 3 Talente und 500 Drachmen erhöht und im Binnenland Chedrolos von 500 Drachmen auf 1000 Drachmen, jeweils von 434 auf 433.[8] Eine Konsolidierung des athenischen Herrschaftsbereiches im nordägäischen Raum ist deutlich erkennbar. Um diese Zeit wurde auch Methone an der Küste von Pieria zahlendes Mitglied des athenischen Reiches; leider ist aber unsicher, ob dies vor oder nach dem Bruch mit Perdikkas, vor oder kurz nach dem Ausbruch des Peloponnesischen Krieges im Jahr 431 geschah.

Die Herrschsucht, die Athen in diesen Jahren unter der Führung von Perikles ausstrahlte und die sich u. a. in der protzigen Ausschmückung des athenischen Staatszentrums mit teuren Tempeln und sonstigen aufwendigen Bauwerken zeigte, die dem athenischen Selbstbewußtsein dienten, führte im Umgang mit anderen Staaten zu Überheblichkeit und schließlich zur Unterschätzung der eigenen Verwundbarkeit. Dies machte sich vorwiegend im Umgang mit Sparta und dessen Bundesgenossen bemerkbar: Wenn Athen für den Ausbruch des Krieges mit Sparta im Jahr 431 nicht direkt und ohne Zweifel verantwortlich zu machen ist, bleibt doch unumstritten, daß Athens Mangel an Kompromißbereitschaft und sein hartes Vorgehen in Interessengrenzgebieten den Ausbruch eines Krieges nicht gerade verhinderte. Die Herausforderung der spartanischen Bundesgenossen geschah teilweise auf der Chalkidike, wo sich die athenische Provokation gegen Perdikkas als auf Dauer verhängnisvoll erwies.

In Folge von Spannungen zwischen Athen und Korinth, die zu einer schweren Auseinandersetzung um Kerkyra im Jahr 435 führten, verlangten im Herbst 433 die Athener, daß Potidaia, die größte Stadt auf der Chalkidike, und gleichsam eine korinthische Pflanzstadt, einen Teil der Stadtmauer schleife und Kontakte zu Korinth abbreche. Potidaia weigerte sich und appellierte an Korinth. Perdikkas sah hier eine Chance, Alliierte gegen Athen zu gewinnen, wandte sich an Sparta, zunächst allerdings vergeblich, aber in Korinth, wo die Stimmung gegen Athen ohnedies sehr gereizt war, wurde sein Antrag wohlwollend behandelt. Auch unter den unzufriedenen athenischen Bundesmitgliedern auf der Chalkidike versuchte er eine Abfallbewegung zu schüren. Einigen kleineren Küstengemeinden bot er Land in Mygdonia und um den Bolbe-See an, für die Dauer eines Krieges mit Athen sollten sie mit den Olynthiern zusammenleben. Einige nahmen das Angebot an, und die Abfallbewegung von Athen führte zur Gründung eines neuen Bundesstaates der Chalkidier mit Hauptstadt in Olynth.[9]

Die allgemeine Schwäche des makedonischen Königtums sowohl im Inneren als nach außen hin läßt sich an den Ereignissen der ersten Jahre des Peloponnesischen Krieges erkennen. Perdikkas hatte sich zwei bescheidene Ziele gesteckt: erstens, seine eigene Herrschaft in Makedonien aufrechtzuerhalten, und zweitens, den territorialen Bestand seines Landes zu schützen. Von Athen im Jahr 432 bedroht, wandte er sich an Sparta und Korinth; als ihm einige Jahre später spartanischer Einfluß bedrohlicher erschien, lehnte er sich wieder an Athen an, um sich ein paar Jahre später nochmals an Sparta zu binden. Sein Handeln läßt die Sorge erkennen, daß eine einmal an seinen Grenzen fest etablierte südgriechische Großmacht für den Bestand des makedonischen Reiches bedrohlich wäre. Charaktcristisch ist, daß dieses Handeln durch Taktik und durch Lavieren zwischen den Klippen der Interessengegensätze Athens und Spartas bestimmt war. Dadurch ließ Perdikkas gewiß das Bild einer notorischen Unzuverlässigkeit und mangelnder Bündnistreue aufkommen. Aber im Grunde genommen brauchte Makedonien weder Athen noch Sparta; und wenn deren Auseinandersetzung auch für Makedonien bedrohlich wurde, wobei Makedonien nicht durch eigenes Handeln, sondern durch athenisches in den Krieg hineingezogen wurde, dann durfte grundsätzlich kein Vertragspartner es Perdikkas übelnehmen, wenn er jeweils wie auch Athen und Sparta nach eigenen Interessen handelte.

Die Kriegsereignisse lassen eine athenische Politik im Hinblick auf Makedonien erkennen, die – soweit die Verhältnisse es zuließen – durchgehend bis zur Zeit Philipps II. aufrechterhalten wurde. Der Grundsatz war, Makedonien möglichst freundlich, aber vor allem schwach zu halten, damit die Athener unbekümmert ihre nordägäischen Interessen – Zugang zu den Beständen an Schiffsbauholz, zu den Bergwerksgebieten und zu den Handelswegen – verfolgen konnten. Die Methode war denkbar einfach: makedonische Gegner des Königs zu unterstützen, solange sich dabei athenische Interessen aufrechterhalten ließen. So half Athen den Perdikkasgegnern Derdas und Philippos; die athenische Präsenz auf der Chalkidike oder später eine athenfreundliche Macht dort und an der Küste von Pieria sollten auch diesem Programm dienen; eine freundliche Beziehung oder Allianz mit den nicht-griechischen Nachbarn der Makedonen, vorwiegend den Thrakern des Odrysenreiches, kam als drittes Element hinzu. Dies letzte diente außerdem der Sicherheit der athenischen Besitzungen – der Bundesmitglieder – an der nordägäischen Küste. Demgegenüber vertrat Sparta keine dauerhaften Interessen im nordägäischen Raum, die nicht unmittelbar mit dem Krieg gegen Athen in Zusammenhang standen.

Diese Momente prägten die Kriegsereignisse. Im Frühjahr 432 wurden die Athener von Philippos und einem Bruder des Derdas unterstützt, als sie Therme einnahmen und Pydna belagerten. Als Nachricht über korinthische Unterstützung für Potidaia eintraf, schlossen die Athener ein temporäres Abkommen mit Perdikkas, das ihnen erlaubte, von Pieria in die Chalkidike auf dem Landweg zu gelangen. Perdikkas willigte ein, weil es in seinem Interesse lag, daß die Athener von makedonischem Territorium verschwanden. Viel mehr bedeutete das Abkommen nicht; Perdikkas ließ sich gleich darauf von seinen chalkidischen Bundesgenossen zum Kavalleriekommandanten wählen, scheint aber auch dort wenig getan zu haben.[10] Lange bevor die Athener im Winter 430/29 Potidaia einnahmen, war ihm bewußt geworden, daß er doch die Schwächeren unterstützt hatte; er ließ sich dann im Sommer 431 auf eine Allianz mit Athen ein. Die Athener waren bereit, Therme an ihn zurückzugeben, und er nahm dann vertragsgemäß an Operationen auf der Chalkidike teil.[11]

Es sah aus wie Versöhnung, aber auf beiden Seiten war es nicht mehr als ein Zweckbündnis. Gegen die von Athen unterstützten Aufständischen Philippos und Derdas hatte sich Perdikkas offensichtlich durchgesetzt. Trotz des Vertrags sattelten die Athener um. Sie setzten jetzt auf Perdikkas' außenpolitische Gegner im Osten, die Thraker des Odrysenreiches, die dem Amyntas, Sohn des Philippos, vor 429 Asyl gewährt hatten. Sitalkes, der damalige Odrysenkönig, herrschte über ein lose zusammengefügtes Reichsgebiet, das sich von der Ägäis bis zur Donau, vom Marmarameer bis zum Strymontal erstreckte. Ein einflußreicher Bürger von Abdera, Nymphodoros, dessen Schwester Sitalkes heimgeführt hatte, vermittelte zunächst ein Bündnis zwischen Sitalkes und Athen (Athen hoffte, die Thraker auf der Chalkidike und gegen Perdikkas einzusetzen) und dann das erwähnte Bündnis zwischen Perdikkas und Athen.[12]

Erst nach dem Fall von Potidaia bewegte sich Sitalkes gegen Perdikkas. Bei den Verhandlungen 431 hatte Perdikkas Versprechungen an Sitalkes gemacht, die er nicht einhielt (sie sind uns unbekannt). Sitalkes seinerseits hatte versprochen, Philippos nicht zu helfen. Inzwischen war Philippos tot, sein Sohn Amyntas aber Flüchtling am Odrysenhof. Das Verhältnis wurde gespannt. Im Jahr 429 marschierte Sitalkes mit einem großen Heer in das Axiostal. Dort lag das ehemalige Herrschaftsgebiet des Philippos, wo Amyntas wohl Kontakte geerbt hatte. Sitalkes zog plündernd durchs Land, bevor er in die Chalkidike ging, wie im Bündnis mit Athen vorgesehen. Die Athener aber hatten aufgehört, an die Verwirklichung des seit zwei Jahren vereinbarten Feldzuges zu glauben, und hatten ihre Flotte nicht geschickt; Vorräte wurden knapp, und eine kurze Verwüstung des aufständischen Gebietes tat dem Vertrag Genüge. Innerhalb eines Monats war das Heer des Sitalkes wieder abgezogen.[13]

Um diese Zeit nahm Athen Methone in das Bündnis auf. Dies steht eindeutig im Zusammenhang mit der Politik gegen Perdikkas. Vielleicht im Jahr 430, auf jeden Fall während der Belagerung von Potidaia, beschloß die athenische Volksversammlung zum zweiten Male Beitragsermäßigungen für Methone und die Entsendung von Gesandten an Perdikkas, die ihm mitzuteilen hatten, daß er den Methonaiern freien Zugang zum Meer und Handel mit dem Binnenland gewähren mußte und daß er kein Heer durch methonisches Gebiet führen dürfe, wenn Methone das nicht ausdrücklich zuließe. Im Streitfall sollten sowohl Methone als auch Perdikkas Vertreter nach Athen schicken; im übrigen würde es die Haltung der Athener zu seinen Gunsten beeinflussen, wenn die Soldaten bei Potidaia über ihn eine gute Meinung besäßen.[14] Diese verdeckte Drohung war ein deutlicher Versuch, Perdikkas bei der Stange zu halten. Daß athenischer Zweifel an seiner Zuverlässigkeit nicht völlig unbegründet war, zeigt seine heimliche Hilfe für die Spartaner in Westgriechenland im Jahr 429.[15] Drei Jahre später beschwerte sich Methone in Athen über Perdikkas, worauf mindestens zwei Gruppen athenischer Gesandter tätig wurden; gleichzeitig beschlossen die Athener, daß Methone aus Byzantion Getreide einführen dürfe, was auch auf irgendwelche Schikanen seitens des Perdikkas schließen läßt.[16]

Nach der Lage der Dinge ist Perdikkas' Reaktion aber verständlich. Wenn der Komödiendichter Hermippos, wohl im selben Jahr (426) den Athenern einen Vers über ‚Schiffladungen von Lügen',[17] die Perdikkas nach Athen versandte, vortragen ließ, dürfte doch infolge der neuerlichen Ereignisse der athenische Ruf in Makedonien keineswegs besser gewesen sein. Athenische Handlungen und die aggressive athenische Haltung trübten zwangsläufig das gegenseitige Verhältnis. Auch auf der Chalkidike blieben die Athener nach dem Fall von Potidaia aggressiv: sie siedelten dort 1000 Mann an und versuchten ständig, ihre alten Bundesmitglieder wieder in die ‚Allianz' zu drücken. Trotz des augenblicklichen Bündnisses mit Athen lag es also eindeutig im makedonischen Eigeninteresse, solange der athenische Krieg mit Sparta fortdauerte, auch Sparta für nordägäische Angelegenheiten zu interessieren. Nach den konservativen Traditionen und dem ganzen Ethos des spartanischen Staates dürfte die Gefahr als gering gegolten haben, daß Sparta so weit von der Peloponnes einen Herrschaftsbereich würde aufbauen wollen. Entsprechend schwieriger allerdings war es dann, Sparta zu einem Engagement im Norden überhaupt zu bewegen.

Erst im Jahr 424 gelang es den Chalkidiern und Perdikkas durch ein Angebot, die Kosten zu teilen, die Verantwortlichen in Sparta für eine Unternehmung im Norden zu gewinnen. Selbst da ist eine gewisse Halbherzigkeit erkennbar. Das Expeditionskorps, das Brasidas befehligen sollte, war nicht großzügig ausgestattet: bloß 700 als Hopliten (schwerbewaffnete Infanteristen) bewaffnete Heloten und 1000 freiwillige Peloponnesier standen ihm zur Verfügung. Die Spartaner hofften zwar, daß sie den Athenern soviel würden schaden können, daß athenische Verwüstungen in der Peloponnes aufhören mußten. Zunächst war aber Brasidas Diener seiner zwei Zahlmeister. In Pieria einmal angekommen, setzte ihn Perdikkas gegen den obermakedonischen Fürsten Arrhabaios von Lynkestis ein. Die Athener vermuteten trotzdem das eigentliche Ziel des Brasidas und kündigten ihr Bündnis mit Perdikkas.[18]

Das Unternehmen brachte Perdikkas nur Ärger ein. Brasidas erkannte Arrhabaios eher als potentiellen Bündnispartner gegen Athen und war ungern dabei; die Chalkidier, die immerhin eine Hälfte des Soldes beisteuerten, und zwar für einen Krieg gegen Athen, waren empört über Perdikkas' privaten Feldzug; Arrhabaios erklärte bei der ersten Begegnung, er akzeptiere Brasidas als Schlichter seines Streites mit Perdikkas. Daraufhin zog Brasidas sein Heer zurück und nahm die Verärgerung des Perdikkas in Kauf, der seinen Beitrag sofort auf ein Drittel kürzte. Die Spartaner gingen auf die Chalkidike, wo Brasidas den anti-athenischen Interessen sowohl seiner chalkidischen Auftraggeber als auch Spartas gerecht werden konnte. Hier erzielte er große Erfolge, darunter im Winter 424/3 die Einnahme von Amphipolis. Perdikkas war überzeugt und wurde sofort wieder behilflich: das makedonische Heer war bei der Einnahme der kleinen Nachbarstädte Myrkinos, Galepsos und Oisyme anwesend.

Perdikkas Flirt mit Sparta kam aber rasch zu einem unrühmlichen Ende. Anläßlich eines Waffenstillstandes zwischen Athen und Sparta im Jahr 423 überredete Perdikkas Brasidas, doch nochmals gegen Arrhabaios zu ziehen. Aber Streitigkeiten zwischen den Feldherren und makedonische Inkompetenz führten zum Debakel. Als Brasidas und die Spartaner ins Gebiet des Perdikkas zurückkehrten, ließen sie sich in Plünderungen und Verwüstungen aus.[19] Es war das Ende von Perdikkas' kostspieligem Versuch, die Auseinandersetzung der griechischen Großmächte für seinen internen makedonischen Zweck auszunutzen. Jetzt wurde er von beiden als Feind angesehen. Aber wegen der großen Erfolge des Brasidas auf der Chalkidike waren die Athener nunmehr bereit, ein neues Bündnisangebot anzunehmen, worauf Perdikkas den Durchmarsch von Verstärkungen für Brasidas verhinderte; und im nächsten Jahr rief ihn der athenische General Kleon auf, ihn beim Angriff auf Amphipolis zu unterstützen.[20] Doch bevor Perdikkas reagierte, waren sowohl Kleon als auch Brasidas im Kampf um Amphipolis gefallen. Daraufhin leiteten die Großmächte Verhandlungen ein, die zur Einstellung der Feindseligkeiten (sog. ‚Nikiasfrieden', [422/1]) führten.

Das Vertragswerk des Nikiasfriedens regelte sehr eigenwillig bloß die Hauptstreitpunkte zwischen Athen und Sparta.[21] So bekam Athen im Norden praktisch freie Hand. Das Hauptproblem war Amphipolis. Dort weigerten sich die Bewohner, sich wieder an Athen anzuschließen, wie im Vertrag vorgesehen; und Athen konnte die Stadt nicht wiedergewinnen. Andererseits wurden in der sogenannten Kleonschatzung des athenischen Reiches von 425/4 und wieder in der Schatzung von 422/1 Bormiskos und Trailos in Mygdonia sowie Herakleion im südlichen Pierien aufgeführt.[22] Alle drei gehörten zum unmittelbaren Herrschaftsbereich des makedonischen Königs, der mit diesem Kriegsergebnis kaum zufrieden gewesen sein kann. Auch mit einigen Städten der Bottiaioi auf der Chalkidike schloß Athen um diese Zeit einen Bündnisvertrag.[23] Athen blieb also, auch nach dem Nikiasfrieden, die stärkste auswärtige Macht im Norden und durfte das Reich wieder aufbauen, soweit es fähig war, gegen den Widerstand der Betroffenen die von Sparta anerkannten Ansprüche geltend zu machen.

Perdikkas' Vertrag verpflichtete ihn, den Athenern zu helfen. Wie weit er dies tat, ist unsicher. Athen unterhielt Streitkräfte im thrakischen Raum in den Jahren 418/17 und 417/16, gewann Amphipolis aber nicht wieder.[24] Perdikkas war aber offenbar beunruhigt, und im Jahr 418/17 trat er auf Einladung Spartas einem Bündnis mit Sparta und Argos bei. Dafür erntete er den athenischen Vorwurf, er hätte eine geplante Aktion zum Scheitern gebracht.[25] Die Athener versuchten daraufhin durch eine Seeblockade Makedonien unter Druck zu setzen; aber gegen das wirtschaftlich autarke Land schlug die Aktion fehl. Ein Jahr später kamen makedonische Flüchtlinge nach Methone und erhielten athenische Hilfe, genau wie zwanzig Jahre früher Philippos und Derdas Hilfe erhalten hatten. Perdikkas bekam von seinen neuen Vertragspartnern keine Unterstützung.[26] Wie im Jahr 423 nach dem Scheitern seines Abkommens mit Brasidas, machte er also wiederum mit Athen seinen Frieden. Im Jahr 414, als der Athener Euetion einen Angriff auf Amphipolis inszenierte, war er dabei.[27]

Zwischen den Interessenkonflikten der beiden Großmächte durchzusteuern, war gezwungenermaßen die Lebensaufgabe des Perdikkas. Als seine Beziehung zu Sparta am Fehlen spartanischer Einsatzbereitschaft nochmals scheiterte, mußte er mit Athen auskommen. Diese Erkenntnis scheint sich in Makedonien bis zu seinem Tod im Jahr 413 durchgesetzt zu haben. Auf jeden Fall orientierte sich sein Sohn und Nachfolger Archelaos ausschließlich an Athen. Allerdings fand Archelaos geänderte Bedingungen vor. Nach 413 war Athen infolge der enormen Verluste, die aus dem gerade gescheiterten Großangriff auf Syrakus entstanden waren, nicht mehr in der Lage, die Ägäis wie früher zu beherrschen. Dennoch stellten die Athener die bedeutendste auswärtige Macht dar, die ein andauerndes Interesse im nordägäischen Raum zeigte. Und Archelaos erkannte das an, als er im Jahre 411 Ruderholz an die demokratische athenische Flotte auf Samos lieferte, während die 400 oligarchischen Putschisten die Stadt Athen beherrschten. Die Lieferung wurde vermittelt durch den athenischen Exulanten Andokides, der in einem 408 gehaltenen Plädoyer für seine Rückkehr nach Athen dies stolz erzählte und hinzufügte, daß seine Familie eine Gastfreundschaft mit Archelaos' Familie unterhielt.[28] Das hätte er so nicht herausstellen dürfen, wenn Archelaos nicht *persona grata* in Athen gewesen wäre.

Andere Indizien zeigen in dieselbe Richtung. Im Jahr 410 erhielt Archelaos bei der Belagerung von Pydna, das sich von Makedonien losgesagt und selbständig gemacht hatte, die Hilfe eines athenischen Geschwaders.[29] Daß Hilfsbereitschaft auch gegenseitig war, geht aus einem verstümmelten athenischen Volksbeschluß hervor, der wahrscheinlich aus dem Jahr 408/7 stammt. Im erhaltenen Teil des Textes kommen die Worte ‚aus Makedonien', ‚Transport', ‚nach Athen', ‚Heer', ‚Ruder' vor; und weil die Bedeutung des nordägäischen Bereichs gerade in Bezug auf Schiffsbauholz gut bekannt ist, liegt es nahe, die Inschrift so zu ergänzen, daß jemand für die Sicherstellung des Transports von Schiffen und Holz aus Makedonien gelobt wurde. Selbst dann, wenn der Geehrte nicht Archelaos war – der Name fehlt auf dem Stein –, liefert die Inschrift einen Beweis für enge Zusammenarbeit zwischen Athen und Makedonien.[30]

Die Stabilisierung des Verhältnisses zu Athen, gefördert durch das zwangsläufige Nachlassen der athenischen Überheblichkeit gegenüber den Bundesgenossen, kam dem makedonischen Staat zugute. Archelaos war für die Nachfolge schon in den Jahren um 440 zur Zeit des Bündnisvertrags zwischen Makedonien und Athen vorgesehen, wie man aus der protokollarischen Reihenfolge der Namen schließen kann.[31] Selbst wenn er der Sohn einer Sklavin war, wie im platonischen Gorgias böswillig behauptet wird,[32] galt er doch für mehr als zwanzig Jahre vor seinem Thronantritt als der von seinem Vater Perdikkas gewünschte Nachfolger. Der im Jahr 414 etwa 45jährige hatte dann Zeit genug gehabt, die Politik seines Vaters gegenüber den griechischen Großmächten zu bewundern, vielleicht mitzubestimmen, und daraus schließlich die Lehre zu ziehen, sich mit der einzigen für Makedonien wichtigen Großmacht zu arrangieren. Auch im innermakedonischen Bereich scheint er aus den Erfahrungen der Vergangenheit wichtige und zukunftsweisende Schlüsse gezogen zu haben. Es wird behauptet, er hätte am Anfang seiner Regierung seinen Onkel Alketas, dessen Sohn Alexandros und einen siebenjährigen Knaben, letztgeborenen Sohn des Perdikkas mit einer adligen Makedonierin, Kleopatra, ermorden lassen.[33] Ob die Behauptung wahr ist, läßt sich nicht feststellen, unmöglich ist sie gewiß nicht. Perdikkas hatte große Schwierigkeiten mit seinen Brüdern, insbesondere mit Philippos, gehabt: als Lehre aus dieser miterlebten Vergangenheit hätte Archelaos durchaus den konsequenten, wenn auch brutalen Schluß ziehen können – wie der große Alexander drei Generationen später –, daß die Stabilität seines Regimes die Opferung möglicher Konkurrenten innerhalb der Familie verlange, damit er als Argeadenkönig ein Monopol an Einfluß unter den Baronen des Landes ausüben konnte.

Auch aus der militärischen Schwäche Makedoniens zog Archelaos Konsequenzen. Seine Maßnahmen, die vor allem der militärischen Infrastruktur des Landes zugute kamen, riefen die Bewunderung des Historikers Thukydides hervor, der möglicherweise Archelaos persönlich kannte. Die Stelle ist schon zitiert worden:[34] Archelaos hatte in diesem Bereich mehr getan als alle seine acht Vorgänger zusammen. Erwähnt werden der Bau von geraden Straßen, wohl auch mit militärischen Forts und Stützpunkten.[35] Hinzu kam die Bereitstellung von ‚Pferden, Panzern und sonstiger Ausrüstung'. Diese von Thukydides bloß sehr knapp skizzierten Maßnahmen müssen viele Personen in engeren Kontakt mit der zentralen Macht des Königreiches gebracht haben. Sie setzen eine Organisation voraus, die sich auch in die entfernteren Gebiete der makedonischen Landschaften erstreckt haben muß. Unter ‚Straßen' hat man sich gewiß keine durchgehend gepflasterten Trassen nach römischem Muster vorzustellen, doch auf jeden Fall befestigte Wege durch Wälder und Sümpfe, die es ermöglichten, Soldaten und Troß schnell von einem Gebiet ins andere zu bringen. Die Bereitstellung von Pferden und Ausrüstung setzt ebenfalls eine königliche Beschaffungsorganisation, königliche Lager und Pferdezucht voraus, die offensichtlich in dieser Größenordnung vorher nicht existiert hatten.

Ebenfalls zur Stärkung der zentralen Macht des Regimes und wohl auch zur Verbesserung der Kommunikationen trug der Ausbau von Pella als königlicher Hauptstadt bei. In der Antike hatte Pella über den Lydias direkten Anschluß ans Meer – die Bucht ist längst verlandet – und lag allgemein viel günstiger als Aigai als Kommunikationszentrum eines Königreiches, das inzwischen nicht nur Pieria und das Haliakmontal umfaßte, sondern Herrschaftsansprüche vom Pindos bis zum Strymon geltend machen wollte. Viel ist über diesen Hauptstadtwechsel nicht bekannt. Archelaos bemühte sich aber eindeutig, eine repräsentative Hauptstadt zu bauen, um dabei einen kulturellen Anschluß an die Welt der Poleis zu finden. Die Prachtbauten, die die bisherigen Ausgrabungen zutage gefördert haben, stammen zwar alle aus erheblich späteren Zeiten, überliefert wird jedoch, daß an der Ausstattung des neuen Palastes der berühmte Maler Zeuxis von Herakleia arbeitete.[36] Nach Pella kamen auch Dichter, der berühmteste, der Athener Euripides, starb im Jahr 406 am Hofe des Archelaos. Zur Ehre seines königlichen Gastgebers verfaßte er ein mythisches Drama mit dem Titel ‚Archelaos', in welchem die Herkunft der Argeadai vom peloponnesischen Argos feierlich dargestellt wurde. Auch das berühmte Stück ‚Die Bacchen' soll unter dem Einfluß seiner makedonischen Erlebnisse geschrieben worden sein. Aber Euripides stand nicht allein. Auch der athenische Tragödiendichter Agathon besuchte Pella, ebenso zwei Ionier, der Epiker Choirilos aus Samos sowie der Chorlyriker Timotheus von Milet.[37]

Diese kulturelle Tätigkeit beschränkte sich nicht auf den Hof und die Hauptstadt: Archelaos gründete neue Festspiele unter dem ehrgeizigen Namen ‚Olympia'. Sie wurden bei Dion in Pieria, unterhalb des mächtigen Olymposmassivs, als nationale makedonische Festspiele nach bewährtem griechischen Muster ausgetragen. Erfahrung in der Bedeutung von Festspielen hatte Archelaos persönlich sammeln können, als er – wohl in seiner Jugend – Siege mit einem Vierergespann sowohl in Delphi als in Olympia errungen hatte.[38] Seine Aktivitäten lassen sein Streben erkennen, sich nicht nur politisch mit Athen zu arrangieren, sondern auch kulturellen Anschluß an die griechischen Staaten des Südens (wieder vorwiegend Athen) zu gewinnen, der sich ohne weiteres im politischen Umgangsklima ausgedrückt haben dürfte.

Die Rahmenbedingungen für das politische Leben im ägäischen Raum änderten sich schlagartig im Jahr 405. Der Krieg zwischen Athen und Sparta, der seit 431 mit kurzen Unterbrechungen alle Bewohner der griechischen Welt beeinflußt hatte, ging plötzlich und unerwartet zu Ende. Die athenische Flotte wurde bei Aigospotamoi am Hellespont von den Spartanern unter Lysandros vernichtet. Im nächsten Jahre mußte Athen einem demütigenden Frieden zustimmen. Die Flotte war zerstört und mit ihr die athenische Seeherrschaft, die, trotz einiger empfindlicher Schlappen doch bis dahin noch immer aufrecht erhalten worden war. Den Makedonen konnte es eigentlich – trotz der neuerlichen Freundschaft – nur recht sein, wenn die stärkste Macht im nordägäischen Raum ausgeschaltet würde. Vielleicht war endlich die Zeit gekommen, in der Archelaos ohne die lästige Einmischung von auswärtigen Mächten seine Staatsorganisation im Inneren festigen und seine Hoheit in den Randgebieten seines Herrschaftsbereiches zur Geltung bringen konnte.

4. Am Rande der Welt

Für zwanzig Jahre nach dem Ende des Peloponnesischen Krieges flossen die Hauptereignisse der griechischen Welt an Makedonien vorbei. Athen konnte sich im Norden nicht mehr einmischen und Sparta wollte nicht. Die Makedonen waren dementsprechend auf sich gestellt. In den Jahren unmittelbar vor seinem Tod im Jahr 399 scheint Archelaos zunehmenden Schwierigkeiten ausgesetzt gewesen zu sein. Es wird von einem Krieg ‚gegen Sirrhas und Arrhabaios' berichtet. Arrhabaios, wie sein Namensvetter aus den 420er Jahren, dürfte – wenn es sich nicht um denselben Mann handelt – auch aus Lynkestis stammen; Sirrhas war anscheinend ebenfalls ein obermakedonischer Fürst, vielleicht auch er aus Lynkestis.

Um freie Hand für diesen Krieg zu gewinnen, vermählte Archelaos eine seiner Töchter mit Derdas, dem Fürsten der Elimiotis. Der Ausgang des Krieges ist unbekannt; aber der Druck der Zentralregierung auf die Randgebiete ist eindeutig; auch der Versuch, grundsätzlich freundliche Fürstenfamilien aus der Provinz an das königliche Haus zu binden, läßt sich am Falle Derdas leicht erkennen. Genau datierbar ist dieser Krieg leider nicht.[1]

Auch über Makedonien hinaus in den Süden, scheint Archelaos geblickt zu haben. Unsicher ist die Intensität und Bedeutung seiner Einmischung in die Angelegenheiten der führenden thessalischen Stadt Larissa. Als es dort zum Bürgerkrieg kam, griff Archelaos im Interesse einer Gruppe ein, die ihn um Hilfe bat; zur dauerhaften Besitzergreifung kam es jedoch nicht. Einige Flüchtlinge oder Geiseln scheinen Aufnahme in Pella gefunden zu haben.[2]

Archelaos starb eines gewaltsamen Todes. Aristoteles, der sich etwa 60 Jahre später am makedonischen Hof aufhielt und der die dortige Tradition erfahren und wiedergeben konnte, spricht von Mord.[3] Ein gewisser Krataios hat die Tat begangen, sei es weil er vom König sexuell mißbraucht wurde oder weil er eine ihm einmal als Ehefrau versprochene Königstochter nicht erhalten hat – Aristoteles erwähnt beide Traditionen. Allein war er allerdings nicht: Hellenokrates aus Larissa soll ähnlichen privaten Grund gehabt haben; und ein dritter Beteiligter, Dekamnichos, war einmal ausgepeitscht worden, weil er Euripides schlechten Atems bezichtigte. Daß die rauhen Sitten des makedonischen Königs junge Adelige in ihrem Stolz so verwunden konnten, daß sie den König ermordeten, kommt hier zwar erstmals in der Tradition vor, wirkt aber im Hinblick auf ähnliche spätere Ereignisse keineswegs unglaubwürdig. Die Beteiligung des Larissäers ist gewiß nicht als ein ‚auswärtiges politisches Moment' zu betrachten: Hellenokrates dürfte Flüchtling oder Geisel gewesen sein, und an der privaten Natur auch seiner Beweggründe zu zweifeln gibt es keinen Anlaß. Ein Staatsstreich war nicht geplant.[4]

Neuer König wurde Orestes, der unmündige Sohn des Archelaos und der Kleopatra, der unter der Vormundschaft seines Onkels Aeropos stand. Nach drei Jahren übernahm Aeropos förmlich das Königtum – ob er, wie Diodor berichtet, Orestes umgebracht oder ob er einfach die maßgeblichen Adeligen in der Zwischenzeit für sich gewonnen hatte, ist unsicher. Stabilität hätte man von Aeropos auf jeden Fall erwarten können, bloß wurde er krank und starb im Sommer 394. Die Nachfolge trat dann sein Sohn Pausanias an.[5]

Erstaunlich ist, daß auch diese Thronfolge offensichtlich problemlos erfolgte. Dauerhaft war sie aber nicht. Zwei andere Angehörige der königlichen Familie meldeten eigene Ansprüche an: Amyntas, Sohn des Arrhidaios, Enkel des Perdikkasbruders Amyntas und somit wie Pausanias Urenkel des ersten Alexander; und noch ein Amyntas, auch Urenkel des Alexander, ein Sohn des Archelaos, genannt ‚der Kleine‘ (vielleicht bloß deswegen, um ihn von seinem älteren Zeitgenossen zu unterscheiden).[6] Vieles ist hier unsicher; doch Amyntas ‚der Kleine‘ scheint sich als erster gegen Pausanias erhoben zu haben: Aus chronologischen Gründen muß er als ein gleichzeitig mit Pausanias regierender Herrscher betrachtet werden. Von seiner und des Pausanias' kurzen Regierungszeit (die in d.J. 394/3 fällt) sind nur einige Münzen bekannt, die aber eine solch frappierende Ähnlichkeit aufweisen, daß man geneigt sein könnte, die beiden Herrscher nicht als Konkurrenten, sondern als Kooperierende zu betrachten.[7]

Nach einem Jahr waren auf jeden Fall beide beseitigt. Aristoteles erwähnt, daß Derdas den ‚Kleinen Amyntas‘ ermordete, angeblich aus persönlichen Gründen; Pausanias wurde, nach Diodor, von Amyntas, Sohn des Arrhidaios, ermordet.[8] Derdas, Fürst der Elimioten, ist einige Jahre später als Helfer des Königs Amyntas, Sohn des Arrhidaios, bekannt und es liegt nahe, Kooperation auf die Zeit der Doppelmorde zurückzuverlegen. Sollte dieser Derdas außerdem der Schwiegersohn des Archelaos sein, dann belegt seine Tat eine Spaltung unter den Nachkommen des Archelaos zugunsten des Amyntas, Sohn des Arrhidaios.[9]

Es war ein Glück, daß Makedonien in diesen Jahren eine Einflußnahme seitens der griechischen Großmächte erspart blieb. Bis auf einen mißglückten Versuch des Aeropos im Sommer 394, dem spartanischen König Agesilaos den Weg durch sein Land zu versperren, wird nichts überliefert.[10] Doch ungefährlich für den Fortbestand des makedonischen Königreichs war der rasche Herrscherwechsel und die daraus resultierende Instabilität keineswegs. Deswegen wirkt es überraschend, daß nach der Thronbesteigung des Amyntas, Sohn des Arrhidaios, größere innenpolitische Probleme keine besondere Rolle mehr gespielt zu haben scheinen. Derdas von Elimiotis hatte er gewonnen; und das größte innermakedonische Problem, das Verhältnis zu den Lynkesten, scheint durch Amyntas' kluge Ehe mit Eurydike, Tochter des Fürsten Sirrhas, grundsätzlich gelöst worden zu sein.[11]

Das genaue Datum der Eheschließung ist nicht bekannt: möglich ist jedoch, daß sie bloß unter dem Druck der Illyrer auf Lynkestis zustandekam. In der 390er Jahren scheint sich ein illyrisches Reich unter der Führung von Bardylis vom Kerngebiet um das Amselfeld herum gewaltig nach Süden ausgedehnt und die nordwestlichen Gebiete Makedoniens bedroht zu haben. Besonders gefährdet waren die Lynkesten – Bardylis herrschte wohl schon um den Ochridsee –, die deswegen gern eine engere Bindung mit den Argeadai eingegangen sein mochten.[12] Aber nicht nur die Lynkesten waren bedroht. Zum Jahr 393/2 erzählt Diodor: „In Makedonien wurde Amyntas, der Vater Philipps, vom Lande vertrieben als die Illyrer in Makedonien einfielen. Weil er sich nicht behaupten konnte, verschenkte er den Olynthiern ein Grenzgebiet. Obwohl er im Moment sein Reich verlor, wurde er nach kurzer Zeit von den Thessalern zurückgebracht, erlangte wieder die Herrschaft und war König für 24 Jahre. Einige sagen allerdings, daß nach der Vertreibung des Amyntas Argaios für zwei Jahre König der Makedonen war, und daß Amyntas erst danach die königliche Würde wiedererlangte."[13] Die Hauptprobleme des makedonischen Königreiches werden hier alle angesprochen: die Illyrer, Olynth als führende Stadt im Chalkidischen Bund, die Thessaler, südliche Nachbarn und ein Konkurrent um die Herrschaft.

Die weitere Überlieferung ist dürftig. Bardylis' Illyrer überrannten Makedonien, wollten aber wohl hauptsächlich nur rauben und plündern. Doch der zeitliche Zusammenhang mit dem Konkurrenzanspruch des Argaios legt die Annahme nahe, daß Bardylis ihn unterstützte. Vielleicht gehört hierher dann auch die Nachricht, daß Amyntas sich verpflichtete, den Illyrern regelmäßig Tribut zu leisten,[14] etwa als Preis für die zukünftige Schonung Makedoniens und für die Aufgabe des Argaios. Auf jeden Fall wird nichts mehr von illyrischen Überfällen oder von Thronprätendenten vor dem Tode des Amyntas im Jahr 369 überliefert.[15]

Die beiden griechischen Nachbarstaaten waren zunächst nicht so gefährlich. Zu Thessalien, insbesondere zu der mächtigsten Sippe der größten Stadt, den Aleuadai aus Larissa, hatte Archelaos, vielleicht auch seine Vorgänger, Beziehungen gepflegt. Aber die Thessaler waren auch unter sich zerstritten. Zu einem regelrechten Krieg zwischen Pherai, unter dem Tyrannen Lykophron, und anderen thessalischen Städten war es schon im Jahr 404 gekommen. Die Auseinandersetzung dauerte fort: noch im Jahr 395 bekam Medeios von Larissa Hilfe von der anti-spartanischen Koalition der Südgriechen. Es war bestimmt dieser Medeios oder sein Vorgänger, der um 400 Archelaos um Hilfe bat, und es dürften dieselben Larissäer gewesen sein, die Amyntas 393/2 halfen.[16] Die Pflege guter Beziehungen zu den Argeadai erfolgte sicherlich aus eigenem Interesse der Larissäer. Ihnen konnte nicht daran gelegen sein, daß ein Schützling des Bardylis, selbst dann wenn er ein Sohn des Archelaos gewesen wäre, den sowieso labilen Nachbarstaat regierte, gerade im Hinblick auf die gespannten Verhältnisse in Thessalien.

Der Chalkidische Bund war eine Schöpfung des Peloponnesischen Krieges. Bei seinem Aufbau hatte Perdikkas kräftige Anstöße gegeben: Er hatte einige Landstriche ‚auf die Dauer des Krieges mit Athen' dem Bund überlassen und die Hauptstadt Olynth ermuntert, sich zu verstärken.[17] Nach dem Nikiasfrieden spielte der Bund im Krieg keine wesentliche Rolle mehr, und nach Friedensschluß wurde die Chalkidike, genau wie Makedonien, von den südlichen Großmächten vernachlässigt und blieb auf sich selbst gestellt. Um 393 erfolgte Amyntas' Übergabe des

Grenzgebietes – wahrscheinlich Anthemous – an die Olynthier, welche einen Versuch darstellte, Olynth und den Bund der Chalkidier für sich zu gewinnen. Den Chalkidiern, genausowenig wie den Thessalern, konnte daran gelegen sein, ein von Bardylis geschütztes Makedonien als Nachbar zu haben. Schwach durfte Makedonien freilich sein, doch stark genug, um sich als Bollwerk gegen die Illyrer zu behaupten.

Ein Staatsvertrag zwischen den Chalkidiern und Amyntas wurde ebenfalls abgeschlossen. Er zerfällt in zwei Teile, die zu verschiedenen Zeiten ausgehandelt wurden.[18] Der erste Teil, der in unmittelbarem Zusammenhang mit der Drohung von Bardylis stehen dürfte, sieht eine gegenseitige Hilfeleistung im Falle des Angriffs eines Dritten vor, und zwar auf fünfzig Jahre. Der zweite Teil regelt zwei Bereiche zugunsten der Chalkidier: 1. die Ausfuhr von Pech, Bau- und Schiffsbauholz (auch des besonders geeigneten Weißtannenholzes, soweit es Bundeszwecken diente) wird unter Zahlung von fälligen Zöllen und Gebühren garantiert; außerdem wird der freie Warenaustausch von anderen Gütern zwischen den Chalkidiern und den Makedonen unter gleichen Bedingungen vereinbart. 2. Freundschaft mit Amphipolis, den Bottiaiern, Akanthos und Mende durfte von keinem der Vertragspartner ohne die Einwilligung des anderen vereinbart werden. Der Text ist zwar nur teilweise erhalten, aber der zweite Teil scheint eine relativ stärkere Stellung der Chalkidier auszuweisen als der erste. Er würde – als Erweiterung des ersten Teils – sehr gut in die Zeit unmittelbar nach Amyntas' Rückkehr hineinpassen, als er um seine Stellung innerhalb Makedoniens stark kämpfen mußte und es ihm darauf ankam, sich das Wohlwollen der Nachbarn durch diese wirtschaftlichen und politischen Vergünstigungen zu erhalten.

Amyntas setzte sich in Makedonien nach seiner Rückkehr durch.[19] Freundschaft mit den Thessalern, Zugeständnisse an die Illyrer und die Chalkidier, die Vertreibung des Argaios, seine Ehebindung mit den Lynkesten und seine Freundschaft mit Derdas aus Elimiotis waren seine Vorteile. Auch um die Thraker im Osten bemühte er sich. Der Athener Iphikrates, Söldnerführer und Schwiegersohn des Thrakerkönigs Kotys, wurde nach 386 von Amyntas adoptiert.[20]

Auf jeden Fall fühlte sich Amyntas schon vor 383 fest genug im Sattel, um das Risiko einer Auseinandersetzung mit den Chalkidiern einzugehen: er forderte sie auf, ihm das im Jahr 393 abgegebene Grenzgebiet zurückzugeben.[21] Seine Berechtigung ist zweifelhaft: die einzige Quelle, Diodor, spricht eindeutig von einer ‚Gabe', was deutlich genug sein dürfte. Doch die Rechtsfrage war nicht maßgeblich. Die Chalkidier reagierten heftig. Sie wollten auf das Gebiet nicht verzichten, gingen sogar zur Offensive über und lancierten auch in Makedonien die Parole der ‚Freiheit der Städte', das arg strapazierte Schlagwort der Zeit. Viel Erfolg damit hatten sie bei den nichtselbständigen makedonischen Städten wohl nicht, aber sie konnten ihre momentane militärische Überlegenheit nachweisen, indem sie sogar Pella einnahmen und Amyntas für einige Zeit aus seiner Hauptstadt verjagten.[22]

Amyntas appellierte dann im Herbst 383 verzweifelt wegen Olynth an Sparta, die einzige Macht, die überhaupt ein Interesse daran haben konnte, den Ausbau des Chalkidischen Bundes zu verhindern.[23] Fast gleichzeitig trafen Gesandte von Akanthos und Apollonia, zwei kleinen chalkidischen Städten, die sich von Olynth bedroht fühlten, in Sparta ein. Sie schilderten, nach dem Bericht Xenophons, die große Bedrohung für den Frieden, die von Olynth ausging. Es war nicht nur die gewaltige Ausbreitung des Bundes zu beklagen, erwähnt wurde auch, daß Spartas Rivalen in Zentralgriechenland, Theben und Athen, augenblicklich mit Olynth verhandelten. Damit war Sparta überzeugt. Im Frühjahr 382 zog ein Heer von 2000 Mann unter Eudamidas nach Norden, wo es sich sofort Potidaias bemächtigte.[24] Leicht fanden die Spartaner ihre Aufgabe im Norden nicht, auch wenn sie bald Verstärkungen von zuhause und Kavallerieunterstützung von Amyntas und Derdas erhielten. Erst im Jahr 380 vermochten sie es, einen Belagerungsring um Olynth zu schließen und 379 die Stadt endlich einzunehmen. Von einer makedonischen Teilnahme an den Belagerungsunternehmungen von 380 und 379 wird nichts überliefert; auch die Kapitulationsbedingungen verraten nichts von einer Berücksichtigung interner makedonischer Belange: die Olynthier verpflichteten sich, gemeinsame Freunde und Feinde mit Sparta zu haben, Bundesgenossen zu sein und Heeresfolge zu leisten, aber der Bund der Chalkidier wurde anscheinend aufgelöst.[25] Die Spartaner hatten zwar ihr angegebenes Ziel, die Verhinderung des Aufbaus einer großen Macht im Norden, erreicht. Die Kosten waren aber groß gewesen – ein König und der Bruder eines Königs waren unter den Gefallenen –, und nicht jeder begrüßte es, daß Sparta die Interessen des Alleinherrschers Amyntas auf Kosten griechischer Städte förderte. Der Athener Isokrates versuchte schon während der Belagerung u. a. mit diesem Argument Stimmung gegen Sparta zu erzeugen.[26] Tatsächlich dürfte Amyntas der große Gewinner gewesen sein. Er war bestimmt jetzt in der Lage, das neulich umstrittene Anthemous wieder in Besitz zu nehmen; der Chalkidische Bund war aufgelöst, und von Sparta selbst hatte er nichts zu befürchten, weil der zu lange und zu teure Kampf gegen Olynth die expansionistische Politik des Königs Agesilaos auch in Sparta in Verruf gebracht hatte.

Ereignisse in Mittelgriechenland führten im Jahr 377 zur Gründung eines neuen Zweckbundes unter athenischer Führung („Zweiter Athenischer Seebund“) mit dem Ziel, im Namen der Gemeindefreiheit Sparta zu bekämpfen. Die militärischen Ereignisse des Krieges tangierten den Norden gar nicht, obwohl nach und nach einige der thrakischen Küstenstädte Mitglieder des Bundes wurden: vielleicht wurde sogar ein neugegründeter Rumpfbund auf der Chalkidike Mitglied.[27] Amyntas trat dem Bund nicht bei, obwohl ein Flottenausbau in Athen, den der Bund voraussetzte, unmittelbaren Bedarf an Schiffsbauholz verursachte, welcher ja am leichtesten in Makedonien zu befriedigen war. Wahrscheinlich stammt aus dieser Zeit das inschriftliche Fragment eines Staatsvertrages zwischen Amyntas und Athen.[28] Leider sind bloß Formalien erhalten, aber allein die Existenz eines Vertrages aus den Jahren des Krieges zwischen Athen und Sparta, von welchem Inhalt auch immer, deutet an, daß sich Amyntas eine außenpolitische Richtungsänderung leistete, daß er meinte, es sei für Makedonien wieder wichtig geworden, mit Athen eher als mit Sparta auf freundschaftlichem Fuß zu stehen. Gerade diesem Anliegen liegt wahrscheinlich seine Anerkennung des athenischen Anspruchs auf Amphipolis zugrunde, der beim Friedenskongreß zu Sparta im Jahre 371 vorgetragen wurde.[29]

Aus diesen Jahren muß auch ein weiterer Staatsvertrag stammen, ebenfalls unbekannten Inhalts, mit Jason, dem Tyrannen der thessalischen Stadt Pherai.[30] Jason versuchte über die Beseitigung adliger Regierungen in den thessalischen Städten einen militärisch und politisch leistungsfähigeren Städtebund in Thessalien einzurichten. Der makedonische König, der von sich aus und überhaupt von der makedonischen Tradition her lieber mit den adligen Freunden in Larissa kooperiert hätte, war Realpolitiker und mußte anerkennen, daß Jasons Erfolg ihn zum überaus mächtigen Nachbarn gemacht hatte; wohl aus diesem Grund schloß er den Vertrag ab. Aus derselben Zeit stammt ein Schiedsspruch des Amyntas in einem Grenzstreit zwischen Elimiotis und der perrhaibischen Stadt Doliche. Ein Schiedsspruch ist kein Beleg für Herrschaftsansprüche, doch setzt er die Annehmbarkeit des Schiedsrichters für beide Seiten voraus. Amyntas' gutes Verhältnis zu Derdas von Elimiotis ist bekannt; der Schiedsspruch belegt dann auch ein freundschaftliches Verhältnis zu diesem nördlichen Grenzgebiet Thessaliens.[31]

Als Amyntas nach 24jähriger Regierung im Jahr 370/69 starb, war gerade wieder ein umfassender Umsturz der Machtverhältnisse der griechischen Städte untereinander erfolgt, der dem Machtwechsel vom Jahr 404 ähnelte. Diesmal waren es die Spartaner, deren Herrschaft plötzlich zu Ende ging. Auf dem Schlachtfeld von Leuktra in Boiotien im Jahr 371 schlug das Heer des Boiotischen Bundes unter der Führung Thebens das Gesamtaufgebot Spartas und zerstörte damit die militärische Basis der spartanischen Herrschaft.[32] Es blieb abzuwarten, ob die Thebaner in der Lage wären, die plötzlich sich auftuende Machtlücke zu füllen.

II. Die europäische Großmacht

1. Die Herrschaftsfolge im Haus des Amyntas

Als Amyntas III. starb, hätte kein Zeitgenosse voraussehen können, daß sein Enkel Makedonien zur herrschenden Macht im ganzen Ostmittelmeerraum machen würde. Dafür fehlten anscheinend alle Voraussetzungen. Nur dank größter Anstrengungen und einer guten Portion Glück hatte er seinem Land eine gewisse Stabilität verschaffen können. Sein Tod jedoch ließ vorerst die ganze traditionelle Palette von Problemen, von auswärtiger Einmischung bis hin zum internen Streit am Hof über die Nachfolge, wieder aufflammen.

Zunächst blieben diese Gefahren eher verdeckt. Alexander, der älteste von Amyntas' drei Söhnen aus seiner Versöhnungsehe mit Eurydike, war inzwischen etwa 20jährig und trat die Nachfolge an. Er fühlte sich stark genug, um bald danach in Thessalien den Aleuadai in Larissa gegen den augenblicklichen Tyrannen von Pherai, Alexandros, zu helfen. Das Stadtgebiet von Larissa nahm er ein, kurz darauf auch Krannon. In beide Städte zogen makedonische Besatzungen ein.[1] Doch während seiner Abwesenheit schürten Gegner in Makedonien Widerstand gegen ihn und präsentierten Ptolemaios von Aloros als Kandidaten für die Herrschaft. Ptolemaios, ein älterer Verwandter des Königs, war ein erfahrener Mann, der Alexanders Vollschwester Eurynoe geheiratet hatte. Ob er auch ein Liebesverhältnis zur Königinmutter Eurydike selbst unterhielt, wie ein Teil der Überlieferung behauptet, mag dahingestellt bleiben, doch ihre Unterstützung erscheint auf jeden Fall wahrscheinlich.

In Thessalien konnten sich die makedonischen Besatzungen nicht lange behaupten. Etwa gleichzeitig mit dem Appell der Aleuadai an Alexander hatte eine andere Gruppe von Thessalern die neue Großmacht in Zentralgriechenland, Theben, angerufen. Daraufhin führte Pelopidas, einer der maßgeblichen Staatsmänner des boiotischen Aufstiegs, der schon zu Jasons Zeit Kontakte in Thessalien gepflegt hatte, ein Heer nach Thessalien und löste die Makedonen ab. Bald danach wurde er auch zur Schlichtung des innermakedonischen Streits herangezogen, was in der Praxis auf die Anerkennung eines gewissen thebanischen Patronats über Makedonien hinauslief. Es überrascht dann nicht, daß Alexander dreißig Geiseln einschließlich seines jüngsten Bruders Philipp nach Theben entsenden und sogar Ptolemaios ungestraft lassen mußte. Kurz danach wurde der junge König ermordet. Es wurde behauptet, daß Ptolemaios oder sogar die bösartige Mutter Eurydike den Mord herbeigeführt hätte. Ptolemaios war auf jeden Fall eindeutig der Hauptnutznießer und wurde als Vormund für die zwei minderjährigen Söhne des Amyntas, Perdikkas und Philipp, anerkannt. Aber ohne Theben konnte momentan keine Dauerlösung eintreten. Die Freunde des ermordeten Königs, wohl in erster Linie die Verwandten der Geiseln, riefen sofort Pelopidas an. Diesmal bestätigte er Ptolemaios als Vormund und erhielt zusätzlich 50 Geiseln, einschließlich Ptolemaios' Sohn Philoxenos. Etwa gleichzeitig versuchte ein gewisser Pausanias – auch er irgendwie mit dem Königshaus verwandt – von der Chalkidike aus und mit thrakischer Hilfe Makedonien zu erobern; doch er scheiterte an der Intervention des athenischen Feldherrn Iphikrates.[2]

Die von Amyntas mühsam hergestellte makedonische Stabilität schien dahin. Kein Herrscher konnte sich gegen seine internen Gegner ohne fremde Hilfe durchsetzen: Theben, Thessalien, Athen, der Thrakerkönig Berisades, wohl auch die Olynthier, alle hatten sich schon in die Regierungskrise in Makedonien eingemischt. Nach Lage der Dinge mußte die Beseitigung des Ptolemaios durch den jungen Perdikkas im Jahr 365,[3] eine weitere Fremdeinmischung herbeiführen, diesmal allerdings nicht durch die Thebaner: Nachdem sie nämlich nicht sofort einzugreifen vermochten, wurde nach dem Tode des Pelopidas im nächsten Jahr die ganze boiotische Nordpolitik, die er persönlich konzipiert und vertreten hatte, aufgegeben. Doch die Athener sprangen in die Bresche, und ihre Einmischung war für Makedonien zumindest potentiell gefährlicher, weil sie handfeste Ziele im Norden verfolgten: sie wollten Amphipolis, das ihnen schon im Jahr 424 verlorengegangen war und seitdem erbitterten Widerstand geleistet hatte, wiedererobern und ihren Einfluß auf der Chalkidike wiederherstellen. Ihre Position in Makedonien war zunächst stark genug, um Perdikkas zu bewegen, an Operationen unter Timotheus gegen Amphipolis sowie gegen Potidaia und andere chalkidische Städte in den Jahren 364/3 und 363/2 teilzunehmen.[4] Doch 362/1 wurde Perdikkas vom athenischen General Kallisthenes besiegt, was einen politischen Richtungswechsel voraussetzt, der irgendwie im Zusammenhang mit Amphipolis, wo vor 359 eine makedonische Besatzung eingezogen war, stehen muß. Ein Teil der athenischen Reaktion (evtl. im J. 360/59) dürfte die Eroberung der makedonischen Küstenstädte Methone und Pydna durch Timotheus gewesen sein.[5]

Die Bedrohung durch Athen konnte aber in den Jahren 360 und 359 für Perdikkas keine Priorität besitzen. Obermakedonien war in Gefahr, vom alten Bardylis überrannt zu werden. Die Landschaft Orestis (oder ein Teil davon) hatte sich vielleicht schon an ihre westlichen Nachbarn, die Molosser, angeschlossen.[6] Doch auch dieser Schritt dürfte keine Sicherheit gebracht haben: Der molossische Herrscher Arybbas hatte alle Hände voll zu tun, um bloß das Kerngebiet seines Volkes gegen die Illyrer zu schützen.[7] Im Frühjahr 359 zog Perdikkas aus, um dem Illyrerkönig zu begegnen. Es wurde ein völliges Desaster. Er selbst und mehr als 4000 seiner Soldaten fielen im Kampf.[8]

Der Tod des dritten Königs in den zehn Jahren seit dem Ableben des Amyntas scheint allgemein als Zeichen einer grundlegenden Schwäche des makedonischen Königreiches aufgefaßt worden zu sein. Der dritte Sohn von Amyntas und Eurydike wurde zwar schnell von dem maßgeblichen Adel als König anerkannt;[9] doch der Herrschaftsantritt des etwa 24-jährigen Philipp ließ keine großen Erwartungen aufkommen: warum sollte es ihm besser ergehen als seinen älteren Brüdern? Bardylis' Illyrer saßen fest in Obermakedonien; die Paionen des Axiostales fanden die Gelegenheit passend, um einen Einfall in die benachbarten Gebiete Makedoniens zu veranstalten; sogar drei Thronprätendenten stellten sich als Konkurrenten, von denen mindestens zwei mit Sicherheit ausländische Unterstützung erhielten. Die Lage ähnelte sehr derjenigen der 390er Jahre. Damals hatte Philipps Vater auch mit den Illyrern zu tun gehabt und hatte sich durch Tributzahlung die Ruhe gekauft, die er brauchte, um sich zu etablieren. Erst kürzlich waren die Zahlungen von Perdikkas eingestellt worden, was evtl. den neuen Einfall provoziert hatte. Die Gründe sind unbekannt. Aber das Prinzip, daß man Gegner mit Geld ruhig halten konnte – wenn auch nicht mehr die Illyrer –, ließ sich wiedereinführen, und darin zeichnete sich Philipp gleich als kluger Nachfolger seines wendigen Vaters aus.

Die Illyrer blieben zunächst in Obermakedonien. Die näheren Paionen packte Philipp also zuerst an: ‚Einige korrumpierte er mit Geschenken, andere überzeugte er mit freundlichen Versprechungen', schreibt Diodor,[10] und es wurde ein brüchiger Frieden im Axiostal rasch wiederhergestellt. Ähnlich konnte er ‚mit Geschenken' den gierigen Thrakerkönig Berisades besänftigen, der den Thronprätendenten Pausanias unterstützte. Von Pausanias wird nichts mehr gehört und Berisades dürfte sich zumindest vorübergehend friedlich verhalten haben. Die zwei anderen Prätendenten waren potentiell gefährlicher. Der eine war Philipps ältester Halbbruder Archelaos (aus Amyntas' erster Ehe mit Gygaia). Was sich hier genau abspielte, ist nicht bekannt; doch der Ernst der Gefahr läßt sich aus dem gewaltsamen Tod des Archelaos und aus der Tatsache schließen, daß zehn Jahre später Philipp seine anderen zwei Halbbrüder immer noch verfolgte.[11]

Als Perdikkas starb, stand Makedonien mit Athen auf Kriegsfuß. Es überrascht dann nicht, daß Athen versuchte, über die Nachfolge eigene Interessen durchzusetzen. Ein mit athenischer Hilfe eingesetzter König wäre sofort in der Lage gewesen, den athenischen Traum der Wiedergewinnung von Amphipolis zu verwirklichen, weil makedonische Soldaten augenblicklich die Stadt besetzt hielten. Einen genehmen Kandidaten fanden die Athener im alten Argaios, der schon Philipps Vater Amyntas Schwierigkeiten bereitet hatte. Er lebte seitdem im Exil, wahrscheinlich in Athen, und stand den Athenern zur Verfügung. Sie brachten ihn mit 3000 Söldnern nach Methone und er machte sich mit dieser Begleitung auf den kurzen Weg nach Aigai. Gehofft hatte er auf eine bereitwillige Aufnahme durch die Bewohner der alten Hauptstadt. Doch niemand begrüßte ihn: es gab eben keinen Aufstand gegen Philipp. Ohne Hoffnung versuchte Argaios nach Methone zurückzukehren, aber unterwegs begegnete er Philipp mit einem Heer, das Argaios' Söldner aufrieb. Viele Gefangene wurden gemacht; von Argaios selbst hören wir nichts mehr. So leicht war Amphipolis denn doch für Athen nicht wiederzugewinnen. Aber Philipp erkannte schon das Problem. Um sich diesbezüglichem athenischen Druck zu entziehen, hatte er schon vor der Begegnung mit Argaios seine Garnison entfernt: was er nicht besaß, konnte er nicht gezwungen werden abzugeben. Für Makedonien war ein selbständiges Amphipolis weniger gefährlich als ein von Athen besetztes. Als Versöhnungsgeste ließ er aber die athenischen Gefangenen ohne Lösegeld frei und unterbreitete ein Friedensangebot, das Athen nicht ablehnen konnte. Es fanden sogar Bündnisverhandlungen statt.[12]

Diese ersten Handlungen Philipps lassen im Ansatz ein ungewöhnliches politisches Talent erkennen. Beim Tode des Perdikkas sammelten sich die Aasgeier, um das Land zu plündern und zu zerstückeln, sechs Monate später waren Konkurrenten um die Herrschaft aus dem Felde geschlagen und bis auf die Illyrer gefährliche Nachbarn besänftigt. Dabei hatte der junge König eine glückliche Kombination von Diplomatie und militärischer Kraft eingesetzt, die ein ausgesprochenes Merkmal seines Stils werden sollte. Offensichtlich hatte er sich maßgeblichen makedonischen Kreisen sofort empfohlen: deswegen konnte er mit Archelaos fertig werden und seine beiden anderen Halbbrüder vertreiben; die Bewohner von Aigai hatten außerdem keine Begeisterung für Argaios gezeigt. Es wird von einer königlichen Bereisung des Landes mit Ansprachen an das Volk berichtet,[13] was zur Festigkeit seines Regimes im Innern beigetragen haben dürfte. Glück im Unglück war die illyrische Okkupation von weiten Teilen Obermakedoniens. Unter diesen Umständen war von den obermakedonischen Fürsten keine Gefahr zu erwarten, waren sie doch von der zentralen Macht abhängig, wollten sie die Illyrer einmal los werden. Philipp, Sohn der Lynkestin Eurydike, mußte auch dieses Problem einmal anpacken, glücklicherweise jedoch blieb Bardylis nach seinem Sieg zunächst wo er war und gewährte damit Philipp eine Atempause. Glück gehörte schließlich, nach antiker Auffassung, zu den Eigenschaften eines erfolgreichen Feldherrn und Königs.

Auch im Umgang mit seinen Nachbarn verriet Philipp ein Gespür für ihre Schwächen. Die Paionen wollten plündern, dann konnte er sie wohl durch Geldzahlung davon abhalten. Dasselbe galt für den Thrakerkönig Berisades. Athen wollte Amphipolis: Sein erster Schritt bestand also darin, seine Besatzung zurückzuziehen, um den athenischen Druck zu entkräften – gute Propaganda, wogegen die ‚freiheitsliebenden' Athener zumindest im Prinzip nichts einwenden konnten –, sein zweiter, Argaios und sein athenisches Begleitheer zu schlagen, um sich anschließend großzügig zu zeigen. Danach wurde förmlich Frieden geschlossen und wurden Gespräche über ein Bündnis aufgenommen. Gespräche kosteten wenig und gewannen Zeit. Man lernte einander kennen.

2. Sicherheit im Westen

Die Darstellung in diesem Kapitel geht jetzt von der bisherigen chronologischen Gliederung auf eine sachlich-geographische über. Außerdem wird beim Regierungswechsel von Philipp II. auf Alexander III. („den Großen") im Jahr 336 kein Schnitt gemacht. Die Behandlung jedes geographischen Bereichs wird bis Alexanders Tod (Juni 323) oder bis zum Lamischen Krieg (Ende: Sommer 322) ohne Unterbrechung durchgeführt, um jeweils die grundsätzliche Kontinuität bei den verschiedenen europäischen Interessen des makedonischen Staates auch in der Darstellung zu gewährleisten. Innerhalb jedes sachlichen Abschnittes wird das Material chronologisch behandelt. Die Gründe für diese Gliederung liegen einerseits in der Überzeugung, daß die europäischen Interessen Makedoniens unter Philipp II. und Alexander III. so eng zusammenhängen, daß in diesem Bereich das Ableben Philipps keinen sachlich gerechtfertigten Epochenabschnitt darstellt, andererseits in dem Versuch, Prioritäten des Staates zu erkennen, die sonst durch die Vernebelungen der athenzentrierten Überlieferung nicht auszumachen gewesen wären.

Philipp nutzte die Atempause, die er sich verschafft hatte, um ein neues Heer auszubilden. Die Quellen berichten von zahlreichen Übungen und von neuen Waffen, die er zur Verfügung stellte.[1] Was genau gemeint ist, ist nicht ganz sicher. Wahrscheinlich dachte man bei neuen Waffen an die Sarissa, jenen ca. 5 m langen Stoßspeer, der zur charakteristischen Waffe des neuen makedonischen Heeres wurde. Aus den königlichen Wäldern und Bergwerken dürfte es relativ rasch möglich gewesen sein, das Material zu dieser billigen Reform zu beschaffen. Die Notwendigkeit von Übungen, sollte das Heer einmal Erfolge erzielen, war sicherlich eine Erkenntnis aus den letzten Jahren unter den Griechen, wo gerade die Effektivität des regelmäßig gedrillten Heeres der Boioter unter Pelopidas und Epaminondas allen Gegnern und Beobachtern imponiert hatte. Philipp selbst hatte drei Jahre als Geisel in Theben verbracht, andere junge Makedonen auch, und sie dürften die Übungen dort beobachtet haben. Es waren aber noch mehr Neuigkeiten, die sich im Frühjahr zeigten. Nicht nur trat die Infanterie in einer relativ disziplinierten Phalanxformation und mit der langen Sarissa bewaffnet auf, sondern auch die Kavallerie hatte eine neue und maßgebliche Angriffsrolle an den Flügeln bekommen, die während des Winters ebenfalls regelmäßig geübt worden sein muß.

Was in der Eile getan wurde, reichte aus. Vor dem entscheidenden Kampf gegen die Illyrer kam Philipps Feldzug gegen die Paionier, deren König Agis gerade gestorben war, eher einer Übung gleich: Sein umfassender Sieg erniedrigte die Paionier so, daß sie künftig beinahe als eine nördliche Provinz Makedoniens galten. Gleich danach zog er nach Obermakedonien, lehnte ein Verhandlungsangebot des überraschten Bardylis ab und schlug die Illyrer so heftig, daß sie gezwungen waren, Obermakedonien zu räumen. Mehr als 7000 Illyrer sollen gefallen sein.[2] Der überraschende Sieg vertrieb nicht nur die Illyrer und befreite die obermakedonischen Fürstentümer, sondern machte gerade hier die Herrschaft der zentralen Macht des Königreiches auf eine Weise geltend, daß Diodor schreiben konnte, Philipp hätte ‚alle Bewohner des Gebietes bis zum Lychnidsee' (Ochridsee) untertänig gemacht.[3] Die lokalen Fürsten hatten es eben nicht geschafft, die Illyrer zu vertreiben: das Verdienst gehörte eindeutig und allein dem König Philipp, der mit seinem neuorganisierten Heer aus Pella zur Hilfe gekommen war. Der unumstrittene Geltungsbereich des Königtums war damit ausgeweitet worden; mit dem Streben der Obermakedonen nach Selbständigkeit, das vielen von Philipps Vorgängern sehr zu schaffen gemacht hatte, dürfte es vorbei gewesen sein.

Philipps Interesse am Westen seines Landes ging aber mit dem Erfolg gegen Bardylis keineswegs zurück: Er erkannte die Möglichkeit, die er gewonnen hatte, die westlichen Fürstentümer – vor allem Lynkestis, Pelagonia, Orestis und Tymphaia – in den makedonischen Staat viel enger einzubinden als je zuvor. Details der Entwicklung in den nächsten Jahren sind kaum überliefert – dieses als barbarisch geltende Gebiet interessierte die griechischen Schriftsteller, die unsere Quellen sind, wenig –, doch kann man trotzdem erkennen, daß viel geleistet wurde.

Die wichtigste Voraussetzung war gewiß das anhaltende Interesse des Königs, seine nicht nachlassende Bereitschaft, Zeit, Energie und Geld in Obermakedonien zu investieren. Die illyrische Bedrohung nahm er ernst. Sein erster Versuch, die Zukunft hier abzusichern, war seine Heirat mit einer illyrischen Fürstentochter, Audata, die erste in einer Reihe von politischen Ehen mit Nicht-Makedonierinnen. Eine Tochter Kynnane wurde geboren.[4] Damit kehrte aber noch immer keine Ruhe mit den illyrischen Stämmen ein: Zwei Jahre später (356) mußte Philipps Feldherr

Parmenio eine weitere Schlacht mit Illyrern, diesmal mit dem Fürsten Grabos, austragen.[5] Auch dieser Sieg kam in erster Linie den Obermakedonen zugute. In den nächsten Jahren operierte Philipp immer wieder in den westlichen Grenzgebieten, so daß im Jahr 346 der Athener Isokrates zwar übertreibend, aber immerhin treffend schreiben konnte, daß Philipp über die Illyrer, bis auf diejenigen, die die adriatische Küste bewohnten, herrschte.[6] Stabil war diese Herrschaft allerdings noch nicht. Weitere Feldzüge gegen Illyrer – welche es genau waren, ist nicht bekannt – fanden zwischen 445 und 443[7] statt; noch unmittelbar nach Philipps Tode mußte Alexander im Jahr 335 einem illyrischen Aufstand, geführt von Kleitos, Sohn des Bardylis, begegnen; wiederum nach dem Tode Alexanders im Jahr 323 schlossen sich einige Illyrer an die aufständischen Griechen an ‚wegen ihres Hasses gegen die Makedonen'.[8] Doch obwohl das Amalgam von illyrischen Völkern, mit ständig wechselnden Loyalitäten sowohl untereinander als in Bezug auf nichtillyrische Nachbarn auch weiterhin den Makedonen Sorgen und Ärger machte, ist es klar, daß die Gefahren nie so groß wurden, daß der jeweilige König mit ihnen nicht fertig wurde. Die Gewalt im Grenzgebiet hörte nicht auf, wurde aber auf ein hinnehmbares Niveau reduziert.

Dieser Zustand wurde nicht nur durch regelmäßige Feldzüge und schnelle militärische Reaktionen auf aktuelle Drohungen erreicht. Die offensichtliche Entschlossenheit der zentralen Regierung, hier endlich für Ruhe zu sorgen, dürfte genau so wichtig gewesen sein. Dies drückte sich in umfangreichen bau- und bevölkerungspolitischen Maßnahmen im Grenzgebiet aus. Schon um das Jahr 351 redete Demosthenes von der Befestigung von Städten im illyrischen Gebiet; und eine zeitlich nicht präzise Angabe Justins spricht von Umsiedlungen im Grenzgebiet sowie von der Ansiedlung von Kriegsgefangenen, um die Städte zu verstärken. Diese Angaben deuten darauf hin, daß Philipp ziemlich systematisch das Grenzgebiet mit zuverlässigen Leuten besiedelte – man denkt an Landschenkungen, die u. a. dazu dienten, die Beschenkten an den König zu binden, an die Befestigung von existierenden Marktgemeinden, an den Bau von Burgen an strategischen Stellen.[9] In Verbindung mit einer regelmäßigen militärischen Präsenz, die der Bereitschaft des Königs, auch Obermakedonien als integralen Bestandteil des Landes zu betrachten, Glaubwürdigkeit verlieh, ist gewiß durch diese Maßnahmen viel erzielt worden.

Die obermakedonischen Landschaften wurden als politische Einheiten nicht aufgelöst, sondern in das Staatswesen fest eingegliedert. Dies läßt sich im militärischen Bereich am besten konkret nachweisen: im Heer Alexanders waren einige Infanterieeinheiten *(Taxeis)* nach Landschaften organisiert und es werden ausdrücklich *Taxeis* von Elimiotis, Tymphaia und Orestis-Lynkestis erwähnt.[10] Außerdem wurde der alte Adel, der gegen die Illyrer kläglich gescheitert war, in den zentralen militärischen Dienst des Staates eingegliedert. Aus Philipps Lebzeiten ist hier nur wenig bekannt, doch unter Alexander stammen eine Reihe von Offizieren aus Obermakedonien, von denen zumindest einige auch unter Philipp gedient haben dürften, wie Krateros und Perdikkas aus Orestis und Polyperchon aus Tymphaia.[11] Die adelige Jugend sammelte er am Hof als eine Art Pagenkorps, und daran waren auch Mitglieder der Adelshäuser aus Obermakedonien beteiligt.[12] Eine absolute Sicherheit war gewiß nicht zu erreichen. Nicht jedes Mitglied eines ehemaligen ‚königlichen' Hauses gab sich mit seiner neuen Rolle zufrieden und blieb unverdächtig, wie das Geschick der drei Söhne des Aeropos aus Lynkestis zeigt, von welchen Alexander beim Herrschaftsantritt gleich zwei töten ließ. Ein Regionalismus blieb, obgleich wir ihn nicht immer fassen können, zweifellos erhalten.[13] Doch scheint Philipp trotzdem im Westen Ruhe geschaffen zu haben; ernstzunehmende Gefahren für die Einheitlichkeit des Staates sind aus dieser Region nicht weiter bekannt.

Der zweite Pfeiler des Verteidigungssystems im Westen war Philipps Verhältnis zu den Molossern. Die Molosser waren der stärkste (und, für Makedonien wohl maßgebend, der östlichste) der drei wichtigsten epeirotischen Stämme, sie behielten wie Makedonien noch ihr Königstum bei, während die Thesproten und Chaonen das Königtum schon abgeschafft hatten. Die Molosser waren Griechen, sprachen einen den Makedonischen ähnlichen Dialekt, litten genauso unter den Raubzügen der Illyrer und waren im Grunde genommen ein natürlicher Partner für einen makedonischen König, der das illyrische Problem an den Wurzeln packen wollte. Philipp scheint dies sehr früh erkannt zu haben, als er sich schon 357 mit Olympias, einer Nichte des Molosserkönigs Arybbas, vermählte. Olympias' Schwester Troas hatte Arybbas selbst zur Frau genommen. Im Sommer 356 wurde die Bindung noch bedeutsamer, als Olympias einen Sohn Alexander zur Welt brachte, den Philipp als Erben anerkannte.[14]

Die epeirotische Bindung sollte aber nicht nur königlichen Nachwuchs liefern. Die größte politische Rolle sollte Olympias' Bruder Alexandros zukommen. Noch als Knabe wurde er von Olympias um die Mitte der 350er Jahre nach Pella geholt, wo er das Vertrauen seines Schwagers schnell gewann. Als Alexandros ca. 350 zwanzig Jahre alt wurde, erhielt er makedonische militärische Hilfe für den Sturz des Arybbas, der ins Exil gehen mußte. Alexandros, als treuer Freund Philipps – man munkelt sogar von einem Liebesverhältnis –, diente ausgezeichnet der Zusammenarbeit der beiden Staaten, die Philipp z. B. im Jahr 343 zu belohnen wußte: Mit der Eroberung der vier kleinen Städte in Kassopeia erweiterte er den Besitz des Schwagers und rundete ihn ab.[15] Es gibt auch Indizien dafür, daß sich der formale staatliche Einfluß des Molosserkönigs zu

Lebzeiten des Alexandros auf die Thesproter ausgedehnt hat. Ein Staat, der zumindest von Außenstehenden ‚Epeiros' genannt werden konnte, war bis ca. 330 entstanden, und makedonischer Einfluß dürfte dabei maßgeblich gewesen sein.[16]

Im Jahr 337 entstand ernster Streit zwischen Philipp und Olympias. Philipp, jetzt Mitte vierzig, heiratete die junge Makedonierin Kleopatra, und Olympias, inzwischen auch in die vierziger Jahre gekommen, fürchtete, in die Rolle einer Nebenfrau gedrängt zu werden; sie floh zu ihrem Bruder. Doch bloß seiner gekränkten Schwester wegen wollte Alexandros es nicht mit Philipp verderben, und seine Loyalität wurde gleich belohnt, indem er seine Nichte Kleopatra, die Tochter von Philipp und Olympias, zur Frau bekam. Die Bedeutung der familiären Bindung zwischen den Königshäusern der zwei Nachbarstaaten hielt auch nach Philipps Ermordung während der Heiratsfeierlichkeiten in der zweiten Generation an. Die Bedingungen veränderten sich zwar wesentlich, als beide Könige weit entfernte Feldzüge unternahmen – der molossische Alexandros in Italien (wo er im Jahr 331/0 umkam), der makedonische Alexander in Asien (wo er im Jahr 323 in Babylon starb) – und ihre Heimat jeweils durch einen Stellvertreter verwalten ließen. Schwierigkeiten auf der persönlichen Ebene gab es gewiß, als sich Olympias nach 334 in die Staatsgeschäfte Makedoniens unter Alexanders Stellvertreter Antipatros einmischen wollte und sich schließlich wieder nach Molossis absetzte, weil sie es in Pella nicht mehr aushalten konnte. Daraufhin entstanden Probleme in Molossis, als Kleopatra, nach dem Tode ihres Gatten in Italien, sich gegen ihre als molossische Prinzessin geborene Mutter nicht durchsetzen konnte, und nach Pella zurückkehrte. Trotz der Weibergeschichten blieb jedoch das gute zwischenstaatliche Verhältnis zwischen Makedonien und Molossis oder Epeiros fest bestehen, solange Alexander der Makedone lebte, wie weit er auch immer von zuhause entfernt sein mochte.[17]

3. Der Osten

Obwohl die Krise des Jahres 359 erst im Westen Makedoniens spürbar wurde, ist der makedonische Staat immer wieder auch aus dem Osten bedroht worden. Hier galten die Griechen auf der Chalkidike unter der Führung von Olynth sowie die thrakischen Stammesverbände jenseits des Strymon als die Hauptgefahren. Aber auch Athen vertrat hier eigene Interessen, was durch die neuerliche Wiederbelebung von alten Ansprüchen auf Amphipolis, durch die gerade erfolgte Einnahme von Pydna und Methone sowie durch die Entsendung von Kolonisten nach Potidaia in Erinnerung gebracht worden war. Bei Philipps Herrschaftsübernahme unterstützten dann wieder die Athener und der benachbarte thrakische König, vielleicht auch Olynth, Thronprätendenten. Um solche Einmischungen zu unterbinden, verlangte die Konsequenz, daß die Athener aus ihren neuen Besitzungen vertrieben würden und ihre Hoffnungen auf ein neues Herrschaftsgebiet in der Nordägäis fallen ließen. Bezüglich der Chalkidike konnte konsequentes Denken nur zu einer einzigen idealen Lösung führen, nämlich das Gebiet direkt in das Territorium des makedonischen Staates einzugliedern. Genauso war Alexander I. vor mehr als einem Jahrhundert mit Mygdonia und Bisaltia verfahren, als er die makedonische Grenze am Strymon festlegte. Für die Chalkidike bot sogar Anthemous einen Präzedenzfall.

Das Problem mit den Thrakern war, damit verglichen, viel komplizierter. Das Volk, das die Griechen Thraker nannten, bestand aus einer Anzahl mehr oder weniger selbständiger Stämme, angesiedelt zwischen Ägäis und Donau. Von diesen hatten nur die südlichsten, die Odrysen, ein erkennbares Staatsgebilde geschaffen.[1] Dieses ‚Reich der Odrysen' (mit dem z. B. Athen immer versuchte, freundliche Beziehungen aufrechtzuerhalten) beschäftigte Makedonien am meisten. Es gab einen möglichen Ansatzpunkt. Die Odrysen bildeten seit einiger Zeit kein einheitliches Reich mehr, sondern drei kleinere, deren Könige, trotz Blutsverwandtschaft, miteinander nur schlecht auskamen. Der unmittelbare Nachbar war Berisades, der das Gebiet zwischen den Flüssen Strymon und Nestos beherrschte; der nächste, Amadokos, herrschte bis Maroneia oder vielleicht bis zum Hebros; das ehemalige Kerngebiet der Odrysen östlich des Hebros gehörte Kersebleptes. Ein Vorstoß gegen einen dieser Fürsten dürfte nicht unbedingt von den anderen gleich als Provokation aufgefaßt worden sein. Die Ausschaltung des Berisades, der Pausanias unterstützt hatte, evtl. die Eingliederung seines Herrschaftsgebietes in Makedonien, dürfte für das Heer und den König, die Bardylis schlagen konnten, möglich gewesen sein. Attraktiv war dies aber nicht bloß aus Sicherheitsgründen, sondern auch weil Berisades das an Edelmetallen reiche Pangaiongebirge mit dem bedeutendsten Edelmetallvorkommen im ganzen ägäischen Raum kontrollierte.

Nach dem Sieg über die Illyrer begann Philipp makedonische Schwächen im Osten zu beseitigen. Sein Bruder Perdikkas hatte schon einen Anfang gemacht, als er mit Athen brach und eine makedonische Besatzung nach Amphipolis legte, die die unterste Strymonbrücke kontrollierte. Philipp zog diese Soldaten zunächst zwar zurück, um Athen nicht weiter zu provozieren;[2] doch im Hinblick auf Berisades' Hilfe für Pausanias, wurde die Kontrolle über Amphipolis nunmehr zur hohen, vielleicht zur höchsten Priorität. Der Sieger über die Illyrer hatte von den Athenern, die ohnehin bloß wegen der Beweglichkeit ihrer Flotte im Norden eine Gefahr darstellten, wenig mehr zu fürchten.

Im Jahr 357 unternahm Philipp schon erste Schritte. Wegen der Zerstrittenheit der Amphipoliten selbst, wegen der Beschäftigung der Athener mit einer Aufstandsbewegung unter den Mitgliedern ihres Seebundes und wegen des Todes von Berisades war die Zeit zufällig außerordentlich günstig für einen plötzlichen Angriff. Eine Gruppe von Amphipoliten, die sich von Athen Hilfe versprachen, entsandten zwar zwei Gesandte, Hierax und Stratokles, nach Athen. Doch sie erreichten nichts, und vor dem Herbst war Philipps Belagerung erfolgreich. Eindrucksvoller hätte die grundsätzliche Schwäche der Athener in der Nordägäis kaum nachgewiesen werden können. Amphipolis, das sie mehr als sechzig Jahre beanspruchten, konnten sie selbst dann nicht einnehmen, als maßgebliche Amphipoliten sie dazu aufforderten. Amphipolis mußte seinen Widerstand allein betreiben, und nach Philipps Sieg befand sich konsequenterweise der „Athenerfreund" Stratokles unter den Vertriebenen.[3] Philipp hatte schnell erkannt, daß die Athener lieber verhandelten als handelten. Während der Belagerung ließ er also vernehmen, er erobere Amphipolis für Athen; unmittelbar nachher empfing er athenische Gesandte, die Andeutungen über einen möglichen Tausch, Amphipolis für Pydna, machten. Dabei verrieten sie aber, daß für Athen Pydna unter Umständen verzichtbar wäre, worauf Philipp nicht zögerte, auch diese Stadt einzunehmen.[4]

Die Athener erklärten Krieg, aber sonst taten sie nichts. Die Olynthier, von Philipps Erfolgen beunruhigt, waren wie die Amphipoliten in Athen vorstellig gewesen, doch auch ihre Gesandten kehrten enttäuscht nach Hause. Auf der Suche nach Bundesgenossen handelten sie einen Vertrag mit dem Illyrerfürsten Grabos aus, aber Philipp torpedierte ihn durch großzügige Versprechungen, die er auch gleich einlöste.[5] Er gab Olynth das umstrittene Grenzgebiet Anthemous zurück; und viel wichtiger, er half bei der Beseitigung der athenischen Präsenz in Potidaia, nur ca. 3–4 km von Olynth entfernt. Während er nach der Belagerung die örtliche Bevölkerung versklavte, sandte er die athenischen Siedler nach Athen zurück. Das Land bekam Olynth (356).[6] Damit wurden die Chalkidier nicht nur Vertragspartner, sondern durch Potidaia wurden sie auch in den Krieg gegen Athen verwickelt. Die Einflußmöglichkeiten Athens im Norden schrumpften rasch; von seinen Stützpunkten blieb nur Methone übrig.

Im selben Jahr bot sich eine unwiderstehliche Gelegenheit in Thrakien, die allerdings zwangsläufig zu immer größeren makedonischen Verwicklungen führte. Berisades, der thrakische Fürst des Pangaionbergwerkgebietes war im Jahr 357 gestorben, und seine Kinder hatten die Herrschaft unter sich aufgeteilt. Zwischen Ketriporis und der florierenden griechischen Goldgräbersiedlung Krenides gab es gleich Streit und die Leute von Krenides appellierten an Philipp. Erfolgreiche Parteinahme für Krenides konnte Kontrolle über die begehrten Edelmetallvorkommen bedeuten, aber nur dann, wenn Krenides nicht als Insel mitten im feindlichen thrakischen Gebiet gelassen wurde. Freier Zugang zum Pangaion war die Voraussetzung für eine erfolgreiche wirtschaftliche Tätigkeit. Effektive Hilfe für Krenides implizierte also die Schaffung dieser Voraussetzung, die in der augenblicklichen Lage nur durch makedonische Kontrolle über das ganze Pangaiongebiet zu erreichen war. Das hieße dann, zumindest langfristig, die Aufgabe des Strymon als Staatsgrenze, verlangte also die Suche nach einer neuen natürlichen Grenze. In Betracht kam nur der Nestos, der bislang die östliche Grenze des Königreiches des Berisades und seiner Söhne gewesen war. Im Ergebnis bedeutete wirksame Hilfe für Krenides mithin eine vollständige Eroberung Thrakiens bis zum Nestos.

Philipp führte sein Hilfsprogramm für Krenides mit seiner gewöhnlichen Konsequenz durch. Er vertrieb Ketriporis von Krenides, führte neue Siedler ein, und im Sinne einer königlichen Städtegründung benannte er die Siedlung in ‚Philippoi' um. Von weiteren notwendigen Maßnahmen, etwa um die sumpfige Ebene von Philippoi zu entwässern und zu besiedeln sowie um das Gebiet bis zum Nestos zu erobern, ist zwar nichts überliefert, doch mit dem Einkommen von 1000 Talenten pro Jahr aus den Bergwerken dürfte dies ohne Mühe finanzierbar gewesen sein. Unter Alexander wurde das Stadtterritorium irgendwie ergänzt oder umorganisiert, was als Zeichen des erfolgreichen Ausbaus gelten kann.[7] Ketriporis verbündete sich zwar im Sommer 356 mit Athen sowie mit dem Illyrer Grabos und dem Paionen Lysippos, aber Krenides, das der Vertrag ausdrücklich erwähnte, bekam er nie zurück, und er mußte offensichtlich die Oberhoheit des Makedonenkönigs anerkennen.[8] Im nächsten Jahr (355) nahm Philipp dann endlich Methone ein. Nach einer Belagerung, bei der er sein rechtes Auge verlor, fiel dieser letzte athenische Stützpunkt. Wegen des zähen Widerstandes – und vielleicht wegen des verlorenen Auges – wurde Methone dem Boden gleichgemacht, die Bewohner durften bloß mit einem Gewand die Stadt verlassen; das Stadtterritorium wurde unter verdiente Makedonen verteilt.[9]

Die unmittelbaren wirtschaftlichen Vorteile aus der Übernahme von Krenides flossen direkt in die makedonische Staatskasse. Sie ermöglichten es, daß Philipp sein Bürgerheer durch die Anwerbung von Söldnern entlasten konnte. Die neugewonnenen Gebiete zwischen Strymon und Nestos wurden dann an Makedonen und andere, die Makedonen werden wollten, verteilt.[10] Die rasche Kapitulation des Ketriporis bedeutete aber nicht das Ende des thrakischen Problems. Wegen der Bedeutung der zwei Meeresengen, Bosporos und Hellespont (Dardanellen), für Athen, das auf Getreideimporte aus Südrußland angewiesen war, pflegte Athen traditionell gute Beziehungen zu den odrysischen Königen. Gleichfalls waren die wichtigsten griechischen Küstenstädte, Neapolis, Abdera, Maroneia und Ainos aus eigenen Sicherheitsinteressen auf gute Beziehungen zu ihren thrakischen Nachbarn angewiesen. Wegen ihrer exponierten Lage waren sie alle, wie auch Thasos, Mitglieder des athenischen Seebundes. Beispiele für Athens Beziehungen zu den Thrakern liefern zwei Verträge. Einer gehört in die Zeit vor dem Tode des Berisades, also ca. 358, und war mit den damaligen drei thrakischen Königen abgeschlossen. Das Ziel war die Respektierung der jeweiligen Interessen im Hinblick auf die griechischen Städte: Sie sollten ‚frei und autonom' sein, solange sie ihren Tribut an die Thraker und an Athen zahlten.[11] Der andere Vertrag stammt vom Jahr 356, Ketriporis und seine Brüder waren diesmal beteiligt, und der Inhalt läßt dasselbe Ziel erkennen. Die Athener wählten jetzt Neapolis – bloß 15 km von Philippoi entfernt und der natürliche Hafen für das Gebiet – als Flottenstützpunkt, was effektiv verhinderte, daß Philipp seine neue Namensstadt auf dem Seeweg versorgte.[12]

Anlaß zu makedonischer Aufregung lieferte aber vor allem der unmittelbare thrakische Nachbar, Amadokos. Im Jahr 353 lehnte er Philipps Aufforderung ab, seinem thebanischen Freund Pammenes, der mit 5000 boiotischen Soldaten nach Kleinasien unterwegs war, freies Geleit zu gewähren, obwohl Kersebleptes, der jenseits des Hebros herrschte, schon eingewilligt hatte. Philipps Zorn mündete in die Verwüstung der Territorien von Maroneia und Abdera.[13] Im Herbst 352 ergab sich eine geeignete Gelegenheit, den unkooperativen und gefährlichen Nachbarn zu treffen. Amadokos hatte sich mit Kersebleptes überworfen und bekam Unterstützung von den zwei größten Griechenstädten in Kersebleptes' Reich, Byzantion und Perinthos. Kersebleptes stand aber auch unter Druck von Athen, dessen General Chares kurz zuvor Sestos, einen alten athenischen Besitz an den Dardanellen, mit aufsehenerregender Brutalität zurückerobert hatte: er hatte alle Männer niedermachen sowie Frauen und Kinder in die Sklaverei verkaufen lassen. In die geräumte Stadt wurden bis zum Sommer 352 athenische Siedler geführt, um diesen wichtigen Stützpunkt an der Getreidestraße abzusichern. Wegen dieser gewaltsamen Machtdemonstration verzichtete Kersebleptes auf seine bisherigen Einkünfte aus der Chersonnesos, bis auf Kardia, zugunsten von Athen.[14]

Sollte nun Amadokos den Krieg gegen Kersebleptes gewinnen, war die Bedrohung des Pangaiongebietes schon vorhersehbar. Kersebleptes eignete sich viel eher als makedonischer Klient, obwohl sein erzwungener Flirt mit Athen auch ihn verdächtig machte. Philipp eilte in das Kampfgebiet, traf im November beim Heraion Teichos an der Marmaraküste ein und beendete den Krieg. Kersebleptes mußte zwar das umstrittene Gebiet räumen und Philipp seinen Sohn als Geisel stellen. Doch von Amadokos hört man gar nichts mehr, was nahelegt, daß er abgesetzt und durch seinen Sohn Teres ersetzt wurde. So gewann Philipp gleich zwei schwache Könige als Klienten und garantierte die Sicherheit seines neuerworbenen Gebietes.[15]

Danach blieb nur noch ein einziges Gebiet an den traditionellen Grenzen Makedoniens, von dem in der Vergangenheit immer wieder Gefahren ausgegangen waren und in welchem Philipp die Verhältnisse noch nicht grundsätzlich geregelt hatte: die Chalkidike. Erst kürzlich wieder, im Jahr 352, hatten die Olynthier gezeigt, wie unempfindlich sie gegenüber makedonischen – und schließlich eigenen – Interessen waren, als sie eigenwillig Frieden mit Athen abschlossen, obwohl sie Philipp gegenüber sowohl moralisch (wegen Potidaia und Anthemous) als auch formell vertraglich verpflichtet waren, eben dies ohne ihn nicht zu tun. Daß sich das Machtverhältnis zwischen den Chalkidiern und Makedonien grundlegend geändert hatte, daß sie Philipp nicht mehr behandeln konnten, wie sie seinen Vater Amyntas behandelt hatten, scheint den maßgeblichen Politikern in Olynth völlig entgangen zu sein, als sie die Dummheit begingen, den zwei flüchtigen Halbbrüdern Philipps Asyl zu gewähren und sich weigerten, sie auszuliefern.[16]

Die Zeiten, als sie eine Mitsprache- oder sogar Initiativmöglichkeit bei der Besetzung des makedonsichen Thrones ausübten, waren endgültig vorbei, wie tapfer der Entschluß an sich auch erscheinen mochte. Die einzige Möglichkeit für Olynth und die Chalkidier in der unmittelbaren Zukunft wäre gewesen, eine Art Klientenstatus zu akzeptieren. Philipp selbst hatte zunächst daraufhin gewirkt. Er hatte sich großzügig gezeigt, hatte Territorien abgetreten, dabei einflußreiche Politiker für sich gewonnen und deren Freundschaft mit reichen Geschenken besiegelt. Doch olynthische Großmachtträume, nicht Philipps Freunde, bestimmten schließlich die weitere Entwicklung. Spekulieren kann man, ob Philipp nicht doch irgendwann die Chalkidike für Makedonien vereinnahmt hätte, selbst dann, wenn Olynth nichts gegen die Belange Makedoniens unternommen hätte. Sicher kann man aber sein, daß olynthische Handlungen den Zeitpunkt und die konsequente Durchführung des makedonischen Angriffs wesentlich mitbestimmten. Das freiheitsliebende Athen hatte gerade in Sestos gezeigt, wie ein griechischer Staat, dessen Redner Philipp gelegentlich Barbarei vorwarfen, im ureigensten Interesse einen anderen griechischen Staat mit erbarmungsloser Brutalität vernichten konnte. Schlimmer konnte Philipp nicht handeln, doch genauso zielstrebig und konsequent.

Von den Staaten des chalkidischen Bundes leistete nur Olynth nennenswerten Widerstand. Hier machte sich Philipps Investitionen in Klienten doch bezahlt, selbst dann noch als die Klient-Lösung nicht mehr in Frage kam. Die größte Stadt der Chalkidier wurde im Spätsommer eingenommen und zerstört. Die Bevölkerung wurde als Sklaven verkauft. Olynth existierte nicht mehr, der Bund der chalkidischen Städte, dem

Olynth als Hauptstadt vorstand, war erloschen. Auf der Chalkidike wurden, wie in allen von Philipp neuerworbenen Gebieten, Makedonen angesiedelt. Wichtig für den Staat war, daß für die Zukunft nicht nur die Gefahr aus der Chalkidike endgültig gebannt war, sondern daß dieses landwirtschaftlich reiche Gebiet, so nah dem traditionellen makedonischen Kernland gelegen, selbst fürderhin zu einem Kerngebiet des makedonischen Staates geworden war.[17]

Mit seinen Ergebnissen im unmittelbaren Grenzbereich dürfte Philipp mit Recht zufrieden gewesen sein. Im Vordergrund stand immer die Sicherheit des makedonischen Staatsgebietes oder wesentlicher Staatsinteressen (z. B. bei Krenides-Philippoi). Diese Interessen vertrat er offensiv sowohl im Westen gegenüber Illyrern, Molossern und Paionen als auch im Osten gegenüber den Thrakern, den Chalkidiern und den Athenern. Zwischen offensivem Sicherheitsdenken und offensichtlichem Herrschaftsstreben sind die Grenzen aber grau und fließend, das eine geht doch leicht in das andere über, evtl. ohne daß die Tätigen oder unmittelbar Betroffenen es zuerst überhaupt merken. Umso schwieriger ist es, die Entwicklung historisch zu erfassen, um festzustellen, wo eine echte Gefahr als Anlaß für eine Handlung gegeben war oder wo sie doch bloß als Vorwand zur Ausbreitung des Herrschaftsgebietes vorgeschoben wurde.

Die Frage stellt sich unmittelbar im Zusammenhang mit der weiteren Entwicklung des Verhältnisses der Makedonen zu den Völkern und Fürsten Thrakiens. Die Makedonen, allen voran ihr König, waren nach zehn Jahren an militärischen Erfolg gewöhnt, hatten, nach den Generationen, in denen ihre Grenzgebiete von allen Nachbarn immer wieder heimgesucht worden waren, Freude am Sieg und Genugtuung nicht nur darüber, daß sich diese Gefahren wohl nicht so bald wieder einstellen würden, sondern auch, daß gerade diejenigen, die in der Vergangenheit Makedonien Schwierigkeiten und Kummer bereitet hatten, jetzt ihr Schicksal in makedonische Hände gelegt sehen mußten. Es wird deutlich, daß gerade die thrakischen Völker und die griechischen Städte in diesem Bereich von den Makedonen allmählich als Exerzierfeld von Herrschaftsgelüsten und Quelle für Beute betrachtet wurden: Was die Thraker jahrhundertelang den Makedonen angetan hatten, sollten sie selbst jetzt nach und nach erleiden. Und mit dieser Haltung standen die Makedonen nicht allein: Selbst die Athener scheinen in Sestos gemeint zu haben, daß im Norden andere Maßstäbe galten. Es gab dabei gewiß wie bei allen Staatshandlungen auch eine wichtige staatliche Dimension: je ruhiger die unruhigen Nachbarn gehalten, je untertäniger ihre Fürsten und Könige waren, je größer die Pufferzone zwischen Feind und Heimat ausgedehnt wurde, desto sicherer waren die Staatsgrenzen. Außerdem konnte man Tribut verlangen, je nachdem konnte man auch eine Form ständiger Aufsicht einrichten. So oder so dehnte sich der Staat aus, entwickelte noch breitere, noch kompliziertere Belange, die schließlich weit über das ursprünglich bloße Sicherheitsbedürfnis hinausgingen: der Staat wuchs und profitierte, was immer auch die Motive für die Handlungen gewesen sein mögen.

Die vorhandenen athenzentrierten Quellen reichen nicht aus, um diese Entwicklung im Detail nachzuvollziehen. Bis zum Frühjahr 346 allerdings war Philipp mit Kersebleptes so unzufrieden, daß er einen weiteren Feldzug für nötig hielt. Sein Vorstoß galt einer Reihe von befestigten Orten bis zum Marmarameer hin. Erwähnt werden Serrion, Serrhaion Teichos, Doriskos, Ergiske, Ganos und Hieron Oros, in mindesten zwei davon (Serrhaion Teichos und Hieron Oros) unterhielten die Athener eigene Besatzungen, die Philipp vertrieb. Ob Kersebleptes, dessen Sohn immer noch in Makedonien als Geisel diente, mehr getan hatte als vielleicht unter Druck örtlich mit Chares, dem athenischen Befehlshaber, zu kooperieren, ist unbekannt. In Athen besaß er aber einige schlitzohrige politische Freunde, die ihn kurzerhand bei den mit Philipp laufenden Friedensverhandlungen sogar als athenischen Bundesgenossen berücksichtigen wollten (was er noch nicht war). Doch Philipps Frühjahrswanderung mit militärischer Begleitung im Jahr 346 setzte diesem Vorhaben ein Ende.[18] Das eigentliche Ziel jedoch war, die Dauerhaftigkeit der makedonischen Interessen in Ostthrakien zu unterstreichen. Der Athener Chares mochte vom athenischen Gesichtspunkt und hoch dramatisierend, den Athenern diese Intervention als „Kersebleptes' Verlust seines Reiches" darstellen.[19] Doch Kersebleptes blieb noch vier Jahre König. Vom makedonischen Standpunkt aus war nur die Wiederherstellung des seit 352 beabsichtigten Verhältnisses erreicht worden. Politische Bewegungsfreiheit verlor Kersebleptes nun gewiß: Philipp war aber der Ansicht, er hätte diese Bewegungsfreiheit schon seit 352 nicht mehr ausüben dürfen.

Aus Gründen, die wohl weitgehend in der Eroberungslust der Makedonen zu suchen sind, wurde von 342 an Thrakien zwischen Donau und Ägäis für vier Jahre Haupttätigkeitsfeld des königlichen makedonischen Heeres. Es gab bestimmt konkrete Anlässe, die jeweils als Vorwand dienten, die man unter der Rubrik: Maßnahmen im Interesse makedonischer Freunde und Bundesgenossen zusammenfassen könnte. Schließlich aber dienten sie alle eindeutig einer Ausdehnung der makedonischen Kontrolle über das ganze Gebiet, das früher von den Odrysen beherrscht oder beansprucht wurde, d.h. vom Strymon bis zum Marmarameer, von der ägäischen Küste bis zum Haimos (Balkangebirge). Wenn außerdem ein Vorstoß bis zur Donau unternommen wurde, darf er als Indiz dafür genommen werden, daß auch der Haimos keine endgültige Grenze des neuen makedonischen Reiches darstellen sollte.

Der Schwerpunkt lag aber eindeutig im Odrysengebiet. Jetzt wurden Kersebleptes und Teres endlich abgesetzt, ihre ehemaligen Untertanen sollten fortan an die Makedonen einen Tribut zahlen.[20] Tributzahlung setzte einen Mechanismus voraus, mit dem der Tribut eingetrieben und die Zahlung überwacht werden konnte. Die Odrysenkönige hatten sicherlich irgendeinen primitiven Verwaltungsapparat, doch mit der Abschaffung des Königtums war eine Eintreibung über die Könige zunächst aufgehoben. Als Alternativen kamen Stadtverwaltungen in Frage. Philipp gründete im odrysischen Kernland eine Anzahl von Städten: im Hebrostal Philippopolis (Plovdiv), an einem Nebenfluß Kabyle; ebenfalls in diesem Bereich evtl. Beroia und das sonst unbekannte Bine oder Binai; im Jahr 340 wurde Alexandropolis unter den Maidoi vom Königssohn Alexander gegründet.[21] Nun, diese Neugründungen galten mit Bestimmtheit in erster Linie der Sicherheit des makedonischen Besitzes, erfüllten also zunächst primär militärpolitische Ziele nach dem bewährten Muster des westlichen Grenzgebietes. Doch auch in Makedonien dürften größere Gemeinden nicht ohne ein Minimum an Verwaltungsapparat ausgekommen sein und die Annahme liegt nahe, daß diese Städte den Kern eines königlichen Verwaltungssystems darstellten und daß die Tributzahlungen im Bereich der Städte über die jeweilige Stadtverwaltung liefen. Einige Jahre später wird ein königlicher Funktionär mit militärischem Titel, ein *Strategos* (General) für Thrakien bezeugt.[22] Ob eine solche Aufsichtsperson schon von Philipp eingesetzt wurde, evtl. bei seinem Rückzug (339), ist nicht belegt, aber sehr wahrscheinlich. Bis das neue System anlief und die neuen Städte sich etabliert hatten, dürften einige Jahre verflossen sein.

Die Abschaffung des Odrysenreiches und die Einrichtung einer makedonischen Verwaltung hatten Folgen auch für die Griechenstädte an den Küsten. Je nach der Größe und Stärke der Stadt und dem jeweiligen Verhältnis zu den örtlichen Thrakern hatten die Griechenstädte Tribut an die Thraker geleistet. Dies galt insbesondere für die kleinen Städte am Schwarzen Meer. Zumindest eine, Apollonia, scheint jetzt eine Beziehung zu Philipp geknüpft zu haben;[23] es ist durchaus wahrscheinlich, daß Philipp vorgab, die Interessen der griechischen Städte gegenüber den Thrakern vertreten zu wollen, wie er (etwa) Krenides gegen Ketriporis schützte und ausbaute oder wie er Kardia seit 352 gegenüber Kersebleptes (und Athen!) unterstützte.

Die griechischen Städte, auch diejenigen welche noch Mitglieder der athenischen Rumpfallianz waren – etwa Abdera, Neapolis, Maroneia und Ainos[24] –, dürften zunächst mit der Abschwächung der Einflußmöglichkeiten der thrakischen Könige nicht unzufrieden gewesen sein. Aber als die Makedonen sich anschickten, die Thraker nicht nur zu schwächen, sondern sie zu ersetzen, änderte sich die Haltung der Griechen. Einige paßten sich an: Die nordägäischen Städte verließen vielleicht jetzt Athen und beugten sich dem neuen Machthaber; Kardia, eingeklemmt in einer strategischen Lage zwischen athenischen Besitzungen und dem Freund Philipp, blieb Philipp selbstverständlich treu. Doch eine prinzipielle Frage stellte sich für die zwei größten Städte der Gegend, Perinthos und Byzantion, die bislang Philipp gegen Kersebleptes unterstützt hatten. Die Thraker scheinen nie versucht zu haben, die allgemeine Wirtschafts- und Außenpolitik ‚ihrer' Griechenstädte zu beeinflussen. Doch jetzt, als es Philipp darum ging, thrakische Angelegenheiten gründlich neu zu ordnen, waren auch die Großstädte betroffen. Hinzu kam, daß sich die Athener zunehmend von ihren kriegstreibenden Politikern überzeugen ließen, und es wurde bis zum Jahr 340 deutlich, daß der Friede, den sie im Jahr 346 mit Philipp abgeschlossen hatten, nicht zu halten war.[25]

Ein athenischer Söldnerführer, Diopeithes, hatte schon im Jahr 341 von der Chersonnesos aus Kardia und benachbarte Teile Thrakiens verwüstet und wurde von den Athenern gedeckt.[26] Perinthos und Byzantion, beide Handelsstädte, waren u. a. auf den Handel mit Athen angewiesen: Sollte es zwischen Athen und Makedonien wieder zum Krieg kommen, dann mußten sie Stellung beziehen. Hinzu kam die Erkenntnis, daß Philipp die Handlungsfreiheit von Städten in seinem unmittelbaren Machtbereich nicht besonders schätzte. Anders als die Odrysenkönige würde er auf Entscheidungsprozesse Einfluß nehmen wollen. Perinthos und Byzantion, evtl. auch Selymbria, entschieden sich, Philipp zu widerstehen. Und trotz großer makedonischer Anstrengung taten sie es erfolgreich, dank der Hilfe von Athen und anderen handeltreibenden griechischen Staaten sowie von den Persern. Dem persischen Satrapen vom hellespontischen Phrygien war offensichtlich gerade aufgegangen, daß sein neuer Nachbar in Europa, sollte er auch die wichtigsten Hafenstädte dort kontrollieren, einen völlig neuen und ganz unberechenbaren Faktor in die bislang bequemen Verhältnisse am Marmarameer, Bosporos und Hellespont brächte, den es gerade wegen der Unberechenbarkeit möglichst fernzuhalten galt.[27] Die Hilfeleistung der Athener und der Perser gab der empfindlichen Schlappe Philipps noch eine neue und in die Zukunft weisende Dimension. Die zwei Griechenstädte waren keine Essentials, die die Sicherheit seiner sonstigen thrakischen Errungenschaften wesentlich beeinträchtigten, es wurde aber deutlich, daß makedonische Tätigkeit in Thrakien doch auch andere größere Mächte als die unmittelbar Betroffenen störte.

Darauf nahm Philipp keine Rücksicht. Als bravouröses Gegenstück zu Diopeithes provokatorischen Verwüstungen kaperte er im Herbst 340 die gesamte athenische Getreideflotte, als sie sich bei Hieron, vor dem Eintritt in die Engen des Bosporos, konvoimäßig versammelte. Im Grunde genommen bloß ein Stück teurer und ärgerlicher Piraterie, wirkte sie auf die aufgebrachten Athener, deren bevorzugte Redner ohnehin in Selbstüberschätzung Philipps ganze thrakische Unternehmungen als gegen Athen gerichtet darzustellen pflegten, als ernste Kriegshandlung. Der Stein, auf dem die Bestimmungen des Philokratesfriedens vom Jahr 346 eingemeißelt waren, wurde umgestoßen: die Athener erklärten wieder Krieg.[28] Dieser Krieg, der mit der Schlacht bei Chaironeia im August 338 zu Ende ging, hatte mit dem Norden unmittelbar nichts zu tun; die Griechen aus dem Norden nahmen daran nicht teil.[29] Aber die Niederlage der Athener und Thebaner und der wenigen anderen Südgriechen, die sich beteiligten, hatte durchaus Auswirkungen im Norden. Jetzt, wenn nicht schon früher, schlossen sich die restlichen nordägäischen Griechenstädte irgendwie an Makedonien an. Jetzt ließen sich sogar Byzantion und wohl auch Perinthos gewinnen: Byzantion stand Alexander im Jahr 335 bei seiner Donauüberquerung als Flottenstützpunkt, vielleicht sogar als aktiver Schiffslieferant, zur Verfügung.[30] Die athenische Niederlage raubte den Nordgriechen ihre einzige potentielle Stütze.

Im Jahr 340 jedoch war dies alles noch Zukunftsmusik. Philipp stürzte sich nicht sofort in den neuen Krieg mit Athen. Zuerst sollten die Möglichkeiten Thrakiens ausgeschöpft werden und zwar durch einen Vorstoß in die Dobrudscha. Als die Makedonen zunächst in den Jahren 342/1 im Umkreis des Haimos operierten, hatten sie Kontakt auch mit einigen Fürsten zwischen Haimos und Donau aufgenommen. Der Getenfürst Kothelas besiegelte Philipps Freundschaft mit der Vergabe seiner Tochter Meda; der alte Skythenkönig Atheas bat Philipp um Hilfe gegen die Griechen aus Histria und machte Andeutungen, daß Philipp als sein Nachfolger anerkannt werden sollte. Philipp schickte einige Soldaten. Während der Belagerung von Byzantion, bat Philipp seinerseits um Hilfe, die ihm jedoch verweigert wurde. Dies wollte er nicht hinnehmen, ob aus echtem Sicherheitsbedürfnis heraus oder (wohl eher) weil er meinte, sein Heer brauche endlich wieder einen unkomplizierten Sieg. Den Sieg bekam er. Atheas fiel, es wurden enorme Mengen Beute gemacht: 20000 Frauen und Kinder wurden versklavt, große Herden einschließlich 20000 Stuten konnten mitgenommen werden. Davon kam in Makedonien allerdings nichts an, weil die Triballer, ein thrakischer Stamm, den die Makedonen noch nicht unterworfen hatten, ihnen auf dem Weg über den Haimos so ernstlich zusetzten, daß sie Glück hatten, überhaupt durchzukommen.[31]

Philipp hatte also keineswegs alle Völker zwischen Ägäis und Donau botmäßig gemacht. Die Triballer sind ein klarer Fall. Sie reagierten ungestüm auf die Nachricht von Philipps Tod im Jahr 336, so daß es Alexanders erste militärische Aufgabe war, einen Feldzug gegen sie durchzuführen. Es waren aber nicht Triballer allein, die die makedonische Herrschaft nicht anerkannten. Unterwegs auf dem Haimos mußte sich Alexander gegen ‚autonome Thraker' durchsetzen, die ihm einen wichtigen Paß versperrten. In dieser Gegend hatten im Jahr 340 Antipatros und Parmenion zusammen gegen die ‚Tetrachoritai' (‚Bewohner von vier Bezirken') gekämpft. Anscheinend hatten sich die Makedonen auf dem Haimos in den Jahren 342 und 341 nicht so leicht durchsetzen können.[32] Die Triballer waren aber wichtiger, galten sie doch als einer der rauhesten und kriegerischsten Balkanstämme überhaupt. Früher hatten sie Plünderungszüge bis zur Ägäis und in die Dobrudscha durchgeführt, und auch jetzt waren sie fähig, der makedonischen Präsenz in Thrakien größere Schwierigkeiten zu bereiten. Alexanders Vorhaben brachte Erfolg: Nach einem Sieg über das triballische Heer handelte er mit dem König Syrmos ein Verhältnis aus, das ihm die Teilnahme von bis zu 2000 triballischen Soldaten an seinem Expeditionsheer für Kleinasien brachte.[33] Die Soldaten in der Ferne dienten gewissermaßen als Geiseln für die Haltung der Triballer in der Heimat. Bis zur Donau also hatten alle Völker jetzt formell die makedonische Oberhoheit anerkannt. Alexanders Abenteuerlust veranlaßte ihn sogar kurz über die Donau zu setzten und ein Scharmützel mit den Geten des nördlichen Ufers zu provozieren; doch dies blieb bloß eine Episode ohne langfristige Konsequenzen.[34]

Philipps Politik der Sicherung der makedonischen Grenzgebiete hatte gerade im Osten zu einer gewaltigen Erweiterung des vom Makedonenkönig beanspruchten Hoheitsgebietes geführt. Anderswo zogen die Makedonen die örtlichen Fürsten oder die existierende Verwaltungsform für die Gewährleistung makedonischer Belange heran: so etwa bei den Illyrern des Bardylis, wo sein Sohn Kleitos den Stamm führte, bei den Molossern, bei den Paionen und Agrianen und bei den Triballern. Nur im ehemaligen Odrysengebiet ist nach dem Absetzen von Kersebleptes und Teres im Jahr 342 für ca. 15 Jahre kein einheimischer Fürst in verantwortungsvoller Stellung bekannt. Der makedonische Verwalter und die neuen Städte ersetzten sie. Doch das odrysische Königshaus war nicht ausgerottet: ein Angehöriger, Sitalkes, führte die zur Heeresfolge herangezogenen Thraker im Heere Alexanders; ein weiteres Mitglied, Rhebulas, Sohn des Seuthes, erhielt im Jahr 330 in Athen Ehren, vielleicht sogar das Bürgerrecht. Sein Bruder Kotys war auch in Athen bekannt. Und ein gewisser Seuthes, vielleicht der Vater des in Athen geehrten Rhebulas, war ca. 325, nach dem Tode des damaligen makedonischen Verwalters Zopyrion in der Lage, einen Aufstand zu organisieren, der dem makedonischen Verwalter Thrakiens nach Alexanders Tode, Lysimachos, sehr zu schaffen machte.[35]

Von Anfang an wurden also die Thraker des Odrysenreiches anders behandelt als die anderen Grenzgebiete. Der Abschnitt bis zum Nestos wurde in das unmittelbare makedonische Staatsgebiet einverleibt; das odrysische Königtum wurde abgeschafft und durch einen makedonischen

Militärverwalter ersetzt; an strategischen Stellen wurden Städte gegründet, es wurde makedonische Bevölkerung, vielleicht Sträflinge, angesiedelt. Grund und Boden wurden an die Siedler verteilt, genau wie auf der Chalkidike oder im Gebiet um Amphipolis. Philipp und Alexander scheinen also zumindest bis zum Haimos hin ein sehr enges Verhältnis zwischen Makedonien und dem ehemaligen Odrysenreich angestrebt zu haben.

Ob die völlige Einverleibung in den makedonischen Staat nicht doch erfolgt wäre, hätte sich Alexander nicht von Siegesfreude und Abenteuerlust bis zum Pundschab treiben lassen, ist eine müßige Frage. Über das Stadium eines von Makedonen verwalteten Gebietes kam es nicht mehr hinaus. Unter Alexander sind drei Verwalter in Thrakien namentlich bekannt. Der erste war Alexandros von Lynkestis, Schwiegersohn des Antipatros, Abkömmling des lynkestischen Königshauses. Nach der Ermordung Philipps befand er sich in politischen Schwierigkeiten, doch anders als seine zwei Brüder, die Alexander gleich hinrichten ließ, retteten Alexandros sein eigenes treues Verhalten (als erster begrüßte er Alexander als König) und seine Verwandtschaft mit Antipatros.[36] Im Jahr 334 ging er mit Alexander nach Kleinasien und wurde in Thrakien durch Memnon ersetzt. Sowohl er als auch sein Nachfolger Zopyrion haben anscheinend die Entwicklungsmöglichkeiten ihres Sprengels – der doch vor kurzem noch ein einheimisches Königreich gewesen war – ausprobiert. Der König selbst war weit weg in Asien, sein Stellvertreter Antipatros verfügte eben nicht über die königliche Autorität, und Memnon scheint, mit der Unterstützung der Einheimischen, ihn herausgefordert zu haben. Antipatros marschierte mit seinem ganzen Heer nach Thrakien. Daß er sein Vorhaben wegen Unruhen in der Peloponnes doch abbrechen und sich mit Memnon arrangieren mußte, verdeckt nichts von der potentiellen Gefährlichkeit der Stellung des *Strategos* von Thrakien. Wenn er die Aufgaben der einheimischen Könige wahrnahm, dann hatte er freilich auch ihre Möglichkeiten.

Vollkommene Selbständigkeit strebte Memnon aber offensichtlich nicht an. Er weigerte sich nicht, im Jahr 327/6 in königlichem Auftrag den langen Weg nach Indien mit 5000 thrakischen Reitern, die Alexander als Verstärkung brauchte, anzutreten.[37] Sein Nachfolger Zopyrion zeichnete sich ebenfalls durch Draufgängertum aus, allerdings im Sinne einer unaufhaltsamen Eroberungslust, in der er seinem König nicht nachstand. Doch in der Effektivität! Zopyrion überquerte die Donau mit einem großen Heer, stieß sogar angeblich bis Olbia vor, bis er von den Skythen, die er hatte unterwerfen wollen, mit seinem gesamten Heer vernichtet wurde. Seine Pflichten in seinem Amtssprengel hatte er leichtsinnig vernachlässigt; seine Niederlage tat dem makedonischen Ansehen in Thrakien soviel Schaden an, daß unmittelbar danach Seuthes, Sproß der odrysischen Königsfamilie, in der Lage war, die ganze von Philipp und Alexander mühsam aufgebaute Stellung in Thrakien in Frage zu stellen. Alexander selbst kam nicht mehr dazu, einen Nachfolger für Zopyrion zu bestellen: Erst nach seinem Tode 323 wurde Lysimachos mit diesem Gebiet betraut, und bis dahin hatte sich ein allgemeiner Aufstand unter der Führung des Seuthes entwickelt.[38]

4. Thessalien

Als Philipp im Jahr 359 das Regiment in Makedonien übernahm, herrschte bei seinem südlichen Nachbarn Thessalien Kriegszustand. Zwischen dem Thessalischen Bund, dessen größte Stadt Larissa stets gute Beziehungen zu den Makedonen unterhielt, und der Mitgliedsstadt Pherai, die unter verschiedenen Alleinherrschern (Tyrannen) Führungsansprüche innerhalb des Bundes geltend machen wollte, hielten seit den 370er Jahren ununterbrochene Spannungen an. Damals hatte Jason seine Anerkennung als Führer *(Tagos* oder *Archon)* des Bundes durchgesetzt. Der Bund aber, der traditionell vom mächtigsten Geschlecht Larissas (den Aleuadai) geführt wurde und inzwischen die Führungsansprüche der Nachfolger Jasons ablehnte, galt allgemein wegen des starken adligen Grundsatzes als ein Faktor der Stabilität in Nordgriechenland. Er erhielt Hilfe dann sowohl von Makedonien (unter Alexander II.: 369) als von Theben (bis 364).[1] Auch ein Vertrag mit Athen sah Hilfe vor.[2] Doch war für Makedonien eine Folge der Spannungen, daß die Südgrenze, trotz der natürlichen Barriere des Olympmassivs, zunehmend unsicherer erscheinen mußte. Als dann im Jahr 358, nach seinen Siegen über die Prätendenten, die Paionier und am eindrucksvollsten die Illyrer, die Aleuadai Philipp um Hilfe baten, sah der junge König, dessen Zuneigung zu den pferdeliebenden Aristokraten von Larissa sowohl ein persönliches als auch ein staatliches Moment gehabt haben dürfte, auch eigene Vorteile. Militärisch scheint er damals gegen Pherai nichts Wesentliches unternommen zu haben. Doch die Pflege persönlicher Kontakte – immerhin ein politischer Grundsatz bei den Griechen, zumal beim Adel – darf in ihrer staatlichen Bedeutung nicht unterschätzt werden. Auch Philipps bekannte und schließlich berüchtigte Zuneigung zu schönen Frauen tat ihr Teil zur Kontaktpflege: von der Thessalerin Philinna, zu der er wohl jetzt eine Beziehung aufnahm, wurde Arrhidaios geboren, der im Jahr 323 von den Makedonen als König anerkannt wurde.[3]

Es war wohl erst im Jahr 355, als die führenden Aleuadai meinten, Philipp wieder gegen Pherai, jetzt unter Lykophron, herbeirufen zu müssen. Er kam sofort. Diesmal setzte er die Pheraier unter Druck und gewann ‚vielen Städten ihre Freiheit zurück, wobei er den Thessalern seinen guten Willen ihnen gegenüber unter Beweis stellte'.[4] Der gute Wille *(Eunoia)* war für Philipp wohl schließlich das Wesentliche an dem ganzen Unternehmen: gerade durch die wiederholten gegenseitigen Bezeugungen von gutem Willen waren die Verhältnisse zwischen Makedonien und den südlichen Nachbarn immer gepflegt worden.

Inzwischen waren aber im Süden Entwicklungen erfolgt, die Thessalien aufs stärkste beeinflussen sollten. Im internationalen Aufsichtsrat des delphischen Heiligtums (Delphische Amphiktyonie) verfügten die Thessaler und ihre *Perioikoi* (Umwohner) über die eine Hälfte der 24 Stimmen. Mit der Hilfe dieser Stimmen ließen die Boioter, alte Freunde des Bundes, einen ,Heiligen Krieg' gegen ihre Nachbarn, die Phoker, in deren Land das Heiligtum lag, erklären. Ein ,Heiliger Krieg' wurde (allerdings recht selten) vom Amphiktyonenrat zum Schutz der Belange des Gottes Apollon ausgerufen. Doch war im 4. Jh. dieser Rat zunehmend politisiert worden und im Interesse des einflußreichsten Mitglieds (damals Boiotien) eingesetzt. Die Ursache dieses Krieges lag in eben jenem Mißbrauch. Vorausgegangen waren Auseinandersetzungen zwischen Phokis und den Boiotern und Lokrern wegen Geldstrafen, die während der thebanischen Dominanz in Zentralgriechenland gegen einzelne Phoker, aber auch gegen Sparta verhängt worden waren. Die Phoker reagierten im Sommer 356 ungehalten mit der Besetzung des Tempelbezirks in Delphi und mit bewaffnetem Widerstand gegen die Boioter und Lokrer. Nach einem Jahr erfolgte die Erklärung des ,Heiligen Krieges'. Es stellte sich dann schnell heraus, daß die Phoker von ihren Sympathisanten (die wichtigsten waren Athen und Sparta, die politischen Gegner Thebens) keine praktische Hilfe zu erwarten hatten, worauf sie sich aus dem Tempelschatz Darlehen geben ließen und ein größeres Söldnerheer anwarben.[5]

Ein phokischer militärischer Erfolg allein konnte allerdings den ,Heiligen Krieg' nicht beenden. Dafür war ein neuer Amphiktyonenbeschluß notwendig; und weil die Thessaler über die Hälfte der Stimmen verfügten, lag der Schlüssel für eine Lösung eindeutig in Thessalien. Die bundestreuen Thessaler, die Gegner Pherais, hatten aber den Kriegsbeschluß mitgetragen. Nur durch eine grundsätzliche Machtverschiebung in Thessalien waren also die notwendigen Stimmen für die Phoker zu gewinnen. Lykophron von Pherai sah darin seine Chance, auswärtige Hilfe zu bekommen, und appellierte an den phokischen Führer Onomarchos, der seinerseits in einer Dominanz Pherais in Thessalien Möglichkeiten für die Beendigung des Heiligen Krieges in seinem Sinne sah. Im Jahr 353 begegneten in Thessalien die phokischen Söldner dem Bundesheer und den makedonischen Bundesgenossen, und Onomarchos konnte Philipp eine verlustreiche Niederlage bereiten. Wenn dem militärischen Erfolg eine politische Änderung folgen sollte, wäre dies für Makedonien gefährlich gewesen. Pherais Herrschaft in Thessalien hätte eine Herrschaft der makedonenfeindlichen Kräfte bedeutet, was schwerwiegende Folgen für die Sicherheit der südlichen Grenzgebiete Makedoniens gehabt hätte. Im nächsten Jahr zog Philipp also wieder gegen Onomarchos und Pherai. Diesmal beging er nicht den Fehler, den Gegner zu unterschätzen. In einer großen Schlacht auf dem ‚Krokusfeld' schlugen die Makedonen und Thessaler, mit Lorbeerkränzen des Apollon geschmückt, das Söldnerheer des Onomarchos. Onomarchos' Leichnam wurde als Frevler gekreuzigt; auch die phokischen Soldaten, die im Kampf gefallen waren, wurden als Tempelschänder bestraft, die Leichen ins Meer geworfen.[6]

Die Rolle des Heiligen Kriegers, die Philipp hier spielte, ist gewiß ein Zeichen für seine Annäherung an die Gedanken und Motive seiner Freunde des thessalischen Bundes. Er stellte sich nicht bloß als Alliierten und Freund dar, sondern (zumindest formell) identifizierte sich mit den ideologischen Zielen des Bundes. Diese Neuheit war gewiß nicht unüberlegt. Die Vernichtung der Tyrannen von Pherai und die Beendigung des innerthessalischen Krieges – die Pheraier gaben unmittelbar nach der Schlacht auf, und die Hafenstadt Pagasai wurde nach kurzer Belagerung von Philipp eingenommen[7] – warf sofort die Frage auf: Wie konnte Thessalien für makedonische Belange in Zukunft neutralisiert oder botmäßig gemacht werden? Ohne die Drohung von Pherai hätten die Aleuadai in Larissa Mühe gehabt, ihre Führungsansprüche auf Dauer geltend zu machen, denn selbst in der Frage von Pherai waren nicht alle Mitglieder des Bundes einig. Krannon und Pelinna, vielleicht auch Trikka und Pharkedon, scheinen zu Onomarchos und den Pheräern abgesprungen zu sein.[8] Der Frieden drohte dann bloß weitere Unsicherheiten für Makedonien in Thessalien zu bringen. Die proklamierte Identifizierung von makedonischen und thessalischen Interessen, die auf dem Krokusfeld zum ersten Mal sichtbar wird, deutet aber auch auf die Lösung des Problems für Philipp und für die Aleuadai: Philipp sollte zum *Archon,* d.h. auf Lebenszeit bestellten Führer des thessalischen Bundes gewählt werden. Im Sommer 352 scheint diese Wahl erfolgt zu sein.[9] Die Aleuadai dürften in Philipps Interesse Druck auf ihre Bundesfreunde ausgeübt haben; auch der Eindruck des makedonischen Erfolgs in thessalischem Interesse sowie die fortdauernde Anwesenheit des siegreichen Heeres im Lande werden dazu beigetragen haben, daß Philipp, der König der Makedonen, Archon des thessalischen Bundes wurde.

Damit erwarb er Rechte und Pflichten. Traditionell war der Archon mit der Führung des Bundesheeres betraut. Davon ausgehend verfügte er über die Aushebung und die föderalen Finanzen; noch direkter war seine Verfügungsgewalt über die *Perioikoi* (Umwohner) des Bundes, deren Tributzahlung und Aushebung er kontrollierte. In der Praxis war die Durchsetzung dieser Befugnisse immer von der jeweiligen Macht des

Archons abhängig gewesen; doch unmittelbar nach seiner Wahl war er immer stark. Als Führer des Bundes vertrat er gemeinsame Angelegenheiten sowohl im innen- als im außenpolitischen Bereich. Im Inneren sollte er sich um den Frieden zwischen den notorisch und in letzter Zeit besonders tief gespaltenen Stadtstaaten, die dem Bund angehörten, bemühen.[10] Diese letzte Aufgabe war für den neuen Archon wie geschaffen, der als Makedone für thessalische Angelegenheiten überhaupt sich nur wegen der Unruhen und Unsicherheiten interessierte. Die Beilegung der Konflikte zwischen den Bundesmitgliedern kam nämlich einer Absicherung Makedoniens gen Süden gleich, und es ist kaum verwunderlich, daß er sich zunächst vorwiegend um diese Aufgabe kümmerte. In Pherai und Pagasai zogen Besatzungen ein; in Magnesia, auch ehemals von den Pheräern beherrscht, wurden einige Festungen gebaut.[11] Andernorts bemühte er sich um Ausgleich und um die Schaffung von Freundschaften. Eine Äußerung des späten Schriftstellers Polyainos bezeugt seine Bemühungen: Polyainos bezieht sich zwar auf die ganze Zeit von Philipps Verhältnis zu Thessalien und nicht bloß auf diese früheste Phase, doch die Prinzipien seiner Haltung gehen daraus klar hervor: Er vernichtete die Besiegten nicht, weder entwaffnete er sie, noch schleifte er ihre Stadtmauer; er kümmerte sich um die Schwächeren und entmachtete die Stärkeren, er war ein Freund des gemeinen Volkes („Demoi") in den Städten und förderte dessen Sprecher.[12]

Philipp bemühte sich also im makedonischen Interesse, die Thessaler nicht als erobertes Volk, sondern als Freunde zu behandeln. Hier wird von keinen Ansiedlungen von Makedonen oder von Umsiedlungen von Thessalern berichtet, im Gegensatz etwa zu Chalkidike. Statt dessen kümmerte sich der Archon des Bundes um seine Freunde und Anhänger in den Städten, suchte Einfluß zu gewinnen; dort, wo er keine traditionellen Bindungen oder Beziehungen hatte, schuf er neue durch die Pflege der ‚Demoi'; auch seine Liebesbeziehung zu einem Mädchen aus Pherai, aus der eine Tochter, Thessalonike („Thessalersieg") hervorging, half gewiß, ein gutes Verhältnis zu entsprechenden Schichten der eroberten Stadt zu schaffen.[13]

Die innerthessalischen Befugnisse und Aufgaben des Archons entsprachen also, auch auf Dauer, makedonischen Staatsinteressen. Anders stand es beim außenpolitischen Anlaß für Philipps Wahl. Hier war zunächst kein makedonisches Urinteresse berührt worden. Der ‚Heilige Krieg' war ohne Makedonien begonnen worden – Makedonien war nicht Mitglied der Amphiktyonie – und hätte notfalls auch ohne Makedonien irgendwie zu Ende gehen können. Doch nicht ohne Thessalien. Durch seine Wahl zum Archon führte Philipp ein Gebiet, das über zwölf der vierundzwanzig Amphiktyonenstimmen verfügte. Sollte er seinen Einfluß entsprechend geltend machen wollen, dürfte er diese Stimmen, die bei der Ausrufung des Heiligen Krieges maßgeblich gewesen waren, kontrolliert haben. Der Heilige Krieg war also in der Praxis eine fortdauernde Verpflichtung des Archons, der er sich letzten Endes nicht entziehen konnte. Die Bedeutung dieses Krieges für die Thessaler hatte Philipp schnell begriffen, als er auf dem Krokusfeld seine Soldaten mit Lorbeerkränzen in die Schlacht schickte und Onomarchos und seine Söldner als Tempelschänder behandelte. Doch tiefes und andauerndes Interesse an der Weiterführung des Krieges gegen die Phoker zeigte er nicht. Ihm war die Sicherung seines Einflusses in Thessalien am wichtigsten, dazu gehörte allerdings, daß er die auf ihn gerichteten Hoffnungen nicht zu sehr enttäuschte.

Wenn er unmittelbar nach der Schlacht auf dem Krokusfeld nach Phokis vorgestoßen wäre, hätte er mit ziemlicher Sicherheit den Krieg im Sinne seiner Alliierten innerhalb von Wochen, wenn nicht Tagen, beenden können. Daß er das nicht tat, bezeugt seine Prioritäten. Philipp war nur deshalb Heiliger Krieger geworden, weil Onomarchos die Pheraier unterstützte. Diodor nennt eindeutig die ‚Befreiung' von Pherai und andere Handlungen in Thessalien als die unmittelbaren Folgen der Schlacht.[14] Erst als er Archon des thessalischen Bundes geworden war, tat er pflichtgemäß etwas mehr gegen die Phoker. Aber auch dann nicht sehr viel. Die Phoker hatten die Zeit genützt, um ihre Alliierten, Spartaner, Athener und Achaier zu mobilisieren, und ein athenisches Kontingent ging rechtzeitig an den Thermopylen in Stellung. Als Philipp anrückte und dies erfuhr, versuchte er nicht, weiter zu kommen. Die Athener feierten ihren billigen Erfolg zwar als Sieg gegen den makedonischen Imperialismus, doch Philipp dürfte zufrieden gewesen sein.[15] Er zeigte keine Neigung, im Jahr 352 makedonische Interessen irgendeiner Art in Zentralgriechenland zu entdecken, keine Neigung, sich in die fruchtlosen Wirren der kleinkarierten Politik der südgriechischen Poleis einzumischen. Daß er das nicht wollte, zeigt deutlich die Tatsache, daß er von jetzt an bis 346 gegen die Phoker militärisch überhaupt nichts unternahm, obwohl seine Pflichtverletzung große Unzufriedenheit unter den Thessalern auslöste. Zwar gibt es die Auffassung, daß Philipp diesen Krieg ausnützte, um seinen Imperialismus gegen die Staaten Mittelgriechenlands voranzutreiben, daß er dabei dort ‚Fuß gefaßt' habe, um die makedonische Herrschaft nach Süden auszudehnen. Eine solche Interpretation verkennt aber die Prioritäten des makedonischen Staates zu dieser Zeit sowie die Labilität der Herrschaft im unmittelbaren Grenzbereich und macht sich bloß die parteiische und nachträgliche *interpretatio atheniensis* des Demosthenes zu eigen. Im Jahre 352 bei Thermopylae vertrat Philipp in der Hauptsache nicht Makedonien, sondern Thessalien.

Die Wahl Philipps zum Archon war der Anfang eines formellen Dauerverhältnisses zwischen dem König der Makedonen und dem thessalischen

Bund, weil der Archon auf Lebenszeit gewählt wurde. Der Doppelfunktion gerecht zu werden, war nicht immer leicht, zumal sein thessalisches Amt für Philipp zwangsläufig von untergeordneter Bedeutung sein mußte. Die thessalische Außenpolitik, in der Hauptsache der Heilige Krieg, wurde zunächst schwer vernachlässigt, als in den nächsten Jahren makedonische militärische Aktivitäten in Thrakien und auf der Chalkidike, in Illyrien und in Epeiros, Philipps Prioritäten erkennen ließen. Unter den Thessalern machten sich schon im Jahr 349 Zeichen von Unzufriedenheit bemerkbar. Pagasai, die ehemalige Hafenstadt der Tyrannen von Pherai, hielten die Makedonen immer noch besetzt, außerdem hatten sie in Magnesia einige Festungen gebaut. Daß diese Gebiete quasi als makedonischer Besitz behandelt wurden, störte einige Thessaler. Darüber hinaus wurde Philipp vorgeworfen, er benutze thessalische Einkünfte – es handelte sich anscheinend um den Bundesanteil an den Hafen- und Marktgebühren der Mitgliedsstädte – für eigene Zwecke.[16] Vielleicht mußte Philipp deswegen in Pherai wieder intervenieren,[17] doch es ist unwahrscheinlich, daß er sonst etwas tat, bis er dann im Jahr 346 zu einer ihm genehmen Zeit den Heiligen Krieg schnell und unblutig beenden konnte. Die bloße Bedrohung durch sein Heer zwang die Phoker zur Aufgabe. Die von ihnen eingenommenen boiotischen Städte wurden an Theben zurückgegeben; die seit Jahrhunderten von den Phokern geführten zwei Stimmen im Amphiktyonenrat wurden an Philipp persönlich übertragen; Reparationszahlungen wurden von Phokis verlangt und die städtische Siedlungsstruktur dort wurde geändert. Zähneknirschend mußten die phokischen Bundesgenossen – vor allem Athen – zusehen, wie Philipp im Herbst 346 sogar bei den pythischen Festspielen präsidierte. So hatte er endlich seine Pflicht als Archon des Thessalischen Bundes glänzend erfüllt.[18]

Während Philipp als thessalischer Archon dazu neigte, die wichtigsten außenpolitischen Angelegenheiten des Bundes im makedonischen Interesse aufzuschieben und zu vernachlässigen, richtete sich seine Innenpolitik sogar streng nach makedonischen Bedürfnissen. Vor 346 wurde das Perioikengebiet Perrhaibia, das an Makedonien angrenzte, anscheinend direkt unter die Verwaltung eines seiner neuen thessalischen Freunde, Agathokles, gestellt.[19] Damit, zumal es Magnesia wohl schon 352 so erging – selbst wenn nur für einige Jahre –, waren die an Makedonien direkt angrenzenden Teile Thessaliens in makedonischer Hand. Polyainos meint, die Zunahme von Philipps Einfluß gehe vor allem auf die Pflege von Freundschaften zurück. Pharsalos stellt ein Beispiel dar. Im Jahr 346 war die traditionell von Pharsalos abhängige Küstenstadt Halos widerspenstig geworden, leistete sogar Philipp Widerstand, in der vergeblichen Hoffnung, athenische Hilfe zu erhalten. Hier handelte Philipp voll im Interesse von Pharsalos: Halos wurde belagert und Pharsalos übergeben.[20]

Die Förderung von Pharsalos geht wohl Hand in Hand mit Mißhelligkeiten in Larissa, wo Eudikos und Simos, die Philipps Stellung in Thessalien ermöglicht hatten, von ihm fallengelassen wurden. Auch Aristoteles erwähnt den Zusammenbruch der Aleuadenregierung von Simos als Beispiel für eine in sich uneinige Oligarchie, und es liegt nahe, diese Ereignisse im Zusammenhang damit zu sehen, daß Philipp durch Agathokles direkte Kontrolle über das früher von Larissa mitbeherrschte Perrhaibien übernahm und daß er, nach Polyainos' Angabe, die ‚Demoi', d.h. die niederen Schichten, gegen die adligen förderte.[21] Auch in Pherai scheint er ca. 344 wieder Schwierigkeiten erlebt zu haben. Nach Diodor ‚vertrieb er die Tyrannen aus den Städten und gewann durch seine Wohltaten die Thessaler für sich'. Darunter könnten nun durchaus die Ereignisse in Larissa fallen, doch andere Quellen deuten auf weitergehende Unzufriedenheit, auf makedonische Besatzungen; insbesondere wird von den Pheraiern erwähnt, daß sie Philipp irgendwann die Heeresfolge verweigert hätten.[22] Selbst aus dieser sehr bruchstückhaften Überlieferung läßt sich eine Krise im Verhältnis zwischen den Thessalern und ihrem makedonischen Archon erkennen, die anscheinend erst nach der Beendigung des Heiligen Krieges ihre heiße Phase erreichte. Es ist unschwer zu erkennen, warum das so war. Philipp wurde, unter dem Druck der aleuadischen Führung in Larissa, zu einer Zeit gewählt als man in dieser Wahl die Möglichkeit einer raschen Beendigung des Krieges sah. Demgemäß wurde bestimmt erwartet, daß er nach Beendigung des Krieges seine Tätigkeit als Archon eher als ein Ehrenamt betrachten und gewiß im Sinne seiner Freunde in Larissa ausüben würde. Die erste Überraschung bestand in der Erkenntnis, daß Philipp handfeste makedonische Vorteile in seinem thessalischen Amt sah, und zwar gerade in der Möglichkeit, Thessalien als eine von ihm ruhig gehaltene Pufferzone an der makedonischen Südgrenze zu behandeln: so seine Behandlung von Pagasai, Magnesia und Perrhaibia. Die Zukunftsfrage aber stellte sich nach 346 um so dringender, als klar wurde, daß Philipp keineswegs beabsichtigte, seine Vorteile aufzugeben oder ruhen zu lassen. Zumindest in Pherai und Larissa kam es dann zu schwerwiegenden Meinungsverschiedenheiten, die zur Einführung einer Besatzung in Pherai und zum Sturz des Simos in Larissa führten, Ereignisse welche die Quelle Diodors als die Vertreibung von Tyrannen hochstilisierte.

Die neuen Machthaber in den Städten (nach dem Urteil des Polyainos) waren nicht die alten adligen Geschlechter, sondern Leute wie Agathokles, die Philipp alles verdankten. Aber auch im thessalischen Bund erfolgte eine Gewichtsverschiebung zugunsten von Pharsalos, das in den nächsten Jahren eine führende Rolle im Bund spielte. Mit der Form des Städtebundes war Philipp jedoch nicht zufrieden. Traditionell gliederte sich Thessalien in vier Kernlandschaften („Tetrarchien"), Hestiaiotis, Pelasgiotis, Thessaliotis, Phthiotis, die je ein Kontingent zum Bundesheer stellten und zu diesem Zweck von einem Tetrarchen oder neuerdings Polemarchen („Kriegsführer") geführt wurden. Die Tetrarchien funktionierten als eine Art Zwischenstufe zwischen dem Bund und den einzelnen Städten, die Polemarchen wurden jährlich gewählt. Philipp scheint den Bestellungsmodus der Polemarchen geändert zu haben. Er führte den alten Titel des Tetrarchen wieder ein, erweiterte vielleicht seine Kompetenzen und bestellte selbst (wohl als Archon) die Führer der Tetrarchien.[23] Welche konkrete Auswirkungen diese Änderungen hatten, ist unsicher. Philipps Gegner beschimpften ihn zwar, er habe die Thessaler versklavt, doch in der undifferenzierten Rhetorik der athenischen Kriegstreiber wurde jede kontrollierende Maßnahme – selbst dann, wenn sie grundsätzlich gegen die Macht des alten thessalischen Landadels gerichtet war – so dargestellt und kann nicht ernst genommen werden. Sicher jedoch ist, daß die innenpolitischen und organisatorischen Maßnahmen in Thessalien in erster Linie makedonischen Interessen dienten und daß es die neuen beständigen Makedonenfreunde in Thessalien waren, die aus der Entwicklung profitierten. Die Neuorganisation von 344–2 diente gewiß der wirkungsvolleren Ausübung des Archontenamtes durch den nicht stets im Lande anwesenden Philipp: Wo Stellvertreter nicht vorgesehen waren, schuf er aus dem alten Tetrarchenamt Stellvertreterfunktionen. Zwei der neuen Tetrarchen, die Pharsalier Daochos und Thrasidaios, gehörten der Gruppe derjenigen griechischen Politiker an, die Demosthenes, seiner Haltung entsprechend, zu Verrätern der Griechen zählte. Philipp also dürften sie durchaus loyal gedient haben, was ihrem Auftrag entsprach.[24]

Nach 342 geben die Quellen über Thessalien sehr wenig her. Der Vorsitzende des Amphiktyonenrates Kottyphos aus Pharsalos und die anderen thessalischen Mitglieder trugen dazu bei, daß sich Philipps Belange im Jahr 339 durchsetzten, als gegen Amphissa wieder ein Heiliger Krieg erklärt wurde. Der Krieg räumte Philipp wieder die Möglichkeit ein, im Dienste des Apollon ein Heer nach Zentralgriechenland zu bringen, gerade als Athen erneut Makedonien den Krieg erklärt hatte.[25] Auch bei Philipps gescheitertem Versuch, Theben von einem Waffengang als Bundesgenosse Athens abzubringen, begleiteten die thessalischen Tetrarchen Daochos und Thrasidaios seine Gesandten,[26] und es ist wohl anzunehmen, wenn nicht ausdrücklich bezeugt, daß ein thessalisches Reiterkontingent dem Heer Philipps angehörte, das im August 338 bei Chaironeia die Athener, Thebaner und ihre Alliierten schlug.

Als Alexander im Jahr 334 nach Kleinasien aufbrach, führte er ein thessalisches Kavalleriekontingent – das einzige größere griechische Kontingent – von 1800 Reitern mit sich.[27] Das Vertrauen, das er den thessalischen Reitern entgegenbrachte, gründete sich auf die sichere Organisation, die Philipp aufgebaut hatte. Zu dem thessalischen Archontenamt, das beim Tode Philipps an Alexander problemlos übertragen wurde,[28] kam wohl die Mitgliedschaft Thessaliens in dem von Philipp 338 gegründeten ‚Korinthischen Bund', eine Garantieorganisation für den allgemeinen Frieden, die auch den formalen Rahmen für den schon damals geplanten Perserfeldzug darstellte. Es mag sogar sein, daß die Zahl der Stimmen der Mitgliedstaaten sich irgendwie nach der militärischen Sollstärke richtete, in welchem Falle die Mitgliedschaft der Thessaler entsprechend ins Gewicht fiele.[29]

Solange Alexander gegen Dareios kämpfte, blieb auch die thessalische Reitergruppe bei ihm und nahm in exponierter Stellung an allen großen Schlachten teil. Das Verhältnis zwischen Makedonien und Thessalien scheint auch zuhause in dieser Zeit ungetrübt gewesen zu sein, selbst wenn Demosthenes im Jahr 330 behauptete, er hätte dort doch unzufriedene Elemente ausgemacht.[30] Im Jahr 330 wurden die thessalischen Teilnehmer am Feldzug dann zusammen mit den anderen Pflichtkontingenten des Korinthischen Bundes ehrenvoll entlassen. Doch als Alexander immer weiter nach Osten zog, als er seinen Pflichten als thessalischer Archon nicht nachkam sowie die von Philipp sorgfältig aufgebaute Kette von persönlichen Beziehungen vernachlässigte und als Antipatros in seinem Namen immer autoritärer auftrat, da spürten die Thessaler offensichtlich den Verlust ihrer privilegierten Stellung und deswegen immer größere Gemeinsamkeiten mit den südlichen Griechen. Das Ergebnis war, daß, als im Sommer 323 die Nachricht eintraf, daß Alexander in Babylon gestorben war, und daraufhin viele griechische Städte unter der Führung des Atheners Leosthenes sich gegen die makedonische Herrschaft erhoben, auch alle thessalischen Städte mit Ausnahme von Pelinna am Aufstand teilnahmen; von den Perioiken schlossen sich die Achaier (ohne das phthiotische Theben) an. Thessalien stellte sogar 2000 Reiter, die einen wesentlichen Anteil an den anfänglichen Erfolgen der Griechen gegen Antipatros in diesem „Lamischen Krieg" hatten.[31] Als Leosthenes im Winter 323/2 starb, wurde Menon von Pharsalos, Abkömmling des ehemals herrschenden Geschlechts der Stadt, zu einem der zwei Oberbefehlshaber der alliierten Streitkräfte bestellt; und nach der endgültigen Niederlage der Alliierten, die auf thessalischem Boden bei Krannon im Sommer 322 erfolgte, mußten die thessalischen Städte von Antipatros und Krateros einzeln eingenommen werden.[32] Menon konnte sich nach Aitolien retten, wo die Aitoler auch nach der Niederlage bei Krannon ihren Widerstand erfolgreich fortsetzten, und war im Jahr 320 immer noch einflußreich genug, um die Thessaler während der Abwesenheit des Antipatros in Kleinasien wieder für Widerstand im Verbund mit den Aitolern zu begeistern. Erst nach seinem Tode im Kampf gegen Antipatros' Stellvertreter Polyperchon kam Thessalien zur Ruhe.[33] Für mehr als ein Jahrhundert sind dies die letzten uns bekannten selbständigen thessalischen Handlungen.

Die Geschichte des Verhältnisses zwischen Makedonien und Thessalien in der Zeit von Philipp II. und Alexander III. ist die Geschichte eines allmählich zunehmenden autoritären Herrschaftsanspruchs. Aus einer kontrollierten und weitgehend im Lande selbst erwünschten oder mit Leichtigkeit hingenommenen Partnerschaft, die Philipp im Jahr 352 gründete und etwa zehn Jahre später weiter formalisierte, war die unmittelbare Herrschaftsausübung der Makedonen nach dem Lamischen Krieg hervorgegangen. Der Krieg selbst – die Tatsache, daß die meisten Thessaler verbissen am Widerstand gegen Antipatros teilhatten – begründete gewiß die autoritäre Behandlung Thessaliens nach dem Krieg. Doch wichtiger sind Tendenzen, die von Makedonien ausgingen und die den Widerstand überhaupt provozierten, und nicht nur unter den Thessalern, die mit Alexanders Tod ihre formale Bindung an Makedonien durch das thessalische Archontat verloren hatten. Die jahrelange Abwesenheit des Königs ließ seinem europäischen Stellvertreter Antipatros einen Freiraum, den er nur autoritär auszunutzen wußte; Alexander selbst lernte in Asien die autoritären Herrschaftsmethoden der Perser kennen und als Ergebnis seiner andauernden militärischen Erfolge stellte sich bei ihm die Überzeugung ein, daß wo militärische Stärke gegeben war, Geduld gegenüber Gegnern oder Untertanen nicht notwendig sei. Alexander wurde zunehmend ungeduldiger und differenzierte immer weniger sogar zwischen Griechen und Asiaten. Für die Thessaler bedeutete es einen Abbau ihrer früheren privilegierten Stellung unter den Griechen, die ihrerseits inzwischen zunehmend wie die Asiaten behandelt wurden. Es dürfte also keine allzu große Überraschung gewesen sein, daß die Thessaler nach dem Tode des Archons, nach dem Riß der institutionellen Bindung an den makedonischen König, auch wie die anderen Griechen reagierten.

5. Die südlichen Staaten Griechenlands

Bei der Thronbesteigung Philipps II. war die neuere Geschichte des zentralen und südlichen Griechenlands seit mehr als 150 Jahren durch das Herrschaftsstreben der einen oder anderen der drei griechischen Großmächte geprägt gewesen. Sparta herrschte in der Peloponnes, Theben in Boiotien und Zentralgriechenland, Athen dank seiner Flotte auf den Inseln und in den Küstengemeinden. Diese Machtbereiche schlossen einander keineswegs aus; es gab, bis auf kurze Episoden, keine Anerkennung der Vorteile einer Machtbilanz. Nach dem Peloponnesischen Krieg hatte ein Kampf um allgemeine Hegemonie stattgefunden – zunächst von Sparta geführt, dann ansatzweise von Athen und schließlich von Theben –, der bloß zur allgemeinen Schwächung, auch der jeweiligen Hausmächte, führte. Am stärksten war die Schwächung Spartas in der Peloponnes zu spüren, wo eine von Theben unterstützte Unabhängigkeitsbewegung die dortige Machtstruktur, die 200 Jahre gehalten hatte, erschütterte. Der zeitgenössische Historiker Xenophon, dessen Denken in herkömmlichen Machtkategorien verhaftet blieb, beendete seine Geschichte der Griechen („Hellenika“) nach der Schlacht bei Mantineia (362), wo sowohl die Spartaner als ihre thebanischen Gegner nur mit schwersten Verlusten davonkamen, mit der deprimierten Feststellung: ‚Ratlosigkeit und Verwirrung wurden nach der Schlacht noch größer unter den Griechen als schon vorher‘.[1]

Diese Schlacht hatte Sparta als Großmacht praktisch ausgeschaltet. Auf der Peloponnes herrschte, etwa in den neuen unabhängigen Staaten Messenien und Arkadien, freilich immer noch Furcht vor der großen Vergangenheit – man glaubte zunächst nicht ganz, daß Sparta nie wieder die Peloponnes wie den eigenen Besitz würde behandeln können. Aber auch Theben zog sich nach dem Tode des Epaminondas in der Schlacht auf Zentralgriechenland zurück: Die Freunde in Thessalien, aber auch in der Peloponnes, mußten ohne thebanische Hilfe auskommen. Thebens Nachbarn, vor allem die Phoker, spürten sehr schnell diese intensive Beschäftigung mit Zentralgriechenland, als sie in den von Theben geschürten Heiligen Krieg (356) hineingetrieben wurden. Nur Athen, obwohl als Bundesgenosse Spartas doch ein Schlachtteilnehmer, blieb vom Machtverfall weitgehend verschont: Die Flotte war eben damals nicht engagiert gewesen, und die bescheidene Machtstellung, die Athen seit den 380er Jahren mühsam aufgebaut hatte, war vorläufig nicht berührt. Doch seit dem verlorenen Peloponnesischen Krieg hatte Athen allein nie mit Sparta und Theben konkurrieren können; Träume der Wiederbelebung vergangener Größe beflügelten zwar die Gedanken einiger Politiker, und dank der Flotte gelang es den Athenern stets, die für sie so wichtige Getreidestraße vom Schwarzen Meer offenzuhalten. Aber im Grunde genommen ist die Tatsache, daß nach der Mantineiaschlacht gerade Athen als führende griechische Macht dazustehen scheint, bloß ein Zeichen der allgemeinen militärischen Schwäche der drei ehemals im ganzen Ägäisbereich tonangebenden griechischen Poleis.

Die historische Bedeutung der Auseinandersetzung mit Athen für die Entwicklung des makedonischen Herrschaftsbereiches ist vom größten Teil der neueren Geschichtsschreibung maßlos übertrieben worden. Der Grund ist nicht weit zu suchen: die erhaltenen Quellen über die Ausbreitung des makedonischen Einflusses in den Städten Südgriechenlands sind fast ausschließlich athenisch, und zwar in der Hauptsache sind es zeitgenössische Reden von prinzipiellen und rabiaten Philipp-Gegnern wie Demosthenes und seinen Freunden oder von gemäßigteren Politikern wie

Aeschines. Neben der Makedonienfeindlichkeit ist das Hauptmerkmal dieser Reden zwangsläufig ihre Athenzentriertheit, für die Redner in der athenischen Volksversammlung oder vor einem athenischen Gericht war doch Athen der Nabel der Welt. Alles wird vom athenischen Gesichtspunkt aus interpretiert, und zwar vom parteiischen Standpunkt der jeweiligen Meinung über athenische Interessen.

Bei Demosthenes, dem Hauptkriegstreiber der späten 340er Jahre, ist dies besonders kraß; er schreckt nicht davor zurück, Tatsachen zu verdrehen, vielleicht sogar zu erfinden, um den Athenern seinen Haß auf Philipp einzuimpfen. Seine Gegner – ob in Athen oder in anderen Staaten – werden als Verräter, als gekaufte Puppen des makedonischen Königs angeprangert, die Möglichkeit einer anderen ehrenhaften Handlungsweise als die eigene wird konsequent ausgeschlossen. So sind eben fanatische politische Reden. Doch als historische Quellen sind sie völlig unzuverlässig, zumindest was die Motive vermeintlicher Gegner angeht, doch vermutlich gelegentlich auch im Hinblick auf angeführte ,,Fakten". Daß aber nicht jedermann die Freunde Philipps als Verräter ihrer Staaten ansah, lehrt das Urteil des Polybios, der energisch gegen diese Verurteilung ‚der Vornehmsten der Griechen' protestiert, und der vor allem die Peloponnesier in Schutz nimmt, weil sie Philipp als den echten Beschützer ihrer Staaten gegen Sparta wählten.[2] Polybios schrieb zwar etwa 200 Jahre nach den Ereignissen, aber es gibt keinen Grund daran zu zweifeln, daß auch eine große Zahl der Zeitgenossen dieser Meinung waren. Sie kamen vorwiegend aus den kleineren Staaten, die endlich die ersehnte Möglichkeit erspähten, sich aus dem Herrschaftsbereich der Athener, Spartaner und Thebaner zu lösen. Charakteristisch dafür dürfte die Aussage eines Politikers, Kleochares aus Chalkis, sein, anläßlich der Verhandlungen, die zum ‚Philokratesfrieden' zwischen Philipp und Athen im Jahr 346 führten, daß die kleinen Staaten die geheime Diplomatie der Großen fürchteten.[3]

Die Entwicklung des Verhältnisses zwischen dem makedonischen Staat unter Philipp und Alexander und den Poleis des südlichen Griechenlands ist also ein dorniges Feld für den Historiker, der sich nicht bloß den Gesichtspunkt eines Demosthenes zu eigen machen will. Festzuhalten ist, daß südlich von Thessalien zunächst keine Sicherheitsinteressen des makedonischen Staates existierten, die ein aggressives Vorgehen des Königs gerechtfertigt hätten. Makedonien hatte zwar in der Vergangenheit, wie auch viele andere griechische Staaten, unter dem Herrschaftsstreben von Athen, Sparta und neuerdings auch Theben gelegentlich zu leiden gehabt. Doch über die Herstellung der Integrität des makedonischen Staatsgebietes und der Sicherheit der Grenzen hinaus fehlt von Revanchismus jede Spur. Philipps ganze Tätigkeit im Norden, einschließlich der Zerstörung von Olynth und der Einverleibung der Chalkidike in den makedonischen

Staat, läßt sich aus reinen makedonischen Interessen erklären. Gegen Athen, mit welchem theoretisch ein Kriegszustand seit der Einnahme von Potidaia im Jahr 357 bestand, waren diese Maßnahmen nicht in erster Linie gerichtet, genausowenig wie seine Tätigkeit in Thrakien (obwohl der Gedanke, daß Philipp Einfluß auf den Verkehr durch die Dardanellen und den Bosporos nehmen könnte, die Athener in Schrecken versetzte).

Es waren aber vor allem Ereignisse in Thessalien, die einige Athener überzeugten, daß Philipp doch Ernsteres mit ihnen im Sinn hatte. Im Heiligen Krieg stellten sich die Athener auf die Seite der Phoker, und als Philipp im Jahr 352 versuchte, im Interesse der Thessaler und in Wahrnehmung seines unmittelbar vorher verliehenen Archontenamtes, den Krieg mit einem schnellen Vorstoß durch die Thermopylen zu beenden, zogen die Athener rasch aus und sperrten den Paß. Philipp zog sich zurück, die Athener gratulierten sich wegen ihres Erfolges, waren sie doch überzeugt, daß Philipp einen ernsten Krieg gerade gegen sie führen wollte. Doch nichts dergleichen geschah. Zur Verärgerung seiner thessalischen Freunde setzte er keine Priorität für den Heiligen Krieg: Erst sechs Jahre später erschien er wieder als „Heiliger Krieger" in Mittelgriechenland, aber da hatten sich die Rahmenbedingungen so verändert, daß er völlig ohne Widerstand die Angelegenheiten der Amphiktyonie neugestalten konnte. Und das, obwohl in der Zwischenzeit kein makedonisches Heer südlich von Thessalien gesehen worden war. Von einem Streben nach Herrschaft in Griechenland südlich von Thessalien konnte keine Rede sein.[4]

Darin vor allem lag der Gegensatz zu den führenden Poleis: Das offensichtliche Streben nach Einfluß, nach Hegemonie, nach Herrschaft, war eine Konstante der Politik der größeren griechischen Poleis, auch dann, wenn sich mancher kleinere Staat bereitwillig (unter den gegebenen Umständen) der einen oder anderen Großmacht als Schutzmacht gegen Dritte anschloß. Gerade die Unbegrenztheit dieses Strebens, des ‚Mehr-haben-wollens' *(Pleonexia)* war seit dem athenischen Reich des 5. Jhs. charakteristisch, selbst wenn die praktische Durchführung doch an Grenzen stieß. Neu war, daß offensichtliche Möglichkeiten eben nicht ausgenutzt wurden, daß die Angelegenheiten der Chalkidike, der Thraker, der Illyrer oder der Molosser wichtiger erscheinen konnten als die Belange des delphischen Apollon und alles was damit zusammenhing. Die südlichen Griechen waren überrascht, daß sie für die Makedonen nur als Randerscheinungen galten. Sie wollten es nicht ganz glauben, fanden die Haltung Philipps problematisch und allmählich verdächtig. Einige Politiker witterten schon in den 350er Jahren ein Komplott, das sie nicht genau definieren konnten, fingen an, Bedrohungen aufzuspüren, ein Klima des Mißtrauens zu schaffen, in dem alles Widrige, das geschah, Philipp in die Schuhe geschoben wurde: dies in den Machtzentren.[5]

Andererseits sahen einige führende Köpfe in kleineren Staaten eine neue Möglichkeit aufkommen, sich ohne große Gefahr gegen die lästig gewordenen Machtansprüche der alten griechischen Großmächte zu schützen. Es war nichts Neues, daß kleinere Staaten auf entferntere Großmächte setzten, wenn sie eine Auseinandersetzung mit einem Dritten austrugen. Daß einige Politiker vom Erfolg des Thessalischen Bundes gegen Pherai beeindruckt waren, läßt sich ahnen. Seit den späten 350er Jahren wurden Versuche unternommen, Philipp für südgriechische Angelegenheiten zu interessieren.[6] Im Frühjahr 346 versammelten sich die Botschafter ‚aus fast der ganzen griechischen Welt' in Pella.[7] Die Friedensverhandlungen der Athener machten hellhörig und die Befürchtung der kleineren Staaten, daß die Großen über ihre Köpfe hinweg geheime Abmachungen treffen könnten, wurde damals geäußert. Aber der diplomatische Ansturm auf Pella setzt voraus, daß auch die kleinen Staaten von Philipp etwas erwarteten, und zwar nicht bloß das, was die Großen evtl. aushandelten. Jeder Staat agierte selbständig und erhoffte oder erwartete Philipps Anteilnahme. Bis zum Jahr 346 war also Makedonien, ob es wollte oder nicht, ob es initiativ wurde oder nicht, zu einem wesentlichen, zumindest diplomatischen Faktor in den Berechnungen der südlichen Griechen, zumal der Kleinstaaten, geworden.

Die Frage mag dahingestellt bleiben, ob in dieser Lage ein Zuwachs an Einfluß und (daraus hervorgehend) an Verantwortung und Zuständigkeit, die schließlich in die Entwicklung von hegemonialen Ansprüchen einmünden mußten und die den Erwartungen der Griechen entsprachen, vermieden werden konnte. Ein nüchterner Beamtenstaat oder eine rührige Demokratie mochte Bittsteller vor den Kopf stoßen; doch die makedonische Monarchie war zu sehr von der Persönlichkeit des Königs geprägt, um auf Dauer ganz nüchtern zu rechnen, und Philipp genoß es sichtlich, daß sein Hof so plötzlich zu einem entscheidenden Zentrum der griechischen Welt geworden war. Er ließ sich gerne umwerben, fand offensichtlich Gefallen am Umgang mit den wendigen Menschen aus dem Süden, beschenkte seine Besucher mit reichen Gastgeschenken und vermittelte den Eindruck, daß er für jedermann ein Freund, vielleicht ein Partner sein könnte. Im politischen Bereich, der in einem solchen Staat nur schwerlich vom persönlichen zu trennen ist (der eine bedingt den anderen), wollte er als Partner von den existierenden griechischen Großmächten akzeptiert werden, wollte eine Anerkennung seines eigenen makedonischen Machtbereichs, der sowieso nur punktuell mit den Interessen Athens und noch weniger Thebens kollidierte, erwirken.

Mit den Großmachtträumen einiger athenischer Politiker hatte er jedoch nicht gerechnet. Sie wurden verhängnisvoll, führten letztlich zu einer Verhärtung der Fronten, die die Griechen statt zu Partnern schließlich doch zu Untertanen der Makedonen machte. Diese Entwicklung prägte die Zukunft des makedonischen Staatsinteresses im Süden, das sich gewiß hätte anders gestalten lassen können. Was Philipp in den ersten Jahren seiner Auseinandersetzung mit Athen gegen die Stadt getan hatte, war nicht viel mehr als Hoffnungen zu vernichten, Träume als illusorisch erscheinen zu lassen. Methone, Pydna und Potidaia waren alle nur sehr kurz vorher von Athen erworben worden, als Philipp sie einnahm; Amphipolis war seit dem Jahr 424 nicht mehr athenisch gewesen; Olynth verbündete sich mit Athen erst dann, als eine Auseinandersetzung mit Philipp unvermeidlich erschien. Philipp hatte zwar den Wiederaufbau eines athenischen Herrschaftsgebietes an den Grenzen Makedoniens verhindert, doch ist es sehr fraglich, ob Athen auch ohne Philipps Eingreifen diese Orte auf Dauer hätte halten können.

Trotzdem fühlten sich die Athener schwer verletzt, und es kostete etliche Überwindung, um das Angebot Philipps, in Friedensverhandlungen einzutreten – zum ersten Mal im Jahre 348 unterbreitet[8] –, ernst zu nehmen. Es wurde Frühsommer 346, bis der Vertrag – der Philokratesfrieden – endlich beiderseits akzeptiert und die Eide geschworen wurden. Die Grundlage war der augenblickliche Besitzstand. Gleichzeitig wurde auch eine Allianz abgeschlossen.[9] Letztendlich kam das Abkommen zwar zustande unter den unausgesprochenen Drohungen von Philipps militärischen Vorbereitungen zur Beendigung des Heiligen Krieges; und es ist ziemlich klar, daß Philipp auch weitergehende Konzessionen hätte erreichen können, hätte er irgendwelche gewollt. Doch bei gegenseitiger Anerkennung – auch der Rumpfseebund Athens wurde als athenisch anerkannt – und formaler Partnerschaft blieb es. Mit Athen hatte Philipp offenbar sein Ziel erreicht.

Rein formell hatte Philipp das makedonische Verhältnis zu den wichtigsten südgriechischen Staaten im Jahr 346 in eine gewisse Ordnung gebracht. Athen war durch den Friedensvertrag jetzt zu Partnerschaft verpflichtet. Als Folge des Heiligen Krieges, der ohne Blutvergießen beendet worden war, verfügte nun auch Philipp über Stimmen im Amphiktyonenrat, und bekundete damit sein dauerhaftes Interesse am delphischen Heiligtum. Doch ganz freiwillig und ohne erhebliche Bedenken seitens der Griechen war dies nicht geschehen. Die Boioter, unter der Führung Thebens, hatten den Heiligen Krieg ausgelöst, weil sie meinten, ihre Herrschaftsansprüche in Mittelgriechenland auf Kosten der Phoker durchsetzen zu können. Am Ende standen sie da, bloß mit dem Erhalt dessen, was sie im Krieg verloren hatten, und hatten außerdem die Gewißheit, den Amphiktyonenrat nie wieder für ihre eigenen Zwecke so wie in der jüngsten Vergangenheit manipulieren zu können. Hinzu kam, daß die Thessaler Nikaia zugesprochen bekamen, von wo aus der Thermopylenpaß kontrollierbar war. Nie wieder, für den Fall aller Fälle, würden sie den Paß für eine schnelle Verbindung zum südlichen Thessalien militärisch benutzen können; Pessimisten meinten gewiß, daß damit auch die Möglichkeit verloren war, ihn gegen Philipp zu sperren.

Auch in Athen war man nicht geneigt, dem neuen Partner das ihm gebührende Vertrauen zu schenken. Weder gegen Athen noch gegen Sparta wurde eine Strafe wegen ihrer Unterstützung der Frevler verhängt, was sicherlich auf den Wunsch Philipps zurückgeht. Doch die Athener erkannten das Stimmrecht Philipps im Amphiktyonenrat nur widerwillig an und beschickten die Siegespythien nicht. Formell herrschte Friede und Partnerschaft, aber das gegenseitige Vertrauen, das die Partnerschaft mit Leben erfüllt hätte, blieb Philipp vorenthalten. Die griechischen Großmächte, jede auf ihre Weise, weigerten sich, die formal entstandene Partnerschaft voll anzuerkennen. Sie konnten einfach nicht glauben, daß dem Makedonenkönig solche Anerkennung ausreichen würde, daß er nicht – wie sie es an seiner Stelle getan hätten – seinen militärischen Vorteil voll ausschöpfen wollte. Für die Griechen war dies eine katastrophale Fehleinschätzung, die schließlich das hervorbrachte, wovor sie sich von Anfang an gefürchtet hatten, und die nachträglich ihre damalige Fehlhaltung zu rechtfertigen schien.

Während der nächsten Jahre, bis 340, erfolgte seitens der Makedonen gar nichts, was die erreichte Übereinkunft in Frage stellte. Im Nordosten, im Nordwesten, in Thessalien eroberte, regelte und ordnete Philipp im makedonischen Interesse. In Griechenland, südlich von Thessalien, beschickte er pflichtgemäß die regelmäßigen Sitzungen des Amphiktyonenrates, entwickelte eine ausgedehnte diplomatische Tätigkeit in Reaktion auf Bitten und Aufforderungen von verschiedenen griechischen Staaten und Politikern, doch lieferte er keine Anzeichen dafür, daß er irgendwie mit dem 346 erreichten Zustand unzufrieden war. Es wäre gewiß töricht zu meinen, diese diplomatische Tätigkeit hätte Ansehen und Einfluß der Makedonen unter den Griechen nicht erhöht, und zu verkennen, daß mit der Übernahme der phokischen Rechte in der Amphiktyonie durch eine Großmacht eine neue Phase in der griechischen Politik eingetreten war, die man nicht rückgängig machen konnte. Wo früher Bittsteller aus kleinen Staaten ihre Aufforderungen an Athen, Sparta oder Theben gerichtet hatten, gab es jetzt die bequeme Möglichkeit, in Makedonien anzufragen. Und dafür brauchte man zunächst nicht nach Pella zu fahren: Über Philipps Vertreter im Amphiktyonenrat ließen sich bestimmt erste Kontakte knüpfen. Typisch für viele war wohl Kallias aus Chalkis auf Euboia, der einen Bund der euböischen Städte zu gründen wünschte, bloß wollten dies die anderen Städte auf der Insel nicht recht. Er wandte sich zunächst an Philipp, erhielt dort persönliche Freundschaft aber nicht die notwendige aktive Unterstützung, die er erhoffte, und ging nach Theben, wo er auch kein Gehör fand. Erst dann setzte er auf Athen, wo er endlich doch von Demosthenes unterstützt wurde.[10]

Nicht alle bekamen eine Absage von Philipp. In der Peloponnes z. B. fürchteten sich nach dem Rückzug der Thebaner die mit thebanischer Förderung neu gegründeten Staaten Messenia und Arkadia, aber auch andere, vor einem Wiederaufleben von spartanischen Herrschaftsansprüchen. Hier fanden die Kleinstaaten in Makedonien Gehör, zunächst aber nur diplomatische Hilfe.[11] Die Versuchung, das freundliche neue Amphiktyonenmitglied für örtliche Angelegenheiten zu interessieren, wo immer die traditionellen Mächte nicht vertrauenswürdig erschienen, war verständlicherweise groß und viele Kleinstaaten begrüßten die neue Möglichkeit. Die Interessenkluft zwischen Kleinstaat und Großmacht unter den südlichen Griechen wird daran sehr deutlich. Und entsprechend wenig Resonanz fand der Versuch einiger athenischer Politiker, im Süden eine Allianz gegen Philipp aufzubauen. Der ins Auge gefaßte Gegner schien vielen doch freundlicher und unverdächtiger als Athen. Auch nach einer fast zweihundertjährigen makedonischen Herrschaft konnte Polybios diejenigen in den Kleinstaaten, die das Heil ihrer Staaten in einer Anlehnung an Makedonien gesehen hatten, immer noch in Schutz nehmen gegen die Beschimpfungen des Demosthenes, der alle Andersdenkenden als Verräter anprangerte.[12] Das Interesse aller Griechen war eben nicht identisch mit der Meinung der herrschsüchtigen Athener. Der Protest des Polybios hätte mehr Aufmerksamkeit verdient.

Die bekannte Geschichte Griechenlands in den sechs Jahren nach dem Philokratesfrieden wird wegen der Athenzentriertheit aller Quellen zwangsläufig von Athen beherrscht; und athenische Geschichte wird vom Kampf der Gruppe von Politikern, die Demosthenes anführte, um Einfluß und um die Durchsetzung ihrer makedonienfeindlichen Politik bestimmt. Alle Stufen der Entwicklung können nicht rekonstruiert werden: Die erhaltenen Reden des Demosthenes geben nur punktuell Einblick, zeichnen aber doch ein Bild vom provokatorischen Ausschlagen von Verhandlungsangeboten, von grundlosen Vorwürfen, von Tatsachenverdrehungen, von einem geschürten Haß, der mit nichts als einem Waffengang gestillt werden konnte – wenn überhaupt. Haß prägte die athenische Politik, als der Einfluß der Demosthenesgruppe immer mehr wuchs und sie schließlich doch die Mehrheit der Volksversammlung überreden konnte, sich Demosthenes' Urteil über Philipp anzuschließen. Die Details dieser innerathenischen Entwicklung sind oft genug erzählt worden, gehören nicht in die Geschichte Makedoniens.[13] Wichtig ist, festzustellen, daß die rapide Einflußsteigerung der Demosthenesgruppe sehr schnell die Hoffnungen, die Philipp an den Philokratesfrieden geknüpft hatte, zunichte machte. Daß aus der angestrebten partnerschaftlichen Anerkennung nichts werden würde, ließ sich schnell ablesen. Die Athener fanden sich nämlich mit dem Friedensabkommen nicht ab. Demosthenes und Genossen schürten die Enttäuschung und Unzufriedenheit, die in Athen nach der formellen Aufgabe von traditionellen Ansprüchen im Norden und der praktischen Aufgabe der Phoker sowieso herrschten. Einen besseren Frieden wollten aber diese Leute schließlich auch nicht. Im Jahr 344 versuchte Philipp der sich verschlechternden Stimmung in Athen zu begegnen und die Befürworter des Friedens zu stärken, indem er um Verbesserungsvorschläge bat. Als Antwort führte der Demosthenesfreund Hegesippos einen Beschluß der Volksversammlung herbei, in dem die Athener verlangten, Philipp sollte Amphipolis und andere Orte im Norden an Athen abgeben. Das Verlangen, eines der Kernstücke des Friedens zu revidieren, glich in der Praxis einer Torpedierung der Verhandlungen. Philipp gab zwar nicht sofort auf, denn es befanden sich doch noch Befürworter des Friedens in Athen, vielleicht konnten sie noch an Einfluß gewinnen: Im Jahr 343 flackerte Hoffnung auf, als Aeschines von Vorwürfen des Demosthenes knapp freigesprochen wurde, daß er den Staat während der Gesandtschaft, die den Frieden ausgehandelt hatte, betrogen und verraten hätte, obwohl etwas früher Philokrates selbst zum Tode verurteilt worden war. Noch ein Verhandlungsangebot konnte dann riskiert werden, aber auch dieses (343) wurde von Hegesippos mit einer haßgeladenen Rede attackiert, so daß die Verhandlungen als aussichtslos aufgegeben werden mußten.[14]

Der Sinn dieser Kriegstreiberei ist schwerlich auszumachen. Revanchismus läßt sich nicht immer rational erklären, wird nicht unbedingt von Erfolgsaussichten geleitet. Die entscheidenden Momente sind anderer Art, liegen sie doch im verletzten Selbstbewußtsein und zwar in einer Weise, die vom Historiker nur vermutungsweise zu fassen ist. Demosthenes und seine Freunde stocherten in den Wunden des verletzten Selbstbewußtseins des athenischen Volkes herum: Die verlorengegangene Macht der Vergangenheit, deren Monumente in Athen die Erinnerung wach hielten, spielte dabei eine viel größere Rolle als irgendwelche biederen Zukunftsperspektiven, welche die realistischen Friedensbefürworter in einer freundschaftlichen Zusammenarbeit mit Makedonien erspähten. Auch hier scheint es allerdings an politischer Phantasie, die eine positivere Einstellung zu einer zukünftigen Zusammenarbeit und Koexistenz mit Makedonien hätte herbeiführen können, gefehlt zu haben. Die Kriegstreiber rissen die Initiative an sich zum Zeitpunkt der phokischen Niederlage im Jahr 346 und behielten sie bis auf einige Augenblicke durchgehend bis zur Katastrophe.

Für einen Kampf gegen Makedonien war Athen militärisch schwach: Mit der großen Flotte war selbst dann, wenn die Volksversammlung bereit gewesen wäre, die enorme Besoldung zu bewilligen, gegen die makedonische Landmacht kaum etwas Entscheidendes zu erreichen. Deswegen beschränkten sich die Redner zunächst auf Versuche, das politische Klima zu vergiften, sowohl in Athen als in allen Staaten, wo sie meinten, eine solche Möglichkeit zu sehen. Viele waren es nicht: der Bereich des Rumpfseebundes und Euboia, wo die Athener Kallias halfen, seinen neuen Städtebund zu gründen. In der Peloponnes bevorzugten die meisten Staaten den Schutz des fernen Makedonien gegenüber dem des nahen Athen. Im Norden saßen athenische Siedler (Klerouchen) fest auf der Chersonnesos; Lemnos und Imbros gehörten Athen, Thasos blieb den Athenern treu. Diese Stellung an der Getreidestraße vom Schwarzen Meer war alles, was den Athenern als auswärtiges Herrschaftsgebiet übrig blieb; doch selbst da waren sie nur zögernd bereit, militärisch zu investieren. Im Jahr 342 wurde ein Abenteurer namens Diopeithes als Söldnerführer mit neuen Siedlern nach Chersonnesos entsandt, erhielt aber keine ausreichende finanzielle Ausstattung. Diopeithes wußte sich zu helfen, er veranstaltete Raubzüge in das benachbarte Thrakien, das inzwischen Philipp gehörte, und erntete dafür in Athen die solide Unterstützung des Demosthenes und schließlich des athenischen Volkes.[15]

Dies und eine Reihe anderer Ärgernisse wurden im Jahr 340 von Philipp in einer Art Anklageschrift gegen Athen aufgelistet. Das Schreiben ist ein klares Zeichen dafür, daß Philipp seine Hoffnungen aufgegeben hatte, daß sich eine freundschaftlichere Haltung in Athen durchsetzen würde.[16] Eine Kriegserklärung war es noch nicht; aber es schloß mit einer Drohung: ‚Mit dem Recht auf meiner Seite werde ich mich wehren, und ich nehme die Götter als Zeugen, daß ich mich mit Euch wegen Eurer Taten auseinandersetzen werde.‘[17] Es war also Schluß mit der verständnisvollen Rücksicht auf übertriebene athenische Empfindlichkeit. Den Athenern sollte, wie die nächsten Ereignisse zeigen, nahegebracht werden, welche konkreten Vorteile sie dem Frieden zu verdanken hätten, die jetzt wegen der Haltung der Kriegspartei verlorengingen.

Philipp war mit der ersten Phase der Belagerung von Perinthos beschäftigt, als er sein Schreiben an Athen abschickte. Die Athener griffen zwar selbst nicht direkt ein, doch ihre Bundesgenossen, die Byzantier und die Perser, mit denen die Athener kürzlich verhandelt hatten, ja sogar noch in Verhandlungen standen, halfen den Perinthiern.[18] Als Philipp einige Wochen später anfing, auch Byzantion zu belagern, erkannte er eine einmalige Gelegenheit, den Athenern den Ernst der Lage beizubringen. Wegen der gespannten Verhältnisse sollten die athenischen Getreideschiffe von einer Kriegsflotte unter Chares im Konvoi durch die Meeresenge begleitet werden. Als sich die beladenen Schiffe bei Hieron, in der Nähe der Bosporoseinmündung, sammelten, konnten die Makedonen sie aber angreifen und alle 230 Schiffe kapern.[19] Dies erfolgte ohne Kriegserklärung und dürfte eigentlich als ein Warnschuß vor den Bug der athenischen Kriegspartei gemeint gewesen sein, als ernster Hinweis darauf, daß selbst die große Kriegsflotte die Getreideversorgung der Stadt nicht gewährleisten konnte, wenn Philipp gegen Athen Krieg führen sollte. Doch auch als letzter Versuch, den Athenern die Aussichtslosigkeit der Politik der Kriegspartei beizubringen, schlug die Aktion völlig fehl. Die athenische Antwort fiel sehr deutlich aus. Nicht Niedergeschlagenheit und Nachdenklichkeit, sondern Wut war die Reaktion, und die Kriegstreiber nutzten die Gunst des Augenblicks aus, um den Frieden für beendet erklären zu lassen.[20]

Damit war eine neue Phase des Verhältnisses zwischen Makedonien und den südlichen Griechen eingetreten. Der Versuch, durch entgegenkommende Zurückhaltung Partnerschaft mit den griechischen Großmächten herzustellen, war gescheitert. Am deutlichsten war dies in Athen zu spüren, doch auch in Theben herrschte Unzufriedenheit: Die Thebaner hatten sich offensichtlich nicht damit abgefunden, daß Philipps Stimmen in der Amphiktyonie dominierten. Hier griffen die führenden Hitzköpfe im Jahr 339 zu einem verzweifelten Aktionismus. Sie vertrieben die paar Männer, die Philipp als Garnison in Nikaia gelassen hatte und übernahmen das Städtchen, von wo aus die Thermopylen kontrolliert werden konnten, von den Thessalern.[21] Die Unterscheidung entsprechend den makedonischen Belangen, die Philipp bislang streng gehalten zu haben scheint, zwischen den klassischen Städten des Südens, mit denen er bloß diplomatisch (wenn auch mühsam) verkehrte, und dem gesamten Norden (einschließlich Thessaliens), wo von Anfang an die Waffen seines Heeres bestimmend gewesen waren, mußte er aufgeben. Die Athener und schließlich auch die Thebaner, die die Unterscheidung nicht wahrhaben wollten, hatten dabei eine große Chance vertan, um auf Philipp Einfluß zu gewinnen und darauf hinzuwirken, daß auch die griechischen Städte des Nordens anders als etwa Thraker und Illyrer behandelt werden sollten. Aber die engstirnigen Politiker dachten nur in den Schemata der traditionellen Herrschaftsansprüche, sahen also in Makedonien nur einen Konkurrenten statt eine neue politische Dimension.

Wegen seiner Stellung in der Amphiktyonie und seiner erst kürzlich wieder befestigten Herrschaft in Thrakien durfte Philipp die Kriegsvorbereitungen in Mittelgriechenland nicht einfach ignorieren. Wenn gerade die rührigen Kaufleute Athens sich der Aussichtslosigkeit eines Krieges nicht bewußt waren oder bevorzugten, sie zu verdrängen, konnte niemand voraussagen, wieviele andere Staaten sich derselben Fata Morgana ergeben würden. Philipp wird gewiß nie daran gezweifelt haben, daß er militärisch überlegen war. Das Verhängnisvolle dabei war aber, daß selbst mit einem Sieg die besten Chancen vertan wären, daß er zu seinen Lebzeiten je von den politisch maßgeblichen südlichen Griechen akzeptiert werden würde. Im Jahr 346 hatte er die Kriege ohne zu kämpfen gewonnen, und dennoch schon damals den Frieden verloren. Diesmal mußten die Samthandschuhe ausgezogen werden. Zwangsläufig brachte die Anwendung militärischer Gewalt gegen Theben und Athen eine gewisse politische Angleichung an die schon in das Herrschaftsgebiet Makedoniens eingegangenen griechischen Gemeinden des Nordens: Nach einem so angezettelten Krieg mußte das Ergebnis viel härter ausfallen als im Jahr 346. Die Berater Philipps würden, falls er selbst anders dachte, kaum einsehen, warum Theben und Athen doch noch irgendwelche Sonderbehandlung verdient hätten. Die bloße Tatsache des Krieges brächte also mit Sicherheit eine Ausdehnung und Komplizierung des Herrschaftsgebietes des makedonischen Staates.

Nur zögernd reagierte Philipp auf die neue Lage im südlichen Griechenland, erst im Spätherbst 339, nach seinem Feldzug gegen die Donauskythen, kam er mit einem Heer, aber als Beauftragter der Amphiktyonen, nach Mittelgriechenland. Mit Athen und Theben hatte seine Hauptaufgabe an sich nichts zu tun, sondern mit Vergehen, die die lokrische Stadt Amphissa gegen die Belange des delphischen Apollon begangen hatte. Doch sobald das makedonische Heer bei Elateia in Phokis ankam (Philipp hatte geschickt verstanden, die Thermopylen und die thebanische Besatzung in Nikaia zu umgehen, um nicht sofort gerade mit Theben kämpfen zu müssen), interpretierten es die von Demosthenes irregeführten Athener sofort als gegen sie gerichtet und entwickelten schnell eine diplomatische Offensive, die ihre alten Gegner, die Thebaner, als Bundesgenossen gewann: Gleich danach besetzten militärische Einheiten aus Athen und Theben die Pässe von Elateia nach Amphissa sowie in Richtung Boiotien. Gegen die verbohrte Überzeugung seiner Gegner konnte Philipps Diplomatie – er versuchte sowohl mit Theben als auch mit Athen zu verhandeln[22] – nichts erreichen. Auch die erfolgreiche Beendigung des Amphiktyonenstreites mit Amphissa, die den Rückzug der griechischen Streitkräfte zu Stellungen bei Chaironeia notwendig machte, konnte den Willen der Mehrheit in den zwei Städten nicht brechen.[23]

Bis August 338 hatte Philipp seine Hoffnungen auf eine friedliche Beilegung des Konflikts endgültig aufgegeben und bezog Stellung gegenüber den Griechen bei Chaironeia. Den Athenern und Boiotern, die die Hauptmasse der ca. 30000 Mann griechischer Truppen stellten, gesellten sich einige Alliierte und Klienten zu: Korinthier und Achaier aus der Peloponnes, Euboier und Vertreter des athenischen Bundes von den Inseln, einige Phoker, Megarer und ein paar Akarnaner aus Mittelgriechenland. Die Makedonen und Alliierten dürften zahlenmäßig etwa gleich stark gewesen sein, doch in der Schlacht setzten sich die kampferprobten Makedonen schließlich durch. Am Abend zählte man 1000 gefallene und 2000 gefangengenommene athenische Bürger; entsprechend hoch waren die Verluste der anderen Kontingente. Der unnötige Krieg war zu Ende.[24]

Der Sieg gab den Kräften in Makedonien, die eine einheitliche Behandlung der Besiegten – etwa nach dem Muster Thrakiens – bevorzugten,

Auftrieb. Und Philipp verschloß sich nach dem Scheitern seiner Diplomatie keineswegs solchen Gedanken. Aus dem Sieg ergaben sich Möglichkeiten im Rahmen einer härteren Gangart, dem Partnerschaftsgedanken schärfere Konturen in der Form einer rudimentären Organisation und eines konkreten gemeinsamen Zieles zu verleihen. Man durfte schließlich hoffen, daß die griechische Niederlage den gemäßigteren Kräften in den Poleis helfen würde, ans Ruder zu kommen. Im Rahmen eines allgemeinen Friedensabkommens konnte man sie auch mehr als vorher unterstützen. Doch an die Errichtung einer allgemeinen Herrschaftsorganisation wie in Thessalien wurde trotzdem nicht gedacht. Die südlichen Griechen hatten für Makedonien immer noch nicht die Bedeutung erlangt, die diesen Aufwand gerechtfertigt hätte. Anzustreben war nach wie vor, daß die griechischen Städte ihre Angelegenheiten allein regeln, daß aber die jeweiligen makedonischen Interessen doch mehr als vorher berücksichtigt werden sollten. Dies konnte am leichtesten geschehen, wenn gemeinsame Interessen erweckt würden, wenn eine aktive Kooperation erfolgte, wenn gegenseitige Abhängigkeiten entstünden. Die Erfahrung seit 346 zeigte, daß solche Wünsche nicht von allein in Erfüllung gehen würden, makedonische Hilfe war nötig. Und selbst dann mußte man, nach den irrationalen Erfolgen des Demosthenes und seiner Freunde, eher skeptisch sein, ob diejenigen, die jede Mitarbeit, jede Annäherung torpedieren wollten, so weit ausgeschaltet werden konnten, daß eine freiwillige Annäherung stattfinden würde.

Wichtig war vor allem, den vorhandenen Sympathisanten zu helfen und neue Freunde zu gewinnen. Auf Athen setzte Philipp nach wie vor. Als bevölkerungsreichster griechischer Staat, wichtigstes Handelszentrum der Ägäis, nach wie vor theoretisch stärkste Flottenmacht, galt Athen auch nach Chaironeia als das besondere Ziel makedonischer diplomatischer Bemühungen. An Athen führte kein Weg vorbei. Hier vor allem mußte versucht werden, Freunde zu unterstützen, Leuten wie Aeschines, Phokion und Demades zum Einfluß zu verhelfen. Mit harten Bedingungen war es nicht getan, vielleicht aber mit Großzügigkeit, die als Versöhnungsgeste ausgelegt werden konnte. Das Weiterbestehen des athenischen Seebundes wollte Philipp zwar nicht tolerieren, anscheinend auch die Besitzungen auf der Chersonnesos nicht (die sowieso nicht zu halten waren, sollten die Makedonen sie im Ernst übernehmen wollen).[25] Doch andererseits erhielt Athen, auf Kosten der Boioter, die Grenzstadt Oropos mit dem bedeutsamen Heiligtum des Heros Amphiaraios, es durfte die Inseln Imbros, Lemnos und Skyros sowie Samos behalten; außerdem waren die Kriegsgefangenen ohne das übliche Lösegeld nach Hause geschickt worden. Und das war es.[26] Philipps Freunde profitierten. Es war hauptsächlich Demades zuzuschreiben, daß ein so vorteilhaftes Abkommen ausgehandelt wurde, doch die Extremisten wurden über das Scheitern ihrer Politik hinaus nicht bestraft. Demosthenes wurde sogar gewählt, um die Leichenrede für die Gefallenen (die er allerdings auf dem Gewissen hatte) zu halten; Flüchtlinge aus anderen Staaten wurden aufgenommen.[27] Die Niederlage galt durchaus als ehrenvoll, doch spielten die Verantwortlichen, die damaligen Kriegstreiber, in der aktiven Gestaltung der Politik vorläufig keine wesentliche Rolle mehr: Das Volk hörte jetzt auf die gemäßigteren Realisten, auf Leute wie Lykurgos, Demades und Phokion, die zwar nicht unbedingt Makedonien liebten, aber athenische Interessen am besten durch eine zurückhaltende Kooperation gewährleistet sahen. Damit mußte Philipp zufrieden sein. Auf Begeisterung konnte er in Athen kaum hoffen. Er besuchte die Stadt dann persönlich nicht.

In Theben erwartete ihn auch keine Begeisterung, obwohl es dort andere Möglichkeiten als in Athen gab. Theben war die Hauptstadt des Bundes der Boioter, der ‚demokratisch', d. h. über eine Massenversammlung, regiert wurde. Weil die Versammlungen in Theben stattfanden, übte in der Praxis die Bevölkerung Thebens maßgeblichen Einfluß aus. Auf dem Wege zur Vormachtstellung in Boiotien hatten die Thebaner drei Städte ausgelöscht oder schwer mißhandelt – Plataiai, Thespiai und Orchomenos – und die anderen dann entsprechend eingeschüchtert. Die Thebaner waren in Boiotien keineswegs beliebt – nach der Katastrophe von Chaironeia weniger denn je –, eine harte Gangart gegenüber Theben war also mit der Suche nach Einfluß und Freunden in Boiotien durchaus vereinbar. Drei Maßnahmen erfolgten, die den Bewegungsspielraum der Thebaner wesentlich einschränkten: Plataiai, Thespiai und Orchomenos sollten dank der Makedonen neu aufgebaut werden. Dann, durch die Verlegung der Sitzungen des Bundes in das Dorfheiligtum von Onchestos, durch die Schaffung eines Rates mit 300 Mitgliedern, der zumindest teilweise aus zurückgekehrten Exulanten bestand, und durch die Bestrafung oder das Exil führender Thebaner, wurden vor allem den Besitzenden in den anderen boiotischen Städten größere Einflußmöglichkeiten im Bunde eingeräumt. Letztlich zog eine makedonische Besatzung in die Kadmeia, die thebanische Akropolis, ein.[28] In Boiotien ist damit eine Erweiterung direkten makedonischen Staatsinteresses zu verzeichnen. Für den so neuorganisierten Bund galt Makedonien als Schutzmacht gegen Herrschaftsansprüche Thebens, etwa wie früher in Thessalien gegenüber Pherai.

Die dritte ehemalige griechische Großmacht, Sparta, hatte sich vom Desaster von Chaironeia ferngehalten. Doch schon in den 340er Jahren hatten einige peloponnesische Politiker, zumal in Arkadien und Messene, Hoffnungen gehegt, daß Makedonien die Rolle einer Schutzmacht gegen Sparta in der Peloponnes übernehmen könnte. In jener Entwicklungsphase seiner Politik gegenüber den südlichen Griechen hatte Philipp tatsächlich diplomatische Schützenhilfe gewährt. Jetzt drängten seine Freunde darauf, daß er mit seinem Heer in die Peloponnes komme, um dort endlich territoriale Ansprüche, die sie gegen Sparta erhoben, durchzusetzen. Ohne die Bedeutung der Großstaaten zu unterschätzen, hatte Philipp inzwischen durchaus begriffen, daß über die kleineren viel Einfluß zu gewinnen war, der für eine Neutralisierung der Großmächte eingesetzt werden könnte. Er entsprach also der Bitte der Kleinstaaten und verfügte die Abtrennung einer Reihe von umstrittenen Landstrichen vom spartanischen Territorium.[29]

Die Bevorzugung politischer Freunde blieb also auch nach Chaironeia ein Kernstück der makedonischen Politik, was dem Naturell des Königs durchaus entsprach, der auch im privaten Bereich großen Wert auf Freundschaften legte. Doch auch die Grenzen seines Interesses sind klar: Bis nach Thessalien hinein hatte er aus dem örtlichen Adel immer wieder Frauen genommen, um das Band mit Makedonien auch auf der persönlichen Ebene zu festigen. Aus den Staaten der südlichen Griechen nahm er aber keine. Eine unmittelbare persönliche Herrschaft strebte er hier nicht an. Andererseits hatte er vor allem aus dem Umgang mit den Städten Thessaliens gelernt, wie vorteilhaft eine stadtübergreifende Organisationsform sein könnte. Zunächst hatte er sich dort das Archontat verleihen lassen, dann kam die Wiederbelebung der Tetrarchien, deren leitende Persönlichkeiten er selbst als eine Art Teilstellvertreter bestimmte. Nützlich war schließlich auch die Möglichkeit, thessalische Truppen heranzuziehen: Über das bloße Militärische hinaus führten die gemeinsam bestrittenen Feldzüge, die gemeinsam gewonnenen Siege, zur engeren Bindung der beiden Staaten.

Unter den übrigen Griechen existierte keine solche Organisation. Es gab zwar regionale Bünde – z. B. in Boiotien, in der Peloponnes, in der Ägäis –, die aber nicht viel mehr waren als der organisatorische Ausdruck der Herrschaft von Theben, Sparta und Athen. Darauf konnte keine fremde Macht aufbauen. Seit dem ‚Königsfrieden' vor fast fünfzig Jahren geisterte der Begriff des ‚Allgemeinen Friedens' *(Koine Eirene)* in den Köpfen der Griechen herum. Charakteristisch am damaligen Frieden vom Jahr 387/6 war, daß der Perserkönig als Garantiemacht auftrat, obwohl er in der Praxis die Auslegung und Ausführung der Friedensbestimmungen außerhalb Kleinasiens an Sparta abtrat.[30] Das Paradoxon, mit dem sich viele Griechen seitdem nicht abfinden konnten, war, daß einerseits die ‚Freiheit und Autonomie' der griechischen Poleis vereinbart waren, andererseits die griechischen Poleis in Kleinasien als dem Perserkönig zugehörig anerkannt wurden.

Man stritt sich gewiß über die Auslegung der Autonomieklausel; doch in den Friedensverträgen, die spätere Kriege beendeten, galt, solange mehr als zwei Staaten wesentlich daran beteiligt waren, eine Garantieklausel als unerläßlich (etwa daß alle Beteiligten gegen Vertragsbrecher vorgehen mußten oder durften). Philipp war diesem ausdehnungsfähigen Begriff ‚Allgemeiner Frieden' schon in Verhandlungen mit Athen im Jahr 346 begegnet: einige Athener wollten für die Phoker eine solche Schlupfklausel schaffen, und zwar, daß es jedem Staat erlaubt sein sollte, innerhalb von drei Monaten dem Frieden beizutreten. Dies hatte er zwar abgelehnt – seine thessalischen Freunde hätten einen solchen Ausverkauf amphiktyonischer Interessen nie gutheißen können –, aber bei den späteren Verhandlungen über eine Verbesserung des Vertrags wurde mit demselben Gedanken gespielt; doch damals wollten sich die Athener nicht recht entschließen.

Jetzt aber war der Gedanke für Philipp äußerst attraktiv und dank dem Sieg bei Chaironeia auch durchsetzbar: gerade ein allgemeiner Frieden, zu dem sich jeder Staat verpflichtete, könnte eine recht günstige Grundlage für das künftige Verhältnis zwischen Makedonien und den südlichen Griechen bilden. Die Garantieklausel, die bei solchen Abkommen üblich war, war wie geschaffen für Philipp, um evtl. Eingriffe im Interesse des Friedens oder seiner jeweils friedliebenden Freunde in den Poleis von vornherein zu rechtfertigen. Außerdem konnte – nach dem Muster des thessalischen Bundes – die Funktion eines Garanten eingebaut werden. Artaxerxes hatte zwar im Jahr 387/6 mit bloßen Drohungen seine Garantenfunktion ausgedrückt, ihre Ausführung in der Praxis an Sparta übertragen. Trotzdem wäre die formelle Anerkennung Makedoniens als Schutzmacht zumindest prinzipiell nichts Neues. Der Unterschied zu früher lag darin, daß Philipp die Formalisierung eines Verhältnisses anstrebte, das früher nicht verrechtlicht gewesen war.

Hinzu kam ein weiterer Gedanke, der wesentlich zukunftsträchtiger war als die Schaffung des Allgemeinen Friedens mit Philipp als Hegemon (Führer), die im Jahr 337 bei Korinth stattfand (deswegen der moderne Name ‚Korinthischer Bund'). Die Wahl des aktiven Titels Hegemon zeigt die Richtung seiner weitergehenden Gedanken auf. Wenn Philipp die Entwicklung einer gemeinsamen griechischen Zielsetzung als sein Hauptziel ins Auge faßte, dann ließen seine Erfahrungen mit Theben und Athen seit 346 erkennen, daß ein inaktives Ziel, wie die bloße Erhaltung des Friedens untereinander, so wichtig sie auch war, auf Dauer nicht ausreichen dürfte, um alle Unzufriedenheiten auszuräumen. Als aktives gemeinsames Ziel jedoch konnte nur eines irgendwelche Hoffnungen nähren, nämlich ein revanchistischer Krieg gegen die Perser, die die griechischen Staaten Kleinasiens immer noch zu ihrem Reichsgebiet zählten. Philipp scheint keine langgehegten Pläne für eine Einmischung in Kleinasien gehabt zu haben. Genauso wie auf dem griechischen Festland hatten gelegentlich Machthaber in Kleinasien und andere mit ihm Kontakt aufgenommen – Hermeias von Atarneus, z. B., der Freund des Aristoteles, oder Pixodaros, der Satrap der Provinz Karien, der sogar eine Ehebindung anstrebte; doch erst bei der Belagerung von Perinthos scheinen die Perser etwas gegen Philipp unternommen zu haben; damals war auch Demosthenes geneigt zu versuchen, persische Gelder gegen Philipp zu bekommen, genauso wie in den 390er Jahren Athen persische Hilfe gegen Sparta angenommen hatte.[31]

Andererseits hatten athenische Intellektuelle, vor allem der Rhetoriklehrer Isokrates, seit fast einem halben Jahrhundert einen Feldzug gegen die Perser gepredigt: Nur so, meinte Isokrates, gäbe es eine Hoffnung, daß die Griechen sich zusammenschließen würden; und anscheinend hatte ein Vorgänger Philipps als thessalischer Archon, der *Tagos* Jason von Pherai, mit dem Gedanken gespielt, gegen die Perser zu kämpfen.[32] Isokrates hatte zwar ein Pamphlet, den ‚Philippos', im Jahr 346 an Philipp gerichtet, in dem er ihm seinen Lieblingsplan unterbreitete, aber konkrete Interessen fehlten damals. Erst während des Krieges gegen Athen und Theben scheint makedonisches Interesse geweckt worden zu sein, evtl. wegen der Kontakte der athenischen Makedoniengegner mit Persien. Und erst nach Chaironeia, im Zusammenhang mit dem ‚Allgemeinen Frieden' scheint ein Vorstoß nach Kleinasien beschlossene Sache geworden zu sein. Die Gründe dafür sind gewiß mannigfacher als wir heute feststellen können. Doch eines scheint sehr wahrscheinlich: ohne den Krieg mit Athen und Theben, ohne die Suche nach einer aktiven gemeinsamen Aufgabe für die beim Allgemeinen Friedensvertrag versammelten Griechen, die sie, wie schon die Thessaler, an die Idee einer Partnerschaft mit der makedonischen Großmacht gewöhnen und ihnen ihre Niederlage verschmerzen helfen sollte, hätte Philipp den Kleinasienfeldzug nicht geplant. Im Grunde genommen sollte er also die Absage an die jüngere Vergangenheit, als gerade die Makedonengegner mit dem alten Feind paktiert hatten, verkörpern. Für Philipps Freunde in den Poleis wäre dies eine ansehnliche und potentiell ruhmreiche Aufgabe gewesen. Für Makedonien selbst fiele sicherlich Beute genug an, die die Kosten mehr als decken würde; und die Idee dürfte Philipp gereizt haben, auf diese Weise sich als Rächer der zerstörten griechischen Tempel, als Hegemon eines griechischen Kreuzzuges und Verteidiger des ‚Allgemeinen Friedens' – auch in Kleinasien – zu gebärden. Vielleicht ließ es sich auf diese Weise erreichen, daß die Griechen doch den makedonischen Staat als Führer und Förderer ihrer Interessen anerkannten.

Ob diesem Vorhaben Erfolg beschieden gewesen wäre, falls Philipp im Jahr 336 dem Attentat des aus persönlichen Gründen motivierten Pausanias nicht zum Opfer gefallen wäre, ist müßig zu spekulieren. Bis dahin hatte er nämlich bloß den Apparat geschaffen, der als organisatorischer Träger des ‚aggressiven Allgemeinen Friedens'[33] dienen sollte. Ein Rat *(Synedrion)* wurde geschaffen, in dem alle Friedensteilnehmer – anscheinend alle griechischen Staaten mit Ausnahme Spartas – vertreten waren. Nach der konstituierenden Sitzung in Korinth, der vielleicht eine zweite folgte, auf der der Perserfeldzug gutgeheißen wurde, dürfte der Rat bloß anläßlich der panhellenischen Spiele zusammengetreten sein, zumal er keine weiteren Funktionen hatte. Die aktive Gewährung des Friedens lag in der Praxis beim Hegemon oder seinen regionalen Stellvertretern, den ‚Beauftragten für die gemeinsame Sicherheit', die in ihrer Funktion etwa den Tetrarchen des Thessalischen Bundes ähnelten. Die griechischen Staaten verpflichteten sich (soweit die genauen Bestimmungen bekannt sind) zu Gewährung äußerer und innerer Unabhängigkeit und Abgabenfreiheit für alle Teilnehmerstaaten, zur Unverletzlichkeit der Schiffahrt und der Häfen; Eingriffe in Besitz, Verfassung oder innere Ordnung der Mitgliederstaaten wurden unterbunden, und zwar unter Androhung einer Bundesexekution; dasselbe galt ausdrücklich für Makedonien, das vielleicht nicht formeller Teilnehmer am Friedenswerk war; der Hegemon organisierte evtl. gemeinsame Unternehmungen der Friedensteilnehmer einschließlich des Perserfeldzuges.[34]

Philipp als Schöpfer dieser Organisation – wer auch immer ihn beriet –, mit seinen ihm auch persönlich verpflichteten Freunden in den einzelnen Poleis an der Macht, mit einem propagandistisch wirksamen gemeinsamen Feldzug in Vorbereitung, hätte vielleicht doch Chancen gehabt, viele Griechen davon zu überzeugen, daß die makedonische Macht an sich keine wesentliche Bedrohung der Interessen oder des Lebensstils der Griechen darstellte. Es würde sicherlich immer Leute geben, die *laudatores temporis acti,* welche der neuen Macht ihre Anerkennung verweigern würden. Doch die Aussichten waren vielleicht nicht schlecht, daß schließlich ein gewisser Anerkennungskonsens zustande käme, der eine Basis für ein langfristiges Zusammenleben schaffen könnte.

Philipps Tod, bevor der gemeinsame Feldzug überhaupt begonnen hatte – bloß eine makedonische Vorhut war entsandt worden –, bevor sich der neue organisierte Friede eingespielt hatte, wirkte sich auf das Verhältnis zu den Griechen katastrophal aus. Philipp, der mit einem gewissen Fingerspitzengefühl gegenüber den Griechen gehandelt hatte, wurde durch seinen tatendurstigen Sohn Alexander ersetzt, der von Anfang an viel weniger bereit war, Rücksicht auf griechische Empfindlichkeiten zu nehmen. Zu seiner ungeduldigen Natur kam hinzu, daß er knapp zwanzig Jahre alt war, und als Priorität hatte er sich innerhalb des makedonischen Adels durchzusetzen. Es läßt sich leicht ausmalen, daß es dort viele gab, die privat meinten, Philipp zeige gegenüber den Griechen viel zu viel Geduld. Eine viel härtere Gangart gegenüber den Griechen war also von verschiedenen Gesichtspunkten von Anfang an geboten, und die führenden griechischen Staaten taten nichts, um eine Milderung als wünschenswert erscheinen zu lassen. Ganz im Gegenteil. Seit Chaironeia waren knapp zwei Jahre verflossen, als Philipp starb. Die südlichen Griechen waren gewiß nicht die einzigen, die Alexander unterschätzten, die gerade der Person Philipps, so wichtig sie auch gewesen war, endlich doch zu viel Bedeutung beigemessen hatten und die Solidität des Staatsapparates, den er geschaffen hatte, zu wenig berücksichtigten. Ihre Reaktion stärkte bloß die Rücken der harten Männer in Pella. In Athen kam Demosthenes schnell wieder zu Ehren. Er überredete die Athener, eine feierliche Danksagung an die Götter wegen Philipps Tod zu veranstalten und dem Philippmörder Pausanias einen Ehrenkranz zu verleihen.[35] Die Thebaner machten Anstalten, die makedonische Besatzung aus der Kadmeia zu vertreiben, was eine Wiederaufnahme des gerade beendeten Krieges bedeutet hätte. Auch hier waren die Extremisten sofort wieder an die Macht gekommen, sowohl in Theben als in Athen hatte es nicht ausreichend Zeit gegeben, um einen pro-makedonischen Konsens zu schaffen: die Wunden der jüngsten Vergangenheit waren noch zu neu, vor kurzem gehegte Hoffnungen wurden wieder wach. Auch anderswo bekamen die Makedonenfreunde von ihren internen Gegnern Schwierigkeiten.[36]

Doch nicht sehr lange. Noch im Jahr 336 marschierte Alexander nach Süden: Er ließ sich in Thessalien als Philipps Nachfolger im Archontat bestätigen, bei Thermopylae erkannten ihn die Amphiktyonen als rechtmäßigen Nachfolger Philipps im Amphiktyonenrat an, in Korinth bekam er von den eiligst zusammengerufenen Delegierten die Bestätigung seiner Hegemonie bezüglich des Allgemeinen Friedens und des Perserfeldzuges. Unterwegs hatte er die Thebaner eingeschüchtert und Gesandte der Athener empfangen, die sich für die Peinlichkeit entschuldigten, daß sie ihm erst jetzt wegen der Nachfolge gratulierten. Mit allen verkehrte er freundlich, doch mit der Bestimmtheit, die ihm sein loyales Makedonenheer ermöglichte. Er hatte sofort den Eindruck erweckt, mit ihm sei nicht zu spaßen.[37]

Daß dieser Eindruck auch zutraf, bestätigte er auf grausamste Weise im nächsten Sommer. Ein Gerücht, daß Alexander schon tot sei, verführte, unbestätigt wie es war, die Thebaner, von Exulanten und athenischen Extremisten noch angestachelt, ihr Vorhaben vom vorigen Jahr durchzuführen, nämlich die makedonische Garnison von der Kadmeia zu vertreiben. So leicht war dies freilich nicht, und während die Belagerung der Zitadelle noch im Gange war, erschien das makedonische Heer, vom leibhaftigen Alexander mit Vehemenz geführt, vor den Toren Thebens. Wo Philipp vielleicht in Theben die edle, ehrwürdige, ehemals führende Stadt Griechenlands, in der er drei Jugendjahre verbracht hatte, gesehen hätte und dieser Haltung entsprechend immer noch zu Verhandlungen bereit gewesen wäre, ließ Alexander keinen Zweifel daran, daß er nicht bereit war, solche schwankenden Freunde zu tolerieren. Heftigen Kämpfen, in denen die Makedonen vor allem von den Phokern und den alten

Thebenfeinden in Boiotien, die Philipp gerade neu aufgemöbelt hatte, Plataiai, Thespiai und Orchomenos, unterstützt wurden, folgte die totale Zerstörung der alten Stadt. Die Bevölkerung, die nicht in den Kämpfen fiel oder flüchten konnte, wurde auf den Sklavenmärkten verkauft.[38] Auch Athen bekam die veränderte Haltung der Makedonen zu spüren: Nur mit äußerstem persönlichen Einsatz konnte Demades erreichen, daß Alexander seine Forderung fallen ließ, einige von ihm genannte und als Gegner empfundene Politiker auszuliefern.[39]

Die Zerstörung Thebens bezeugt mehr als einen bloßen Klimawechsel im Verhältnis zwischen Makedonien und den südlichen Griechen. Sie verrät eine völlig geänderte Politik, eine Haltung den Griechen gegenüber, die ihnen im Grunde genommen eine höhere Bedeutung für Makedonien als unter Philipp zukommen ließ. Eine gesteigerte Bedeutung hieß jedoch zumindest tendenziell mehr Kontrolle. Vergleichbar sind Philipps Stadtzerstörungen, die nur in von ihm als unmittelbarem Herrschaftsgebiet beanspruchten Territorien erfolgten, bei Methone und auf der Chalkidike. Während Philipp die Griechen zwar unter Druck setzen, doch immerhin für ein partnerschaftliches Verhältnis, selbst nach Chaironeia, gewinnen wollte und dieser Wunsch die Gestaltung des ‚Allgemeinen Friedens' mitprägte, erkennt man bei Alexander sofort die Neigung, auch die südlichen Griechen als Untertanen zu behandeln, die sich den von ihm vertretenen makedonischen Interessen beugen mußten. Eine gewisse Angleichung an die anderen makedonischen Herrschaftsgebiete, wo man letztendlich bereit war, unbekümmert mit Gewalt zu regieren, ist nicht zu verkennen. Der Schlag gegen Theben galt als abschreckendes Beispiel für die anderen Staaten: Im Notfall war Makedonien jetzt bereit, auch im südlichen Griechenland, mit Gewalt seine vermeintlichen Interessen rasch durchzusetzen. Mit dieser Haltung war der Apparat des Allgemeinen Friedens leicht als Herrschaftsinstrument einsetzbar. So faßte Alexander seine Stellung als Hegemon offensichtlich auf, als er die Zerstörung Thebens von den mit ihm kämpfenden thebenfeindlichen Staaten der Umgebung im Rahmen des Allgemeinen Friedens beschließen ließ.[40]

Als Alexander im Jahr 334 zu seinem kleinasiatischen Feldzug gegen die Perser aufbrach, wurde das schon im Ansatz erkennbare Untertanenverhältnis der Griechen noch deutlicher: ohne daß sie konsultiert waren, wurden nach den Regelungen des Allgemeinen Friedens Truppen und Schiffe angefordert, die unter das Kommando makedonischer Offiziere gestellt wurden. Noch offener zeigt dies das Heimatkommando, das Philipps altem Kampfgefährten Antipatros anvertraut wurde. Antipatros wurde nämlich für alle makedonischen und griechischen Angelegenheiten in Europa verantwortlich gemacht,[41] d. h. Alexander bestellte seinen Offizier als eine Art Stellvertreter, auch für Angelegenheiten des Allgemeinen Friedens, ohne daß das Synedrion überhaupt gefragt wurde. Den

Apparat des Allgemeinen Friedens nutzte Alexander also genauso wie er seine Hausmacht in Makedonien behandelte. Es ist dann kein Wunder, daß Makedoniengegner in Athen ihn jetzt als Tyrannen bezeichneten.[42] Alexanders autokratische Handhabung des Friedensapparates ließ keinen Konsens aufkommen, er nährte bloß den Verdacht seiner Gegner und schien nachträglich die Politik des Demosthenes und seiner Gruppe seit 346 voll zu rechtfertigen, wie im Jahr 330 der für Demosthenes erfolgreiche Ausgang des Prozesses gegen Ktesiphon, der 336 für Demosthenes die Bekränzung beantragt hatte, deutlich zeigt.[43]

In der Praxis waren jedoch die Griechen unter sich gespalten. Theben existierte nicht mehr; Sparta hatte sich vom Chaironeiafeldzug distanziert. Jetzt, als der spartanische König Agis meinte, zusammen mit den Persern einen effektiveren Widerstand zu leisten, zumal Alexander und der Kern des makedonischen Heeres sich weit weg in Kleinasien aufhielten, waren die Athener nicht bereit mitzumachen. Der so verzettelte Widerstand wurde dann im Jahr 331 von Antipatros in einer großen Schlacht bei Megalopolis in der Peloponnes niedergeworfen.[44] So wurde schließlich die dritte der traditionellen griechischen Großmächte als potentielle Opposition ausgeschaltet. Das Ergebnis war zweifellos eine noch härtere Gangart der Makedonen, die sich die Griechen immer weniger als geeignete Partner vorstellen konnten. In zwei bedeutenden Waffengängen hatten sie sich davon überzeugen können, daß es auch ohne Partnerschaft ginge, wenn man bloß dezidiert genug handelte. Die Art des griechischen Widerstandes, gekoppelt mit dem Naturell des abwesenden Königs, dem sein Offizier Antipatros loyal diente, führte auf schnellem Wege zum Aufbau eines formalen makedonischen Herrschaftsgebietes unter den südlichen Griechen. Es war aber im Jahr 331 noch nicht so weit. Es bedurfte einer noch größeren Katastrophe.

Paradoxerweise wirkte sich in Griechenland die Abwesenheit Alexanders herrschaftsfördernd aus. Der König selbst war weit weg, konnte nicht tagtäglich mit der ärgerlichen und trivialen Kompliziertheit der Verhältnisse im südlichen Griechenland konfrontiert werden und neigte sowieso zu einfachen Lösungen – wie die Durchschneidung des gordischen Knotens –, die im politischen Bereich aus der Entfernung viel leichter fielen. Andererseits hatten auch die Makedonenfreunde viel schwereren Zugang zum König als zur Zeit Philipps: In allen wesentlichen Angelegenheiten bestimmte Antipatros, in besonders heiklen Fällen verschob er eine Entscheidung, indem er sie an Alexander persönlich verwies. Dies geschah z. B. nach der Schlacht bei Megalopolis, als das Synedrion des Allgemeinen Friedens sich außerstande sah, eine Entscheidung zu treffen. Antipatros nahm sich 50 Geiseln, die endgültige Entscheidung (uns unbekannt) wurde Alexander überlassen.[45] Diese Praxis führte zwangsläufig zur zunehmenden Entfremdung zwischen den Griechen und Alexander, die nicht gemildert wurde durch dessen eigenwillige spektakuläre Aktionen, wie die Übersendung von 300 persischen Rüstungen als Weihgeschenk für Athena an Athen nach der Granikos-Schlacht (334) oder das Versprechen, die Statuen der athenischen Tyrannenmörder, die die Perser im Jahr 480 nach Susa verschleppt hatten, wieder nach Athen kommen zu lassen.[46]

Wesentlicher für die Gestaltung des Verhältnisses etwa zu Athen war seine Weigerung vom Jahr 331 (die er dann auch nur unter dem Eindruck der Ereignisse auf der Peloponnes änderte), die athenischen Söldner, die im persischen Heer am Granikos gegen Alexander gekämpft hatten und dort gefangengenommen worden waren, freizulassen.[47] Im Jahr 330 wurde nach dem Tode des Dareios der Kreuzzug gegen die Perser förmlich beendet und die Kontingente der griechischen Staaten wurden entlassen.[48] Bis zu diesem Zeitpunkt hatten die Griechen also, wenn auch völlig ohne Mitbestimmungsmöglichkeiten, ihren formellen Anteil am Alexanderzug gehabt, wie Philipp es geplant hatte. In der Praxis jedoch ist, trotz allem militärischen Erfolg, keine Annäherung zwischen Makedonien und den Griechen aus den gemeinsamen Erlebnissen erfolgt. Sie ist von Alexander auch nie im Ernst angestrebt worden; dafür war schließlich der makedonische Anteil immer zu groß gewesen. Alexander beabsichtigte ohne die Griechen – bis auf Freiwillige, die als Söldner dienten –, seinen Feldzug fortzusetzen. Diese Entscheidung stellt deutlich unter Beweis, daß nachdem das eigentliche Ziel, das Philipp als Mittel zur Durchsetzung seiner Griechenlandpolitik konzipiert hatte, erreicht war, ihm jetzt das weitere Abenteuer in Asien viel wichtiger geworden war, als seine Beziehungen zur Heimat und eine echte Versöhnung mit den griechischen Staaten.

Nach der Entlassung der griechischen Kontingente und in Folge der militärischen Unternehmungen, die Alexander immer weiter von Europa wegführten, entpuppte sich das Verhältnis zwischen Makedonien und den südlichen Griechen zunehmend als eine herrschaftliche Beziehung. Wenn nicht der König persönlich, sondern nur sein Stellvertreter der ständige Gesprächspartner der Griechen war, so war auf dem Wege von Gesprächen und Verhandlungen nichts zu erreichen, weil mit Antipatros nicht verhandelt werden konnte. Seine Stärke lag gerade darin, daß er den König eben nur vertrat, er hatte also immer die bequeme Möglichkeit, unangenehme Entscheidungen auf den abwesenden König zu verschieben, und sonst unbekümmert seines Amtes zu walten. Dieses System funktionierte solange gut, als der König in Ostiran und in Indien praktisch unerreichbar war. Probleme stauten sich eben. Alexanders Rückkehr nach Vorderasien im Jahr 325/4 bedeutete jedoch die Wiederaufnahme von letztinstanzlicher Entscheidungstätigkeit und königlicher Initiative.

Alexanders Jahre in Asien hatten seine Sensibilität gegenüber den Griechen keineswegs vergrößert. Er war von Anfang an geneigt, eher zu befehlen als zu verhandeln, und dieser Charakterzug verstärkte sich noch in den vielen Jahren als Oberbefehlshaber des Heeres und durch den Umgang mit einer Zivilbevölkerung, die gewöhnt war, eher Befehle entgegenzunehmen als zu verhandeln. Die Griechen – aber nicht nur sie – bekamen diese Entwicklung schnell zu spüren. Eines der leidigsten Probleme der griechischen Staatenwelt, insbesondere des 4. Jhs. war das Problem der Flüchtlinge, die aus irgendwelchem Grund aus ihrer Heimatstadt vertrieben wurden oder hatten flüchten müssen.[49] Die makedonische Griechenlandpolitik hatte zwar ihren Anteil an dieser Misere, doch die Ursachen lagen viel tiefer, waren in der Natur der Poleis verwurzelt, wo Emotionen, die in Krisenzeiten unvermeidlich sind, in den kleinen Staaten keinen Ausgleich fanden. Im außenpolitischen Bereich führte dies zu Mißhandlungen und Zerstörungen anderer Poleis, im innenpolitischen Bereich zur Verfolgung von Gegnern – und das gleichgültig ob eine Polis formell als Demokratie organisiert war oder nicht. In allen Fällen war das Ergebnis ein Flüchtlingsstrom. Manche Leute fanden Notaufnahme in Nachbarstädten, viele Männer nutzten die Möglichkeiten, die die vielen Kriege boten, um sich als Söldner durchzuschlagen. Flüchtlinge gab es überall, doch ihre Schicksale waren jeweils individuell, nuanciert, von Polis zu Polis, von Person zu Person, verschieden gelagert und jeweils nur im Rahmen der eigenen Heimat, der eigenen Polis, zu ändern. Die Kleinstaaten konnten das Problem nicht lösen, weil sie außerstande waren, es in dieser Allgemeinheit überhaupt als Problem aufzufassen. Die Flüchtlinge aus (etwa) Tegea gingen (etwa) Athen nichts an, solange sie dort nicht Asyl suchten; und selbst dann galten nur die individuellen Asylsuchenden und nicht die Gesamtheit der Flüchtlinge von dort als relevant.

Alexander stand außerhalb dieser partikularistischen Tradition und neigte dazu, die Griechen politisch eben nicht traditionell und differenziert zu betrachten. Der Apparat des Allgemeinen Friedens verleitete sogar zu einer pauschalen Betrachtungsweise, deswegen erkannte er, daß das Problem ziemlich allgemein war. Zu dieser Erkenntnis halfen ihm sicherlich auch der Umgang mit griechischen Söldnern, die sowohl für als gegen ihn kämpften, und Gespräche mit griechischen Höflingen, die vom König jeweils etwas Besonderes für ihren Heimatstaat erlangen wollten. Gerade das Söldnerproblem – viele hatten mit Dareios und mit Agis gekämpft, viele waren noch in Asien und stellten eine unberechenbare Menge von verzweifelten Existenzen dar – dürfte der Auslöser gewesen sein.[50]

Alexanders Antwort war typisch und für das Verhältnis zu den griechischen Staaten gleichsam katastrophal. Aus eigener Machtvollkommenheit verfügte er die Rückkehr aller griechischen Verbannten bis auf die Verfluchten (Mörder u. s. w.), und ließ dies bei den Olympischen Spielen vom August 324 allgemein verkünden. Offen ausgesprochen war die Drohung, daß irgendwelche Verweigerer von Antipatros zum Gehorsam gezwungen werden sollten.[51] Niemals waren die griechischen Staaten so pauschal behandelt worden, niemals war ohne eine Niederlage im Krieg ein solcher Eingriff in die innersten politischen Angelegenheiten nur einer einzigen Polis geschehen, geschweige denn aller. Mit diesem Erlaß behandelte Alexander sämtliche griechischen Staaten, als ob sie unmittelbar vorher im Krieg bezwungen worden waren. Dieser Ausdruck der Herrschaft, der Verfügungsgewalt über die Griechen, stellte, wie sich zeigte, nicht den erreichten Machtzustand dar, sondern bloß den Anspruch des Königs, über die Griechen so zu verfügen, wie er gerade wollte, und zwar von Susa aus, genauso wie der persische Großkönig jahrelang über die kleinasiatischen Griechen verfügt hatte.

Es war der große Test. Jetzt waren nicht nur ein paar Staaten von den Hirngespinsten einiger katastrophenfreudigen Politiker getrieben, sondern es wurden beinahe alle, trotz der Verschiedenartigkeit der jeweiligen Situationen, gefordert. Der Ernst der Drohung, die seit Philipps Tod immer klarer geworden war, daß die südlichen Griechen zu einer Art verwaltungsmäßig vereinheitlichter makedonischer Provinz herabgestuft würden, war jetzt allen deutlich geworden. Doch wie das Wesen der griechischen Kleinstaaten es nur zuließ, reagierten die Staaten je nach dem Grad der Betroffenheit und der momentanen Verfassung ganz verschieden. Einige schienen sich schnell gebeugt und administrative Maßnahmen zur Rückführung der Verbannten getroffen zu haben.[52] Andere, darunter die Athener und der Bund der Aitoler, setzten auf Zeit, die sie durch Verhandlungen gewinnen wollten. In beiden Fällen gab es große konkrete Probleme. Seit dem Jahr 365/4 hielten die Athener die Insel Samos mit eigenen Siedlern besetzt; die Samier wurden damals vertrieben. Etwa dasselbe war bei den Aitolern mit Oiniadai geschehen. Sollten jetzt durch makedonische Gewalt diese langjährigen Besitzungen verloren gehen, nur weil einige Leute das Ohr des Königs gewonnen hatten, gerade als er über das unbeschäftigte Söldnerpotential bekümmert war?[53]

Für den Fall, daß Verhandlungen scheiterten, konnte man auch mit den Söldnern Kontakt aufnehmen, die sich vorwiegend um Tainaron in der südlichen Peloponnes versammelten. Der Athener Leosthenes, der entlassenen Söldnern beim Transport von Asien behilflich gewesen war, bot sich dafür an. Er war einer der höchsten Staatsbeamten für das Jahr 324/3 *(Strategos)* und im Verlauf des Jahres, während die athenischen Verhandlungsbeauftragten in Babylon vergeblich mit Alexander redeten, hielt er mit Unterstützung des Rates in Athen Kontakt mit Tainaron.[54]

Vieles, was mit den Ereignissen dieses Frühjahrs zusammenhängt, ist unsicher; doch als die Nachricht in Griechenland eintraf, daß Alexander am 10. Juni in Babylon gestorben war, reagierten die Athener sofort: Söldner wurden unter Vertrag genommen, Kontakt mit den Aitolern und anderen mittelgriechischen Staaten aufgenommen und rapide Vorbereitungen auf einen bewaffneten Widerstand gegen die jetzt führerlose makedonische Herrschaft getroffen. Nicht alle Staaten machten mit: auffallend makedonentreu waren die Boioter, andererseits folgten die meisten Thessaler, die nicht mehr durch Alexanders Archontat an Makedonien gebunden waren, und mit einigen Ausnahmen die Staaten Mittelgriechenlands; aus der Peloponnes schlossen sich Argos, Sikyon, Elis und Messene den Widerständlern an.[55] Wenn man die geringe Resonanz der Aufrufe des Demosthenes und dann des Agis, die zu den Niederlagen bei Chaironeia und Megalopolis führten, mit der großen Allianz des Leosthenes vergleicht, stellt man fest, wie viel mehr Staaten das herrschaftliche Auftreten der Makedonen und ihres Königs in der Zwischenzeit anstößig, sogar bedrohlich, erschienen war, wie viel mehr Leute der Meinung waren, daß die Makedonen unter Alexander und Antipatros inzwischen etwas Essentielles am griechischen Gemeindewesen zerstört hätten oder zu zerstören drohten. Leute, in deren Namen Alexander seinen Feldzug angefangen hatte, fühlten sich inzwischen betreten und bedrückt. Daß gerade die Thessaler einen loyalen Kern des Widerstandsheeres stellten, kann als Zeichen dafür gelten, wie weit das von Philipp sorgfältig (wenn auch nicht ohne Druck) aufgebaute System persönlicher Beziehungen und gegenseitiger Abhängigkeiten von Alexander vernachlässigt und (gerade durch den Mangel an persönlicher Pflege) schließlich zerstört worden war.

Die Ereignisse des Krieges brauchen hier nicht im Detail vorgeführt zu werden. Zunächst hatten die Alliierten unter Leosthenes Erfolg. Sie konnten Antipatros, der wegen der unsicheren Nachfolgefrage zunächst nicht mit voller Kraft reagieren konnte, während des Winters 323/2 in Lamia einschließen, Verstärkungen aufreiben und den Befehlshaber Leonnatos töten; doch schließlich, ungefähr im August 322, nach dem Tode des Leosthenes, mußten die vereinigten Griechen sich geschlagen geben. Antipatros hatte weitere Verstärkungen von Krateros erhalten, und beide zusammen konnten bei Krannon, während die athenische Flotte vom makedonischen Admiral Kleitos geschlagen wurde, in Thessalien die entscheidende Landschlacht gewinnen.[56]

Diesmal wußten alle Teilnehmer, warum sie gekämpft hatten. Diesmal ging es in der Tat um den letzten Versuch, die alte freie Gemeindeordnung gegen makedonische Herrschaftsansprüche zu retten, auf makedonischer Seite darum die letzten wesentlichen Widerstandskräfte gegen die makedonische Herrschaft über die Griechen des Südens zu brechen. Philipp hätte gern mit einem lockeren Bündnis, auf persönliche Beziehungen gebaut und ohne sichtbaren Zwang, operiert. So etwas konnte nicht jeder. Alexander, der es vielleicht gelernt hätte, war zu jung und verschwand zu schnell in die Ferne. Nur ein geduldiger König, der anwesend war und der seine Kontakte ständig und gern pflegte, hätte Philipps System handhaben können. Der alte Antipatros vermochte dies, selbst wenn er die Neigung verspürt hätte, sicherlich nicht. Nach Krannon zog, anders als nach Chaironeia, eine makedonische Besatzung in das Kastell Munychia, das den Piräus kontrollierte, ein; die athenische Demokratie wurde demontiert, die aktive Bürgerschaft auf eine wohlhabende Mittelschicht beschränkt; anderen wurde Land in Thrakien angeboten. Andere Staaten erfuhren Ähnliches, nur die Aitoler in ihren Bergen blieben ungebändigt.[57] Der Herrschaftsanspruch der Makedonen war perfekt.

6. Philipps Beitrag zur makedonischen Geschichte

Ohne Philipp kein Alexander. Diese platte Selbstverständlichkeit trägt dem spezifischen Beitrag Philipps nicht ausreichend Rechnung. Eine kurze würdigende Zusammenfassung der Aufbauleistung Philipps scheint deswegen angebracht. Es wäre leicht zu behaupten, daß seine Leistung vorwiegend im militärischen Bereiche liege, in der Schaffung eines Instrumentes, das Alexander hervorragend bediente. Man darf in der Tat diese Leistung nicht verkleinern. Er hat das makedonische Heer als fast unschlagbare Kampfmaschine geschaffen. Eine gewisse Umrüstung mit Sarissa und engerem Schild, die, wenn notwendig, der Staat zur Verfügung stellte; die regelmäßige Übung; die effektive Organisation und der Einsatz von Kavallerie; der Einsatz von Geldreserven für die Verpflichtung von Söldnern, die Verpflichtung und der Einsatz von Alliierten, die über spezielle militärische Fähigkeiten verfügten – Schleuderer, Bogenschützen usw. – und die Entwicklung von Belagerungsmaschinen, Katapulten usw. gehören dazu.

Doch das ist nur die eine Seite. Wenn man nach den Ursachen dieser Entwicklung fragt, dann stößt man sofort auf die Unzulänglichkeiten des bisherigen Staatssystems, und nicht nur im militärischen Bereich. Der Anstoß zur militärischen Entwicklung war die militärische Notlage, die nach dem Tode des Perdikkas entstanden war und die den Bestand des Staates überhaupt bedrohte. Die Stärke Philipps lag dann nicht bloß in seiner Erkenntnis der militärischen Notwendigkeiten, sondern in seinem Konzept für den makedonischen Staat. Das Heer war nur ein Teil des Ganzen.

Nachdem er mit einer guten Portion Glück die unmittelbare Notsituation des Jahres 359 überwunden hatte, setzte er sich eine Aufgabe, deren Erfüllung schließlich die Voraussetzung für den Asienfeldzug war. Diese

Aufgabe war zwar leicht zu konzipieren, gewissermaßen selbstverständlich (freilich niemals konsequent verfolgt), doch ist sie wegen der Athenzentriertheit der Überlieferung manchmal verkannt worden. Es handelt sich um die Befestigung aller Randgebiete mittels Durchsetzung der zentralen Regierungsgewalt des Staates jeweils bis über die Grenzen hinaus. Das implizierte nicht nur die militärische Zerschlagung feindlicher oder gefährlicher Mächte und Völker außerhalb der Grenzen, sondern auch, viel wichtiger, die Gewinnung von Zustimmung für die zentrale Regierung innerhalb der Staatsgrenzen, insbesondere in Obermakedonien, und den Aufbau von Organisationsstrukturen, die diese Zustimmung institutionalisierten. Bei alledem spielen persönliche Bindungen eine große Rolle: Nicht weniger als sieben Frauen Philipps sind bekannt, sechs davon, die nicht Makedonierinnen waren, stammten aus unmittelbar angrenzenden Völkern oder Staaten, jede dieser Ehen besiegelte die Erreichung eines diplomatischen Ziels. Doch auch persönliche Bindungen anderer Art wurden kräftig gepflegt: Die Aufnahme junger Männer als Pagen am Hof band nicht nur die Jungen selbst, sondern auch ihre Familien an den König. Die Aufteilung von Ländereien in den neueroberten Gebieten – vorwiegend um Amphipolis und auf der Chalkidike – unter verdiente Personen verband die so Beschenkten mit dem Hof; der ständige Kontakt zwischen König und Offizieren während der regelmäßigen Feldzüge, die zusammen erlebten Strapazen und erstrittenen Erfolge trugen allmählich und unvermeidlich zu einer Verfestigung der inneren Strukturen des Königreiches bei. Wie fest diese waren, läßt sich aus der Leichtigkeit erkennen, mit welcher Alexander die Nachfolge antritt (selbst dann, wenn er meinte, in allen Winkeln Gefahr zu erkennen). Makedonien brach eben nicht auseinander.

Prioritäten im außenpolitischen Bereich waren also eng mit der inneren Festigung des Staates verbunden. Eindeutig ist die konsequente Vernichtung der Macht von Gegnern, von denen in der Vergangenheit für Makedonien immer wieder Gefahren ausgegangen waren: hier wären Illyrien, Paionien, Thrakien und die Chalkidike zu erwähnen, außerdem sowohl die Beseitigung von fremden Stützpunkten an der makedonischen Küste (Pydna und Methone) als auch die Freundschaft mit dem thessalischen Bund, die zum thessalischen Archontat führte.

Makedonien war auch reicher geworden. Wie reich genau, läßt sich schlecht abschätzen. Aus den verschiedenen Bergwerken im Königreich, vor allem um Philippoi, wurde ein regelmäßiges Edelmetalleinkommen gewonnen, das die Voraussetzung für eine ergiebige Münzprägung schuf; aus Thrakien dürften die einst an die einheimischen Könige gezahlten Steuern jetzt an Makedonien gekommen sein; die Zölle und Handelseinkommen von Pydna und Amphipolis, aber auch Abdera, Maroneia und Ainos dürften zumindest teilweise dem makedonischen Staat zugute gekommen sein, was auch für Thessalien gilt. Zunehmendes Einkommen aus der Landwirtschaft, die mit geänderten und erweiterten Grenzen jetzt eher gedeihen konnte, wird es wohl auch gegeben haben. Hinzu kamen jeweils einmalige Zahlungen von geschlagenen Gegnern – wie die 20000 skythischen Stuten – und Beute, deren Bedeutung nicht unterschätzt werden darf. Dies alles schuf eine wirtschaftliche Basis, die der weiteren Entwicklung des Staates auch ohne asiatischen Feldzug ausreichend gedient haben müßte.

Hierin also lag für Makedonien die historische Bedeutung Philipps II.: im konsequenten Ausbau der Sicherheit des Staates, etabliert um das Königtum. Im Makedonien Philipps war das zentrale Königtum die Quelle aller Sicherheit, allen Reichtums, aller Gerechtigkeit. Loyalität zum König war das staatsbindende Element. Philipp war es gelungen, dank seiner Politik der Vorrangigkeit der Randgebiete, nicht nur die auswärtigen Gegner zurückzuschlagen, sondern auch die Anerkennung des zentralen Königtums in den Randgebieten Obermakedoniens endgültig durchzusetzen und regionale separatistische Tendenzen, die vielen seiner Vorgänger große Probleme bereitet hatten, effektiv zu unterbinden. Dabei spielte das Heerwesen eine wichtige Rolle, wobei die kantonalen Regimenter Obermakedoniens regelmäßig für gesamtmakedonische Zwecke ausgehoben wurden, so daß die Fürsten auch hohe Offiziere im königlichen Heer wurden und ihren Anteil an den Erfolgen des Gesamtheeres erkennen und nachweisen konnten.

Gegenüber alledem war die Griechenlandpolitik zunächst zweitrangig. Die erste Auseinandersetzung mit Athen ging aus dem Streit um Gebiete hervor, die Philipp für Makedonien beanspruchte, nicht aus einem Wunsch, Athen zu vernichten. Die Klauseln des Philokratesfriedens lassen dies klar erkennen, die in der Praxis eine geographische Trennung von Interessengebieten und eine Kooperation in Gebieten gemeinsamen Interesses, etwa bei der Piratenbekämpfung, vorsahen. Auch nach Mittelgriechenland wäre Philipp wohl nie mit einem Heer gekommen, wenn es keinen Heiligen Krieg gegeben hätte, an dem die Thessaler ein besonderes Interesse hatten. Daß am Ende auch hier ein Instrument geschaffen wurde, das als Instrument der Herrschaft angesehen und vom Nachfolger so benutzt wurde, ergab sich eher aus der Entwicklung als aus einer Absicht. Schließlich aber war es doch Philipp, der, durch die besondere Form des Allgemeinen Friedens, die er prägte, die Voraussetzungen für die herrschaftliche Behandlung der südlichen Griechen durch Alexander und seine Nachfolger schuf, welche die endgültige Vernichtung der von ihm angestrebten Partnerschaft herbeiführte.

III. Das Element Asia

1. Einführung

Im Rahmen einer Geschichte des makedonischen Staates kann keine eingehende Behandlung des Alexanderzuges erfolgen. Hier ist nicht der Ort, Alexanders Leistung in die Weltgeschichte einzuordnen und sie als Gesamtheit zu würdigen. Die Kriterien für die Art der Darstellung stellen auch hier die Belange der Makedonen und des makedonischen Staates dar. Das Bild Alexanders, das sich ergibt, wenn man versucht, ihn ausschließlich nach den Maßstäben der Makedonen zu betrachten, ist gewiß ein anderes, manche werden wohl sagen ein ungerechtes, auf jeden Fall ein partielles und ungünstiges. Doch ist es vielleicht nicht ungesund, einmal zu versuchen, Alexander nach dem Maßstab der Belange derjenigen, die seine weltgeschichtliche Bedeutung überhaupt ermöglichten, denen er alles zu verdanken hatte – den makedonischen Baronen und Bauern – zu beurteilen und zu sehen, wie sein Volk und sein Land auf die ihnen plötzlich auf sie aufgezwungene weltgeschichtliche Rolle reagierten.

Innnere Belange des makedonischen Staates oder Volkes gaben keinen Anlaß, nach Asien überzusetzen und der persischen Herrschaft den unerbittlichen Kampf anzusagen, keinen Anlaß für den jungen König, in zwölfjähriger militärischer Mühsal zu den äußersten Grenzen des persischen Reiches – und darüber hinaus – mit seinem Heer vorzustoßen, um dann in Babylon im Jahr 323, ohne jemals nach Makedonien zurückgekehrt zu sein, zu sterben.[1] Die Ursachen des Unternehmens in Asien liegen gewiß bei Philipp, in seinen Bemühungen, makedonischen Einfluß in Europa, zumal unter den Griechen, zu festigen. So wurde die Idee der Befreiung der kleinasiatischen Griechen von der persischen Herrschaft durch die Makedonen geboren, so auch kam es zur Wiederaufnahme des alten Schlagwortes des 5. Jhs. unter den geänderten Bedingungen des 4. Jhs.

Die Ausdehnung dieses Gedankens auf die Zerstörung des Reiches der Perser und die Übernahme der Herrschaft durch die Makedonen geht jedoch auf das Konto Alexanders.[2] Dabei sind die echten Motive schwerlich zu erkennen, liegen sie doch zum größten Teil in der Person des Königs und der Eigendynamik des militärischen Erfolgs. Aber wenn auch keine unverzichtbaren makedonischen Interessen den Anlaß zum asiatischen Feldzug gaben, sind doch die Makedonen als Mitgestalter und

Hauptleidtragende des Feldzuges von ihm unmittelbar betroffen, als Individuen sowie als Staat. Es konnte nicht ohne Auswirkungen auf Makedonien bleiben, daß der makedonische König und das makedonische Heer das Perserreich zerstörten, daß Alexander, statt zuhause zu bleiben und sein Volk zu regieren, im Jahr 334 mit einem hauptsächlich makedonischen Heer nach Asien übersetzte und nie zurückkehrte, daß er trotzdem versuchte, aus der Ferne Makedonien zu regieren, von wo er immer wieder Unterstützung und Verstärkung verlangte. Einige der Auswirkungen dieses Versuchs sind im Zusammenhang mit den Griechen des Mutterlandes schon behandelt worden. Aber auch unter den Makedonen selbst wurden in der Folge dieses gewaltigen Feldzuges schwerwiegende Spannungen erzeugt. Diese erfaßten schließlich alle am Feldzug beteiligten und unbeteiligten Makedonen, als Alexander am 10. Juni 323 ohne einen anerkannten Nachfolger hinterlassen zu haben, weit von Makedonien in Babylon starb. Die verheerende staatliche Dimension des königlichen Abenteuers in Asien war spätestens dann für alle klar zu erkennen.

2. Die alte Garde

Der Asienfeldzug war von Philipp mit der Unterstützung seiner vertrautesten Berater konzipiert worden. Im Jahre seines Todes befanden sich Attalos und Parmenio als Vorhut – vielleicht mit einer Flotte operierend – an der kleinasiatischen Küste: In Ephesos wurden sie willkommen geheißen, weiter nördlich auf Lesbos gewannen sie Einfluß in Eresos;[3] doch auf dem Festland mußten sie 335 in Gryneion und Pitane kämpfen; und bis zum Jahresende hatten sie anscheinend nur noch Abydos fest in der Hand.[4] Vielleicht wegen dieser nicht gerade ermutigenden Vorbereitungen war es besonders Parmenio, der zusammen mit Antipatros Gefahren für den makedonischen Staat in einer sofortigen Fortsetzung der Pläne Philipps voraussah und Alexander aufforderte, erst einen Sohn zu bekommen, bevor er sich auf das Asienabenteuer einließ.[5]

Darauf hat der König bekanntlich nicht gehört, und die königliche Ablehnung von Parmenios Rat wird zum Nebenthema der Geschichtsschreibung (wo allerdings basislose rhetorische Ausschmückungen bei der späteren Überlieferung nicht auszuschließen sind).[6] Daß jedoch der alte Berater Philipps genauso wie Antipatros für seinen Teil bekümmert war, wegen Alexanders Vernachlässigung all dessen, was sie und Philipp zusammen aufgebaut hatten, läßt sich leicht vorstellen. Weder die Griechen noch alle Makedonen waren von Alexanders anscheinend planlosem Vorrücken gegen die Perser begeistert. Dies kommt insbesondere im Jahr 331 zum Ausdruck, als der Perserkönig Dareios Alexander anbot, alle Ansprüche auf Gebiete westlich des Euphrats aufzugeben. Der alte Berater Philipps meinte, dies müßte den Makedonen doch ausreichen, aber Alexander schlug das Angebot verächtlich aus („wenn ich Parmenio wäre, dann nähme ich auch das Angebot an").[7] Nicht die Befreiung der Griechen, nicht die Beherrschung Kleinasiens, sondern die Zerstörung des ganzen persischen Reiches war jetzt das Ziel Alexanders. Parmenio vermochte nicht, darin Belange des makedonischen Volkes zu sehen. Doch loyal wie er war – und zunächst militärisch unentbehrlich –, spielte er die ihm zugeteilte Rolle in der Gaugamelaschlacht, bloß um einige Monate später in Ekbatana zurückgelassen zu werden; gleichzeitig wurde beschlossen, die Pflichtkontingente der griechischen Bundesgenossen zu entlassen.[8]

Dieser auch formelle Bruch mit der erfolgreichen makedonischen Tradition der letzten Generation und – wie nicht nur Parmenio meinte – mit den Interessen der Makedonen, verursachte eine starke Spannung. Alexander suchte sie auf typisch direkte Weise zu entladen, indem er Parmenio, seinen bisherigen Stellvertreter, die Verkörperung des Philippschen Makedoniens, zunächst in Ekbatana in der Etappe zurückließ. Solange Dareios lebte, scheint Alexander mit dem Heer selbst keine nennenswerten Schwierigkeiten gehabt zu haben; doch danach sehr wohl. Es wird von einem schwierigen, doch letztlich erfolgreichen Versuch Alexanders berichtet, das Heer zu überzeugen, weiter mit ihm zu ziehen; es wird außerdem von der königlichen Sitte gesprochen, Teile der iranischen Tracht zu tragen.[9] Es kam dann in Drangiana zu einer Verschwörung gegen Alexander am Hof, wobei Parmenios Sohn Philotas, der Kommandant der Hetairenreiterei, verdächtigt wurde. In einer Art öffentlichem Hearing vor dem Heer wurden im Hinblick auf Philotas – der sowieso nicht sehr populär war – nicht alle Zweifel ausgeräumt, und er wurde getötet. Gleich darauf befahl Alexander den Mord an Parmenio, den niemand verdächtigt hatte, etwas Unloyales getan zu haben. Es sieht so aus, als ob der König in der Familie des Parmenio nach wie vor einen Herd potentiellen Widerstandes gegen seine Pläne sah, sich das ganze persische Reich botmäßig zu machen. Das Vorhaben hatte aber längst nichts mehr mit den Interessen des makedonischen Staates zu tun, wie Philipp sie vertreten hatte. Diejenigen, die verdächtig waren, doch unmittelbare makedonische Interessen zu vertreten, die nicht unbedingt das königliche Vorhaben gutheißen konnten, die nicht voller Überzeugung dabei waren, mußten anderen weichen– selbst dann, wenn dies nur durch Mord zu bewerkstelligen war.[10]

Der Mord an Parmenio ist bezeichnend für die zunehmende Kluft zwischen den Interessen des Königs und denjenigen seines Landes und Volkes. Doch solange das Gros des Heeres weiterhin bereit war mitzumachen, weiterhin zu marschieren und notfalls auch zu sterben, konnte behauptet werden, daß das Heer des Königs Vorhaben guthieß. Solange das so blieb, solange Alexander in entscheidenden Momenten das Vertrauen des Heeres besaß oder gewinnen konnte, konnte er sich brutale Auswüchse wie den Mord an Parmenio leisten, konnte er die persönliche Loyalität seiner Offiziere auf die Probe stellen, indem er im Heer ein entscheidendes Gegengewicht schuf. Die Sache war nicht ungefährlich. Persönliche Loyalitäten existierten unter den Soldaten, zumal unter den älteren, auch ihren Offizieren gegenüber. Und nach dem Mord an Parmenio mußten flankierende Maßnahmen getroffen werden: eine Säuberung fand auch unter den Soldaten statt. Grübler wurden in einer Disziplinareinheit zusammengebracht (‚die Disziplinlosen'), damit sie die anderen nicht ‚ansteckten': einige Monate danach, bevor er den Oxos überquerte, entließ er 900 altgediente Makedonen, außerdem die restlichen thessalischen Reiter, die früher unter Parmenio gedient hatten und jetzt keine Lust zum Weiterkämpfen zeigten.[11] Die Entfernung der traditionalistischen Elemente aus dem Heer ging also Hand in Hand mit der Entfernung von Traditionalisten aus der Gruppe der Offiziere. Gleichzeitig versuchte Alexander dem ganzen Heer (und nicht nur den Makedonen), auf dessen Loyalität er schließlich voll angewiesen war, in entscheidenden Momenten eine von ihm gelenkte Mitbestimmung und damit eine moralische Mitverantwortung einzuräumen. In der Tendenz entwickelte sich diese Praxis allmählich – und hier liegt die Relevanz der Entwicklung für den makedonischen Staat – zu einer fast staatsrechtlichen Funktion, sobald das Heer meinte, nicht mehr über Loyalitätsfragen (wo es dem König immer folgte), sondern auch über militärische Fragen allgemeiner Art oder nach dem Tode des Königs in Babylon über die königliche Nachfolge mitentscheiden zu dürfen.[12] Aber auch für das Heer sah Alexander Neuerungen vor, damit er nicht immer auf Verstärkungen aus Europa angewiesen sein würde. Etwas später als diese Ereignisse, wohl im Jahr 327, ließ er eine Truppe von 30000 jungen Persern aufstellen, die nach der makedonischen Art ausgebildet wurden, damit sie zu einem späteren Zeitpunkt in das Heer eingegliedert werden konnten.[13]

Durch diese Entwicklungen wurde die traditionelle Struktur des makedonischen Staates in Frage gestellt. Bisher hatte der König mit der Zustimmung und Mithilfe seiner Fürsten und Barone, die jeweils ihre Gefolgschaft mobilisierten oder kontrollierten, regiert. Alle wesentlichen Entscheidungen waren von ihm persönlich gefällt, doch von den jeweils maßgeblichen Baronen unterstützt oder mitgeprägt worden. Daß der König es für praktikabel, ja für notwendig hielt, sich gelegentlich an die Soldaten direkt zu wenden und zwar gegen einen einflußreichen Teil der Barone selbst und um Druck auf die anderen auszuüben, sprengte den traditionellen Rahmen des Konsenses. Diese Entwicklung läßt sich bloß aus den Spannungen erklären, die mit der umstrittenen Fortsetzung des Feldzuges gegen das Perserreich entstanden waren, mit dem Willen des

Königs, auch Dinge zu tun, die nach Meinung traditionalistischer Kreise nicht in seiner Kompetenz standen. Deswegen mußte er, wollte er weiterkommen, über das traditionelle Maß und über die traditionellen Formen hinaus Abhängigkeiten schaffen, die ihm erlaubten, seine Hauptaufgabe als Argeadenkönig in Makedonien zu vernachlässigen und seinen Willen bei den Feldzugsteilnehmern durchzusetzen. Durch sein persönliches Ansehen beim Heer war es Alexander möglich, das Heer in seinem Sinne doch ganz überwiegend zu mobilisieren. Leicht war das nicht, weil alte Abhängigkeiten eben nicht schlagartig gebrochen werden konnten. Aber es gab genügend jüngere ehrgeizige Leute unter den Offizieren, die sich Karriere aus engster Kooperation mit Alexander versprachen, die ihre eigene Zukunft nicht unbedingt bloß als loyale Untertanen im alten Makedonien sahen, die bereit waren, Alexander zu unterstützen und an seiner Seite alles mitzumachen (Leute wie etwa Perdikkas, Hephaistion oder Ptolemaios). Und es gab auch unter den älteren immer noch welche, die dem König als Institution des makedonischen Staates unbedingt ergeben blieben, was immer er tat, wie etwa Krateros und Polyperchon. Plutarch bringt eine Anekdote, in der Alexander Hephaistion zwar als alexanderfreundlich, doch Krateros als königsfreundlich bezeichnete. Die Unterscheidung ist gut getroffen; solange er ausreichend Männer beider Sorten zur Verfügung hatte (selbst dann wenn – wie in diesem Falle – sie einander kaum ausstehen konnten), konnte Alexander gut leben.[14]

Der Verjüngungsprozeß unter den Offizieren und im Heer war im Grunde genommen nichts Neues. Der Verschleiß gerade an Offizieren bei einem so ausgedehnten Feldzug war groß, neue fähige Leute mußten befördert werden und zwar aus den Reihen der Anwesenden. Wenn dabei eher persönlichen als institutionellen Kriterien der Vorzug gegeben wurde, dann läßt sich dies aus den militärischen Zwängen erklären. Trotzdem muß die tendenzielle Neuheit verzeichnet werden: Es waren meistens anscheinend nicht Barone alter Art – zusammen mit ihren Anhängern der traditionelle Kern des Heeres –, welche jetzt in die höheren Ränge des Hofes und Heeres aufstiegen, sondern Leute, deren jetzt im Feldzug bewiesene militärische Fähigkeit und deren persönliche Freundschaft und Verdienste gegenüber Alexander gleichermaßen für ihre Beförderung verantwortlich waren. Also nicht bloß eine Verjüngung, sondern ein gewisser sozialer Typenwechsel setzte sich in den oberen Etagen des Heeres und des Hofes durch.

Demgegenüber wurde die Rolle des Heeres als Institution im Gegensatz zur Gesamtheit der Offiziere von Alexander zunehmend herausgestellt. Er kultivierte ein persönliches Verhältnis zu den Soldaten, das über das normale des königlichen Heereskommandeurs hinausging. Als nach dem Tode des Dareios das Heer sich stark für die Rückkehr nach Hause begeisterte, war es gewiß nichts Neues, daß Alexander persönlich diesem

Wunsch entgegentreten mußte und versuchte, die Soldaten zu überzeugen, daß der Feldzug fortgesetzt werden müßte.[15] Kein König, kein Kommandeur, hätte diese Aufgaben scheuen dürfen. Doch anders und neu war es schon, als die Philotaskrise ausbrach. Hier handelte es sich, wie auch immer die Details sich gestaltet haben mögen, um eine schwere Vertrauenskrise in der Heeresführung.[16] Alexander konnte nicht genau wissen, wie weit unter seinen Offizieren Unzufriedenheit unterschwellig vorhanden war (einer der sicheren Verschwörer war ein Mitglied der Leibwache namens Demetrios), war aber beunruhigt genug, um es vorzuziehen, seine Glaubwürdigkeit und sein Ansehen beim Heer erst auf die Probe zu stellen, bevor er sein Exempel an Philotas und Parmenio statuierte. Er ließ das Heer versammeln, trug ihm seine Darstellung der Lage vor, ließ Philotas reden und erntete am Ende den gewünschten Zornesausbruch. Nachdem er sich so die Unterstützung des Heeres im voraus gesichert hatte, fanden alle weiteren Beratungen traditionsgemäß im engsten Freundes- und Offizierskreis statt. Die Richtung war jedoch jetzt vorgegeben. So oder so konnte Philotas (und konsequenterweise Parmenio) beseitigt werden, ohne daß größere unmittelbare politische Schwierigkeiten auftraten.

Zwei Jahre später, als in Marakanda (Samarkand) der betrunkene Alexander eigenhändig Kleitos ermordete, konnte er, allerdings nur mit Müh und Not, ein ähnliches Schauspiel aufführen. Kleitos war wie Parmenio einer von der alten Garde – seine Schwester Lanike war sogar Alexanders Amme gewesen – und stellte noch eine Beziehung zum Makedonien Philipps dar. Die Gründe für den Mord, wenn man von der Trunkenheit der beiden Männer absieht, lagen in Kleitos' Mißmut über die zunehmende Orientalisierung Alexanders und des Hofes. Doch die Momente der Entfremdung sind hier nicht so wichtig. Wesentlich ist, daß, nachdem sich Alexander in sein Zelt verkrochen hatte und allgemein befürchtet wurde, er wolle verhungern, eine maßgebliche Ansammlung von Makedonen – wer genau dabei war, wird nicht überliefert, doch auf jeden Fall viel mehr als bloß eine Gruppe von Offizieren – entschied, der Tod des Kleitos sei trotz allem rechtens gewesen, und sogar das Begräbnis verhindern wollte, sollte Alexander es nicht persönlich anordnen.[17] Das Ergebnis ähnelte in der Praxis dem des Hearings vor dem Heer in der Philotaskrise. Alexander wurde (diesmal sogar nachträglich) durch die herbeigeführte Zustimmung einer breiten Masse der Anwesenden in einer Angelegenheit gedeckt, die seine Beziehungen gerade zu den Offizieren schwer belastete. Eine Mitverantwortung wurde so geschaffen, die es von der Sache her gar nicht geben konnte.

Wie viele andere Fälle weniger brisanter Art es gab, entzieht sich unserer Kenntnis, die Quellen interessieren sich ja nur für die herausragenden Ereignisse. Mit einer zunehmenden Konsolidierung der Gemeinschaft der Leute, die aus dem Westen mitgekommen waren, ist sicherlich zu rechnen, gefördert sowohl durch die gemeinsam erlebten Strapazen in der Ferne als auch durch die bewußte Tätigkeit Alexanders. Diese von ihm geförderte Gemeinschaft hatte aber für den König durchaus eine Kehrseite, die sich in Indien im Jahr 326 auf kritische Weise bemerkbar machte. Als die Armee, trotz des anhaltenden Monsunregens, zum Hyphasis (Beas) vorgestoßen war und Alexander Vorbereitungen traf, den Fluß zu überqueren und den Feldzug anscheinend immer weiter nach Osten fortzusetzen, machten sich die Lustlosigkeit und der Unwille der Masse des Heeres so sehr bemerkbar – wie nach dem Tode des Dareios –, daß Alexander, bevor er Befehle erteilte, eine Ermunterungsrede hielt. Diesmal aber vermochte sein Eroberungswille die Masse nicht zu begeistern. Die Gemeinschaft, die sich in der Vergangenheit für seine Zwecke einsetzen ließ, war jetzt gegen ihn gerichtet. Als Sprecher trat Koinos auf, *Taxis*-Führer aus der Elimiotis, Schwiegersohn des Parmenio (doch 330 eine der Stützen des Königs gegen Philotas), ein Mann wie Krateros, dessen Loyalität gegenüber dem König unbestritten war und der auch von den Soldaten verehrt wurde. Alexander beließ es nicht nur beim Reden. Auch diesmal probierte er es mit dem Rückzug in sein Zelt in der Hoffnung, daß er, wie nach Kleitos' Tod, auf diese Weise eine Gegenreaktion provozieren konnte. Aber diesmal vergeblich. So wurde ihm deutlich, daß Koinos doch den tiefsten Wunsch der müden Masse vertrat, und daß das Heer nicht mehr für einen weiteren Marsch nach Osten zu gewinnen war. Trotzdem ließ der König für den Weitermarsch opfern, doch nur, um nicht sein Gesicht zu verlieren. Die Omina konnten glücklicherweise als ungünstig interpretiert werden und das Vorhaben wurde gestrichen. Es gab keine Meuterei: die Götter empfahlen eben die Überquerung des Hyphasis nicht. Sowohl dem König als allen Beteiligten wurde dennoch klar, daß er eine Niederlage erlitten hatte, daß die von Koinos in extremer Notlage artikulierte Meinung der Masse sich gegen den König durchgesetzt hatte.[18]

Während der schweren Strapazen des Rückmarsches wird von keiner weiteren gemeinsamen politischen Aktion der Soldaten berichtet. Erst bei der Rückkehr in die Tigrisstadt Opis äußerten die Makedonen den Wunsch, entlassen zu werden. Anlaß war die sowieso geplante Entlassung einer 10000 Mann starken Gruppe von Veteranen und Unmut über die Heranziehung von Iraniern. Alexander griff hart durch und erzwang eine Rückkehr zur Disziplin. Doch selbst das großartige gemeinsame Fest aller im Heer vertretenen Völker, das unmittelbar danach stattfand, konnte nicht darüber hinwegtäuschen, daß gerade zwischen den makedonischen Soldaten und ihrem König eine Interessenkluft sich aufgemacht hatte. Die Makedonen blieben in ihrem ursprünglichen einfachen Wunsch nach Reichtum und Macht verhaftet, während sich Alexander zwangsläufig an die Erfordernisse auch seiner asiatischen Untertanen, zumal der persischen Oberschicht, ohne die er in Asien gar nicht regieren konnte, anpaßte. Die Soldaten schienen bereit, ihre Ideen notfalls mit Gewalt zu verfolgen.[19]

Für das kurzlebige staatliche Gebilde, das Alexander schuf, hat man in der neueren Forschung den Begriff des Alexanderreiches geprägt. Dabei wird zu Recht daran erinnert, daß das Konstrukt Alexanders von einem Staat der Makedonen, wie Philipp ihn geschaffen hatte, weit abwich. Wir haben schon Beispiele dafür gesehen, wie sich Alexander derjenigen, die seine Ziele nicht gutheißen konnten, entledigte, wie er im Heer und am Hof Leute in führende Stellungen beförderte, die ihm alles verdankten, die ohne Alexander nichts geworden wären, und wie er im Heer widerspenstig gewordene Elemente ersetzte. Diese Tendenz brachte auch andere Entwicklungen mit sich.

Wenn das Hauptkriterium im Staate persönliche Loyalität gegenüber Alexander sein sollte, gab es keinen zwingenden Grund, warum nur Makedonen die Gunst des Königs genießen sollten. Von Anfang an (wie auch zu Philipps Zeiten) hatte es Griechen gegeben, die sich am Hof verdient machten, nicht nur im „kulturellen" Bereich, wie etwa der Historiker Kallisthenes oder verschiedene Dichter. Für höhere Stellungen kamen gewiß vorwiegend Leute aus den nordgriechischen Städten in Frage, die Philipp eng an Makedonien geknüpft hatte – etwa aus der Chalkidike (wie Kallisthenes), aus Amphipolis (wie Nearchos, Erygyios und Laomedon), aus Kardia (wie Eumenes) aus Thessalien (wie Medeios aus Larissa) – aber auch gelegentlich Leute anderer Herkunft, wie Chares aus Mytilene, die durch besondere persönliche Fähigkeiten oder Gefälligkeiten Alexander geeignet erschienen. Andere weniger Exponierte kamen vor allem für niedrigere höfische oder untere Verwaltungsposten in Frage, als Garnisonskommandeure, Steuereintreiber, Verwalter kleinerer Provinzen, Kommandeure von Söldnereinheiten usw.[20] Diese angepaßten Griechen stellten für die makedonischen Adligen keine ernstzunehmende Konkurrenz dar, genausowenig wie die griechischen Pflichtkontingente oder Söldnereinheiten für die makedonischen Soldaten Konkurrenten darstellten. Im Rahmen der makedonischen Staatsstruktur, die Philipp geschaffen hatte, war dies zwar eine weitere Entwicklung, doch eine natürliche und eine europäische.

Anders verhielt es sich bei den Orientalen. Auch hier verlief die von Alexander geförderte Entwicklung auf den zwei Ebenen des Hofes und des Heeres. Schon im Jahr 331 in Babylon gab es Anzeichen dafür, daß Alexander den iranischen Adel für sich gewinnen wollte, als er den persischen Satrapen von Babylon, Mazaios, in seinem Amt bestätigte. Es war die erste einer größeren Zahl solcher Bestätigungen oder Berufungen, die den maßgeblichen Schichten Irans Alexanders Herrschaft schmackhaft machen sollten, so daß sie bereit wären, ihn als Nachfolger der Achämeniden anzuerkennen.[21] Damit wagte sich aber Alexander weit über die traditionelle Tätigkeit eines makedonischen Königs hinaus. Es war eine Sache, Kleinasien zu erobern, die dortigen Griechen zu ‚befreien', sogar die Herrschaft der Achämeniden zu zerstören, doch eine wesentlich andere war es, diese Herrschaft, anscheinend ohne sie wesentlich zu ändern, antreten zu wollen. Wozu kämpfen dann die Makedonen, wozu war Alexander König der Makedonen, wenn er sein Volk bloß für seine eigenen Herrschaftsziele einsetzte, wenn es die erkämpfte Herrschaft doch mit den Besiegten teilen mußte? Es ist kaum verwunderlich, daß von diesem Zeitpunkt an Spannungen aufkamen und daß eine Spaltung zwischen den Traditionalisten und ihrem König sich bemerkbar machte. Alexander hatte eben für sich zwei miteinander kaum zu vereinbarende Funktionen entwickelt: in der Erwartung vieler Makedonen und Griechen mußte er ein traditioneller makedonischer König sein, in der von ihm bewirkten Erwartung der Orientalen sollte er Herrschaftsnachfolger der Achämeniden sein. Nur die für den fortdauernden Feldzug notwendige Militärdisziplin verhinderte noch schwerere Konflikte als diejenigen, die doch eintraten. Viele Makedonen mißbilligten die zunehmende Orientalisierung und Aufblähung des Hofstaates, das Abgehen von den relativ einfachen Umgangsformen, die traditionell die Beziehungen zwischen König, Baronen und gemeinem Mann in Makedonien prägten. Dieses Moment spielte beim Mord an Kleitos eine große Rolle, auch bei der Auseinandersetzung über die Einführung des Fußfalles *(Proskynesis)*, wo vor allem der Grieche Kallisthenes sich weigerte, und sicherlich bei unzähligen anderen uns im Detail unbekannten Reibungen.

Auch im Heer wurden Änderungen vorgenommen, die zu Spannungen führten. Im Prinzip war es nichts Neues, daß nichtmakedonische Einheiten mitkämpften. Von Anfang an waren nicht nur Griechen, sondern Paionen, Illyrer, Agrianes und Thraker, vielleicht auch Triballer dabei gewesen.[22] Doch diese waren altbekannte Balkanvölker, die in ihren eigenen Einheiten nach ihrer eigenen Tradition kämpften. Im Jahr 327 gab Alexander aber Befehl, junge Perser im makedonischen Stil auszubilden (die sog. *Epigonoi*), damit sie gleichermaßen zusammen mit den Makedonen in der Phalanx kämpfen konnten. Schon vorher wurden auch lokale Einheiten von Orientalen eingesetzt, sowohl Reiter als auch Fußvolk.[23] Nach einer allerdings von Curtius wohl erfundenen Rede Alexanders anläßlich der Auseinandersetzung am Hyphasis, drohte er mit „Skythen und Baktriern" weiter zu machen;[24] doch selbst diese späte rhetorische Zuspitzung läßt ahnen, wie weit die Angliederung und Eingliederung vorwiegend iranischer Elemente in das Heer Alexanders gediehen war. Nach Angabe Arrians war einer der wichtigsten Beweggründe der Makedonen in Opis gerade dieser, daß die ihnen als Makedonen von ihrem

König geschuldete privilegierte Stellung im Heer durch eine Gleichmacherei zugunsten der Iranier abgebaut wurde.[25]

Es ist in der Tat eindeutig, daß Alexander so etwas anstrebte. Vergünstigungen für Iranier gab es genug. Zwei Beispiele dürften ausreichen. In Susa veranstaltete Alexander im Jahr 324 seine berühmte Massenhochzeit, wo sein engster Offiziers- und Freundeskreis je eine Braut aus den höchsten Rängen des iranischen Adels zugewiesen bekam. Viel mehr als eine symbolische Geste war dies in der Praxis nicht: Die meisten der Ehen scheinen den Tod des Königs im nächsten Jahr kaum überlebt zu haben. Doch die Richtung der Wunschvorstellung des Königs, der inzwischen nicht bloß König der Makedonen war, ist eindeutig: eine eigentümliche Führungsschicht von entwurzelten Mischlingen sollte die Regierungsgewalt in dem eigentümlichen Staatsgebilde des Alexanderreiches übernehmen.[26]

Das zweite Beispiel zeigt dies noch eindeutiger. Nach der Beilegung des Konflikts mit den makedonischen Soldaten in Opis richtete Alexander ein großes Fest aus, an dem 9000 Vertreter der Völker, die im Heer dienten, beteiligt waren. Nach den Worten Arrians (die zumindest tendenziell stimmen dürften) bat Alexander die Götter um „viele Güter, darunter vor allem Eintracht *(Homonoia)* und gemeinsame Beteiligung *(Koinonia)* am Reich (oder: ‚am Regieren') der Makedonen und Perser".[27] Also: ein Reich von Makedonen allein sollte es auch formell möglichst nicht mehr geben, sondern ein Reich der Makedonen und der Perser; dem König genügte es nicht, auch den Makedonen gegenüber, bloß König der Makedonen zu sein: Es scheint klar, daß die Absichten Alexanders darauf hinausliefen, die Makedonen als staatliches Gebilde in seinem neu in Entstehung begriffenen Vielvölkerreich aufgehen zu lassen, in dem das einzige gemeinsame staatsbindende Element die Person des Königs wäre. Die Makedonen sollten dann im Kern des Reiches nicht als Eroberer, sondern als Partner gelten. Um die Zukunft von der Last der makedonischen Tradition noch mehr zu befreien, wurden zwei der noch übriggebliebenen Traditionalisten unter den hohen makedonischen Offizieren mit den ca. 10000 entlassenen makedonischen Veteranen jetzt nach Hause geschickt: Gerade Krateros, dessen Loyalität gegenüber der Institution des makedonischen Königtums von Alexander selbst einmal hervorgehoben worden war, und der ca. sechzigjährige Polyperchon sollten ihren Einfluß nur in Makedonien geltend machen können. Dieser Schritt gilt gleichermaßen als Zeichen dafür, daß institutionelle Loyalität alter Art nicht mehr ausreichte, sondern daß für die Zukunft nur die Person des Königs Loyalität verdiente.

Alexanders plötzlicher Tod am 10. Juni 323 vereitelte alle seine Träume. Die Männer der Stunde waren zwar seine ihm bislang persönlich loyal ergebenen hohen Offiziere, doch es stellte sich gleich heraus, daß keiner dieser hartnäckigen Karrieristen den träumerischen Größenwahn des verstorbenen Königs teilte. Das heißt jedoch keineswegs, daß alle in harmonischer Eintracht Asien als bloße Episode abtun und das beschränkte traditionelle Dasein eines reichen Balkanbarons wieder aufnehmen wollten. Nicht deswegen waren Perdikkas und Ptolemaios und ihre Kollegen nach Indien und zurück marschiert, nicht deswegen hatten sie ihr Leben wiederholt aufs Spiel gesetzt, Alexanders Zornesausbrüche überstanden und seine symbolischen Schritte zum realitätsfernen Mischreich ohne Widerspruch toleriert und mitgemacht. In den elf Jahren des Feldzuges hatten viel zu viele Leute viel zu viel Kraft investiert, um das einmal Eroberte gleich aufzugeben. So einfach dachten diese Makedonen nun auch nicht. Für diese Generation konnte die Uhr nicht mehr zurückgedreht werden. Mit der Eroberung Asiens mußten sich schließlich auch die makedonischen Traditionalisten abfinden.

3. Rückkehr in die Heimat

Als Alexander III. starb, war Makedonien stark gefährdet. Daran war weitgehend der König selbst schuld. Sein Land hatte er nie viel anders als eine Quelle für fast unschlagbare und unermüdliche Kämpfer betrachtet – noch im Jahr 324 sollte Antipatros erneut Verstärkungen bringen –,[1] sein ererbtes Königtum gab ihm eine institutionalisierte Befehlsgewalt über das Heer und einen Anspruch auf Loyalität seiner Barone, die er voll auszunutzen wußte. Mögliche Konkurrenten um den Thron sowie Nörgler und Traditionalisten unter den Offizieren und Soldaten hatte er nach und nach ausgerottet oder kaltgestellt. Am Ende in Babylon waren nur ‚seine' Leute dabei, Leute deren persönliche Loyalität unzweifelhaft war, weil sie ohne den König selbst nur über geringen Rückhalt im Heer und im Lande verfügten, die also von Alexander abhängig waren. Außerdem hatte der 33jährige König noch keinen Sohn hinterlassen, den er anerkannte, doch war seine iranische Frau Roxane schwanger, und man konnte auf männlichen Nachwuchs spekulieren. Die Institution der Monarchie hatte Alexander zwar voll ausgenutzt, aber durch die zunehmend personenbezogene Struktur des Hofes und des Offiziersstandes sehr geschwächt. Seine ausweichende Antwort auf die Frage, an wen er sein Reich vererben wolle, ‚an den Besten' oder ‚an den Stärksten' (die Überlieferung schwankt)[2] bringt gerade diese Personenbezogenheit zum Ausdruck: nicht auf institutionellen Rückhalt und Tradition sollte es ankommen, sondern auf die individuelle Qualität des einzelnen. Dies bedeutete gegenüber seinem Land und Volk eine katastrophale Verantwortungslosigkeit, praktisch eine Aufforderung zum Bürgerkrieg. Doch um das Wohlergehen seines Landes und Volkes hatte sich Alexander nie besonders gekümmert.

Die Lage der Nation war einmalig schwierig. Traditionsgemäß wurde nach dem Tode eines Königs sein Nachfolger aus der Familie der Argeadai durch Übereinstimmung der jeweils maßgeblichen Vertreter des makedonischen Adels bestätigt.[3] Was sollte aber jetzt passieren? Nicht nur gab es keinen eindeutigen Nachfolger, sondern zwei der maßgeblichen Barone fehlten, Antipatros und Krateros, gerade diejenigen, die wegen ihres Alters und ihrer traditionellen Haltung wohl langfristig den meisten Einfluß unter den Makedonen des Heeres und des Landes gehabt hätten. Doch das Heer war in Babylon und brauchte sofort einen neuen Befehlshaber. Es gab also keine praktische Möglichkeit, den üblichen adligen Konsens herbeizuführen. Die hohen Offiziere Alexanders in Babylon waren gezwungen, gleich tätig zu werden, selbst auf das Risiko hin, eine Auseinandersetzung mit Antipatros und Krateros zu provozieren.

Kurz vor seinem Tode hatte Alexander dem Perdikkas, Sohn des Orontes, Sprößling der Herrscherfamilie der obermakedonischen Landschaft Orestis, seinen Ring überreicht und ihn damit als eine Art Kanzler vor anderen ausgezeichnet.[4] Diese Auszeichnung reichte aber keineswegs aus, um Perdikkas die Anerkennung der anderen hohen Offiziere für eine Dauerstellung zu sichern, und er wußte es. Roxanes Schwangerschaft konnte nicht einfach ignoriert werden; und weil das Heer in Babylon, ganz anders als beim Normalfall in Makedonien selbst, von der Entscheidung der Offiziere unmittelbar existentiell betroffen sein würde, herrschte auch im Lager reges Interesse. Wenn sich die Offiziere unter sich geeinigt hätten, selbst ohne Antipatros und Krateros, hätte es unmittelbar wohl kein Problem gegeben. Doch Alexanders Beförderungspolitik hatte es dahin gebracht, daß keiner der Anwesenden über alle anderen so weit hinausragte, daß er als selbstverständlicher Kandidat für die Vormundschaft über Roxane (und im Falle der Geburt einer Tochter schließlich dann auch für die Nachfolge) betrachtet werden konnte. Die Offiziere waren also unter sich nicht einig: Es gab Stimmung gegen Perdikkas' Ehrgeiz, gegen das Kind der Iranierin überhaupt, selbst wenn es ein Sohn sein sollte, und gegen die Unsicherheit, die ein Warten auf die Geburt zwangsläufig voraussetzte.[5]

Solange unter den Offizieren keine Einheit in solch einer existentiellen Frage des Staatsinteresses vorhanden war, lag es nahe – wie Alexander bei politischen Krisen es vorgeführt hatte –, das Heer zu bewegen, Partei zu ergreifen und eine Entscheidung mit Gewalt oder Gewaltandrohung durchzusetzen. Der erste, der es versuchte, war Meleagros, einer der *Taxis*-Führer der Infanterie. Er forderte die Soldaten auf, sich der königlichen Schätze zu bemächtigen, doch mitten im Aufruhr ließ jemand den Namen Arrhidaios fallen. Arrhidaios, Sohn Philipps II. und der Philinna von Larissa, war tatsächlich im Lager, doch er galt als schwachsinnig (was ihm wohl bislang das Leben gerettet hatte). Er war etwas älter als Alexander, der ihn auf dem Feldzug mitgeführt, aber niemals als Konkurrenten betrachtet hatte. Auch in der augenblicklichen Krise war er so unauffällig gewesen, daß keiner der maßgeblichen Offiziere Alexanders, so sehr sie sich um Alexanders ungeborenes Kind kümmerten, an diesen leibhaftigen Sohn des großen Philipp überhaupt gedacht hatte. Doch wenn ein ungeborenes Kind als möglicher (nomineller) Nachfolger in Frage kam, dann war in der Tat ein schwachsinniger Mitdreißiger zumindest nicht weniger geeignet. So dachten plötzlich viele der makedonischen Soldaten, die die Unsicherheit nicht ertragen mochten und die Iranierin sowieso für verdächtig hielten. Meleagros sah seine Chance, Arrhidaios wurde geholt und von den anwesenden Soldaten – inzwischen hatte sich eine größere Versammlung gebildet – als König unter dem Vaternamen Philipp akklamiert.

Es war ein eindeutiger Versuch, Alexanders Intimfreunde unter den Offizieren mit Alexanders Methoden zu überrumpeln, und er brachte schnell die anfangs vermißte Eintracht unter ihnen zustande. Zunächst versteiften sie sich auf das Kind Roxanes, um zumindest dieses für sich zu vereinnahmen; die Vormundschaft sollte nun doch Perdikkas, aber zusammen mit Leonnatos, übernehmen. Außerdem beanspruchten sie die Zustimmung des Krateros und Antipatros, und damit die Kontrolle über die makedonische Heimat, indem sie den beiden zusammen europäische Angelegenheiten übertrugen. Sie schworen sogar einen Loyalitätseid auf einen eventuellen Sohn Alexanders. Aber die Eintracht kam zu spät. Meleagros hatte es verstanden, die Phalanxsoldaten auf Philipp einzuschwören; die Reiter folgten den adligen Perdikkanern. Die Auseinandersetzung drohte gleich in schwere Gewalttätigkeiten auszuufern, wurde aber durch Verhandlungen entschärft. Daraufhin konnten die Perdikkaner Disziplin im Heer wiederherstellen und Meleagros selbst beseitigen. Doch brachte dies jetzt keine Lösung. Die Soldaten hatten Arrhidaios als König akklamiert, obwohl ihnen eigentlich keine Mitbestimmung zustand. So gern man auch ihn gleich beseitigt hätte, ließ die heikle Situation diese drastische Lösung nicht zu. Ignorieren konnte man ihn auch nicht: Die alexanderbesessenen Offiziere hatten ihn zwar anfangs vergessen, doch die Unruhen zeigten, wie sehr unter den Soldaten die Anhänglichkeit am alten Philipp noch verbreitet war, wie sehr sie Arrhidaios als den einzig möglichen Kandidaten ansahen.[6] Politisch hatten die Perdikkaner schließlich keine Wahl. Um die Form zu wahren, sprang das Offizierskonzil nun doch über seinen Schatten und erkannte Arrhidaios als König an.[7]

Die Frage blieb trotzdem bestehen, wer wirklich regieren sollte. Mit Müh und Not konnte Arrhidaios wohl repräsentieren; aber niemand war bereit, ihm andere Funktionen zu überlassen. Um dem drohenden Chaos vorzubeugen, setzte es Perdikkas jetzt doch durch, daß er den Oberbefehl über das königliche Heer bekam. Damit erlangte er in der Praxis, solange das Heer aktiv blieb, die zentrale Gewalt im Staate. Aber seine Mitstreiter setzten den Preis sehr hoch. Die Provinzen (Satrapien) des Alexanderreiches sollten aufgeteilt werden, und zwar die attraktivsten unter die nächsten Offiziere Alexanders. Jeder, der Wünsche anmeldete, sollte möglichst befriedigt werden: so gingen Ägypten an Ptolemaios, Thrakien an Lysimachos, das Hellespontische Phrygien an Leonnatos und andere Gebiete an andere Offiziere, ihren Wünschen und ihrer politischen Stärke entsprechend.[8] Formell sollten diese Gebiete Provinzen des zentralen Reiches des Königs Philipp Arrhidaios bleiben; aber die zentrifugalen Tendenzen waren allein aus den Aufteilungswünschen deutlich erkennbar. Schließlich waren regionale Herrschaften den Makedonen nichts Neues: ihr Staat war eben aus einer Reihe von solchen regionalen Fürstentümern hervorgegangen. Daß gerade die draufgängerische Generation, die mit Alexander Asien erobert hatte, auf die nunmehr gegebene Möglichkeit verzichten würde, regionale Hausmacht traditioneller Art einzurichten, daran war kaum zu denken. Die Vertreter der Einheit des Reiches (die eben keine eigene regionale Herrschaft zugeteilt bekamen) hatten wenig realistische Hoffnung, wollten sie ihre formelle zentrale Macht mit effektiver Reichsgewalt füllen. Das mußten sie aber erst lernen.

Auch nach der Satrapieneinteilung blieben zwei zentrale Probleme bestehen. Niemand in Babylon meinte, eine bloße Verfügung des Offiziersrates könnte Antipatros aus der Heimat entfernen oder Krateros' Einverständnis erwirken, daß nicht er, sondern Perdikkas den Oberbefehl über das königliche Heer erhielt. Man hoffte, wohl etwas naiv, diese beiden Probleme mit einem Schlag zu lösen, indem man den beiden Senioren Verantwortung für Europa (außer Thrakien) übertrug. Doch selbst dann, wenn einer den anderen ausschalten sollte, blieb das Grundsatzproblem bestehen, daß derjenige, der über die makedonische Heimat und den größten Teil des von Philipp aufgebauten Reiches verfügte, nicht der Mann war, der den König, den Sohn Philipps, betreute und das königliche Heer befehligte. Auf Dauer würden die Makedonen des Heeres, die mit ihrem König heimziehen wollten, diese Kluft wohl nicht hinnehmen wollen: der makedonische Staat stand nach wie vor auf dem Spiel.

Daran änderte sich nichts, als einige Monate später Roxane einen Sohn gebar, der den Namen Alexander bekam. Die Offiziere hatten ihn als König schon im voraus anerkannt; Perdikkas meinte, von Meleagros lernend, das Heer sollte es auch tun, was auch geschah. Damit war die staatsrechtlich groteske Situation entstanden, daß Makedonien nunmehr zwei gleichermaßen unfähige Könige besaß.[9] Auch blieb die Gewaltentrennung zwischen Heimatregierung und Königen bestehen. Perdikkas bemühte sich, bald Abhilfe zu schaffen, indem er einen Heiratsantrag an

Antipatros richtete und um dessen Tochter Nikaia bat. Antipatros, der nach Alexanders Tod sofort in den Lamischen Krieg verwickelt worden war, reagierte zunächst gar nicht. Er brauchte dringend Hilfe, die Perdikkas aus Mesopotamien nicht schnell genug beibringen konnte, wandte sich also an Leonnatos im Hellespontischen Phrygien und an Krateros, der sich mit seinen 10000 Veteranen noch immer in Kilikien befand. Obwohl Leonnatos im Frühjahr 322 von den Griechen alsbald getötet wurde, war die Zusammenarbeit mit Krateros und seinem Heer im Sommer 322 für den günstigen Ausgang des Krieges entscheidend. Nach dessen Ende vermählte sich Krateros im Winter 322/1 mit Phila, Antipatros' ältester Tochter, und die beiden Feldherrn kamen miteinander überein, für Krateros einen Zuständigkeitsbereich in Asien zu erkämpfen.[10] Im Frühjahr wurde Nikaia dann endlich nach Sardis gebracht. Doch Antipatros war nicht der einzige, der durch eine dynastische Politik versuchte, die Ereignisse zu lenken. Alexanders Mutter Olympias zielte durch den Einsatz ihrer verwitweten Tochter, Alexanders Vollschwester Kleopatra, darauf, Perdikkas zu gewinnen, um damit gegen Antipatros ihren eigenen Einfluß in Makedonien wiederaufzurichten. Doch Perdikkas zog es vor, wegen der augenblicklichen Bedeutung seines Verhältnisses zu Antipatros und Krateros, Nikaia zu heiraten – vorläufig konnte sie ihm mehr schaden als Olympias ihm helfen konnte.[11] Aber Kleopatra kam nach Sardis und wurde eine unbequeme Intrigantin. Weit gefährlicher für Perdikkas war ein zweiter Versuch. Kynnane, Tochter Philipps II. und der Illyrerin Audata, hatte noch zu Lebzeiten Philipps seinen Neffen Amyntas geheiratet und ihm eine Tochter Adea geboren. Adea war noch unverheiratet, genau wie Kynnanes Halbbruder, der neue König Philipp Arrhidaios. Kynnane eilte zum Hof mit der festen Absicht, die beiden mit einander zu vermählen. Der Nicht-Argeade Perdikkas erkannte die Gefahr aus dieser weiblichen Konkurrenz und reagierte brutal, aber nicht brutal genug, indem er Kynnane, aber nicht Adea ermorden ließ. Entrüstete Soldaten stifteten daraufhin solch schwere Unruhen, daß Perdikkas gezwungen war, die Heirat von Adea und dem König doch stattfinden zu lassen. Um den Bezug zu ihrem Großvater noch mehr herauszustreichen, nannte sich die neue Königin selbstbewußt und öffentlichkeitswirksam Eurydike, nach ihrer Urgroßmutter.[12]

Zwei weitere Ereignisse des Jahres 321 führten zum endgültigen Scheitern des Perdikkas. In Babylon hatte er zustimmen müssen, daß Alexander, gemäß des Königs eigenem Wunsch, bei der Ammonoase Siwah in Ägypten und nicht in der traditionellen Ruhestätte der makedonischen Könige in Aigai in Makedonien begraben werden sollte. Zeit hatte er dadurch gewonnen, daß er einen äußerst prunkhaften Leichenwagen für die lange Reise bauen ließ; doch nach ca. zwei Jahren waren die Arbeiten fertig, und der damit beauftragte Offizier Arrhidaios führte den Leichenzug endlich von Babylon weg. Perdikkas begriff allerdings, daß er es sich nicht leisten konnte, Alexanders Leichnam und eventuelle propagandistische Vorteile einfach an den in Ägypten herrschenden Ptolemaios abzugeben. Er wollte nunmehr selbst unbedingt die Kontrolle über den Leichnam behalten und so vielleicht mit dem Leichenzug Alexanders den Weg für die feierliche Rückkehr der Könige und des königlichen Heeres nach Makedonien bahnen. So könnte er eventuell selbst Antipatros überrumpeln. Der Befehl wurde also erteilt, den Leichenzug anzuhalten. Doch hatte Ptolemaios recht früh Kontakt mit Arrhidaios aufgenommen, und schickte jetzt Truppen, um den Leichenwagen nach Ägypten zu begleiten. Diese waren zahlreich genug, um den Einheiten des königlichen Heeres zu widerstehen, als sie versuchten, wie von Perdikkas befohlen, den Leichnam in Gewahrsam zu nehmen. Alexander fand also doch in Ägypten in der alten pharaonischen Hauptstadt Memphis eine erste Ruhestätte.[13]

Perdikkas' Gegner sammelten ihre Kräfte. Antigonos, seit 333 Satrap von Großphrygien, fühlte sich von Perdikkas bedroht und flüchtete 321 nach Makedonien. Er unterrichtete Antipatros und Krateros von Perdikkas' Absicht, seine neue Braut Nikaia gleich zu verstoßen und doch Kleopatra zu heiraten. Antipatros, in dessen Interesse es lag, daß Perdikkas keine feierliche Überführung des Alexanderleichnams nach Makedonien veranstalten konnte, hatte schon länger freundliche Kontakte mit Ptolemaios gepflegt. Als dann im Jahre 321 deutlich wurde, daß Perdikkas zuerst gegen Ptolemaios vorgehen wollte, schlossen Krateros und Antipatros ein Zweckbündnis mit ihm für den Kampf gegen Perdikkas, das Antipatros mit einer weiteren Tochter Eurydike besiegeln konnte. Danach sollte Antipatros die Führung *(Hegemonia)* in Europa haben, anscheinend gekoppelt mit der Vormundschaft über die zwei Könige, Krateros in Asia und (wohl) Ptolemaios in Ägypten.[14]

Zu einem direkten militärischen Konflikt mit Perdikkas kam es nicht. Eine Gruppe seiner Offiziere, vielleicht von Ptolemaios korrumpiert, nutzte die schwere Verstimmung des Heeres nach einem Desaster am Nil (ca. 2000 Mann waren ertrunken), ihn umzubringen. Ptolemaios wollte selbst keine Verantwortung für das Invasionsheer übernehmen, organisierte statt dessen eine vorläufige Führung unter dem Perdikkasmörder Peithon und jenem Arrhidaios, der ihm Alexanders Leiche verschafft hatte. Sie sollten das Heer und die Könige aus Ägypten wegführen. Damit erreichte Ptolemaios sein eigenes Ziel – er behielt die Leiche Alexanders und die Kontrolle über Ägypten – und hielt seine Treue gegenüber seinen Koalitionspartnern.[15]

So glatt wie für Ptolemaios in Ägypten war es für Antipatros und Krateros nicht abgelaufen. Kurz nachdem sie nach Kleinasien übergesetzt waren, war Krateros in einer Schlacht gegen Perdikkas' griechischen Beauftragten Eumenes von Kardia umgekommen. Obwohl sich Antipatros dann ohne weitere schwere Hindernisse nach Syrien durchschlagen konnte, war mit dem Tod des Krateros eine Säule der Zukunftsplanung weggefallen. Antipatros selbst hatte weder Lust noch die Absicht, direkte Verantwortung für den asiatischen Teil des Alexanderreiches zu übernehmen. Als er sich dann mit dem königlichen Heer, verstimmt und meuternd wie es inzwischen war, bei Triparadeisos traf, suchte er dringend einen Ersatz für Krateros. Seine eigene Stellung war relativ stark; sogar das königliche Heer erkannte ihn in einer tumultuarischen Versammlung als Vormund der Könige an, und er ließ sich, nach der alten makedonischen Sitte, von den Offizieren auch anerkennen.[16] Doch trotz seiner eigenen Abneigung gegen das asiatische Reich durfte er die Ansprüche seiner Schützlinge auf die formale Herrschaft in Asien nicht einfach fallen lassen. Eumenes und andere Perdikkaner zogen immer noch mit Heeren in Kleinasien umher und stellten auf jeden Fall eine Bedrohung für friedliche Verhältnisse in Makedonien dar. Ein Ersatz-Krateros mußte also her, und Antipatros fand ihn in Antigonos, dessen Zuverlässigkeit zumindest als Kämpfer gegen die Perdikkaner nicht angezweifelt werden konnte.

Der königliche Auftrag an Antigonos war jedoch nicht so umfassend, wie er für Krateros vorgesehen war: es war bloß an die Fortführung des Krieges gegen Eumenes und die Perdikkaner gedacht.[17] Sicherheiten wurden auch eingebaut. Antipatros' Sohn Kassandros wurde dem Antigonos als Chiliarchos – eine Art Stellvertreter – beigeordnet. Seine frisch verwitwete Schwester Phila, die Krateros gerade einen Sohn geboren hatte, stand auch wieder zur Verfügung: Antigonos, selbst über sechzig Jahre alt, scheint keine Neigung zu Phila verspürt zu haben, überredete aber seinen sechzehnjährigen Sohn Demetrios, die fünfzehn Jahre ältere Frau zu heiraten. Eine Neuordnung der Satrapien des Reiches, die wegen der seit Babylon erfolgten Ereignisse notwendig geworden war, schloß die Verhandlungen in Triparadeisos ab. „Antipatros übernahm die Könige und mit dem eigenen Heer marschierte er nach Makedonien in der Absicht, die Könige in ihr Heimatland zu bringen". So beschreibt Diodor das Ende dieser unglückseligen Phase der Geschichte des makedonischen Staates. Das Abenteuer Asia war damit für das Königshaus der Makedonen beendet. Der Hof war mit der Heimat wieder vereinigt.[18]

4. Das Ende der Argeadai

Vom Gesichtspunkt des Verwalters des philippischen Erbes war Asia irrelevant, ja es stellte sogar eine potentielle Bedrohung für Makedonien dar. Alexanders eindeutige Prioritätensetzung für den Asienfeldzug hatte die militärischen Kräfte Makedoniens, die Philipp aufgebaut hatte, so weit aufgezehrt, daß es Antipatros unmöglich gewesen war, alle Teile seines europäischen Sprengels ordnungsgemäß zu kontrollieren. Die Griechen hatte er zwar mit Krateros' Hilfe im Lamischen Krieg niederschlagen können – doch um welchen Preis? Jetzt war der brüchige, doch billige Konsens dahin: Es mußten Garnisonen unterhalten werden, wegen der Eingriffe in die inneren Angelegenheiten vieler Städte mußte man dauernd auf der Hut sein; die Aitoler hatten sogar dem makedonischen Heer erfolgreich widerstehen können. Dann war Thrakien bis auf die Küstenstädte weitgehend außer Kontrolle geraten. Der Offiziersrat in Babylon hatte hier einen besonderen Verwaltungssprengel (für Lysimachos) geschaffen, eine Entscheidung, die auf Philipps System zurückgreift und von Antipatros in Triparadeisos noch bekräftigt wurde. Auch im Westen war nichts mehr in Ordnung. Seit dem Tode des Kleopatragatten Alexandros von Epeiros wuchs dort der Einfluß der Olympias, Alexanders geltungssüchtiger Mutter, die nie zufrieden sein würde, bis sie wieder in Pella in Würde und Ehren stand; in den Augen ihres Intimfeindes Antipatros stellte also auch Epeiros einen Unsicherheitsfaktor für Makedonien dar.

In Europa gab es also durchaus genug zu tun, und Antipatros war nicht der einzige unter den Makedonen, der dies wußte. Als er, fast achtzigjährig, binnen Jahresfrist nach der Rückkehr aus Syrien starb, wurde nicht sein knapp vierzigjähriger Sohn Kassandros als sein Nachfolger bestellt, sondern der alte Polyperchon. Antipatros' eigene Meinung soll dabei maßgeblich gewesen sein.[1] Der Eindruck wurde peinlichst vermieden, daß eine Art erblicher Nachfolge in der Vormundschaft eingeführt wurde. Mit Krateros eng verbunden, zusammen mit ihm von Babylon heimgekommen, war Polyperchon kürzlich während Antipatros' Abwesenheit in Asia sein Stellvertreter gewesen. Damals war er einem Angriff der Aitoler auf Thessalien und einem damit verbundenen thessalischen Aufstand erfolgreich begegnet.[2] Doch seine traditionalistische Gesinnung und seine begrenzten militärischen und politischen Fähigkeiten – Polyperchon hatte es unter Alexander nicht über seinen Anfangsrang als *Taxis*-Führer gebracht[3] – würden kaum ausreichen, das einmalig hohe Ansehen des Antipatros zu ersetzen. Denn diesem hatten sich schließlich in Triparadeisos alle gefügt. Polyperchon jedoch, selbst mit dem ‚Amtsbonus' des königlichen Vormunds ausgestattet, verfügte eben weder über die notwendige breite Vertrauensbasis noch über ausreichende politische Umsicht, um die anstehenden Probleme Makedoniens zu lösen.

Den entscheidenden Fehler, der schließlich das Geschick des Argeadenhauses besiegelte, beging Polyperchon ganz am Anfang. Kassandros war, wohl wegen seines Vaters Krankheit nach Makedonien zurückgekehrt, zum Stellvertreter (Chiliarchos) Polyperchons ernannt worden.

Doch Polyperchon, vertrauensselig wie er war, erkannte ihn nicht als möglichen Konkurrenten und ließ ihm zunächst freie Hand. Den Freiraum nutzte Kassandros aus, um Kontakte mit den Truppen und Besatzungskommandanten seines Vaters – nach Munychia bei Athen entsandte er sogar seinen eigenen Mann Nikanor als Besatzungskommandant – sowie mit seinem Schwager Ptolemaios und mit Antigonos zu pflegen; dann setzte er sich zu Antigonos ab.[4] Polyperchon, dessen stärkste politischen Vorteile das Vertrauen des makedonischen Adels und die Empfehlung des Antipatros waren, hatte, indem er das alles zuließ, Kassandros das politische Erbe des Antipatros außerhalb Makedoniens zugespielt. Er scheint, im Vertrauen auf sein Amt, bei Kassandros denselben Respekt vor den anerkannten Königen und deren Vertretern vorausgesetzt zu haben, den ihm sein eigenes Traditionsbewußtsein einflößte. Dabei verkannte er eindeutig den Generationswechsel, der stattgefunden hatte, vor allem aber die Wirkung der Erlebnisse in Babylon auf diejenigen, die wie Kassandros dort gewesen waren und gesehen hatten, unter welchen machtpolitischen Bedingungen ‚die Könige' überhaupt auserkoren worden waren, mit welcher Respektlosigkeit gegenüber der makedonischen Tradition verfahren, mit welchem eigennützigen Machtstreben dort gefeilscht und verhandelt worden war. Zu verkennen, daß auch Kassandros dieser Gruppe angehörte, war bloß ein weiteres Zeichen der katastrophalen politischen Naivität, die die Amtstätigkeit des Polyperchon auszeichnet und ihn als völlig unzureichenden Vormund abstempelt.

Wo es eigentlich für Polyperchon notwendig gewesen wäre, die Initiative zu ergreifen, war ihm Kassandros zuvorgekommen. Polyperchon konnte bloß reagieren, und zwar zunächst nicht eigentlich aus Überlegungen im Interesse des makedonischen Staates heraus, sondern einfach um seine persönliche Stellung gegenüber Kassandros zu stärken. Und obwohl seine einzige Stärke im politischen Erbe des Antipatros lag, fühlte er sich wegen Kassandros gezwungen, Neuland zu betreten. Schon im Herbst 319 machte er den Versuch, etwas Popularität unter den Griechen zu gewinnen: Er verfügte in einem Erlaß die Auflösung der von Antipatros nach dem Lamischen Krieg vielerorts, einschließlich Athens, eingeführten Oligarchien und die Rückkehr der dabei Vertriebenen.[5] Es war ein schwacher Versuch, etwas vom Geist der von ihm miterlebten partnerschaftlichen Politik Philipps zu verwirklichen. Dabei hatte er aber nicht berücksichtigt, daß sich das Verhältnis zu den Griechen seit 336 geändert hatte, daß Antipatros die Oligarchien nach dem Lamischen Krieg nicht bloß deswegen eingeführt hatte, weil deren Mitglieder ihm eher ergeben waren, sondern weil die Vorgängerregime sich so unzuverlässig gegenüber der makedonischen Herrschaft überhaupt gezeigt hatten. Durch eine Auflösung der Oligarchien verfügte Polyperchon also die Vertreibung gerade derjenigen Leute von der Macht, die ihre Staaten makedonientreu halten wollten oder bereit waren, die makedonische Herrschaft aus Eigeninteresse zu dulden; und seine Verfügung der Rückführung betraf Makedoniengegner, die nicht weniger intensiv Makedoniengegner sein würden, bloß weil Polyperchon per königlichem Erlaß sie gnädigst zurückkehren ließ. Für eine innermakedonische Auseinandersetzung waren sie völlig untaugliche Bundesgenossen.

Im Frühjahr 318 machte er dann einen weiteren Schritt weg vom politischen Erbe des Antipatros. Olympias, die alte Königin und Intimfeindin des Antipatros, wurde eingeladen, nach Makedonien zurückzukehren. Ihr wurde eine würdige Stellung am Hof als Verantwortliche für den Knaben Alexander IV. angeboten. Damit löste Polyperchon gewiß das aktuelle Epeirosproblem, allerdings auf Kosten der Unterstützung von Seiten einflußreicher Antipatros-Anhänger in Makedonien, die ihm ins Amt geholfen hatten.[6] Nicht viel besser stand es mit seiner dritten Innovation. Auch in Asien setzte er gezwungenermaßen auf das falsche Pferd. Nach dem System des Antipatros war Antigonos als Machthaber in Asien (bis auf die Gebiete, die Ptolemaios kontrollierte), nominell als Vertreter der Könige für den Krieg gegen Eumenes und die Perdikkaner vorgesehen. Polyperchon versäumte es, ihn gleich für sich zu gewinnen, und als erst Kassandros Zuflucht bei ihm fand, war es nicht mehr möglich. Seine einzige Alternative bestand darin, auf die Gegner des Antigonos zu setzen, d.h. auf den ehemaligen Perdikkaner Eumenes, der im Jahr 320 Krateros besiegt und getötet sowie Antipatros große Schwierigkeiten bereitet hatte. Hier ist also wieder keine politische Kontinuität beim Antipatrosnachfolger zu verzeichnen – was im Staatsinteresse dringend geboten gewesen wäre –, sondern ein aus rein persönlichen machtpolitischen Gründen hervorgehendes Umschwenken auf die Gegner seines Vorgängers. Für den Kampf um die Vorherrschaft in Makedonien war Asia gewiß bloß ein Nebenschauplatz. Wie Antipatros durfte aber auch Polyperchon formelle Ansprüche der zentralen Regierung nicht fallenlassen. Seine Unterstützung für Eumenes entsprang diesem Grundsatz, blieb also formell: mit Briefen, Aufforderungen, Anordnungen war es getan. Für Polyperchon war es wichtig, Antigonos in Asia zu beschäftigen, solange er selbst mit Kassandros zu tun hatte. Er konnte freilich nicht wissen, ob auch Antigonos nicht gern einmal in der alten Heimat regieren wollte. Doch im Moment stand eindeutig der aktuelle Kampf gegen Kassandros um die praktische Herrschaftsausübung in Makedonien allen voran.[7]

Während in Asia Eumenes sich über seine plötzliche Legitimation freute und schon im Sommer 318 die Vertretung der Könige übernahm, hatte Polyperchon in Europa große Schwierigkeiten. Die von Antipatros nach 322 in den griechischen Städten eingeführten Oligarchien dachten nicht daran, bloß auf eine königliche Verfügung hin sich aufzulösen. In Athen bedurfte es der Anwesenheit eines makedonischen Heeres unter Polyperchons Sohn Alexandros, um die Revolution richtig in Gang zu bringen. Andernorts dürfte die Entwicklung ähnlich verlaufen sein und Anlaß für Polyperchon selbst gegeben haben, mit König Philipp Arrhidaios im Frühjahr 317 in den Süden aufzubrechen. Selbst Olympias zeigte keine Begeisterung für Polyperchon und zögerte, seiner Aufforderung zu folgen. Sie ließ sich von Eumenes beraten (den sie wohl aus Philipps Zeit kannte); und erst im Herbst 317 war sie bereit, doch endlich nach Pella zurückzukehren.[8]

Da war es allerdings schon zu spät, um effektive vorbeugende Maßnahmen gegen Kassandros zu treffen. Im Frühjahr 317 war er nämlich in Piräus gelandet, mit einer Flotte, die er von Antigonos erhalten hatte, und konnte sich dort festsetzen. Polyperchon ging in einem verzweifelten Versuch, sich unter den Griechen Popularität zu verschaffen und seinen Erlaß durchzusetzen, in die Peloponnes, wo er überall ehemalige Parteigänger des Antipatros (und potentielle Freunde des Kassandros) abschlachtete und dabei die grundsätzlich sehr makedonienfreundliche Stadt Megalopolis so verschreckte, daß sie mit Erfolg erbitterten Widerstand leistete. Am Bosporos war inzwischen eine königliche makedonische Flotte von Antigonos' Schiffen unter Kassandros' Offizier Nikanor vernichtet worden; und am Hof selbst versuchte es die Königin Eurydike, die der von Polyperchon betriebenen Rückkehr der Olympias haßerfüllt entgegensah, mit einem Aufstand: Sie ließ nämlich verlauten, daß König Philipp Polyperchon entlassen hätte. Polyperchon meinte, nach Makedonien zurückeilen zu müssen, und damit überließ er die meisten südgriechischen Städte dem Einfluß des Kassandros.[9]

Die Dringlichkeit seiner Anwesenheit in Makedonien ergab sich aus der Spaltung ‚der Könige'. Während Polyperchon in der Peloponnes gegen potentielle Anhänger des Kassandros wütete, hatte sich Eurydike bemüht, seine Stellung unter den maßgeblichen Männern in Makedonien zu schwächen. Dabei setzte sie eindeutig auf die Anhänger des Antipatros, die – wie sie selbst – für sich fürchten mußten, wenn Olympias nach Pella zurückkehren sollte. Sie hatte auch Kontakt mit Kassandros aufgenommen und ihn aufgefordert, nach Makedonien zu kommen.[10] Sie glaubte, sicherlich zu Recht, daß die Rückkehr der Olympias in der Praxis die Vorrangigkeit des Alexandersohnes vor Philipp Arrhidaios, dann entsprechend der Olympias vor Eurydike bedeuten würde (Roxane als Iranierin spielte bei diesem Weiberkampf nur eine Statistenrolle). Solche realistischen Überlegungen waren Polyperchon fremd. Der Grund, Olympias' Rückkehr zu fördern, war sein Anliegen, alle königlichen Personen, einschließlich der Olympias, unter seine Obhut zu bringen. Ohne daß er über ein Monopol des königlichen Namens verfügte, war seine ohnehin schwache Stellung nicht haltbar. Doch Olympias' langes

Zögern und Polyperchons eigene Abwesenheit und zunehmend ramponiertes Image ließen Eurydike Zeit und einen politisch halbleeren Raum, um eine eigene Machtstellung zu entwickeln. Sie hatte es geschickt verstanden, die Verschiedenheit der Interessen der zwei regierungsunfähigen Könige und ihres weiblichen Anhangs herauszustellen und für ihre Auffassung Anhänger zu gewinnen. Sie hatte sogar ein Heer sammeln können, was Polyperchon dazu zwang, Olympias von Epeiros über den Pindos nach Makedonien mit seinem Heer zu begleiten. Doch letzten Endes wollten Eurydikes Soldaten nicht gegen die alte Königin Olympias und Polyperchon kämpfen: Philipp und Eurydike wurden gefangengenommen.[11]

Es war der Anfang der letzten tragischen Phase des Hauses der Argeadenkönige. Die Wurzel des Übels lag eindeutig im grotesken Kompromiß von Babylon, der aber selbst bloß wegen Alexanders Unbekümmertheit um das Wohl seines Landes erfolgt war. Die Rückkehr der Olympias wirkte sich katastrophal aus. Während sich Polyperchon bislang bemüht hatte, mit dem traditionellen adligen Konsens zu regieren, fand er jetzt keine Mittel, um Olympias in dem Ausbruch ihres aufgestauten Zornes zu bändigen. Sie war es, die nach ihrer Rückkehr in Makedonien das Sagen hatte. Ihr Hauptbeweggrund war Rache; an einen regierungsfähigen Konsens dachte die erbitterte Gattin, Mutter und Großmutter von makedonischen Königen, gar nicht. Eurydike und Philipp ließ sie peinigen, bevor sie Philipp ermorden ließ und Eurydike zum Selbstmord trieb; einen in ihre Gewalt gekommenen Bruder des Kassandros, Nikanor, ließ sie gleichfalls ermorden; das Grab eines zweiten Bruders, Iolaos, wurde geschändet. Unter den vermeintlichen makedonischen Anhängern von Kassandros veranstaltete sie ein Blutbad: Einhundert Opfer soll es gegeben haben.[12]

Auf diese grausame Weise suchte Olympias konsequent auf der Verfassungsebene Klarheit zu schaffen. Nur eine Person, ihr Enkel, sollte in Makedonien herrschen. Konkurrenten, echte oder vermeintliche, wurden rücksichtslos ausgerottet. So wurde aber dem Kassandros, ohne daß er selbst überhaupt etwas getan hatte, die Rolle des Rächers des Königspaares Philipp und Eurydike zugespielt, wobei er allerdings nicht nur auf die Gegner der Olympias und ihrer Methoden, sondern auch auf diejenigen Traditionalisten setzen konnte, die das Kind der Iranierin sowieso für ungeeignet hielten, in Makedonien einmal zu herrschen. Das Wüten und die Unfähigkeit seiner Gegner hatten ihm – der formell als Aufständischer angesehen werden mußte – und seinem Vorhaben einen gänzlich unverdienten Schein der Legitimität verliehen (von persönlicher Sympathie ganz abgesehen), den er gut auszunutzen wußte.

Schon im Herbst 317 hatte er einen erfolgreichen militärischen Erkundungsvorstoß nach Makedonien gemacht, den Winter verbrachte er aber in der Peloponnes.[13] Sobald er jedoch von den Ereignissen in Makedonien hörte, eilte er mit einem Heer dorthin. Sein Hauptgegner war inzwischen klar: nicht mehr der alte Polyperchon, der sich in Perrhaibien aufhielt – um ihn in Schach zu halten, reichte einer seiner Offiziere aus –,[14] sondern Olympias, die sich in der Festung Pydna verschanzt hatte. Mit ihr zusammen war der ganze übriggebliebene Hofstaat, einschließlich Alexander und Roxane sowie einer weiteren Tochter Philipps II., Thessalonike. Dort saßen sie alle zusammen in trügerischer Sicherheit, die sich aber dann als Falle entpuppte, als es Kassandros gelang, einen Belagerungsring zu schließen und versprochene Hilfe aus Epeiros abzuschneiden. Polyperchon stellte seine Unfähigkeit nochmals unter Beweis, als er nicht verhindern konnte, daß seine Soldaten zu Kassandros überliefen.

Damit war das Schicksal der Olympias besiegelt. Die Belagerung dauerte allerdings ein ganzes Jahr, währenddessen beinahe der ganze restliche Widerstand gegen Kassandros zusammenbrach. Nach der Einnahme Pydnas veranstaltete Kassandros eine Art Prozeß gegen Olympias: In einer Massenversammlung seiner Anhänger wurde sie ungehört verurteilt und danach getötet.[15] Es war Frühling 315 und der Bürgerkrieg war zu Ende. Der kleine Alexander IV. und seine Mutter hatten die Belagerung überlebt: Doch nach allen Grausamkeiten, die seine Großmutter in seinem Namen veranstaltet hatte und nach dem verlorenen Bürgerkrieg schien es bloß eine Zeitfrage, bis auch er beseitigt würde. Um nicht sofort argeadentreue Makedonen zu provozieren, ließ Kassandros ihn vorläufig am Leben; aber nicht in Pella und nicht mit königlicher Würde ausgestattet. Er und Roxane wurden in die Festung Amphipolis gebracht, wo sie unter strenger Aufsicht das Dasein privater Leute fristeten. Nach fünf Jahren war es dann soweit. Im Jahr 310 konnten Alexander und Roxane ohne das neugewonnene Gleichgewicht in Makedonien zu stören in aller Ruhe beseitigt werden.[16] Die männliche Linie des Argeadenhauses war damit erloschen.

IV. Das Zeitalter der Diadochen

1. Kassandros

Als im Jahre 315 Kassandros die Macht in Makedonien übernahm, konnte er auf breite Unterstützung hoffen. Diejenigen, die Antipatros zur Seite gestanden hatten, scheinen seinem Sohn gefolgt zu sein. Polyperchons dilettantische Staatsführung und Olympias' Grausamkeiten reichten aus, um den Eindruck zu erwecken, daß es eben keine Alternative zu Kassandros gab. Nach einer jahrhundertelangen monarchischen Tradition dürfte niemand an die Möglichkeit gedacht haben, den Staat ohne Monarch zu lassen.[1] ‚Basileus' (König) nannte sich Kassandros zwar noch nicht (aber bis zu Alexanders engen Berührungen mit der Andersartigkeit des persischen Reiches hatte auch kein Argeadenkönig Wert auf den Titel gelegt); Zweifel gab es jedoch nicht, daß in Makedonien Kassandros, Sohn des Antipatros, die Macht fest in der Hand hielt.

Als treuer Sohn seines von Philipp geprägten Vaters scheint Kassandros eindeutig das europäische Erbe der Makedonen in den Vordergrund gestellt zu haben. Das hieß in erster Linie die Sicherheit der Grenzen, die innere Konsolidierung und die Aufrechterhaltung der makedonischen Herrschaftsstellung in Griechenland. Selbstverständlich war die Handhabung dieser Probleme nicht losgelöst von der persönlichen Stellung des Herrschers selbst: Wie immer bei der makedonischen Monarchie verursachte die institutionalisierte herausragende persönliche Führungsrolle des Herrschers eine enge Verflechtung von persönlichen und staatlichen Interessen, die nur dann von einander wesentlich abwichen, wenn der Herrscher die maßgeblichen Barone nicht mehr überzeugen konnte – wie es bei Alexander zu geschehen drohte und bei Polyperchon gerade geschehen war. Wegen dieser systemimmanenten Interessenverflechtung kam auf Makedonien, neben den traditionellen Problemen des Landes, jetzt ein spezifisch zeitgenössisches Problem hinzu, das aus der Spaltung des Alexanderreiches und der Ausschaltung der Argeadai hervorging. Kassandros war, trotz seines Erfolges gegen Polyperchon und Olympias und obwohl er offensichtlich von maßgeblichen Kreisen in Makedonien akzeptiert wurde, nicht ohne Konkurrenten und eben nicht der einzige, der in Makedonien gern geherrscht hätte.

Antigonos, sein früherer Gönner und Kampfgenosse seines Vaters gegen Perdikkas, entwickelte aus einem königlichen Auftrag des Jahres 320, die Perdikkaner zu bekämpfen, bis 315 mit zunehmendem Erfolg Totalitätsansprüche auf das politische Erbe Alexanders; er strebte ‚das Ganze' an, wie unsere Urquelle, sein Höfling Hieronymos von Kardia, das Alexanderreich bezeichnete. Es stellte sich dann gleich heraus, daß für den alten Makedonen Antigonos nicht der Reichtum Asiens das Hauptjuwel seiner Herrscherkrone darstellte, sondern die Nachfolge der Argeadai in Makedonien. ‚Dem Ganzen' ohne Makedonien fehlte eben der Kern.[2] Sein Ehrgeiz bedeutete für die drei Makedonen, die größere selbständige regionale Herrschaften schon errichtet hatten oder dies noch anstrebten – Kassandros, Lysimachos in Thrakien und in Ägypten Ptolemaios – eine Kampfansage, welche die Außenpolitik des makedonischen Staates in den nächsten vierzig Jahren weitgehend prägte und Kassandros' und seiner Nachfolger Handhabung der immanenten Probleme des Staates und des makedonischen Herrschaftsgebietes in Europa zwangsläufig mitgestaltete.

In der Innenpolitik scheint Kassandros nach dem gewonnenen Bürgerkrieg keine größeren Probleme mehr gehabt zu haben. Legitimität war in Makedonien keine mystische Größe, beruhte sie doch seit eh und je auf der Bereitschaft maßgeblicher adliger Kreise, ihre Anhängerschaft im Interesse des Argeadenhauses zu mobilisieren. Die Nachfolge war immer eine Machtfrage gewesen – man vergleiche die Ereignisse der 390er Jahre oder die Konkurrenten, die beim Herrschaftsantritt Philipps im Jahr 359 hoffnungsvoll den Kampf aufnahmen. Wenn schließlich bis zum Tode der Olympias das Argeadengeschlecht immer den Herrscher gestellt hatte, hieß das letztendlich, daß der jeweilige erfolgreiche Vertreter dieses Geschlechts in der Lage war, die wichtigsten Magnaten des Landes für sich zu gewinnen. Legitimität ging also vorwiegend aus Anerkennung (aus welchen Gründen auch immer) und der Umsetzung von Anerkennung in praktische Gefolgschaft hervor.

Gewiß spielte Tradition zumal beim Volk eine Rolle, wie in Babylon auch den selbstbewußten Offizieren am Ende klar wurde. Aber Kassandros fand eine günstige Lage vor. Die Ermordung des Philipp Arrhidaios hatte den einen König weggerafft; die Grausamkeiten der Olympias und der verlorene Bürgerkrieg hatten Alexander IV. in der Praxis abqualifiziert. Kassandros kam als Friedensbringer, als tatkräftiger Helfer zu denjenigen, die seinem Vater zur Seite gestanden hatten, und er fand schnell Möglichkeiten, Rücksicht auf die Empfindlichkeiten des Volkes zu nehmen. Bestimmt aus diesem Grund pflegte Kassandros gezielt das Gedächtnis Philipps II., des Freundes seines Vaters.[3] Es wird zwar manchmal behauptet, in Anlehnung an die Vorwürfe seiner Gegner, daß Kassandros einen prinzipiellen Haß gegen Alexander III. und seine Familie genährt habe. Aber dies läßt sich nicht beweisen: Früher hatte er sogar um die Hand der Alexanderschwester Kleopatra angehalten; anscheinend hatte er auch den Knaben Alexander IV. nach dessen Ermordung im

Jahre 310, mit Ehren begraben, wie das kürzlich entdeckte Knabengrab bei Verghina nahelegt.[4] Im Jahre 315 waren es also nicht Prinzipien und Haß gegen Alexander III., sondern der Bürgerkrieg und das Wüten der Olympias, welche die effektive Ausschaltung des jungen Alexanders in Makedonien sowohl wünschenswert als praktikabel machten.

Eine der ersten Taten des Kassandros nach dem Bürgerkrieg war das prunkvolle Begräbnis des von Olympias ermordeten Philipp Arrhidaios in der Begräbnisstätte der makedonischen Könige bei Aigai. Mit ihm zusammen wurde die Leiche seiner Frau (der Philipp-Enkelin Eurydike) bestattet; auch ihre von Perdikkas ermordete Mutter, Philipps Tochter Kynnane, wurde in Aigai beigesetzt. Wahrscheinlich gehört gerade das Grabmal des königlichen Paares zu den prunkhaften Gräbern, die in Aigai in den letzten Jahren entdeckt wurden. Damit zielte Kassandros eindeutig auf die Zustimmung jener Makedonen, die in Babylon Arrhidaios mitgekürt hatten und inzwischen nach Hause zurückgekehrt waren, sowie derjenigen im Lande, die die damalige Entwicklung prinzipiell guthießen.[5]

Traditionalistische Kreise dürften auch Kassandros' Heirat mit Philipps Tochter Thessalonike, die noch im Jahr 315 stattfand, zugestimmt haben. Thessalonike, jetzt Mitte dreißig und unverheiratet, war bei der Einnahme Pydnas Kassandros in die Hände gefallen. Kassandros konnte von ihr Nachwuchs erhoffen, der seine Bindung an die Argeadai für alle sichtbar machen würde.[6] Auch in anderer Hinsicht knüpfte Kassandros an Philipp an. Seit Philipps Tod war keine Stadt von den Makedonen in Europa gegründet worden: Alexanders Gründungen lagen alle in Asien. Unter Kassandros entstanden nun sogar drei neue makedonische Städte: Kassandreia auf der Chalkidike anstelle von Potidaia, wo die ehemaligen Flüchtlinge von Potidaia und Olynth unterkamen; in der Nähe von Akanthos durfte Kassandros' sonderbarer Bruder Alexarchos unter obskuren mystischen Vorzeichen Uranopolis gründen; und an der thermäischen Bucht ging eine Gruppe kleinerer Ortschaften in der glänzend erfolgreichen Neugründung Thessalonike auf.[7] Die Förderung dieser Städte läßt eine Politik der Konsolidierung der Siedlungsstruktur dieser Teile Makedoniens erkennen, welche auch mit der Politik der Landschenkungen, die sowohl Philipp als auch Alexander gepflegt hatten, einherging. Eine Urkunde aus Kassandreia – ein Zufallsfund – weist diese Tätigkeit für Kassandros nach, als er den Besitz von drei Grundstücken für Perdikkas, Sohn des Koinos, bestätigte.[8]

Kassandros' Legitimation als Herrscher in Makedonien leitete sich von seiner praktischen Machtfülle und seiner Anerkennung unter den Magnaten des Landes ab. Er führte zunächst keinen Basileus-Titel. Erst nach dem Tode des Knaben Alexander IV. (310) und der Annahme des Titels durch Antigonos und seinen Sohn Demetrios (306) scheint Kassandros ihnen behutsam gefolgt zu sein. Nach Plutarch benutzte er niemals den Titel im diplomatischen Verkehr, was heißen müßte, daß er auch die Titel der anderen Diadochen nicht anerkannte.[9] Drei Zeugnisse, alle innermakedonische, umreißen das Feld, auf dem er den Titel doch brauchte: auf kleinen Bronzemünzen, die für den lokalen Bedarf innerhalb des Landes bestimmt waren; in der schon erwähnten Schenkungsurkunde von Kassandreia und bei einer Weihung im nationalen Heiligtum Dion. Keines dieser Zeugnisse kann genau datiert werden, doch dürften alle aus seinen letzten Regierungsjahren stammen, zwischen 306 und 297, als er aus bestimmten formalen Anlässen sich von der Titelannahme seiner Konkurrenten beeinflussen ließ.[10]

Zu den wichtigsten und erfolgreichsten Tätigkeitsbereichen der makedonischen Zentralregierung seit Philipp II. gehörte die Grenzsicherung. Alexanders Abwesenheit und die Bürgerkriege nach seinem Tod hatten das System Philipps ins Wanken gebracht. Vor allem Thrakien und Epeiros machten Antipatros Sorgen. Erste Anstöße zur Wiederherstellung einer makedonischen Ordnung in Thrakien gingen vom Offizierskompromiß in Babylon aus, wo Lysimachos die Provinz zugewiesen bekam, eine Entscheidung, die Antipatros bei Triparadeisos bestätigen ließ. Der Bürgerkrieg nach Antipatros' Tod kann Lysimachos kaum gleichgültig gewesen sein, doch teilgenommen hat er anscheinend auch daran nicht. Weil er aber bald darauf mit Kassandros gegen Antigonos kooperierte, dürften sich die beiden sehr früh arrangiert haben. Dabei war die ‚Rechtslage' von keiner weiteren Bedeutung: Genauso wie die meisten Makedonen in Makedonien selbst Kassandros wegen seiner tatsächlichen Machtfülle und nicht wegen irgendwelcher rechtlichen Ansprüche anerkannten, herrschte Lysimachos im ehemaligen Königreich der Odrysen wegen seiner praktischen Macht und seiner Anerkennung durch Kassandros – auch die Odrysin, die er heiratete, dürfte ihm geholfen haben.[11] Es war aber nicht so, daß er nicht kämpfen mußte: der Aufstand des Odrysen Seuthes und die Weigerung etlicher Städte, ihn anzuerkennen, machten ihm viele Jahre zu schaffen.[12] Davon war aber Makedonien selbst nicht unmittelbar betroffen. Kassandros mußte zwar auf Philipps Provinz Thrakien verzichten (die makedonische Grenze lag also am Nestos) und Lysimachos dort als Herrscher anerkennen. Dafür bekam er jedoch die Anerkennung seiner eigenen Stellung in Makedonien, eine sichere Grenze gegenüber Thrakien und einen starken Bundesgenossen gegen die Ansprüche des Antigonos. Im Hinblick auf Ereignisse des Jahres 302 schreibt Diodor, es sei immer Kassandros' Gewohnheit gewesen, in Krisen Lysimachos hinzuzuziehen.[13] Die Lösung des Problems Thrakien war zwar als Folge der geänderten geopolitischen Rahmenbedingungen anders als zur Zeit Philipps; aber sie war effektiv. Mit Thrakien hatte Kassandros kein Problem.

Dasselbe gilt für die Paionen des mittleren Axiostals. Ein paionisches Kontingent hatte zwar am Alexanderzug teilgenommen, aber vom Verhalten der Paionen nach Alexanders Tod ist nichts bekannt. Kassandros konnte anscheinend ein gutes Verhältnis aufbauen, welches durch seine Hilfe für den Paionenkönig Audoleon, der im Jahr 310 von den illyrischen Autariatai bedroht war, belegt wird. Auch die wandernden Autariatai wußte er für sich einzunehmen, als er ihnen Land am Orbelos, zwischen Strymon und Nestos, für eine Siedlung anbot.[14]

Im Westen war seit Philipps Heirat mit Olympias der Stützpfeiler der makedonischen Politik das enge Verhältnis zwischen dem Königshaus der Molosser in Epeiros und den Makedonen gewesen. Doch nachdem Olympias den Bürgerkrieg verlor, war Kassandros gezwungen, auf ihre Gegner in Epeiros zu setzen, wenn er die bewährte Praxis Philipps aufrechterhalten wollte. Vernachlässigen durfte er gerade dieses Grenzgebiet sowieso nicht, weil sein Widersacher Polyperchon, der Olympias' Leute in Epeiros unterstützte, selbst aus dem obermakedonischen Tymphaia stammte.[15] Der Molosserkönig Aiakides war ein Sohn der Schwester der Olympias namens Troas. Er war irgendwann nach dem Tode ihres Bruders Alexandros (331) in Epeiros an die Macht gekommen. Olympias hatte vorgehabt, die Verbindung der zwei Königshäuser auch in der nächsten Generation fortzusetzen: Aiakides' Tochter Deidameia war schon mit dem Knaben Alexander IV. verlobt und in Pydna während der Belagerung anwesend. Aber Aiakides' Scheitern gegen Kassandros brachte eine Widerstandsbewegung in Epeiros gegen ihn auf: Er wurde abgesetzt und seine Gegner riefen Kassandros an, der seinen General Lykiskos als Militärgouverneur *(epimeletes kai strategos)* dorthin schickte. Aiakides konnte zunächst nur bei Polyperchon bleiben und auf seine Chance warten.[16]

Die südlichen Nachbarn der Epeiroten, die Aitoler gaben ihm Hoffnung. Im Lamischen Krieg unbesiegt, blieben sie auch jetzt konsequent in ihrer Opposition zum jeweiligen Herrscher in Makedonien, und sie schlossen sich Polyperchon an. Nachdem Kassandros im Jahre 313 den Krieg im Westen eröffnete und sogar ein Abkommen mit Glaukias, dem Fürsten der illyrischen Taulantier, abschloß, der im Jahr 316 Aiakides' zweijährigen Sohn Pyrrhos bei sich aufgenommen hatte,[17] sammelte Aiakides in Aitolien ein Heer und stellte sich gegen Kassandros' Bruder Philippos. Nach zwei Schlachten aber war Aiakides tot und fünfzig seiner Helfer waren gefangengenommen worden.[18] Daraufhin setzten diejenigen, die Aiakides hatten zurückholen wollen, nach seinem Tod auf seinen älteren Bruder Alketas, der aber als gewaltsam und unberechenbar galt und deswegen sogar von seinem Vater verstoßen worden war. Alketas konnte sich genausowenig wie Aiakides gegen die Makedonen durchsetzen; doch nach dessen Niederlage setzte ihn Kassandros als Klientherrscher ein. Für Kassandros war das gewiß ein Sprung über seinen Schatten, aber eben ein Versuch, die restlichen Kräfte, die die makedonische Bindung mit Philipp und Alexander befürwortet hatten, endlich für sich zu gewinnen und Ruhe in Epeiros wieder eintreten zu lassen.[19]

Nach einigen Jahren provozierte Alketas' Brutalität einen Mordanschlag (um 306), als Kassandros von den Folgen der Griechenlandinvasion des Demetrios voll beansprucht war. Kassandros griff dann nicht ein, als Glaukias den Epeiroten den inzwischen 12jährigen Pyrrhos als Herrscher präsentierte. Wer die Macht in Epeiros tatsächlich ausübte, bis Pyrrhos im Jahr 302 wieder vertrieben wurde, ist unklar, doch wesentliche Einflüsse kann man vielleicht feststellen. Seine Schwester Deidameia wurde ca. 303 mit Kassandros' Hauptgegner Demetrios vermählt; nach seiner Vertreibung ging Pyrrhos auch zu Demetrios. Vielleicht waren also Anregungen des Demetrios schon 306 für den Vorstoß des Glaukias maßgebend. Kassandros scheint Pyrrhos zunächst toleriert zu haben. Aber als Pyrrhos durch einen Enkel des Kassandros-Freundes Alketas, Neoptolemos, Sohn des Alexandros, ersetzt wurde (302), dürfte der lange Arm des Makedonenkönigs im Spiel gewesen sein.[20] Wiederum strebte Kassandros keine direkte Kontrolle an, sondern versuchte, soweit es ging, mit örtlichen Kräften zusammenzuarbeiten. Seine Epeiros-Politik war also nichts anderes als die den geänderten politischen Rahmenbedingungen angepaßte Politik Philipps und Alexanders.

Mit den Griechen des Südens mußte Makedonien auch unter Kassandros zurechtkommen. Antipatros hatte, insbesondere nach dem Lamischen Krieg, eine autoritäre Handhabung der Herrschaft in Griechenland eingeleitet; und Kassandros war nicht der Mann, der ein funktionierendes System mutwillig änderte – zumal Polyperchon bei seinem programmatischen Änderungsversuch kläglich gescheitert war. In Thessalien scheint nach dem Lamischen Krieg der Bund von Antipatros aufgehoben worden zu sein. Dennoch hatte Kassandros da anscheinend keine Probleme: Polyperchon konnte er in Azoros belagern (316), dann Heereszüge durch Thessalien führen (315 und 313); im Jahr 309 verfügte er über thessalische Reiter, und als im Jahr 302 Demetrios daranging, Kassandros anzugreifen, fing er nicht in Makedonien, sondern in Thessalien an, wo er einige Erfolge gegen Städte, in denen Kassandros Besatzungen unterhielt, erzielte. Nach Demetrios' plötzlichem Rückzug nach Kleinasien im selben Jahr schreibt Diodor, daß Kassandros die thessalischen Städte ‚zurückeroberte', was einen früheren Besitz impliziert. Unter Kassandros gehörte Thessalien also genauso zur makedonischen Hausmacht wie unter Philipp. Vielleicht half Kassandros' Ehe mit der Halbthessalerin Thessalonike seine Herrschaft dort schmackhaft zu machen,[21] doch dürften Garnisonen letztlich entscheidend gewesen sein.

Im mittleren und südlichen Griechenland war die Lage viel komplizierter, spielte doch die politische Entwicklung in Asien, vor allem der Totalitätsanspruch des Antigonos, eine bedeutende mitgestaltende Rolle. Hier war Kassandros vielmehr als anderswo gezwungen, auf andere einzugehen, auf die Bestrebungen anderer, die seine Stellung in Makedonien selbst bedrohten, zu reagieren. Hier beeinflußte die persönliche Stellung des Herrschers wichtige Angelegenheiten des Staates. Der Ausgangspunkt für Kassandros in Mittel- und Südgriechenland war das Erbe seines Vaters, welches, durch den Lamischen Krieg bedingt, auf Besatzungen und Oligarchien beruhte. Am besten bekannt aus Athen, wo die Demokratie demontiert wurde und eine Besatzung in Munichia einzog, wiederholte sich das Geschehen dann mutatis mutandis in vielen kleineren Gemeinden. Dementsprechend kam es für Kassandros darauf an, die makedonischen Besatzungen und die örtlichen Oligarchen zu gewinnen, was ihm durch Polyperchons dilettantische Unterstützung der demokratischen Kräfte zunächst leicht fiel. So bildete eine relativ feste Basis in Athen und in einigen peloponnesischen Städten den Ausgangspunkt für seinen Siegeszug gegen Olympias und Polyperchon (316). Danach sah er keinen Anlaß, seine Griechenlandpolitik zu ändern, zumal sich Polyperchon nach Süden rettete, wo er gezwungenermaßen seine bislang erfolglose Bekämpfung der Besatzungen fortsetzte. Selbst wenn Kassandros daran gedacht hätte, eine Änderung vorzunehmen, war er von vornherein auf die autoritäre Politik seines Vaters festgelegt.

Seine Lage hatte aber nicht nur Vorteile. Das besetzte Athen war das Herz seiner Stellung: dort setzte er schon 317 den in der aristotelischen Schule philosophisch gebildeten Athener Demetrios von Phaleron als seinen Gouverneur *(Epimeletes)* ein.[22] Die Unterdrückung der demokratischen Kräfte konnte Polyperchon in Athen vorerst nicht ausnutzen; aber selbst Kassandros vermochte nur die augenblickliche Verfassungspraxis zu ändern, nicht die fast zweihundertjährige demokratische Tradition vergessen zu machen. Eine potentielle Handhabe für einen Gegner gab es also selbst in Athen, sollte er in der Lage sein, sie aufzugreifen.

Kassandros' autoritärer Ruf unter den Griechen wurde durch die Neugründung von Theben im Jahr 315 aufgebessert. Vordergründig schien er darauf aus zu sein, sich als Wiedergutmacher der Schandtaten Alexanders herauszustellen. Doch wichtiger war gewiß die Unterbringung der zerstreuten ehemaligen Thebaner. Die Neugründung galt als Beitrag zur Lösung des lästigen Asylantenproblems, genau wie im Norden Kassandreia die ehemaligen Olynthier und Potidaiaten aufnahm. Das hohe Ansehen unter den Griechen, welches Kassandros durch dieses Projekt erntete, wird von Diodor unterstrichen und von einer erhaltenen Spenderliste bestätigt. Insbesondere die Athener, welche flüchtige Thebaner beherbergt hatten, zeigten große Anteilnahme und Spendenbereitschaft. Ihre Begeisterung dürfte zwar im Kern echt gewesen, aber die Richtung und

Intensität von dem Regime des Demetrios von Phaleron gelenkt worden sein: Plutarch schreibt, die Athener hätten sich anläßlich des Wiederaufbaus von Theben bekränzt, was auf jeden Fall eine offiziöse Handlung des Demetrios voraussetzt.[23]

Mit solchen publizitätswirksamen Aktionen konnte Polyperchon nicht konkurrieren, er mußte sich auf die Behauptung seiner Stellungen in der Peloponnes, von welchen Korinth die wichtigste war, beschränken. Aber selbst dort konnte Kassandros schon im Jahr 315 Argos, Messene und Hermione hinzugewinnen.[24] Ohne äußere Hilfe wären Polyperchon und sein Sohn Alexander gewiß nach und nach aus allen ihren Stellungen vertrieben worden. Doch schon Ende 315 zeichnete sich eine Entwicklung ab, die Kassandros' Erfolg in Frage stellte und Griechenland in eine militärische Auseinandersetzung hineinzog, die letztendlich der Herrschaft in Makedonien selbst galt. Der Störfaktor war Antigonos. Bis 315 hatte er sich im asiatischen Teil des Alexanderreichs (bis auf Phoenikien und Ägypten) durchgesetzt, und er bereitete einen Angriff auf Phoenikien vor. Seleukos, seit 320 Satrap in Babylon, war kürzlich vor Antigonos zu Ptolemaios in Ägypten geflohen und konnte glaubhaft machen, daß Antigonos auf ‚Das Ganze', sowohl in Asien als auch in Europa, zielte. Eine volle Fehlinterpretation dürfte das kaum gewesen sein, und Verhandlungen mit Kassandros und Lysimachos führten zum gemeinsamen Vorgehen der ‚Separatisten'. Die Forderungen, die sie im Frühjahr 314 an Antigonos stellten, beweisen, daß sie Antigonos' Angriff nicht abwarten, sondern außerhalb ihrer eigenen Herrschaftsgebiete (wenn überhaupt) kämpfen wollten: Ptolemaios beanspruchte Syrien, Seleukos Babylonien; Lysimachos forderte das kleinasiatische Nachbargebiet, die alte Satrapie Hellespontisches Phrygien. Nur Kassandros hatte keine selbstverständlichen Forderungen zu stellen, doch wurden für ihn Kappadokien und Lykien genannt. Die Schätze, welche Antigonos bei Eumenes erbeutet hatte, sollten aufgeteilt werden. Antigonos lehnte erwartungsgemäß ab, und Kassandros ließ einige Soldaten unter Asklepiodoros nach Amisos an der Schwarzmeerküste Kappadokiens gehen, wo sie eine Belagerung begannen. Doch mehr als ein Versuch, Antigonos' Kräfte zu zersplittern, war es nicht.[25]

Antigonos sah nach wie vor seine erste Priorität in Phoenikien; seinen Neffen Polemaios schickte er aber nach Kappadokien und Bithynien, um Kassandros' und unter Umständen auch Lysimachos' Störaktionen in Asien zu begegnen. Aber für Kassandros lag die Gefahr eher in seiner Griechenlandinitiative. Einer von Antigonos' griechischen Höflingen, Aristodemos von Milet, wurde in die Peloponnes geschickt, um mit einem Söldnerheer Polyperchon und Alexandros zu helfen und sie für Antigonos zu gewinnen. Die beiden waren begeistert von dieser unerwarteten Hilfe: Polyperchon ließ sich von Aristodemos zu Antigonos' militärischem Vertreter in der Peloponnes ernennen *(Strategos)*, während Alexandros zu Antigonos fuhr, um die Entwicklung einer gemeinsamen Strategie zu besprechen. Diese drückte sich allerdings eher in einer propagandistischen Erklärung als in militärischer Schlagkraft aus. Auf einer Versammlung seiner mit der Belagerung von Tyros beschäftigten Soldaten und sonstigen Anhänger – ganz nach der Art, die Alexander entwikkelt hatte – trug Antigonos eine programmatische Anklage gegen Kassandros vor. Merkwürdig inkonsequent war die eklektische Anhäufung von politischen Elementen, aus makedonischen und griechischen Bereichen, aus der eigenen und aus Polyperchons Politik. Kassandros wurde angelastet: der Mord an Olympias und die schlechte Behandlung des Knabenkönigs Alexander und der Roxane; seine Ehe mit Thessalonike (‚gewaltsam'); sein offensichtliches Streben, sich das Königreich der Makedonen anzueignen; der Bau von Kassandreia mit der Eingliederung der ‚sehr feindlichen Olynthier'; der Wiederaufbau von Theben, ‚von den Makedonen zerstört'. Diese Dinge sollte Kassandros (soweit noch möglich) rückgängig machen, er sollte Antigonos gehorchen (‚dem rechtmäßig eingesetzten General, der die Aufsicht über das Königreich übernommen hat') und, gewissermaßen als Schlagsahne auf dem politischen Kuchen, servierte er die Forderung, daß alle Griechen frei, ohne Besatzung, autonom sein sollten. Seine Hörer, die auf Antigonos sowieso voll angewiesen waren und ihm in jedem Falle zugejubelt hätten, zeigten sich pflichtgemäß empört über Kassandros und hießen das bunte Programm gut.[26]

Die Hauptzielgruppe dieser Politik waren die in Tyros Anwesenden, vor allem die jahrelang der Heimat fernlebenden Soldaten. Bei den Makedonen zuhause, die das Wüten der Olympias und die Inkompetenz des Polyperchon erlebt hatten, wäre Antigonos mit solchen unrealistischen und gar nicht wünschenswerten Forderungen überhaupt nicht angekommen. Auch von den Griechen konnte für solche von außen verfügte „Freiheit" nach letzten Erfahrungen keine Begeisterung erwartet werden, mit Gewißheit keine spontane Erhebung: ähnliche Worte hatten sie seit 319 immer wieder von Polyperchon gehört, der inzwischen seine Städte in der Peloponnes auch mit Garnisonen besetzt hielt.[27] Eine traditionell verstandene Selbstbestimmungsfreiheit – nicht bloß die Freiheit, das zu tun, was der Herrscher verlangte – war als einseitige Verfügung eines Makedonen kaum zu erwarten. Griechen gab es aber auch in Kleinasien und dort herrschte Antigonos zumindest teilweise auch mit Besatzungen: Hier konnte er selbst eventuell in Schwierigkeiten kommen, wenn man sein gegen Kassandros konzipiertes Programm auch gegen seine eigene Praxis verwandte: Ptolemaios, der im Jahr 314 seinen Bundesgenossen Kassandros gewiß keinen Nachteil wünschte, erließ prompt eine eigene Erklärung desselben Inhalts[28] und schickte Seleukos mit einer Flotte in griechische Gewässer, um das Programm gegenüber den Städten des Antigonos durchzusetzen. Antigonos' Antlitz leuchtete aufgeklärt, aber sein grundsätzlich zynischer Pragmatismus ließ sich nicht leugnen.

Auf militärische Macht, nicht auf große Sprüche, kam es an. Und weil im Jahr 313 Antigonos' militärisches Engagement in Griechenland ausblieb, gelang es Kassandros, sogar Alexandros zu gewinnen, indem er ihm denselben Titel – ‚Strategos der Peloponnes' – verlieh, den sein Vater von Antigonos hatte.[29] Weder die Ermordung des Alexandros noch Aristodemos' Gewinnung der Aitoler für Antigonos änderte Wesentliches an der stabilen Gesamtkonstellation. Bis zum Herbst wagte es Kassandros, einige Soldaten nach Karien zu schicken, um dem koalitionsfreundlichen Statthalter Asandros zu helfen; außerdem ließ er eine athenische Flotte nach Lemnos fahren. Beiden Unternehmen war kein großer Erfolg beschieden.[30]

Im Jahr 312 ging Antigonos endlich zur Offensive über: er entsandte Hilfe zu Seuthes, Lysimachos' Hauptgegner in Thrakien; nach Griechenland schickte er doch eigene Streitkräfte unter Telesphoros und seinem Neffen Polemaios. Der aufgeklärte Pragmatismus der Erklärung von Tyros hatte den großen Nachteil von Kassandros' autoritärem Herrschaftssystem erkannt: daß Zustimmung in den Städten nicht über eine gewisse Interessengemeinschaft von kleinen Gruppen hinauskam und daß selbst da die Notwendigkeit, Besatzungstruppen auf Dauer tolerieren und versorgen zu müssen, für die Sympathisanten lästig war. Aber erst 312, als Antigonos selbst militärische Investitionen vornahm, wurden einige bislang von Kassandros gehaltene Gebiete schwankend. Der boiotische Bund, teilweise verärgert wegen Gebietsverlusten anläßlich der Neugründung Thebens – wenn er ihnen auch formell zugestimmt hatte – war zunehmend unter den Einfluß der Aitoler geraten und schloß nunmehr eine Allianz mit Antigonos. Polemaios erhielt dort Hilfe und konnte zeitweilig Boiotien (einschließlich Thebens, wo Kassandros' Besatzung vertrieben wurde), Euboia und Phokis ‚befreien'. Selbst einige Athener waren davon beeindruckt und zwangen Demetrios von Phaleron, Gespräche zu eröffnen. Aber die Bewegung verlief sich schnell: Telesphoros sagte sich von Antigonos los und plünderte sogar den Tempelbezirk von Olympia; Polemaios, um weitere Schäden zu verhindern, mußte in die Peloponnes eilen und sich mit Telesphoros beschäftigen.[31]

Wichtiger waren Ereignisse in Syrien. Eine schwere Niederlage, die Antigonos' Sohn Demetrios bei Gaza gegen Ptolemaios und Seleukos erlitt, gab Seleukos Anlaß, nach Babylonien aufzubrechen, um dort seine Herrschaft wieder aufzurichten. Antigonos sah seine Stellung im Osten bedroht und leitete Friedensverhandlungen mit der Koalition ein. Das Ergebnis lief auf die Anerkennung des status quo hinaus. Der formale Rahmen – ein Zugeständnis an Antigonos – bildete die Argeadenmonarchie. Die vereinbarte Herrschaftszuteilung sollte bis zur Volljährigkeit

Alexanders IV. gelten: Kassandros sollte mit dem Titel eines Strategos in Europa, Lysimachos in Thrakien, Ptolemaios in Ägypten und Kyrene sowie Antigonos in Asien herrschen. Außerdem – wieder ein Zugeständnis an Antigonos' Programm – sollten die Griechen autonom sein. Seleukos wurde selbstverständlich nicht erwähnt, weil der Anlaß für die Vereinbarung war, daß Antigonos seinen Rücken für die Auseinandersetzung mit ihm frei haben wollte. Aber Polyperchon sollte irgendwie berücksichtigt werden.[32]

Das Friedenswerk war das Todesurteil für den 12jährigen Alexander IV. und für Roxane. Vor allem Kassandros wurde unter Handlungszwang gesetzt, und einige Monate nach der Vereinbarung ließ er sie in aller Stille ermorden. Nach Diodor, der die Meinung des Antigonosparteigängers Hieronymos von Kardia wiedergibt, wurden Kassandros, Lysimachos, Ptolemaios und Antigonos damit von Drohungen, die vom ‚König' ausgehen könnten, befreit. Gemeint waren gewiß unberechenbare Gefahren, die aus dem Erwecken argeadentreuer Gesinnung – etwa durch Polyperchon – hervorgehen konnten. Kassandros profitierte wohl am meisten vom neuen Zustand. In Europa blieben Antigonos lediglich die peloponnesischen Orte, welche sein Neffe Polemaios gewonnen hatte, erhalten; den enttäuschten Polemaios gewann Kassandros alsbald für sich.[33]

Als Gefahr für Kassandros blieb dann nur noch Polyperchon, der revanchistische Träume noch nicht aufgegeben hatte. Während er von den ‚Großen' vernachlässigt wurde, hatte er einen Coup vorbereitet. Mit der Perserin Barsine hatte Alexander der Große einen Sohn, Herakles, gezeugt. Von Alexander nie anerkannt, wuchs Herakles in Pergamon in Abgeschiedenheit auf, und wie von seinem Vater so war er auch von den Diadochen bislang vergessen worden. Aber sobald Alexander IV. nicht mehr lebte, besaß Herakles, inzwischen 17 Jahre alt geworden, Seltenheitswert. Polyperchon ließ ihn kommen, und mit aitolischer Hilfe bereitete er ein militärisches Geleit vor, das über Aitolien zunächst in Polyperchons Heimatlandschaft Tymphaia führen sollte. Ließen sich dort ihm treue Anhänger finden, konnte die Angelegenheit für Kassandros gefährlich werden. Doch Kassandros kannte inzwischen seinen Polyperchon: seiner typisch subalternen Natur ging es doch bloß um persönlichen Besitz und Ehre. Kassandros bot ihm, falls er Herakles beseitigte, die Rückgabe seines konfiszierten Landbesitzes in Makedonien, eine ehrenvolle Stellung im Lande und die Ernennung zum ‚Strategos in der Peloponnes' mit einem von Kassandros gestellten Heer. Daraufhin wurde Herakles umgebracht. Kassandros hatte Polyperchon endlich doch vereinnahmt.[34]

Mit ähnlichem Ergebnis endete Ptolemaios' Versuch, Alexanders Schwester Kleopatra, die seit dem Jahr 322 in Sardis weilte, für sich zu gewinnen. Sein Interesse an Kleopatra erklärt sich wohl aus seiner Stellung in Ägypten, wo er Alexanders Leiche in der Stadt, die Alexanders Namen trug, bestattete und wo eine Verbindung zu Kleopatra sein Monopol an Alexanderreliquien herausgestellt und seine Selbstdarstellung verbessert hätte. Kleopatra wollte auch mit ihm gehen; doch Antigonos' Garnisonskommandant in Sardis verhinderte ihre Abreise und auf Befehl seines Chefs ließ er sie ermorden.[35]

Diese Ereignisse lassen ahnen, wie brüchig der Frieden von 311 war. Ptolemaios hatte seinen Koalitionspartner Kassandros inzwischen durch eigenes Eingreifen in der Peloponnes – wo er im Jahre 308 Sikyon und Korinth einnahm und besetzt hielt – so weit herausgefordert, daß ein neues Abkommen vereinbart werden mußte: Jeder sollte behalten, was er hatte.[36] Doch zeigte das Ergebnis die grundsätzliche Stärke der Stellung des Kassandros in Griechenland: Ptolemaios hatte nämlich als Thema seines Feldzuges behauptet, Antigonos respektiere die Autonomie der Griechen nicht; aber das Ausbleiben einer Begeisterung für den neuen ‚Befreier' ließ erkennen, daß die Griechen nach wie vor über eine schlecht vorbereitete und dilettantisch ausgeführte ‚Befreiungskampagne' eben nicht zu gewinnen waren.[37] Außerdem war seine Position in Makedonien durch die Ausrottung der Familie Alexanders gestärkt; die Verlagerung der Auseinandersetzung mit Antigonos auf Griechenland, auf die für Makedonien weniger wichtige Frage, ob die Griechen frei und autonom sein sollten oder nicht, und weg von der heiklen Legitimationsfrage (welche in Tyros im Jahr 314 der Hauptpunkt der Anklage war), konnte ihm nur recht sein. Für ihn war Griechenland wie einst für Philipp ein Nebenschauplatz, zumal die Peloponnes (obwohl er bestimmt im Prinzip lieber selbst Akrokorinth und den Isthmosverkehr kontrolliert hätte). Ihm gefiel es gewiß, wenn sich seine Gegner eben dort in unproduktivem Kampf mit seinem Strategos Polyperchon beschäftigten. Die Griechen, nicht die Makedonen, waren dann die Hauptleidtragenden solchen Herrschaftsstrebens, das als ‚Befreiungskampf' getarnt war. Solange Mittelgriechenland und vor allem Thessalien nicht bedroht waren, konnte Kassandros den Ereignissen zusehen, je nach Gusto sich einmischen oder nicht.

Im Jahre 307 bahnte sich aber eine neue Auflage der alten Gefahr an. Seleukos war es gelungen, sich bis 308 in Mesopotamien und Iran gegen Antigonos durchzusetzen, worauf Antigonos seine alten Pläne wieder aufnahm. Syrien und wesentliche Teile Kleinasiens waren ihm nach wie vor erhalten geblieben: seine Ziele waren Europa und Ägypten. Hätte er sich auf Makedonien konzentriert, hätte er wohl Aussichten auf Erfolg gehabt. Die Gefahr für Kassandros und Lysimachos wäre auf jeden Fall sehr ernst zu nehmen gewesen. Aber bei seinem Vorgehen gegen Makedonien war der Sechsundsiebzigjährige so zielstrebig nicht; und, wie bedrohlich sein Vorstoß in Europa auch wurde, er verzettelte sich in aufwendigen Nebenkriegsschauplätzen und ließ damit seinen Gegnern Zeit, um der Gefahr doch gemeinsam zu begegnen. Die Entscheidungsschlacht im Jahr 301, in der Antigonos fiel, wurde dann nicht in Europa ausgetragen, wo sie durchaus hätte stattfinden können, sondern bei Ipsos in Phrygien, im Kernland seiner eigenen alten Satrapie; beteiligt waren nicht nur die sonst isolierten Makedonen aus Europa, sondern auch Seleukos, der aus dem Osten mit einem großen Heer herbeigeeilt war. Der Ort und die Art des Scheiterns von Antigonos war die eindeutige Folge seines Mangels an Konsequenz und Zielstrebigkeit.

Vorausgegangen waren durchaus Erfolge, die Kassandros das Fürchten lehrten. Im Jahr 307 sandte Antigonos seinen Sohn Demetrios mit einer großen Flotte nach Griechenland, ‚um alle Städte in Griechenland zu befreien, doch als erste Athen, das von Kassandros besetzt war'.[38] Es gelang ihm, die makedonische Garnison in Munichia, die seit 322 dort lag, zu vertreiben und Kassandros' oligarchisches Regime unter Demetrios von Phaleron durch eine wiederhergestellte Demokratie zu ersetzen. Auch aus Megara konnte er Kassandros' Besatzung vertreiben. Es hätte ein hervorragender Start für den Angriff auf Kassandros sein können, aber Demetrios war mit seinen ersten raschen Erfolgen anscheinend zufrieden. Er ließ sich von seinen Verehrern unter den wieder an die Macht gekommenen Demokraten feiern: mit Ehren, sogar mit göttlichen, ließen sie sich nicht lumpen. Das Ergebnis war schließlich, zum Leidwesen der Masse der Athener, daß Demetrios sich dort unter den befreiten Heuchlern so wohl fühlte, daß er den ganzen Winter in Athen blieb.[39]

Schuld daran, daß er im nächsten Jahr nicht weiterkam, war allerdings sein Vater. In zyprischen Gewässern sollte Demetrios gegen die Flotte des Ptolemaios antreten. Pflichtgemäß zog er von Griechenland wieder ab und gewann bei Salamis auf Zypern einen großen Sieg, der ihm und seinem Vater Anlaß gab, sich den Königstitel (Basileus) zuzulegen. Daraufhin sollte Demetrios' Flotte seinem Vater bei einem Angriff auf Ägypten beistehen, der aber etwa im November 306, ohne daß man in Ägypten überhaupt richtig Fuß gefaßt hatte, abgebrochen werden mußte. Doch auch im Jahre 305 kehrte Demetrios nicht nach Griechenland zurück: Er ließ sich von der Insel Rhodos aufhalten, die auf die Seite des Ptolemaios getreten war; weil die Inselrepublik ihre Freiheit benutzt hatte, sich Ptolemaios anzuschließen, wurde sie von Demetrios bekämpft: Nach seiner Deutung galt die vielgepriesene Freiheit bloß solange, wie die freien Staaten ihm zur Seite standen. Während also der Befreier Athens Rhodos belagerte, wurden die Rhodier nicht nur von Ptolemaios, sondern auch von den Besatzungsexperten Kassandros und Lysimachos mit Getreidelieferungen unterstützt. Dadurch ging die Belagerung in das nächste Jahr hinein und als die Erfolgsaussichten immer noch gering waren, wurde sie abgebrochen.

Erst im Sommer 304 kam Demetrios wieder nach Griechenland. Er landete bei Aulis in Boiotia, weil Kassandros gerade Athen belagerte, und nahm Chalkis gleich ein. Auch den Boiotischen Bund gewann er zurück und schloß einen Freundschaftsvertrag mit Aitolien, worauf Kassandros von Athen abzog und eine große Gruppe von ca. 6000 Makedonen in Zentralgriechenland zu Demetrios überliefen. In Athen begrüßten die Verantwortlichen Demetrios wieder überschwenglich, quartierten ihn sogar im hinteren Raum (Opisthodom) des Parthenons ein, wo er den Winter über auf athenische Kosten seiner Vergnügungssucht frönte. Das Jahr 303 verbrachte er dann auf der Peloponnes, wo er Kassandros' Strategoi Polyperchon und Prepelaos bekämpfte und bedeutende Städte wie Korinth und Sikyon sowie eine Reihe kleinerer Ortschaften einnahm. Wahrscheinlich während des folgenden Winters (303/302), den er wieder in Athen verbrachte, organisierte er, nach dem formalen Muster des korinthischen Bundes Philipps II., die Teilnahme seiner griechischen Städte am Krieg gegen Kassandros.[40]

Diesmal machte Demetrios durchaus den Eindruck, daß Antigonos zielbewußt seine Prioritäten in Griechenland gesetzt hatte. Die Probe machte Kassandros während des Winters: Antigonos schlug ein Verhandlungsangebot aus und verlangte bedingungslose Kapitulation.[41] Die Situation des Kassandros erschien plötzlich prekär. Die Bollwerke in Griechenland, die seine Stellung bislang geschützt hatten – Athen, Chalkis, Korinth, der boiotische Bund – waren schon gefallen: ihm blieb im Osten nur Thessalien, und im Jahr 302 machte sich Demetrios daran, auch hier konsequent fortzufahren. Auch Lysimachos war besorgt und ließ sich leicht überreden, daß man, wie im Jahr 314, soweit noch möglich, dem Feind lieber in Asien als in Europa begegnen sollte. Kassandros selbst mußte wegen der unmittelbaren Bedrohung durch Demetrios in Europa bleiben, er sandte aber Truppen unter Prepelaos zu Lysimachos, der sofort nach Asien übersetzte und während Antigonos in Syrien war, schnell Erfolge in Phrygien, der Aiolis und in Ionien bis hin nach Ephesos erzielte.[42]

Inzwischen setzte Demetrios seine Pläne fort. Gegen den von Kassandros persönlich geleiteten Widerstand konnte an der thessalischen Küste sein großes Heer doch Fuß fassen (er soll ca. 56000 Mann zur Verfügung gehabt haben gegenüber Kassandros' 29000).[43] Aus einer Reihe von Städten, darunter Larissa Kremaste und Pherai vertrieb er Kassandros' Besatzungstruppen. Doch trotz der außerordentlich günstigen Lage kam es auch diesmal zu keiner Entscheidung. Schuld an Demetrios' Scheitern trug wiederum Antigonos, der seine Prioritäten schlagartig änderte, als er erfuhr, daß Seleukos aus Ostiran zurückgekehrt war und sich (wie auch Ptolemaios) den Europäern angeschlossen hatte: Mit dem Elephantenkorps, das er neuerdings von dem Inderkönig Sandrakottos (Tschandragupta) erhalten hatte, wollte er seine Partner in Kleinasien unterstützen. Darauf wurde Demetrios sofort nach Kleinasien beordert. Er mußte den erfolgversprechenden Thessalienfeldzug abbrechen, ‚weil der König es für nötig hielt, seinem Vater zu gehorchen'.[44] Alles, was dort übrig blieb, war ein Notabkommen mit Kassandros, das die Freiheit der griechischen Städte pflichtgemäß festhielt.

Beinahe in letzter Minute hatte die Koalitionstätigkeit in Kleinasien Kassandros doch gerettet. Die Entscheidung war zwar noch nicht gefallen, und ein Erfolg für Antigonos hätte die baldige Rückkehr des Demetrios nach Thessalien bedeutet. Deswegen ließ Kassandros weitere 12000 Mann und 500 Reiter unter seinem Bruder Pleistarchos nach Kleinasien gehen, während er sich selbst mit Thessalien beschäftigte. Auch im nächsten Jahr (301), als das Koalitionsheer unter Lysimachos und Seleukos Antigonos und Demetrios bei Ipsos schlug, war Kassandros nicht dabei. Pleistarchos vertrat ihn zwar, seine Truppen kämpften mit;[45] Kassandros selbst aber blieb in Europa und traf Vorkehrungen für einen eventuell ungünstigen Ausgang der Schlacht. Seine Prioritäten hatten sich seit der Zeit seines Vaters nicht geändert. Kassandros blieb Europäer und vertrat die traditionellen europäischen Interessen des makedonischen Staates.

2. Nach Ipsos

Auch nach der gewonnenen Schlacht blieb Kassandros seinem Europa-Grundsatz treu. Das Reich des Antigonos stand zur Disposition, aber Kassandros stellte keine Ansprüche auf asiatisches Gebiet. Seine Koalitionspartner durften Asien unter sich aufteilen. Lysimachos nahm Kleinasien bis zum Tauros: Den Rest erhielt Seleukos bis auf Kilikien, das Pleistarchos beanspruchte, und diejenigen Gebiete, die Ptolemaios okkupierte.[1]

In Europa ist die genaue Lage der Dinge nach Ipsos im dunkeln, doch scheint Kassandros keine großen Anstrengungen unternommen zu haben, um seine Besatzungen wieder einzuführen. Athen erklärte sich neutral, sandte Demetrios' Frau Deidameia nach Megara und gab seine Schiffe frei. Im Sommer 299 ehrten die Athener einen Gesandten, der Verhandlungen mit Kassandros geführt hatte, wahrscheinlich eben im Hinblick auf die beanspruchte Neutralität. Demetrios' athenische Freunde verstummten, moderatere Demokraten, die Kassandros nicht prinzipiell feindlich waren, gewannen entscheidenden Einfluß. In der Peloponnes blieb Korinth Demetrios wegen seiner Besatzung zunächst erhalten, aber weitere Informationen fehlen. In Mittelgriechenland scheint Kassandros aktiver gewesen zu sein: Elateia in Phokis, das während des Krieges vom

Athener Olympiodoros für Demetrios gehalten worden war, war bis 297 wieder makedonisch. Im Westen versuchte Kassandros erfolglos Kerkyra zu gewinnen.[2]

Ob dieser Ereignismangel aus einer tatsächlich weniger aktiven Politik gegenüber den Griechen hervorging, oder ob er nur quellenbedingt ist, ist unklar. Auf jeden Fall scheint bis zum Tode des noch nicht sechzigjährigen Kassandros im Mai 297 das bedeutendste Faktum in Makedonien die Krankheit des Königs gewesen zu sein. Aber erst nach dem plötzlichen Tod des ältesten Kassandros-Sohnes von Thessalonike, programmgemäß Philippos genannt, nur vier Monate nach dem Tod seines Vaters, wurde die Größe des Verlustes, den die Makedonen erlitten hatten, in vollem Umfang deutlich. Keiner der beiden jüngeren Söhne, Antipatros und Alexandros, galt als alt genug – Antipatros, der ältere, kann nicht mehr als 16jährig gewesen sein –, um ohne Vormund zu regieren. Eine Vormundschaft für Antipatros wäre im Prinzip kein Desaster gewesen: Auf die Annehmbarkeit und Fähigkeit des Vormundes kam es an. Doch Thessalonike erfand eine eigenwillige Lösung, um Alexandros' Interessen zu wahren, und niemand konnte ihr widerstehen: Die zwei Knaben sollten zusammen, doch mit getrennter regionaler Verantwortung unter der Vormundschaft ihrer Mutter regieren. Diese untaugliche Konstruktion war offenbar vom grotesken Kompromiß von Babylon beeinflußt. Es dauerte dann nicht lange, bis Antipatros seine Mutter, die Alexandros favorisierte, ermordete und einen regelrechten Krieg gegen seinen Bruder einleitete. Jeder suchte nun dort Hilfe, wo er sie finden konnte. Damit war die von Kassandros sorgfältig aufgebaute Stellung seiner Familie sofort gefährdet: Es war nämlich nicht unbedingt selbstverständlich – trotz der über die mütterliche Linie laufenden Abstammung vom großen Philipp II. –, daß die Kinder des Kassandros seine Stellung erben mußten. So fest etabliert wie die Argeadai waren die Nachkommen des Antipatros nicht, trotz der problemlosen Machtübernahme des Philippos und der starken Stellung der Thessalonike. Es stand viel auf dem Spiel: Makedonien selbst hatte unter Kassandros neunzehn Jahre Ruhe erlebt: Keine militärische Auseinandersetzung fand in diesen Jahren auf makedonischem Boden statt. Wenn die zwei Knaben meinten, sich jeweils nur mit fremder Hilfe durchsetzen zu können, war die kostbare Stabilität hin.[3]

Inzwischen waren Demetrios und Pyrrhos nach Griechenland zurückgekehrt. Auch nach Ipsos stellte Demetrios mit seiner unbesiegten Flotte und seinem unsteten Temperament eine Gefahr für die Stabilität der neuen Machtverhältnisse dar. Deswegen versuchten Seleukos und Ptolemaios ihn durch Heiratsbindungen zu neutralisieren: Seine Tochter Stratonike wurde mit Seleukos selbst vermählt, während Demetrios Ptolemais, eine Tochter des Ptolemaios, bekommen sollte. Auch Lysimachos band sich an Ptolemaios über Arsinoe, und Demetrios' Freund Pyrrhos, dessen gerade (299/98) verstorbene Schwester Deidameia Demetrios ca. 303 geheiratet hatte, bekam Antigone, eine Stieftochter des Ptolemaios (298).[4] Sollten diese Versöhnungsversuche gelingen, konnten sie sich nur auf Kosten des Kassandros auswirken. Zeichen gab es schon vor seinem Tod: Pleistarchos konnte sich in Kilikien gegen Demetrios nicht behaupten und bekam keine Hilfe von Seleukos und wenig von Lysimachos.[5] Er tauchte bald in Karien auf, wo er südlich des Maiander – wohl doch im Einvernehmen mit Lysimachos – ein kleines Herrschaftsgebiet um Herakleia am Latmos, das er in Pleistarcheia umbenannte, aufbaute. Hier herrschte er einige Jahre, spielte aber in Makedonien keine erkennbare Rolle mehr.[6]

Kassandros' unerwarteter Tod und die daraus hervorgehenden Unsicherheiten lieferten eine nicht zu verpassende Gelegenheit. Zuerst ließ Ptolemaios den Pyrrhos nach Epeiros zurückbringen, wo er sich rasch durchsetzte. Kurz danach kehrte Demetrios (295) nach Griechenland zurück. Nach Plutarch waren es athenische Ereignisse – ein gewisser Lachares hatte sich zum Tyrannen aufgeworfen –, die Demetrios bewogen, wieder nach Griechenland zu fahren. Doch die Thronwirren in Makedonien dürften entscheidend gewesen sein. Im Frühjahr 294 nahm er Athen, allerdings erst nach einer langen Belagerung, wieder ein. Diesmal zog seine Besatzung nicht nur in Munichia, sondern auch ins Herz der Stadt, auf den Musenhügel ein. Niemandem wurde vorgegaukelt, die Freiheit sei wiedereingekehrt. Demetrios selbst bestellte den führenden Archon Olympiodoros, der gegen alle Tradition zwei Jahre kontinuierlich amtierte. In allen Angelegenheiten war der Wille des Demetrios maßgeblich: die Freiheitsparolen seines Vaters hatten ausgedient.[7]

Für Demetrios war Athen auch 294 im Grunde genommen bloß eine bequeme Basis für weitere Operationen: Sein Ziel in Europa blieb Makedonien, selbst dann, wenn er wie früher zuerst in die Peloponnes zog. Daß er es jedoch so ganz leicht und plötzlich erreichte, dürfte ihn selbst überrascht haben. Gerade im Jahr 294 war die Krise zwischen den zwei Kassandrossöhnen auf dem Höhepunkt angelangt. Alexandros suchte verzweifelt nach Hilfe und appellierte sowohl an seinen neuen Nachbarn Pyrrhos als an Demetrios, während sich Antipatros, der inzwischen eine Tochter des Lysimachos geheiratet hatte, an seinen Schwiegervater wandte. Lysimachos half ihm vielleicht wegen Schwierigkeiten mit den transdanubischen Geten nicht; und bevor Demetrios auf Alexandros' Bitte reagiert hatte, war Pyrrhos längst aktiv gewesen: Für den Preis der Abtretung der an Epeiros angrenzenden makedonischen Landschaften Tymphaia und Parauaia sowie der westlichen Besitzungen Ambrakia, Akarnania und Amphilochia an Pyrrhos, konnte Antipatros vertrieben und Alexandros die Macht im ganzen Lande gesichert werden. Pyrrhos scheint gleichzeitig seine Macht auch auf Thessalien – vielleicht aber zunächst bloß auf einige Grenzgebiete südlich von Tymphaia – ausgedehnt zu haben.[8]

Als Demetrios dann anrückte, war Alexandros, dank dem Einsatz des Pyrrhos schon etabliert. Sie trafen sich bei Dion in Pieria, wo der verlegene junge König seinem gebetenen, doch nicht mehr willkommenen Helfer erklären mußte, daß er ihn nicht mehr nötig habe. Die Folgen konnten auf Dauer nicht zweifelhaft sein. Gegenseitiges Mißtrauen bestimmte die Beziehungen, doch Demetrios vermochte es, Alexandros und seine Begleitung vom makedonischen Boden nach Larissa zu locken. Isoliert und umzingelt von Demetrios' Heer, wurde der naive junge Mann dort umgebracht. Nach Hieronymos' parteiischer Schilderung, die Plutarchs Bericht zugrunde liegt, plante Alexandros ein Attentat, bloß schlug Demetrios zuerst zu. Am Tag darauf tagte ein Rumpfkronrat, bestehend aus Alexandros' makedonischen Begleitern. Eingeschüchtert durch Demetrios' Heer, willigten die Mitglieder ein und erkannten Demetrios als König der Makedonen an; auch eine Versammlung des sonst führerlosen Heeres akzeptierte ihn. Lysimachos war momentan nicht in der Lage, Antipatros zu helfen und trat als Preis für Ruhe die Ansprüche seines Schwiegersohnes an Demetrios ab.[9]

3. *König Demetrios*

Demetrios hatte seit seiner frühesten Kindheit nicht mehr in Makedonien gelebt. Kurz nach seiner Geburt ca. 335 wurde sein Vater Alexanders Satrap in Phrygien und das Kleinkind wuchs im phrygischen Kelainai auf. Seitdem führte Demetrios ein unstetes Leben im Schatten seines Vaters und, bis auf die kurze Zeit nach 307, die er in Griechenland verbrachte, immer in Asien. Das Makedonienprojekt hatte er von seinem Vater übernommen und sich daran festgebissen. Doch Antigonos hatte Makedonien anscheinend als die letzte Eroberung konzipiert, als das Juwel, das seine Herrscherkrone vervollkommnen sollte. Es war ein Vorhaben, das sich keineswegs aus strategischen Gründen und noch weniger aus wirtschaftlichen Erwägungen, sondern letztlich nur aus seiner makedonischen Herkunft und Bewußtseinslage erklären läßt. Doch für Demetrios war die Lage im Jahr 294 eine völlig andere als im Jahr 307, ähnelte viel eher der des Kassandros im Jahr 318. Er besaß nur eine Flotte und ein paar Stützpunkte, als er aus einem bloß teilweise botmäßigen Griechenland nach Makedonien vorstieß, wo er die Wirren eines Bürgerkrieges ausnützte, um sich an die Macht zu bringen.

Wenn sich Demetrios wie Kassandros dort etablieren wollte, mußte er wie jener, gerade als Neuling, traditionellen Bedürfnissen des makedonischen Staates gerecht werden. In Makedonien hatte Demetrios keine makedonischen ‚Parteigänger'. Die Magnaten, die ihn in Larissa nolentes volentes akzeptierten und nach Makedonien begleiteten, handelten bloß aus Selbstschutz; ähnlich dürfte es vielen ergangen sein, die von ihm freilich auch zumindest eine Stabilisierung nach dem Bruderkrieg erhofften. Nur seine erste Frau, Antipatros' Tochter Phila, und ihr gemeinsamer Sohn Antigonos erinnerten an die Tradition des Antipatros und konnten vielleicht einige Anhänger mobilisieren. Demetrios' Stärke lag also gewiß nicht in politischer Unterstützung, sondern im Heer, das er mitbrachte. Doch hier verbargen sich auch Schwierigkeiten. Mit ihm war zugleich natürlich sein ganzer militärischer Führungsstab nach Makedonien gekommen, dessen Mitglieder erwarten durften, auch in Makedonien politische Führungsrollen – zwangsläufig auf Kosten der heimischen Führungsschichten – übernehmen zu können.

Zunächst scheint er sich um die traditionellen außenpolitischen Belange des Staates gekümmert zu haben. In Thrakien hatte er mit Lysimachos Frieden geschlossen; in Thessalien setzte er wieder makedonische Interessen durch und krönte seine Tätigkeit dort mit der Gründung der Hafenstadt Demetrias am Golf von Pagasai.[1] Die Zeichen waren klar: wie Kassandros die Chalkidike durch die Stadt, die seinen Namen trug, noch fester an Makedonien band, so sollte Demetrias dasselbe für Thessalien erreichen und gleichzeitig ein Heimathafen für seine Flotte sein. Auch in Mittelgriechenland bemühte er sich, makedonische Interessen durchzusetzen. Athen und den größten Teil der Peloponnes hielt er schon besetzt; auch in Boiotien setzte er nach gewissen Schwierigkeiten makedonische Interessen durch.[2] Unter Kassandros institutionalisierte Haltungen des makedonischen Staates übernahm er, entgegen früheren persönlichen Bindungen – etwa im Falle der Feindschaft der Aitoler oder des Pyrrhos in Epeiros. Als König in Makedonien mußte er über das Persönliche hinaus auch immanente Belange des Staates vertreten.

Das wäre nun alles schön und gut gewesen, wenn Demetrios sich darauf beschränkt hätte, die bewährte Politik des Kassandros fortzusetzen und sich so den Makedonen als Herrscher zu empfehlen. Es wurde aber sehr schnell deutlich, daß Demetrios Makedonien nicht wie sein Vater als Endziel seiner Bestrebungen betrachtete, sondern nur als Ausgangspunkt für die Wiedereroberung des Alexanderreiches, also als Basis für eine Neuauflage des Alexanderzuges. Einen ersten Hinweis dafür gab es schon im Jahre 292, als Demetrios auf die Nachricht hin, daß Lysimachos vom Getenfürsten Dromichaites gefangengenommen worden war, Anstalten machte, Thrakien einzunehmen. Er mußte das Unternehmen abbrechen, als Lysimachos unerwartet freigelassen wurde.[3] Daraus konnte man aber schließen, daß er – anders als Kassandros – keinen großen Wert auf eine friedliche Koexistenz mit Lysimachos legte. Wichtiger war ihm aber auf jeden Fall der Flottenbau, den er anordnete und der zu seiner Passion wurde: Er besuchte häufig die Werften in ganz Griechenland – in Piräus, Korinth, Chalkis und Pella selbst –, wo 500 Schiffe, teilweise extravaganter Bauart, in Auftrag gegeben wurden; er sammelte außerdem ein großes Heer.[4]

Die Aussicht, noch ein königliches Asienabenteuer mitmachen oder zumindest mitbezahlen zu müssen, begeisterte die Makedonen keineswegs. Traditionalisten hätten wohl doch ihrem König gehorcht, wenn er sich auch sonst wie ein traditioneller makedonischer König benommen hätte. Aber Demetrios' Jahre in Asien und sein ungezügeltes Naturell hatten ihn für diese Aufgabe überhaupt nicht vorbereitet. Die Makedonen waren eben nicht an großen Luxus gewöhnt, wenn es auch Zeichen dafür gibt, daß die oberen Schichten vom makedonischen Aufstieg profitiert hatten: Einige prachtvolle Gräber und die Peristylhäuser in Pella dürften aus dieser Zeit stammen. Aber der protzige persönliche Luxus der orientalischen Fürsten und Könige war – zumal unter den traditionalistischen Antipatriden – den Makedonen fremd geblieben. Extravagante mit Gold bestickte Purpurgewänder, Hüte und Schuhe trug Demetrios gern zur Schau und gab weitere eifrig in Auftrag. Als Ornatsbestandteile einer asiatischen Herrschaft waren sie unwillkommene äußere Zeichen seines aufwendigen und den Makedonen wesensfremden Lebensstils.[5]

Insbesondere aber zeigte sein Umgang mit den kleineren Leuten, daß er für eine Funktion als König der Makedonen nicht geeignet war. Die Makedonen erwarteten, daß ihr König ihnen zugänglich war, daß sie ihm ohne großes Aufheben ihre Petitionen einreichen und ihre Sorgen vortragen konnten. Sie störte es vielleicht nicht, daß etwa einmal eine athenische Gesandtschaft zwei Jahre auf eine Audienz warten mußte: wenn sich aber der König den Makedonen gegenüber so unbekümmert verhielt, galt er als ungeeignet. Plutarch bringt dazu zwei Anekdoten. Einmal sammelte Demetrios eine Anzahl schriftlicher Petitionen, die er alle in sein Gewand steckte. Die Leute waren froh, bis sie merkten, daß Demetrios alle Schriftstücke unbesehen über eine Brücke in den Axios gekippt hatte. Nach der zweiten Anekdote verlangte eine alte Frau, daß sich Demetrios ihr Anliegen anhöre; auf seinen Einwand hin, er habe keine Zeit, schrie sie ihn an, ‚dann sei nicht König'.[6]

Anekdoten spiegeln gewiß nur begrenzt die Realität wider. Aber bei Demetrios kann kaum gezweifelt werden, daß er daran scheiterte, die Makedonen nicht für sich gewinnen zu können. Plutarch schreibt einmal, Demetrios führe seine Leute sooft auf Feldzüge, weil, wenn er sie zuhause ließe, sie bloß Unruhe stifteten,[7] d. h. sie waren unter seiner Regierung nicht bereit oder in der Verfassung friedlich zu leben. Daß aber auch ihre militärische Einsatzfähigkeit begrenzt war, zeigt deutlich die Art, wie Demetrios letztlich seine makedonische Herrschaft verlor. Pyrrhos hatte schon im Jahr 295 zwei makedonische Landschaften, Tymphaia und Parauaia, von Alexandros erhalten. Dort hatte er sich anscheinend nicht unbeliebt gemacht. Auch durch einen Sieg über Demetrios' General Pantauchos in Aitolien, wo er sogar 5000 Gefangene machte, diese aber anständig behandelte, gewann er an Beliebtheit; und einmal, als Demetrios krank war, stieß Pyrrhos bis nach Edessa vor, ohne auf Widerstand zu treffen; erst dann gelang es Demetrios, den Angriff zurückzuweisen.[8]

Von Demetrios' revanchistischen Plänen waren allerdings nicht nur die Makedonen, sondern vor allem Lysimachos, Seleukos und Ptolemaios betroffen. Trotz ihrer unterschiedlichen Interessenlagen kam dann doch noch eine Koalition zustande. Auch Pyrrhos wurde für eine Mitarbeit gewonnen. Ptolemaios ließ eine Flotte in die Ägäis kommen, Lysimachos drang von Thrakien und Pyrrhos von Obermakedonien in Makedonien ein (288). Demetrios meinte, gegen den Makedonen Lysimachos würden seine Truppen nicht standhalten, wandte sich also zuerst gegen Pyrrhos, der auch schon bis Beroia vorgedrungen war. Die Invasionen begannen, als Demetrios in Südgriechenland mit den Vorbereitungen für den asiatischen Feldzug beschäftigt war. Von vornherein waren die Makedonen also schlecht auf ihren König zu sprechen, der zuließ, daß das Land gleichzeitig von zwei Seiten verwüstet wurde, was unter Kassandros nicht ein einziges Mal passiert war; und die Soldaten fingen an, zu Pyrrhos überzulaufen. Auch der Rest der Truppen zeigte deutlich, daß sie nicht gegen Pyrrhos kämpfen wollten. Nach Plutarchs Bericht wurde Demetrios empfohlen, abzuziehen und sich zu retten, ‚weil die Makedonen es ablehnten, für seinen Luxus Krieg zu führen'.[9]

Das Scheitern bei Beroia bedeutete das Ende der makedonischen Herrschaft des Demetrios. Er besaß nicht den Anstand seiner Frau Phila, die sich weigerte, ihre Heimat für eine unsichere Zukunft zu verlassen, und in Kassandreia, wohin das Paar zunächst geflohen war, Gift nahm. Er reiste in die Peloponnes, wo er Korinth noch besetzt hielt, wurde im Frühjahr 287 vom Aufstand Athens überrascht, der trotz seiner Besatzungen ausbrach und mußte erleben, wie ihm von Ptolemaios' Unterhändler Sostratos ein Frieden aufgezwungen wurde, der auch die Freiheit Athens mitgarantierte. Daraufhin segelte er nach Kleinasien. Hier ist nicht der Ort, um seinen verzweifelten Versuch, das asiatische Reich seines Vaters wieder zu gewinnen oder seinen Alkoholikertod in ehrenvollem Gewahrsam seines Schwiegersohnes Seleukos ca. 283 im Detail zu behandeln. Mit dem Verlust Makedoniens und dem Verlassen Griechenlands besaß er zwar noch kurze Zeit die Gefährlichkeit eines Amokläufers, aber seine politische Bedeutung war verschwunden.[10]

4. Interregnum

Die Geschichte des nächsten Jahrzehnts kann nur in Umrissen gezeichnet werden. Nach der Vertreibung des Demetrios war eine normale Staatsform aufgehoben. Pyrrhos und Lysimachos teilten das Land unter sich. Das bedenkliche Prinzip der Aufteilung – vielleicht am Axios – war zwar schon von den Söhnen des Kassandros vorexerziert worden, doch es war ein gewaltiger Unterschied, wenn die Herrschaft statt von innerhalb des Landes von Epeiros und von Thrakien aus ausgeübt wurde. Sowohl Pyrrhos als auch Lysimachos werden zwar von den späten Chronographen als makedonische Herrscher gezählt, und zumindest für Pyrrhos wird überliefert, daß Demetrios' Makedonen ihn als König anerkannten. Aber es ist deutlich, daß trotz der momentanen Bevorzugung ihres neuen Herrschers, die Makedonen in der Praxis die Teilung des Landes und eine Fremdherrschaft erdulden mußten. Selbst der Makedone Lysimachos behielt, als er im Jahre 284 die Wiedervereinigung des Landes durch die Vertreibung des Pyrrhos herbeiführte, nach wie vor seinen Regierungssitz in Thrakien in Lysimacheia. Er betrachtete Makedonien somit zwar als wichtig genug, um darum zu kämpfen, doch anscheinend sah er darin bloß einen zusätzlichen Bestandteil seines Reiches, sozusagen eine neue Provinz und auch nicht die wichtigste.[1]

Politische Strukturen sind in diesen Jahren sehr schwer zu erkennen. Während Demetrios noch in Griechenland weilte, führte Pyrrhos den Kampf gegen ihn weiter: Er okkupierte Thessalien, wurde von den Athenern angerufen und besuchte die Stadt;[2] doch konnte er die von Demetrios besetzten Stützpunkte – den Piräus und einige Forts in Attika, sowie die drei Bastionen Demetrias, Chalkis und Korinth – nicht einnehmen: Sie blieben auch nach Demetrios' Abzug nach Asien von seinem Sohn Antigonos besetzt. Ob Pyrrhos nun ein längerfristiges politisches Konzept vertrat, das unabhängig vom augenblicklichen Krieg gegen Demetrios war, ist kaum festzustellen: wenn dies aber so war, dann deutet nichts auf eine Änderung der Politik des Antipatros und Kassandros, die allerdings von einer anderen Basis aus betrieben wurde, einer Politik, die darauf hinzielte, die ganze südliche Balkanhalbinsel unter Kontrolle oder Einfluß zu bringen. Damit hätte er wohl die Zustimmung maßgeblicher makedonischer Kreise gewinnen können.

Als Lysimachos dann daran ging, auch Pyrrhos' Teil von Makedonien und Paionien für sich zu gewinnen, überredete er die Magnaten durch Hinweise auf Pyrrhos' Nicht-Makedonentum.[3] In Anbetracht der großen Heeresmacht, die er mitführte, hätte allerdings jedes Argument eingeleuchtet; die Außenpolitik, die er dann vertrat – von seiner Innenpolitik ist gar nichts bekannt –, war aber keineswegs diejenige, die seit Philipp praktiziert worden war. Auf dem Balkan nahm Lysimachos zwar Thessalien (bis auf Demetrias) ein, aber an der südlichen Grenze Thessaliens hörte sein Interesse als direkter Herrscher auf. Er bemühte sich zwar um gute Beziehungen, zeigte aber anscheinend kein Interesse an einer weitergehenden Herrschaft über die Griechen; keine von Lysimachos eingesetzte Besatzung in einer südgriechischen Stadt ist belegt. Genauso unbekümmert ließ er Pyrrhos nach seinem Rückzug aus Makedonien in Epeiros und Westgriechenland gewähren.[4]

Diese wesentlichen Abstriche von der Politik der letzten 50 Jahre sind durch die besondere Konstruktion des Reiches des Lysimachos zu erklären. Den Kern stellte für ihn eben nicht Makedonien, sondern Thrakien dar. Im Einvernehmen mit Kassandros hatte er bis 301 dort ein Reich aufgebaut – Details fehlen leider weitgehend –, das thrakische und griechische Elemente verband. Interesse an den benachbarten Teilen Kleinasiens meldete er schon im Jahre 314 an. Dementsprechend baute er seine neue Hauptstadt Lysimacheia (an der Stelle von Kardia) an einem Schnittpunkt Europas und Asiens, um dann nach Ipsos Ansprüche auf Kleinasien bis zum Tauros gegenüber seinen Koalitionspartnern geltend zu machen.[5] Als er dann Pyrrhos aus Makedonien vertrieb und dort allein herrschte, kam Makedonien als Randgebiet – aber immerhin ein traditionsreiches und stolzes – zu einem schon aufgebauten Staatsgebilde. Die neue Funktion war bescheiden: nicht Zentrum und Ausgangsbasis für weitere Eroberungen, wie bei Antipatros und Kassandros, sondern bloß eine Abrundung eines von einem Makedonen nach eigenen Vorstellungen und Möglichkeiten bereits woanders aufgebauten Staates. Das Reich des Lysimachos war genauso eine persönliche Schöpfung wie das Alexanderreich. Mit der Politik Philipps II. – im Gegensatz zu der seiner Nachfolger – hatte aber das Konzept des Lysimachos zweierlei gemeinsam: daß dem nordägäischen Raum die höchste Priorität zukam und daß existentielle Interessen Makedoniens an der südlichen Grenze Thessaliens aufhörten.

Auch dieses Konzept hatte keinen Bestand. Lysimachos war schon 77 Jahre alt, als sein Heer Pyrrhos aus Makedonien vertrieb. Er hatte zwar einen Sohn Agathokles, dessen Mutter Nikaia eine Tochter des Antipatros war; aber innerhalb seines Hauses kam es mit seiner dritten Frau Arsinoe zu schweren Auseinandersetzungen über die Nachfolge, in deren Verlauf Agathokles ermordet wurde (283). Als dann Lysimachos zwei Jahre später auf dem Schlachtfeld des Lydischen Korupedions im Kampf gegen den nur etwa drei Jahre jüngeren Seleukos fiel, gab es keine Autoritätsperson, die die europäischen Reste seines Reiches gegen die Siegeransprüche des Seleukos erfolgreich behaupten konnte. Nach einer ersten Neuordnung Kleinasiens setzte Seleukos im Herbst 281 seinen

Feldzug gegen das Reich des Lysimachos nunmehr in Europa fort. Es schien, daß der alte Kämpfer gegen Antigonos, der in Asien so viel zum Scheitern der Totalitätsansprüche des Antigonos beigetragen hatte, letztlich doch selbst derjenige sein könnte, der die wesentlichsten asiatischen und europäischen Teile des Alexanderreiches vereinigte.[6]

Doch der Widerstand, zumal der jüngeren Generation, war noch nicht gebrochen, auch wenn sie kein kampferprobtes Heer aufstellen konnte. Kurz nachdem Seleukos an den Dardanellen europäischen Boden betreten hatte, wurde er in der Nähe von Lysimacheia vom Dolch eines heimtückischen Attentäters, der die Effektivität solcher primitiven Mittel im Haus des Lysimachos beobachtet hatte, niedergestreckt. Der Täter, Ptolemaios genannt Keraunos (Wetterstrahl), war Frucht der Heiratspolitik des alten Antipatros: seine Tochter Eurydike, die Ptolemaios I. bekam, gebar eine Anzahl von Kindern, darunter Keraunos. Weil sein Vater seinen Sohn von Berenike bevorzugte (den späteren Philadelphos) führte Keraunos ein aussichtsloses Dasein in Ägypten, kam dann wohl in den 280er Jahren nach Lysimacheia zu seiner Schwester Lysandra, der Gattin des Lysimachos-Sohnes Agathokles. Danach ging er vor 283 zu Seleukos (der ihm Hilfe für die Nachfolge in Ägypten anbot), wohin auch Lysandra nach der Ermordung ihres Gatten flüchtete. Dieser letzte Umstand gab Seleukos den Vorwand, Lysimachos' Reich anzugreifen.

Aus der von Seleukos versprochenen Hilfe in Ägypten wurde nichts. Ptolemaios I. starb im Sommer 282, die gut vorbereitete Nachfolge vollzog sich reibungslos. Keraunos begleitete Seleukos im Krieg gegen Lysimachos: Als Enkel des Antipatros dürfte er mit Herrschaftsgedanken in Makedonien (für den Fall eines Sieges des Seleukos) durchaus gespielt haben; vielleicht lieferte ihm deswegen seine Enttäuschung darüber, daß Seleukos selbst beabsichtigte, auch in Europa zu herrschen, Anlaß für den Mord.[7]

Wie das auch gewesen sein mag, der deutliche Sinn des Mordes war, zu verhindern, daß Seleukos eine europäische Herrschaft einrichtete. Ansprüche auf Kleinasien scheint Keraunos in seiner kurzen Zeit als Herrscher (ein Jahr und fünf Monate werden überliefert) nicht erhoben zu haben. In Lysimacheia wurde er freundlich aufgenommen, worauf er sich ein Diadem um die Stirn band und sich den nunmehr führerlosen Truppen des Seleukos als König präsentierte. Auch dort setzte er sich durch. Zwischen Anspruch und Realität war jedoch die Kluft noch groß. Lysimachos hinterließ keinen allgemein anerkannten Nachfolger: Nach der Ermordung des Agathokles, dem er eine so exponierte Mitverantwortung übertragen hatte, daß er unumstritten die Nachfolge hätte antreten können, gab es einfach niemanden, der in Thrakien sowie in Makedonien über so weitgehende Anerkennung verfügte, daß er sich leicht hätte durchsetzen können. In Makedonien hatten seit dem Tode Alexanders III. zunehmend kurzfristige machtpolitische Gesichtspunkte die Herrschernachfolge bestimmt. Wie brüchig solche bloß personenbezogene Herrschaft war, zeigte sich nach Kassandros' Ableben: Trotz Kassandros' Bemühungen um eine traditionalistische Politik war der traditionelle adelige Konsens im Lande offenbar zerbrochen. Die momentane Durchsetzungskraft des Hofes allein, auch für untraditionelle und unpraktische Lösungen existentieller Probleme des Staates – wie die Aufteilung unter die Knaben der Thessalonike –, war deshalb relativ so stark, weil die regionalen Kräfte zersplittert und ineffektiv geworden waren. So konnte sich Demetrios gegen die Söhne des Kassandros leicht durchsetzen – aber nur solange er über ein ihm persönlich ergebenes Heer verfügte. Das Königtum als Institution war durch die Ausrottung der Dynastie und das Zerschlagen der damit zusammenhängenden Loyalitäten so geschwächt, daß Augenblicksvorteile und reine militärische Macht die maßgeblichen Faktoren für die Gewinnung und Erhaltung der Herrschaft geworden waren. Das Ende des Demetrios verdeutlicht diese Fakten: Sobald sein Heer demoralisiert war, hatte er keinen Rückhalt im Lande. Pyrrhos, der als der fähigere Soldat galt, trat dann – trotz seines Epeirotentums – an seine Stelle. Selbst Lysimachos hatte sich in Makedonien schließlich nur durch Gewalt durchsetzen können.

Nach Seleukos' Tod stritten sich mindestens drei Personen um die Herrschaft in Makedonien: Ptolemaios Keraunos, der das königliche Zeichen, das Diadem, in Lysimacheia annahm; Demetrios' Sohn Antigonos (‚Gonatas'), der in den griechischen Festungen seines Vaters ausharrte und, um seinen Anspruch billig zu untermauern, sich schon Basileus nannte; und der älteste Sohn des Lysimachos von Arsinoe, der etwa 17-jährige Ptolemaios, der nach Korupedion mit seiner Mutter nach Kassandreia gelangte und dort seinen königlichen Anspruch vertrat.

Zuverlässige Details fehlen weitgehend. Überliefert werden: eine Seeschlacht zwischen Keraunos und Gonatas; ein Frieden zwischen Keraunos und Antiochos; ein Krieg zwischen Keraunos und Ptolemaios, Sohn des Lysimachos, dem der illyrische Fürst Monounios half; ein Abkommen zwischen Keraunos und Pyrrhos, der gerade nach Italien aufbrechen wollte; und die Ehe der Arsinoe und des Keraunos, die in dem Mord ihrer zwei übrigen Söhne und der Vertreibung der Arsinoe selbst kulminierte. Das alles geschah ungefähr zwischen September 281 und Februar 279.[8]

Diese nur knapp und meistens ohne kausalen Zusammenhang überlieferten Ereignisse können nicht genau geordnet werden. Man kann lediglich feststellen, daß unter denjenigen, die meinten, Herrschaftsansprüche in Makedonien anmelden zu dürfen, Keraunos zunächst der erfolgreichste war. Warum das so war, läßt sich nur spekulativ beantworten: Wichtig in dieser Zeit, als sich Herrschaftsansprüche nur mit militärischer

Gewalt Anerkennung verschaffen konnten, dürfte gewesen sein, daß er das europäische Invasionsheer des Seleukos sowie lysimachostreue Kontingente in Thrakien übernehmen konnte; und indem er Arsinoe für sich gewann, brach er die wichtigste Stütze seines Hauptrivalen, ihres Sohnes Ptolemaios.

Ptolemaios Keraunos, dessen Bruder Meleagros ihm zur Seite stand, wurde nach gutem Anfang von unvorhersehbaren Ereignissen überrumpelt. Einmalig starke keltische Plünderungszüge aus dem mittleren Donauraum erreichten die nördlichen Nachbarn Makedoniens während des Winters 280/79; ein Angebot des keltischen Fürsten Bolgios, Geld als Preis für die Verschonung des Landes anzunehmen, schlug Keraunos stolz aus, genauso ein Angebot des Dardanenfürsten, ihm Soldaten für den Kampf gegen Bolgios zur Verfügung zu stellen. Um den Februar 279 kam es dann zur Auseinandersetzung. Keraunos scheint überrascht worden zu sein, konnte den Kelten nicht widerstehen und kam mit einer großen Anzahl seiner Soldaten in der Schlacht um.[9] Damit war Makedonien den Kelten ziemlich widerstandslos ausgeliefert: Weder Keraunos' Bruder Meleagros, der für zwei Monate die Führung übernahm, noch Kassandros' Neffe Antipatros ‚Etesias', Sohn des Philippos, der ihn ablöste, sich aber selbst nur noch etwa sechs Wochen behaupten konnte, vermochten trotz ihres ahnenschweren Stammbaumes, den Kelten effektiven Widerstand zu leisten.[10]

In der Not wurde Sosthenes, einer der überlebenden Offiziere, vielleicht ein ehemaliger Kommandant des Lysimachos in Kleinasien, in die Führungsrolle befördert. Der Bestellungsmodus ist obskur: Die einzige Quelle deutet auf einen Massenkonsens aus Verzweiflung hin, und obwohl ihn das Heer ‚Basileus' nannte, lehnte er den Titel ab. Ein Königstitel, vom Heer allein ohne Zustimmung der Magnaten verliehen, hätte Sosthenes gewiß nichts genutzt. Wenn der Staat im Verfall begriffen war, war es schließlich doch wichtiger, daß man über praktische Loyalität unter den Wehrfähigen verfügte (so hatte sich ja auch Kassandros zunächst verhalten), als daß man irgendwelche im Augenblick sowieso nicht zu realisierenden formalen Ansprüche anmeldete, die eventuell Störaktionen von dritter Seite bloß provoziert hätten. Dennoch wurde er in die später verfaßten Herrscherlisten aufgenommen und mit einer Amtszeit von zwei Jahren versehen.[11]

Sosthenes konnte zumindest Bolgios zurückweisen, und als im Herbst ein neuer Keltenzug unter Brennos und Akichorios in Makedonien einbrach, erschien es ihnen profitabler, doch relativ schnell weiter nach Süden zu ziehen: Dazu dürften Sosthenes' Maßnahmen etwas beigetragen haben, ebenso als im Frühjahr die von den Griechen zurückgeschlagenen Kelten auf dem Durchmarsch in Makedonien nicht lange verweilen wollten. Aber auch Sosthenes starb, und sein Tod leitete eine so chaotische Periode der makedonischen Geschichte ein, daß die äußerst mageren Quellen von einer Anarchie, einer führerlosen Zeit, sprechen. Erwähnt werden zwar drei Namen – Antipatros, wohl jener Kassandros-Neffe, der ‚Etesias', Ptolemaios, wahrscheinlich der älteste Sohn des Lysimachos und der Arsinoe, und ein sonst unbekannter Arrhidaios – aber es wird auch gleich mitgeteilt, daß sich keiner von ihnen durchsetzen konnte.[12] Nur aus Kassandreia gibt es weitere Informationen, wo ein gewisser Apollodoros sich der Stadt bemächtigte und sie tyrannisch beherrschte: Sein kurzer lokaler Erfolg kann wohl als Beispiel für den vollständigen Zusammenbruch der Zentralmacht des Staates gelten. Die Städte waren auf sich selbst angewiesen und kamen zumindest in Kassandreia mit der plötzlichen Selbständigkeit nur schlecht zurecht.[13]

V. Die Antigoniden

1. Konsolidierung

Während des zweiten Krieges der Makedonen mit Rom (200–197) spielte bei Verhandlungen die Räumung der drei Festungen, welche Philipp V. „die Fesseln Griechenlands" nannte, eine große Rolle. Gemeint waren Akrokorinth, Chalkis und Demetrias, welche nicht nur starke Festungen waren, sondern einen Symbolcharakter für die makedonische Herrschaft gewonnen hatten.[1] „Die Fesseln" bildeten nämlich nach dem Abzug des Demetrios Poliorketes aus Europa (287), damals zusammen mit dem Piräus, den Kern der antigonidischen Besitzungen in Europa überhaupt, welche Demetrios' Sohn Antigonos verwaltete.[2] Sie waren also Ausgangspunkt für die Wiedererlangung der Königsherrschaft in Makedonien selbst, welche Antigonos nach den chaotischen Jahren der Kelteneinfälle bis 276 endlich glückte.

Polybios, die Hauptquelle für den Krieg mit Rom, teilt auch Gründe mit, warum die Römer, selbst nach ihrem vernichtenden militärischen Sieg, das Königtum der Antigoniden nicht abschaffen wollten, wie die Aitoler damals erwarteten. Dazu gehörte der Gedanke, daß eine der historischen Funktionen Makedoniens eben der Schutz der südlichen Griechen vor den Bedrohungen der nicht-griechischen Barbaren aus dem nördlichen Balkan war.[3] Die Aitoler waren nicht überzeugt; in den Jahren unmittelbar nach 279 als die Makedonen gerade in dieser Schutzfunktion so deutlich scheiterten und sie selbst die Verteidigung Zentralgriechenlands gegen die Kelten hatten übernehmen müssen, wären sie noch weniger überzeugt gewesen. Dennoch stimmte im wesentlichen, was der römische Feldherr T. Quinctius Flamininus im Jahre 197 sagte. Wegen der Schwäche Makedoniens war der Kelteneinfall von 279 in das südliche Griechenland erst möglich geworden: Dank der Konsolidierung des Staates durch Philipps Großvater Antigonos Gonatas funktionierte der makedonische Schutz wieder. Es ging den Römern darum, diese positive Funktion beizubehalten, während die negative Erscheinung, die herrschaftsstützenden „Fesseln", aufgegeben werden sollten: Bis dahin hatten die Griechen ihren Schutz mit der Duldung antigonidischer Herrschaft abgelten müssen.

Die Epoche der makedonischen Geschichte, welche ca. 277/6 mit der Anerkennung des Antigonos Gonatas als König in Makedonien anfängt, gehört zu den am schlechtesten dokumentierten Perioden makedonischer und griechischer Geschichte überhaupt. Die Quellenlage reicht eben nicht aus, um eine kontinuierliche Ereignisgeschichte zu bieten, doch zu einigen Grundsätzen der politischen Richtung, welche zumindest die Tendenz der Politik des Staates erkennen lassen, sind vorsichtige Aussagen vielleicht möglich.[4]

Zu den traditionellen unmittelbaren Problembereichen eines makedonischen Königs läßt sich wenig sagen. Wie Antigonos sich im Lande selbst behaupten konnte, auf welche Kreise er sich stützte, wie er überhaupt nach Pella kam, ist gänzlich unbekannt. Die Flucht der Arsinoe nach Ägypten (279) und das Verschwinden ihres Sohnes Ptolemaios, Sohn des Lysimachos, aus dem makedonischen Raum, dürften die dynastische Lage in Makedonien entspannt haben.[5] Auch Antigonos' Abkommen mit Antiochos I. und seine Heirat mit dessen Tochter Phila um 277/6, Ereignisse, für welche ein Sieg über einige Kelten bei Lysimacheia die unmittelbare Voraussetzung gewesen sein dürfte, verschafften freien Raum.[6] Ob dabei Antigonos auf Thrakien förmlich verzichtete, ist unbekannt, doch scheint er keinen Versuch unternommen zu haben, um das europäische Reich des Lysimachos wieder aufzurichten. Wie unter Kassandros hat die makedonische Grenze wohl am Nestos gelegen; spätestens in den vierziger Jahren, vielleicht aber schon früher, waren Ainos, eventuell Maroneia, wohl auch Samothrake, sogar ptolemäischer Besitz geworden,[7] ohne daß der Makedonenkönig etwas dagegen unternahm; und wenn diese bedeutenden Küstenstädte nicht makedonisch waren, dürften die thrakischen Völker, soweit sie den Keltensturm überstanden hatten, auch sich selbst überlassen worden sein. Im Axiostal jedoch müßte die Gründung der makedonischen Stadt Antigoneia die Paionen, die unter Lysimachos eine gewisse Selbständigkeit erlangt zu haben scheinen, nach ihren Keltenerlebnissen wieder fest ins makedonische Lager gebracht haben.[8]

Im Lande selbst ist wohl zunächst von einer militärischen Eroberung auszugehen. Nach dem Tode des Ptolemaios Keraunos und des Sosthenes dürfte es für Antigonos – der über seine Mutter doch Enkel des großen Antipatros war – nicht übermäßig schwierig gewesen sein, vom Rest der Flotte des Demetrios gestützt, sich des Landes zu bemächtigen. Spuren von Kämpfen sind in der Überlieferung nur für Kassandreia zu finden, wo eine längere Belagerung notwendig war, um den Tyrannen Apollodoros zu vertreiben.[9] Im Westen entstand eine Bedrohung durch Pyrrhos nicht vor 274. Als er dann, von Italien zurückgekehrt, Makedonien angriff, konnte er, ohne wesentlichen Widerstand zu erfahren, sogar bis Aigai vorpreschen. Doch war Antigonos in den Küstengebieten inzwischen stark genug, um sich dort zu behaupten. Pyrrhos war nicht bereit, den notwendigen Einsatz zu riskieren, um diesen Widerstand zu brechen, und zog wieder ab.[10]

Das makedonische Heer, überstrapaziert durch dynastische Unruhen und erfolglos gegen die Kelten, war nicht schnell wieder in Ordnung zu bringen. Antigonos brachte eine Flotte aus seinen Besitzungen in Griechenland mit in den Norden – nur mit einer Flotte waren diese verstreuten Stützpunkte miteinander zu verbinden – und er versuchte, das Landheer zunächst durch die Anwerbung keltischer Söldner zu stärken. Im Jahr 274 reichte dies zwar noch nicht aus, um Pyrrhos zurückzuweisen; doch einige Jahre später konnte Antigonos' Sohn Demetrios einen militärischen Erfolg gegen Pyrrhos' Nachfolger Alexander II. verbuchen.[11] Und Antigonos selbst konnte einen langen Krieg gegen eine griechische Koalition, welche ptolemäische Hilfe genoß (Chremonideischer Krieg: ca. 268/7–262/1), durchstehen, ohne daß seine Stellung in Makedonien in Frage gestellt worden wäre. Eine gewisse Konsolidierung des Heerwesens dürfte also hierdurch bezeugt sein.

Auch sonst muß der Akzent deutlich auf Konsolidierung gelegen haben. Drei Städtegründungen sind möglicherweise diesem Antigonos zuzuschreiben: Antigoneia im Axiostal, Antigoneia auf der Chalkidike und Demetrias in Makedonien, doch von keinem dieser Orte wird mehr als der bloße Name überliefert.[12] Im letzten Jahrzehnt seiner Herrschaft – vielleicht auch schon früher – ließ er in einigen Städten des Landes eine gewisse kontrollierte städtische Selbständigkeit zu. Um 242 verpflichteten sich vier makedonische Städte, Kassandreia, Amphipolis, Philippoi und Pella, die heiligen Einrichtungen in Kos zu respektieren: Sie beschlossen auf Aufforderung der Koer den Tempel des Asklepios oder auch das Fest der Asklepieia als ‚heilig und unverletzlich' anzuerkennen.[13] Wie auch immer das städtische Leben gestaltet war, allein schon dieser Vorgang läßt erkennen, daß von außen her diese Städte durchaus als staatliche Einheiten *(Poleis)* betrachtet werden konnten, selbst dann, wenn jeder Beschluß ausdrücklich klarstellt, daß er nur deswegen zustandekam, weil er inhaltlich der Haltung des Königs Antigonos entsprach. Ähnliches geht aus Briefen des Kronprinzen Demetrios aus dem Jahre 248/7 hervor. Demetrios beauftragte den Funktionär Harpalos, dafür zu sorgen, daß Gelder, welche aus den Einkünften des Heraklestempels bei Beroia für städtische Zwecke abgezweigt worden waren, zurückgezahlt würden:[14] Wieder scheint also eine gewisse lokale Selbstverwaltung, allerdings auch hier unter königlicher Aufsicht, bezeugt zu sein. Das Funktionieren sowohl dieser städtischen Verfassungen als auch der königlichen Kontrolle kann wohl als Zeugnis einer erfolgten Konsolidierung des makedonischen Staates gelten.

Ganz offenbar hat Antigonos auch makedonische Tradition gepflegt und dabei an die Argeadenvergangenheit erinnert. Hier ist der Boden gewiß auch sehr unsicher; doch scheint er sich um Aigai, die alte Hauptstadt und Begräbnisstätte der Argeadenkönige, gekümmert zu haben.

Unmittelbaren Anlaß dazu dürfte Pyrrhos gegeben haben. Als dieser im Jahr 274 nach Aigai vorstieß, ließ er seine keltischen Söldner die Gräber der Könige ungehindert plündern.[15] Alle wurden nicht geplündert: insbesondere die reich ausgestatteten und kürzlich entdeckten „Königsgräber" blieben unversehrt. Bei den Ausgrabungen in Aigai fanden die Ausgräber im Füllmaterial des großen Grabhügels Schutt und u. a. zerstörte Grabdenkmäler. Die Erklärung, daß dies eine Folge von offiziellen Räumungsarbeiten nach dem Pyrrhoseinfall sei, leuchtet unmittelbar ein. Als Auftraggeber für den größten Grabtumulus, den es je in Griechenland gegeben hatte, der gleichsam ein Denkmal für den Erbauer und eine Erinnerung an seine altmakedonische Gesinnung darstellte, käme dann nur Antigonos in Frage.[16] Aber der Tumulus – inzwischen von den Ausgräbern abgetragen – war nur der Anfang. Der Palastbau in Verghina, den die Ausgräber freigelegt haben, stammt nach ihren Angaben auch aus dem früheren III. Jh. v. Chr.[17] Es liegt dann nahe, auch dieses große Bauwerk in den Rahmen der Kultivierung der alten makedonischen königlichen Tradition, welche dem Gründer einer neuen Dynastie sowieso gut anstand, zu setzen. Der Palastbau und der große Tumulus dürften dann als ein bewußter Versuch des Gonatas, sich bei traditionellen makedonischen adligen Kreisen als Herrscher zu empfehlen, zu werten sein.

Die längeren Aufenthalte, welche Antigonos in Makedonien selbst während seiner langen Herrschaft (bis 240/39) verbrachte, ermöglichten außerdem den Wiederaufbau einer kultivierten höfischen Gesellschaft. Antigonos' persönlicher Geschmack dürfte von den Jahren als Statthalter seines Vaters in Griechenland – in Athen und Korinth – mitgeprägt worden sein. Trotz der Schwächen der Überlieferung sind einige Literaten, Dichter und Philosophierende auszumachen, die sich zumindest zeitweilig in Makedonien aufhielten: Der Historiker Hieronymos von Kardia und Aratos von Soloi, der Dichter der ‚Phainomena', dürften die Bekanntesten sein, doch auch der Tragiker Alexandros der Aitoler, der Epiker Antagoras von Rhodos, die Zenon-Schüler Persaios und Philonides hielten sich zumindest zeitweilig in Pella auf (Zenon selbst soll eine königliche Einladung abgelehnt haben).[18]

Es ist aber kaum anzunehmen, daß Antigonos' gelegentliche Patronage dieser und wohl auch anderer griechischer Schriftsteller und Intellektueller seine Griechenlandpolitik beeinflußt hat. Selbst im Falle von Athen scheint eine nüchterne Realpolitik das prägende Element gewesen zu sein. Die Machtbasis für seine Wiedereroberung Makedoniens hatten die vier großen Festungen gebildet: Über Demetrias kontrollierte er das thessalische Hinterland; Chalkis ermöglichte die Kontrolle der Seewege um Euboia und die Beeinflussung von Ereignissen in Mittelgriechenland, insbesondere in Boiotien; der Piräus ermöglichte einen Druck auf Athen, den die einheimischen athenischen Politiker immer als lästig empfanden, was als Zeugnis der Effektivität gewertet werden kann; und Akrokorinth gewährte die Möglichkeit, die Staaten der Peloponnes zu beeinflussen. Doch genauso wichtig wie die offensive Bedeutung der Festungen für Antigonos war die präventive: wenn er sie hielt, konnte kein anderer sie halten. Die neuere Geschichte Makedoniens lehrte die Wichtigkeit dieses Moments: Eben von Athen und Korinth waren sowohl Kassandros als auch Demetrios und dann Antigonos selbst zu ihren erfolgreichen Versuchen aufgebrochen, die Herrschaft in Makedonien zu erzwingen. Die Festungen hatten also durchaus eine praktische Bedeutung für die eigene Sicherheit, was dann mit einer Herrschaft über die Griechen nur in zweiter Linie etwas zu tun hatte. Diese Erkenntnis führte im Jahre 272 zum militärischen Einsatz in der Peloponnes, wohin Pyrrhos nach seiner raschen Eroberung des westlichen Makedonien gezogen war. Er versuchte zunächst den Exilspartaner Kleonymos nach Sparta zurückzuführen, um so in der Peloponnes Fuß zu fassen. Man konnte sich schon fragen, welche Absicht wirklich dahinter stand, und für Antigonos' noch etwas unsichere Stellung bedeutete dieser Angriff, der wohl auch Korinth hätte ins Auge fassen können, Gefahr. Pyrrhos war schließlich selbst auch einmal König in Makedonien gewesen und war sofort nach seiner Rückkehr aus Italien dort aktiv geworden. Er hatte also anscheinend doch noch Interesse an Makedonien. Wohl deswegen pflegte er alte Beziehungen zu Antigonos' Gegner Ptolemaios II. und erhielt zumindest passive Hilfe vom aitolischen Bund. Antigonos eilte selbst mit einem Heer in den Süden, um seinem Halbbruder Krateros, seinem Stellvertreter in Griechenland, beizustehen. Aber die ganze Aufregung war umsonst. Pyrrhos scheiterte bei Sparta; und als er kurz danach versuchte, Argos zu erobern, begegnete er dem Heer des Antigonos. Aber nicht die Makedonen setzten dem Störenfried Pyrrhos ein Ende, sondern die Geschicklichkeit einer alten Argiverin, die ihn mit einem Dachziegel während eines Straßenkampfes tödlich traf.[19]

Diesem trivialen Zufall verdankte Antigonos einen gewissen Freiraum, vor allem an seiner westlichen Grenze. Doch auch wenn sich die Lage im Norden sofort verbesserte, seine südlichen Festungen – vor allem Korinth und der Piräus – waren immer noch von denjenigen bedroht, die unter ihnen litten. In der Peloponnes war der makedonische Einfluß schon zur Zeit Philipps II. auf Kosten Spartas verstärkt worden: Korinth, Megalopolis und Argos, jene Gegner einer spartanischen Herrschaft in der Peloponnes, galten nicht zufällig immer noch als die Bastionen makedonischen Einflusses. Die Drohung einer spartanischen Herrschaft war seit der Niederlage des Agis III. gegen Antipatros nicht aktuell gewesen, weil Sparta eben nicht stark genug war. Doch jetzt war es wieder soweit. Die Peloponnes hatte unter dem Galliereinfall nicht gelitten, kein peloponnesischer Staat hatte gar am Widerstand teilgenommen. In Sparta herrschte seit 309 ein erfahrener und ehrgeiziger König, Areus, der schon um 280 versuchte, an der Spitze einer größeren peloponnesischen Allianz Krieg gegen die Aitoler wegen Delphi zu führen.[20] Damals ließen ihn seine Bundesgenossen im Stich; doch er gab nicht auf. Er erkannte die geänderten Kräfteverhältnisse und nach dem Erfolg gegen Pyrrhos, an dem er maßgeblich teilhatte, organisierte er einige Jahre später eine noch größere Allianz, mit dem Ziel, die Besitzungen des Antigonos in Griechenland zu bekämpfen. Der Allianz gehörten an: Elis, die Achaier, Tegea, Mantineia, Orchomenos, Phigaleia und Kaphyai, alle aus der Peloponnes, sowie einige kretische Städte, Athen und Ptolemaios Philadelphos.[21] Der angekündigte Zweck der Allianz, „gegen diejenigen, die versuchen, die Gesetze und die jeweiligen traditionellen Verfassungen aufzulösen", zu kämpfen, ließ keinen Zweifel daran, daß Antigonos und seine Anhänger in den griechischen Staaten gemeint waren. Die Teilnehmer am Krieg hatten gewiß ihre unterschiedlichen Ziele. Athen ging es eindeutig um die Wiedergewinnung der freien Verfügung über den Piräus und andere Festungen in Attika, welche Antigonos immer noch besetzt hielt; Areus und die Spartaner kämpften um einen freieren Raum in der Peloponnes, vor allem also gegen Antigonos' Besitz Korinth; und die sonstigen peloponnesischen Staaten schlossen sich an, zunächst weil die meisten von ihnen sowieso schon wieder unter spartanischem Einfluß standen, aber auch auf Grund ihrer Furcht vor makedonischen Übergriffen, wie etwa zur Zeit des Kassandros oder Demetrios.

Der ptolemäische Standpunkt ist schwieriger zu erfassen, obwohl die ptolemäische Beteiligung mit Flotte und Geld die Voraussetzung für die Widerstandsbewegung überhaupt war und für die Fortdauer des Krieges bis 261 verantwortlich zu machen ist.[22] Pausanias[23] macht auf die mangelhafte Effektivität der Kriegführung des Ptolemaios aufmerksam, dessen General Patroklos das örtliche Kommando innehatte, und gibt Anlaß zu der Annahme, daß Ptolemaios den Antigonos doch nicht stürzen, sondern ihn bloß schwächen und seine Fähigkeit, mit seiner Flotte ptolemäische Interessen in der Ägäis zu beeinträchtigen, mindern wollte. Dieser Ptolemaios dürfte nicht vergessen haben, daß Antigonos' unberechenbarer Vater Demetrios mit einer ähnlichen Flotte seinem eigenen Vater Zypern und andere wichtige Besitzungen streitig gemacht hatte. Das ptolemäische Engagement in der Ägäis scheint vor allem eine Antwort auf diese alte Bedrohung gewesen zu sein, hatte jedoch inzwischen eine gewisse Eigendynamik entwickelt. Der ehemals von Antigonos und Demetrios gegründete Bund der Insulaner („Nesiotenbund") stand nunmehr unter ptolemäischer Führung;[24] auch auf dem Festland wurden einige Stützpunkte von Ptolemaios besetzt gehalten; mit Athen gab es mindestens seit 294 eine längere aktive Kooperation gegen Demetrios. Wie alt die Freundschaft mit Sparta war, ist unsicher, doch dürften hier gemeinsame Interessen den Ausschlag gegeben haben. Für Ptolemaios war also die Zurückdrängung des Antigonos aus dem Bereich seiner Freunde durchaus ein Ziel – wenn auch kein primäres –, für das es sich lohnte, mitzukämpfen, zumindest solange die unmittelbar Betroffenen bereit waren, in eigener Sache zu kämpfen.

Die Ereignisse des Krieges sind im Detail nicht wiederherzustellen. Das peloponnesische Engagement fiel schnell auseinander, als Areus selbst (vielleicht um 265) im Kampf bei Korinth fiel.[25] Danach reichten die Bemühungen des Patroklos, mit der ptolemäischen Flotte Athen zu versorgen, schließlich nicht aus, um den Belagerungsdruck des Antigonos, der die ganze Zeit den Piräus und Salamis besetzt hielt, zu brechen:[26] Im Jahr 261 mußte Athen kapitulieren. Der Widerstandswille war gebrochen. Antigonos war der Herausforderung der Alliierten doch gewachsen.

Athen war vor dem Chremonideischen Krieg von Antigonos relativ vorsichtig behandelt worden. Den Piräus, Salamis und wohl einige Landfestungen hielt er zwar mit Garnisonen besetzt, doch vermied er es, den Piräus zum Zentrum der makedonischen Macht in Griechenland auszubauen, obwohl dies von der Lage her wohl nahegelegen hätte. Aber wie leicht die Athener zu provozieren waren, hatte er schon erlebt; Korinth, eine Stadt ohne demokratische Tradition, wurde also Regierungssitz seines Halbbruders Krateros, schon als Antigonos sich anschickte, Makedonien wiederzuerobern. Für diese Entscheidung konnte er auf das Beispiel Philipps II. zurückblicken (der allerdings keine praktikable Alternative zur Verfügung hatte), das aber auch von seinem Vater Demetrios nachgeahmt worden war. Krateros blieb also in Korinth als Verantwortlicher für die makedonischen Besitzungen in Griechenland. Korinth ging voll in makedonischen Besitz über, sogar die Schlüssel zum Stadttor blieben in makedonischer Hand.[27] In einigen anderen Orten auf der Peloponnes unterhielten die Makedonen zeitweilig Garnisonen oder unterstützten Alleinherrscher (Tyrannen): Polybios schreibt, Antigonos habe mehr Alleinherrscher in griechischen Städten eingesetzt als jeder andere König.[28] Im Vergleich dazu schnitten die Athener ausgesprochen günstig ab.

Daß die stolzen Demokraten dies nicht so recht einsehen wollten und zusammen mit den Peloponnesiern und Ptolemaios Krieg um den Piräus führten, bedeutete das Scheitern dieser etwas milderen Politik. Nach dem gewonnenen Krieg kam also nur eine härtere Gangart in Frage. Auf dem Museionhügel mitten in der Stadt zog wieder eine makedonische Garnison ein; außerdem wurden alle Landfestungen – Panakton, Phyle und Eleusis sowie Rhamnous und Sunion, wie schon Munichia und Salamis – von den Makedonen besetzt gehalten. Die Garnisonen wurden von Athen versorgt. An die Spitze der Stadtverwaltung wurde von Antigonos ein zuverlässiger Mann, anscheinend ein Nachkomme des Demetrios von

Phaleron (auch er trug den Namen Demetrios), vielleicht unter dem altehrwürdigen Titel eines Thesmotheten (Setzer von Ordnungen) gestellt. Unter ihm übernahm ein einzelner Beamter – statt der bisher kollegial besetzten Behörde – die Kontrolle über die Staatsfinanzen. Der Posten des Führers des Feldheeres (Hoplitenstrategos) wurde abgeschafft und der König nahm Einfluß auf die Wahl der anderen Spitzenbeamten *(Strategoi).*[29]

Der Chremonideische Krieg und die Verbissenheit, mit welcher Antigonos kämpfte, zeigen deutlich, daß er an den griechischen Festungen festhalten wollte. Das war jedoch auch nach dem Chremonideischen Krieg keine Politik, welche daraufhin zielte, den unmittelbaren makedonischen Herrschaftsbereich wesentlich auszudehnen. Solange die makedonische Flotte stark genug war, um die Seeverbindungen aufrechtzuerhalten – und sie hatte sich gegen die ptolemäische Flotte gerade behauptet –, war es nicht besonders wichtig, auch die dazwischenliegenden Landstriche zu kontrollieren. So konnte Antigonos zunächst relativ unbesorgt zusehen, als der aitolische Bund seinen Einfluß nach und nach auf die Ainianen und Doloper, auf Doris, Lokris, Teile von Phokis und Phthiotisches Achaia in Zentralgriechenland ausdehnte: Die Aitoler hatten am Chremonideischen Krieg nicht teilgenommen und nutzten die Zeit aus, um ihren Einfluß auszubreiten. Antigonos tat nichts dagegen, bis auf das Boykottieren der von den Aitolern nunmehr dominierten Sitzungen der delphischen Amphiktyonen durch die meisten Vertreter seines Machtbereichs.[30] Auch in der nördlichen Peloponnes ging es den Makedonen hauptsächlich bloß um die Hauptorte: neben Korinth sollten etwa Argos, Megalopolis, Sikyon, Elis und Troizen möglichst loyal gehalten werden; andernorts erhielten makedonenfreundliche Leute gelegentliche Unterstützung, doch nicht, wenn sie politisch schwach waren. So durften sich die kleinen Städte Achaias schon seit 280 nach und nach in einem Bund zusammenschließen, was zwar auf Kosten der von Krateros unterstützten Alleinherrscher ging, aber keine nennenswerte Reaktion der Makedonen hervorrief, auch nicht, soweit bekannt, nach der Beteiligung der Achaier an Areus' peloponnesischer Allianz.[31] Achaia war, trotz der Nähe, offenbar nicht bedeutend genug, um der makedonischen Herrschaft in Korinth gefährlich zu werden. Antigonos scheint es für besser gehalten zu haben, die Absetzbewegung zwar zu beobachten und zu tolerieren, solange sie nicht stärkere antimakedonische Züge entwickelte, nur nicht durch ein vorschnelles Eingreifen eine noch aktivere Widerstandsbewegung zu provozieren.

Der Chremonideische Krieg und der kurz darauffolgende Zweite Syrische Krieg zwischen Ptolemaios und Antiochos II. scheinen außerdem dem Makedonenkönig einen größeren Freiraum für seine Flotte in der Ägäis gebracht zu haben. Ob Antigonos am Syrischen Krieg regelrecht teilnahm oder eher bloß die Gelegenheit ausnutzte, um seinerseits Ptolemaios etwas zu schwächen, ist unsicher: ging doch eine Seeschlacht bei Kos, vielleicht um 254 zu Antigonos' Gunsten aus,[32] ohne daß sie größere territoriale Gewinne mit sich brachte – oder bringen sollte. Verständlich ist sie bloß im Rahmen des allgemeinen Ziels der Abschwächung der ptolemäischen Stellung in der Ägäis. Konform damit ist die Eheschließung irgendwann in den 250er Jahren zwischen Antigonos' Sohn Demetrios und Stratonike, Schwester des Antiochos II., ohne daß auch dies ein besonders aktives Engagement des Antigonos im II. Syrischen Krieg voraussetzen müßte.[33] Vielleicht lassen sich auch der Abzug der Garnison vom Museionhügel in Athen und der Verzicht auf weitere formale Einflußnahme auf die athenische Verfassung um 255 – offiziell als „Rückgabe der Freiheit" deklariert – in diesen Rahmen setzen, um einen Stein des Anstoßes zu beseitigen und Ptolemaios eine Handhabe für eine Einmischung in Athen zu nehmen. Aus den nächsten Jahren sind einige Athener im königlichen Dienst bekannt, die mit Aufgaben in Attika betraut wurden: der bestbekannte war Herakleitos von Athmonon, der in den frühen vierziger Jahren sogar die Besatzung in Munichia befehligte, aber auch in den Landfestungen dienten Athener.[34] Antigonos scheint sich seiner Sache ziemlich sicher gewesen zu sein, wenn er meinte, auf diese Weise Reibungspunkte abbauen zu können und die direkte makedonische Präsenz weniger sichtbar zu gestalten.

In der Peloponnes jedoch ist während der fünfziger Jahre eine deutliche Abschwächung der makedonischen Stellung zu verzeichnen. Der Tod des Krateros während jener Jahre, dessen Verhältnis zu seinem Bruder von Plutarch als beispielhaft apostrophiert wird, und der seit zwanzig Jahren das makedonische Verhältnis zu den nordpeloponnesischen Städten pflegte, dürfte die Abschwächung eingeleitet haben. Sein Sohn Alexandros, der ihm im Amt folgte, verfügte weder über das Ansehen seines Vaters noch, wie es sich herausstellte, über seine Loyalität gegenüber Antigonos. Gegen Ende der 250er Jahre entglitten Argos, Megalopolis und Sikyon, bis dahin jeweils von einem makedonenfreundlichen Tyrannen beherrscht, dem unmittelbaren makedonischen Einflußbereich.[35] Vielleicht als eine Flucht nach vorne erklärt sich dann der um 250 erfolgte Aufstand des Alexandros selbst. Weil er außerdem Euboia noch kontrollierte – Athen blieb jedoch Antigonos erhalten –, schien er nun gerade jene Erscheinung darzustellen, gegen welche Antigonos überhaupt die Festungen jahrelang unterhalten hatte:[36] eine potentielle Konkurrenz für seine eigene Stellung in Makedonien, und zwar von gerade der Basis aus, von welcher er selbst ausgegangen war. Wenn Alexandros beabsichtigte, gegen den greisen Antigonos und seinen vorgesehenen Nachfolger in Makedonien, seinen Sohn Demetrios, vorzugehen, wäre für einen Erfolg auswärtige Hilfe eine Voraussetzung gewesen – und es kam wohl nur ptolemäische Hilfe in Frage, welche etwa Aratos von Sikyon für seine antimakedonische Haltung im achäischen Bund erhielt. Doch wenn dem so war, dann dürfte die von Antigonos gegen die ptolemäische Flotte bei der unmittelbar vor Euboia liegenden Insel Andros gewonnene Seeschlacht Hoffnungen begraben haben.[37] Im Jahre 244 starb Alexandros – behauptet wurde, fast unvermeidlich, daß er von Antigonos vergiftet worden sei.[38] Kurz danach konnte sich dann Antigonos Akrokorinths wieder bemächtigen, als er seinen Sohn Demetrios erfolgreich an Alexandros' regierende Witwe Nikaia vermittelte und während der Hochzeitsfeierlichkeiten Akrokorinth mit eigenen Truppen wieder besetzte. Diesmal wurde der Zenonschüler Persaios, ein alter Vertrauter des Königs, als Kommandant eingesetzt, doch seine philosophische Bildung half ihm keineswegs, als 243/2 Aratos, damals *Strategos* des achäischen Bundes, einen erfolgreichen Nachtangriff auf die Stadt und die Zitadelle durchführte: Korinth wurde sofort Mitglied des achäischen Bundes,[39] und damit stürzte eine Säule des antigonidischen Selbstverteidigungssystems zusammen. Daran ging gewiß auch ein Stück makedonischen Selbstbewußtseins zu Bruch, doch so gefährlich wie die kürzliche Besetzung durch den abtrünnigen Makedonen Alexandros war der erneute Verlust schließlich doch nicht. Auch Antigonos dürfte kaum daran gedacht haben, daß die Achaier für ihn eine ernste Bedrohung in Makedonien darstellten. Verlorengegangen war ein traditionelles Bollwerk (und kurz darauf wurden auch Megara, Troizen und Epidauros Mitglieder des achäischen Bundes),[40] doch war dies momentan von keiner großen aktuellen Bedeutung. Antigonos schloß zwar ein Abkommen mit den Aitolern ab, welches vorsah, das Gebiet des achäischen Bundes untereinander aufzuteilen;[41] doch als kurz danach die Aitoler wieder Frieden mit Achaia schlossen, hörten die aktiven Feindseligkeiten auf, ohne die Rückgabe Akrokorinths. So zu resignieren, sieht aus wie das Verhalten eines müden alten Mannes, und es mag auch so sein. Aber der alte Mann konnte sich umso leichter mit dem Verlust abfinden, weil er die griechischen Festungen eben nicht vorwiegend als aktives Herrschaftsinstrument benutzt, sondern sie eher im Rahmen einer breit angelegten Sicherheitspolitik gehalten hatte.

Kurz danach starb Antigonos (240/39). Sein Sohn Demetrios, der gewiß in den letzten Jahren zunehmend in staatlichen Angelegenheiten tätig gewesen sein dürfte und schon während des Chremonideischen Krieges eine militärische Führungsposition besaß, übernahm die Herrschaft.[42] Es gab keinen Grund, die Nachfolge nicht sorgfältig vorzubereiten und Schwierigkeiten sind nicht bekannt. Demetrios scheint in seiner zehnjährigen Herrschaft keine neuen politischen Initiativen entwickelt zu haben, reagierte er doch bloß auf Ereignisse. In der Peloponnes schlossen sich die Achaier unter der Führung des rührigen und von Ptolemaios III.

geförderten Aratos mit den Aitolern zusammen und führten einen Befreiungskrieg gegen die übrigen makedonischen Einflußgebiete im Süden, den sog. „Demetrischen Krieg". Die Ereignisse sind schlecht bekannt, doch scheint Demetrios dazu provoziert worden zu sein, im Süden dem Ansehen der Makedonen aufzuhelfen. Argos und einige kleinere Orte in der Peloponnes blieben den Makedonen treu; Boiotien konnte gewonnen werden, was den achäischen Druck auf Athen etwas abmilderte. Doch ein weiteres Abbröckeln der makedonischen Stellung in der Peloponnes fand im Jahre 235 statt, als Lydiadas, Tyrann von Megalopolis, seine Stadt an den achäischen Bund anschloß.[43] Dagegen scheint Demetrios nichts getan zu haben, auch um Korinth nicht. Hätte er länger gelebt, dürfte die Peloponnes bald völlig dem makedonischen Einflußbereich entglitten sein. Wesentliche makedonische Interessen wären davon allerdings nur dann berührt gewesen, wenn von dort eine ernstzunehmende Bedrohung für Makedonien selbst ausgegangen wäre: Selbst Korinth war offenbar keine große Anstrengung wert, solange allein die Achaier darüber verfügten.

Der Norden galt aber, wie immer, als wichtig. Etwa um die Zeit des Todes des Antigonos verstarb der Epeirotenkönig Alexandros II. Er hinterließ zwei junge Söhne, deren Mutter, Olympias, das Land für sie regierte. Unter Bedrohung der Aitoler, die den nördlichen Teil Akarnaniens begehrten, den Alexandros für Epeiros gewonnen hatte, bot Olympias dem Demetrios die traditionelle Verbindung der zwei Königshäuser an: ihre Tochter Phthia sollte als Demetrios' Gattin nach Pella gehen. Stratonike scheint schon vor 246 von Pella zu ihrem Bruder Antiochos zurückgekehrt zu sein, und Demetrios war inzwischen eine Verbindung mit Chryseis, einem Mädchen unbekannter Herkunft, eingegangen, welche ihm wohl 238 einen Sohn, Philipp, gebar. Dieses Verhältnis war jedoch kein Hinderungsgrund für eine politisch günstige Ehe mit Phthia, die dann als Königin nach Pella kam[44] – genausowenig wie etwa Demetrios' I. Ehe mit Phila oder die Philipps II. mit Olympias jene Herrscher daran gehindert hatten, andere Ehen einzugehen. Doch die neue Ehe war weder dynastisch noch politisch fruchtbar: Phthia gebar keine Konkurrenz für den Sohn der Chryseis, die nach dem Tode der Phthia (vielleicht schon um 235/4)[45] wieder zu Ehren kam; auch brachte die Bindung keinen makedonischen Einsatz im Westen, auf welchen Olympias gehofft haben dürfte. Alexandros' zwei Söhne starben in rascher Folge, gleich danach ihre Mutter selbst. Von dem Herrscherhaus der Aiakiden blieb nunmehr nur ein Mädchen übrig, Deidameia; und als sie um 233 ermordet wurde, konnte eine unberechenbare föderative Republik in Epeiros eingerichtet werden, ohne daß Demetrios überhaupt etwas dagegen tat.[46] Auch gegen die Aitoler tat er selbst nichts. Als sie um 233 die akarnanische Stadt Medeion angriffen, motivierte er, selbst ausweichend, mit der

Aussicht auf eine Geldzahlung den Illyrerfürsten Agron, den Akarnanen zu helfen.[47] Aber kurz vor seinem Tod (229) wurde er wieder aktiv genug, um eine bedeutende Schlacht gegen die Dardaner zu verlieren, die – aus uns unbekannten Gründen – in Paionien einbrachen und mindestens bis Bylazora (Titov Veles) vorstießen.[48]

Demetrios II. dürfte einer der untätigsten makedonischen Könige überhaupt gewesen sein, wenn das wenige, was von ihm überliefert wird, einen echten Eindruck hinterläßt. Man hat sich in der Forschung zwar manchmal gefragt, ob der Grund für den Mangel an überlieferter Tätigkeit nicht etwa eine Beschäftigung an der Nordgrenze gewesen sein könnte, welche in der fragmentarischen Überlieferung keinen Niederschlag gefunden hat. Doch wahrscheinlicher ist, daß die langen Jahre der Zusammenarbeit mit seinem vergreisten Vater seine Haltung auch während der eigenen Herrschaftszeit prägten. Demetrios genoß die von seinem Vater erreichte Konsolidierung Makedoniens, gegenüber einer aktiveren Wahrnehmung traditionell gewordener Herrschaftsinteressen bevorzugte er eben den Frieden. Ob diese Haltung auf einer positiven Entscheidung beruhte oder bloß aus Trägheit entstand, läßt sich von den Quellen her nicht entscheiden.

2. *Ein neuer Anfang*

Der unerwartete Tod des Demetrios II. löste eine schwere Krise in Makedonien aus. Sein einziger Sohn Philipp war erst etwa acht Jahre alt, seine Mutter Chryseis hatte nicht das Ansehen einer Olympias oder Thessalonike – oder auch nicht die Neigung –, um sich im Lande als Vormund durchzusetzen. Unter den Griechen hatte sich während der Herrschaft des Demetrios der Eindruck verbreitet, daß das makedonische Engagement so schwach geworden war, daß man ziemlich gefahrlos an den makedonischen Besitz herangehen konnte; auch Makedonenfreunde suchten schließlich ihre Rettung in einer anderen Politik. Leider ist, wie so oft, die genaue Chronologie nicht wiederherzustellen, die Annahme einer Kausalkette also mit Gefahren und Unsicherheiten verbunden. In Thessalien ist der Zeitpunkt der Ausbreitung des direkten aitolischen Einflusses im Lande (außer Magnesia) unbekannt: Dies hätte in den letzten Jahren des Demetrios stufenweise oder auf einen Schlag anläßlich seines Todes erfolgen können. Bezeugt aber ist, daß die Thessaler jetzt wieder Vertreter (Hieromnemones) zu den Sitzungen der unter aitolischer Kontrolle stehenden delphischen Amphiktyonie schickten, was sie unter makedonischer Herrschaft nicht getan hatten; und Justinus erwähnt die Bekämpfung der aufständischen Thessaler unter den ersten Aufgaben des neuen makedonischen Herrschers Antigonos Doson.[1]

Der Verlust Thessaliens und die erneuten Unsicherheiten im Axiostal gingen an die Substanz dessen, was seit Philipp II. als Kernbereich des makedonischen Sicherheitssystems gegolten hatte. Aber der Einflußverlust hörte dort nicht auf. Der boiotische Bund war damit in sich gespalten: eine Fraktion neigte dazu, gegen den mächtigen Nachbarn Aitolien Widerstand zu leisten, was nur über eine Anlehnung an Makedonien möglich war, während eine andere es vorgezogen hätte, sich mit Aitolien zu arrangieren. In Demetrios' Krieg gegen Aitolien und Achaia hielten ihm die Boioter noch die Treue, doch bald nach seinem Tode fand trotz der makedonischen Besatzung in Chalkis ein Umschwung statt.[2] Noch schwerwiegender war der Verlust des Piräus, wohl unmittelbar nach dem Tode des Demetrios. Athener im königlichen Dienst sind sowohl als Befehlshaber als auch als Soldaten in den attischen Festungen schon unter Gonatas bezeugt, auch ein Piräuskommandant in den frühen vierziger Jahren, Herakleitos von Athmonon, war Athener. Jetzt scheint wieder ein Athener, Diogenes, die Piräusbesatzung befehligt zu haben; doch als Demetrios starb, wartete er nicht das drohende dynastische Chaos oder einen Umsturzversuch der Athener ab, sondern verhandelte gleich mit führenden Athenern und verlangte 150 Talente für die Übergabe des Piräus. Die Summe war hoch, aber im Hinblick auf das Risiko des Diogenes, der damit auch seine Söldner abfinden mußte, angemessen. Die Athener kratzten das Geld zusammen, und damit wurde Munichia zum ersten Male seit 294 wieder frei von einer makedonischen Besatzung.[3] Und wo ein Diogenes in der Hochburg des makedonischen Einflusses es vorzog, mit seinen untergebenen Landsleuten zu verhandeln, statt auf die Wiederherstellung der makedonischen Macht zu warten, dürften auch die wenigen übriggebliebenen Alleinherrscher in der Peloponnes ihre Hoffnungen auf weitere Unterstützung aus Pella bald aufgegeben haben: Aristomachos brachte Argos in den achäischen Bund ein (229/8), wie schon früher Lydiadas Megalopolis; und ihm folgten mindestens Xenon von Hermione und Kleonymos von Phlious.[4]

Der neue Herrscher in Makedonien, den die führenden Adligen zunächst zum Vormund des kleinen Philipp erkoren, war Sohn eines Halbbruders des Gonatas, auch er trug den Namen Antigonos. Unter dem Beinamen ‚Doson', ‚Der, der geben wird', ist er der Nachwelt bekannt. Als Vormund heiratete er Chryseis, die Mutter des Philipp; und nach einiger Zeit, „als sie durch eigene Erfahrung erkannten, daß er gemäßigt und für das Gemeinwohl vorteilhaft war, erkannten sie ihn als König an". Der Zeitraum, in welchem sich dieser Prozeß abspielte, ist unbekannt. Es könnten Monate oder Jahre gewesen sein; aber auf jeden Fall dürfte sich das Verhältnis vor ca. 226 geklärt haben.[5] Aber kurzfristig viel wichtiger als die formale Stellung des Herrschers war die Tatsache, daß er das Vertrauen der führenden Adligen genoß und selbst tatkräftig und umsichtig war. Die erste Aufgabe stellten die Dardaner dar, danach kamen die widerspenstigen Thessaler. In beiden Bereichen wurden tragbare Lösungen durch Konzessionen gefunden: Die Dardaner behielten die paionische Hauptstadt Bylazora; und in Thessalien scheint der alte Bund der Thessaler, allerdings mit begrenzten Kompetenzen, wieder ins Leben gerufen worden zu sein.[6] Details fehlen, doch war Antigonos nach zwei oder drei Jahren in der Lage, auch wieder außerhalb Makedoniens und Thessaliens tätig zu werden, was auf jeden Fall eine Befriedung der makedonischen Kerngebiete voraussetzt. Auch in Makedonien selbst war Doson bald soweit Herr der Lage, daß er sich gegen unruhestiftende Makedonen durchsetzen konnte.[7] Das dynastische Problem fand eine elegante Lösung: im Zusammenhang mit seiner Ehe mit Chryseis wurde der Knabe Philipp adoptiert.[8] Damit war bei Antigonos' Anerkennung als König die dynastische Lage geklärt. Selbst wenn Chryseis dem Antigonos Söhne gebären sollte, galt Philipp von vornherein als ältester und war als Herrschaftsnachfolger anerkannt. Die Adligen, welche diese Lösung der Krise von 229 erfanden, dürften zufrieden gewesen sein.

Wenn die Quellenlage ein nur unzureichendes Bild der Entwicklung in Makedonien selbst und den Grenzgebieten hergibt, lassen sich doch Ansätze zu einer neuen Griechenlandpolitik des Staates erkennen. Makedonien blieb nach 228 außer Demetrias nur Chalkis erhalten. Auf die Befreiung Athens und den Abfall makedonischer Freunde in der Peloponnes zum achäischen Bund reagierte Antigonos zunächst anscheinend gar nicht. Der Verlust an Ansehen und praktischem Einfluß in den letzten Jahren, gekoppelt mit der mächtigen Ausdehnung des achäischen und vor allem des aitolischen Bundes scheint zu einem Überdenken des Verhältnisses zu den südlichen Griechen geführt zu haben und zur neuen Definition der Prioritäten des Staates, was seit Philipp II. weder geschehen noch notwendig gewesen war. Das Ergebnis scheint eine Rückkehr zu den damaligen Prinzipien gewesen zu sein: Über Thessalien hinaus konnte letzten Endes auf alles verzichtet werden, doch um Thessalien lohnte es sich zu kämpfen, genau wie um das Axiostal und Paionien im Norden. Über diesen Kernbereich hinaus blieb zwar Chalkis erhalten, weil es eben da war; aber sonst sollte äußerst umsichtig und nur mit der Zustimmung und aktiven Kooperation griechischer Verbündeter Einfluß gesucht werden.

Die erste Episode scheint mit dieser Politik kaum etwas zu tun zu haben, sie ist in der Tat sehr obskur. Vielleicht im Jahre 227 fuhr Doson mit einer Flotte in das südwestliche Kleinasien, nach Karien. Die einzige literarische Quelle spricht von einer Eroberung, doch dies dürfte ein Mißverständnis sein.[9] Urkunden aus Labraunda aus der Zeit seines Nachfolgers weisen für Doson nur eine Schlichtungstätigkeit nach und es ist gut möglich, daß seine militärische Begleitung – die Größe ist völlig unbekannt – nur deswegen da war, um seinen Sprüchen den notwendigen Nachdruck zu verleihen. Denkbar wäre, daß er von Mylasa (oder eventuell Iasos, wo Philipp um 220 auch Einfluß hatte) vielleicht unter Vermittlung von Rhodos berufen wurde, in einigen Angelegenheiten, wo die Stadt mit dem Dynasten Olympichos von Alinda im Streit war, zu schlichten. Der Grund könnte sein, daß er eben keine traditionellen Herrschaftsansprüche in Karien zu vertreten hatte, was bei anderen in Frage kommenden Mächten – den Attaliden von Pergamon, den Ptolemäern, den Seleukiden und selbst den Rhodiern – nicht der Fall war. Warum Doson eine solche Einladung angenommen hatte, bleibt völlig im Dunkeln; aber auf jeden Fall zeigte seine kurze Tätigkeit in Karien, daß makedonische Hilfe und Zusammenarbeit nicht unbedingt in Herrschaft ausufern mußten, selbst dann, wenn der militärische Einsatz stark genug war, um Olympichos zu beeindrucken und im Zaum zu halten. Makedonischer Einfluß blieb dort während der ersten Jahre Philipps V. erhalten; auch Philipp wurde im Jahre 220 von Mylasa und Iasos gebeten, örtliche Angelegenheiten, wiederum in Bezug auf ihr Verhältnis zu Olympichos, zu regeln; von einem effektiven makedonischen Herrschaftsbereich in Karien zu sprechen, hieße jedoch, die Aussagen der Quellen übermäßig zu strapazieren.[10]

So gesehen stellt Dosons karische Tätigkeit das erste Beispiel für die neue sorgfältige Handhabung des makedonischen Verhältnisses zu den Griechen dar. Das zweite Beispiel hatte weiterreichende Folgen. Der Abzug der Makedonen aus der Peloponnes erfolgte gleichzeitig mit dem erneuten Herrschaftsstreben Spartas. Die Könige Agis IV., und nach seinem Tode Kleomenes III., versuchten zunächst Sparta intern zu reformieren, um dann die alte peloponnesische Herrschaft wiederaufzurichten. Zwangsläufig führte dieses Streben zu Spannungen und dann zum Krieg mit dem achäischen Bund, welcher durch die im letzten Jahrzehnt erfolgte Eingliederung großer Teile Arkadiens (einschließlich Megalopolis) und von Argos eben die traditionellen strategischen Sorgen und die dazugehörige politische Haltung der neuen Mitglieder hatte übernehmen müssen. Im IV. Jh. hatten die Arkader bloß mit fremder Hilfe (damals waren es die Boioter) ihre Selbständigkeit gegenüber Sparta erkämpfen können, die Stadt Megalopolis, eine euphorische Neugründung jener Zeit, symbolisierte geradezu die Sparta abgetrotzte Freiheit, welche seit Philipp II. letztendlich bloß durch die wiederholte Unterstützung makedonischer Könige aufrechterhalten worden war. Durch die Eingliederung Arkadiens also und den Beitritt von Argos, welches aus verschiedenen Gründen sowohl anti-spartanisch als auch pro-makedonisch war, wurde eine tief verwurzelte pro-makedonische Grundstimmung in den Bund hineingebracht, die im krassen Gegensatz zur momentanen anti-makedonischen Politik des Bundes unter Aratos von Sikyon stand. Diese inhärenten Spannungen wurden auf die Spitze getrieben, als im Jahr 227 Lydiadas, der ehemalige Tyrann von Megalopolis im Kampf gegen Kleomenes fiel und Megalopolis selbst von Sparta ernsthaft bedroht war. Darauf erfolgten in Pella halb-private Sondierungen durch führende Megalopolitaner.[11] Doch nach den augenblicklichen politischen Verhältnissen in Achaia war es für Antigonos nicht besonders sinnvoll, an ein Engagement in der Peloponnes zu denken, selbst dann nicht, wenn die Aitoler Kleomenes halfen. Die Peloponnes war seit eh und je für Makedonien nur im Zusammenhang mit dem Besitz von Korinth interessant, so hatte der Verlust Korinths und daraus hervorgehendes makedonisches Desinteresse an der Peloponnes gerade Megalopolis geschadet. In Zentralgriechenland waren die Aitoler die Hauptgegner Makedoniens, aus naheliegenden Gründen: sie hatten vor kurzem sogar Thessalien teilweise erobert. Aber selbst wenn sie sich mit Kleomenes anfreundeten, mußte für sie und für Makedonien die Peloponnes gegenüber Mittel- und Westgriechenland bloß ein Nebenschauplatz bleiben. Dort boten sich Antigonos in der Tat attraktivere Möglichkeiten an, um die Aitoler einzuschränken, womit die Megalopolitaner eben nicht konkurrieren konnten. Auf jeden Fall war Doson vor 224 im Westen wieder mit Epeiros und dem selbständigen Teil Akarnaniens in ein Vertragsverhältnis getreten und in Mittelgriechenland mit Boiotien, Phokis und den Lokrern aus Opous.[12] Wenn es in allen diesen Fällen recht wahrscheinlich ist, daß die Initiative jeweils von den schwachen und an Aitolien angrenzenden Kleinstaaten ausging (wie bei den Megalopolitanern), so lag es durchaus im makedonischen Interesse, sie gegen Aitolien zu unterstützen. In keinem Fall aber ist jetzt oder später eine ständige makedonische Präsenz eingerichtet worden.

Wenn gerade in der Peloponnes die Entwicklung viel stürmischer verlief als in Mittelgriechenland, wenn dort sehr rasch regelrecht Krieg mit direkter makedonischer Beteiligung geführt wurde, liegt das nicht an einer geänderten Prioritätensetzung, sondern einfach an der Gelegenheit, welche sich plötzlich bot, Akrokorinth zurückzubekommen, den achäischen Bund als aktiven makedonischen Block in der Peloponnes (mit der weitgehenden Zustimmung der Achaier selbst) zu gewinnen, und so die Aitoler an allen Seiten von makedonischen Bundesgenossen zu umzingeln. Attraktiver wurde der peloponnesische Einsatz auch wegen eines Wechsels in der Patronage des Ptolemaios III. Nach Jahren der Unterstützung des Aratos und des achäischen Bundes übertrug er plötzlich seine Patronage auf dessen Gegner, Kleomenes. Auch Aitolien war Ptolemaios äußerst freundlich gesonnen, und Athen erhielt ptolemäische Hilfe sobald klar wurde, daß es sich dem Wunsch des Aratos widersetzte, sich dem achäischen Bund anzuschließen.[13] Genau wissen konnte man damals nicht (und heute noch weniger), was Ptolemaios beabsichtigte. Doch seine fallengelassenen Klienten konnte man gut pflegen und sie im eigenen Interesse aufbauen und einsetzen.

Als Kleomenes immer erfolgreicher wurde und der achäische Bund große territoriale Verluste hinnehmen mußte, sprang Aratos in seiner Not endlich über seinen Schatten, und im Jahr 225 knüpfte er an die zwei Jahre früher von den Megalopoliten mit Antigonos geführten Gespräche an. Der makedonische Gesichtspunkt blieb aber gleich. Der Preis eines makedonischen Einsatzes war die Rückgabe Korinths: erst dann gäbe es für Makedonien und Achaia ein gemeinsames Interesse an der Bekämpfung des Kleomenes. Nur zögernd willigten die Achaier in die Wiederherstellung der alten makedonischen Präsenz ein; doch weil der Bund mit keiner anderen Hilfe gegen Kleomenes rechnen konnte, der inzwischen Argos und Korinth selbst eingenommen und angefangen hatte, Sikyon zu belagern, waren die Achaier im Winter 225/4 endlich bereit, Antigonos' Forderung zu akzeptieren. Der immanente Gegensatz zwischen einem aufstrebenden Sparta und den davon betroffenen Peloponnesiern war wieder wie im IV. Jh. zu Gunsten Makedoniens wirksam geworden. Interessant ist dabei das Urteil des Polybios, selbst Achaier aus Megalopolis. Genau wie er die peloponnesischen Mitläufer Philipps II. vor den alten Vorwürfen des Demosthenes immer noch in Schutz nahm und Philipp selbst als Freund und Retter der peloponnesischen Städte darstellte, so ist sein Urteil über Doson auch ausgesprochen günstig.[14] Unter ähnlichen Bedingungen spielte also die makedonische Macht in der Peloponnes eine ähnliche (und von Polybios wieder positiv bewertete) Rolle: Die Freiheitspropaganda des Aratos, das tarnende Schlagwort für die achäische Expansion der vierziger und dreißiger Jahre (die schon damals, im Hinblick auf die lethargische Haltung der Könige Antigonos und Demetrios etwas gekünstelt wirkte und keineswegs alle Hörer überzeugt hatte), war nunmehr völlig fehl am Platz.

Die erste Ankunft des Antigonos im Jahr 224 schreckte Kleomenes sofort ab: Korinth gab er gleich auf, Argos konnte er nicht halten; und als Antigonos nach Arkadien hineinstürmte, verjagte er die Spartaner aus zwei megalopolitanischen Festungen. Im Herbst besuchte er dann persönlich die achäische Bundesversammlung, wo er über den weiteren Verlauf des Krieges beriet und sich von den Achaiern die Anerkennung als Oberbefehlshaber der alliierten Streitkräfte geben ließ.[15]

Im Frühjahr 223 führte er dann einen Feldzug durch Arkadien, wo er eine Anzahl von Städten, welche sich freiwillig oder unfreiwillig an die Spartaner angeschlossen hatten, gewann und dem achäischen Bund wieder zuführte: In Orchomenos und Heraia zogen makedonische Garnisonen ein; Mantineia wurde, nachdem die Bevölkerung furchtbar bestraft worden war, unter dem Namen Antigoneia von den glücklichen Achaiern unter Aratos neugegründet. Doch selbst dann wollte Kleomenes keineswegs Frieden schließen, wie sein erfolgreicher Angriff auf Megalopolis im Spätherbst zeigt.[16] Im Jahr 222 rief Antigonos seine Alliierten zur Unterstützung auf, und zum ersten Mal wird eine neue Organisation, der sogenennte Hellenische Bund, faßbar. Es ist nicht wahrscheinlich, daß die makedonischen Einzelverträge mit den mittel- und westgriechischen Staaten von vornherein Mitwirkung an einem Krieg in der Peloponnes vorgesehen hatten, wo damals weder makedonische noch alliierte Interessen unmittelbar tangiert waren. Der ‚Hellenische Bund' wurde erst dann notwendig, als Antigonos über die Truppen seiner Bundesgenossen auch für diesen in den einzelnen Verträgen nicht vorgesehenen Zweck verfügen wollte. Ein derartiger Einsatz ist erst 222 quellenmäßig faßbar, und es liegt nahe, die Schaffung des Bundes während des vorangehenden Winters anzusetzen.[17]

Die Zweckbestimmungen des neuen Bundes, an dem die Föderationen der Epeiroten, Akarnanen, Phoker, Boioter, Achaier sowie der gerade erst neu geschaffene thessalische Bund formal teilnahmen, werden nicht überliefert, doch dürfte gegenseitige Hilfeleistung im Falle einer Bedrohung die Kernbestimmung gewesen sein.[18] Das achäische Mitgliedsinteresse wird dann den Anlaß zur Bundesaushebung vom Jahr 222 ergeben haben. Aber wenn Antigonos ganz geschickt dieses Instrument vordergründig im achäischen Interesse schuf, dürfte es doch allen ziemlich klar gewesen sein, daß nur die Autorität und das Ansehen des makedonischen Königs diesen unwahrscheinlichen Zusammenschluß hatte hervorbringen können. Wie locker auch immer die formalen Vertragsbedingungen gestaltet sein mochten, es gab im neuen Bund doch gerade durch die überragende Stellung des makedonischen Königs Ansätze, welche zu seiner Nutzung als Herrschaftsinstrument geradezu verführen konnten: Die Miteinbeziehung der Thessaler, welche trotz ihrer neuen formalen Bundesorganisation nach wie vor zum unmittelbaren Herrschaftsgebiet der Makedonen gehörten, wirft ein grelles Licht auf die Ungleichheit der Mitglieder und entlarvt den Bund als eine makedonische Schöpfung.

Das unmittelbare Ziel wurde aber glänzend erreicht. Ein großes Heer von Alliierten unter Antigonos' persönlicher Führung – nach Polybios waren es insgesamt 28000 Mann zu Fuß und 1200 Reiter – traf im Sommer 222 auf die 20000 Mann, die Kleomenes aufbieten konnte, bei Sellasia, an der lakonischen Nordgrenze. Kleomenes' Heer wurde vernichtend geschlagen und die Stadt Sparta selbst von Antigonos dann allerdings friedlich eingenommen, während Kleomenes nach Ägypten flüchtete.[19] Damit war Antigonos' Pflicht gegenüber dem achäischen Bund getan, der Preis für Korinth voll entrichtet. Sparta war nunmehr eine etwas peinliche Irrelevanz, und Antigonos versuchte, sich aus dem politischen Strudel, welchen die sozialen Reformen des Kleomenes geschaffen hatten, weitestgehend herauszuhalten. Wohlwollen wollte er, zumal unter den

Kleomenesgegnern, erzeugen, aber möglichst mit Ruhe verbunden, so daß die neu eingerichtete makedonische Präsenz in Korinth und der Einfluß in Achaia nicht zu kostspieligem Dauereinsatz in der südlichen Peloponnes führten. Er setzte also auf pragmatische Milde: Zwar wurde ein umstrittenes Gebiet, die Denthalietis, Messenien zugesprochen, und Sparta scheint dem Hellenischen Bund beigetreten zu sein; sonst aber durften Exulanten zurückkehren, das abgeschaffte Ephorenamt wurde wieder eingeführt und ein Versuch unternommen, die sozialen Wogen der kleomenischen Zeit zu glätten. Antigonos ließ zunächst einen Aufseher zurück, den Boioter Brachyllas, doch sollte er nicht als Hinweis auf eine längerfristige makedonische Verantwortung angesehen werden. Sparta sollte sich in Ruhe selbst regieren.[20] Sparta war zwar kein zentraler Gegenstand makedonischer Interessen in der Peloponnes, aber wenn auch dort sowie in anderen Orten außerhalb des unmittelbaren Isthmosraumes ein grundsätzlich wohlwollendes Klima geschaffen werden konnte, kann das dem Makedonen nur recht gewesen sein. Daß er mit dieser Zielsetzung auch erste Erfolge erzielte, geht eindeutig hervor aus der Gründung von Kultfesten *(Antigoneia)*, aus allgemeinen Äußerungen des Polybios und Plutarchs sowie aus ihn ehrenden Inschriften von Epidauros, Geronthrai in Lakonien und dem arkadischen Mantineia, das nach der Zerstörung bei der makedonischen Eroberung sogar als Antigoneia neugegründet wurde.[21]

Ganz fertig wurde Antigonos in der Peloponnes nicht. Bis auf weiteres ließ er Garnisonen in Heraia, Orchomenos und Korinth zurück, als er kurz nach Sellasia wieder nach Makedonien zurückkehren mußte. Einige Illyrer – welche es waren, wird nicht überliefert – hatten die Abwesenheit des königlichen Heeres ausgenutzt, um einen Plünderungszug nach Makedonien hinein durchzuführen. Doson beauftragte seinen Vertrauten Taurion mit der Vertretung makedonischer Interessen in der Peloponnes und eilte nach Norden.[22] Eine Schlacht gegen die Illyrer konnte er gewinnen, aber einige Monate später verstarb er. Er litt unter Schwindsucht, außerdem war ihm in der Schlacht ein Blutgefäß geplatzt, wovon er sich nicht wieder erholte. Doch hatte er im Verhältnis zu den Griechen Zeichen gesetzt und ein grundsätzliches Wohlwollen sowohl in breiten Teilen der Peloponnes als auch bei anderen Nachbarn des aitolischen Bundes erzeugt, das die Voraussetzung für ein Klima künftiger politischer Kooperation schuf und welches formell in der Organisation des Hellenischen Bundes zum Ausdruck kam.[23]

Doson hatte diese neue Politik nicht allein entwickelt. Freunde und Offiziere hatten sie mitgestaltet und mitgetragen. In einem Versuch, politische Kontinuität zu gewährleisten, schrieb er in seinen letzten Monaten ein politisches Testament, worin er nicht nur eine Art Rechenschaft über seine eigene Herrschaft ablegte, sondern auch Anweisungen für die Zukunft hinterließ. Wichtig vor allem war die Gewährung einer Kontinuität im personellen Bereich, damit sein vorgesehener Nachfolger, Philipp, der erst 17 Jahre alt war, nicht durch jugendlichen Tatendrang alles, was bislang erreicht war, unüberlegt aufs Spiel setzte. Schon vor seinem Tod ließ er Philipp die Bedeutung erkennen, welche er dem persönlichen Kennenlernen der führenden griechischen Politiker beimaß. Er sandte ihn in die Peloponnes, wo er u. a. in Achaia Aratos kennenlernte und eine Vertrauensbasis für die Fortsetzung der Politik des Doson schuf.[24] Durch sein Testament versuchte Doson seine eigenen Minister mit solchem Ansehen auszustatten, daß sie auch unter Philipp die Griechenlandpolitik würden mitgestalten können: Apelles wurde als eine Art Premierminister *(en tois epitropois)* eingesetzt, Megaleas als Staatssekretär *(epi tou grammateiou),* Taurion als Stellvertreter in der Peloponnes, Leontios als Peltastengeneral und Alexandros als Hofmeister.[25] Diese Männer behielt Philipp zunächst auch, er ließ sich ohne weiteres in ihr Programm einspannen und verdiente dabei, nach Polybios' Angabe, die Bezeichnung ‚Liebling von Hellas' für seine Haltung.[26]

Aber für Philipp, wie für jeden makedonischen König, lag die Priorität im Norden. Hier konnte es keine Meinungsverschiedenheiten geben, Philipp war durchweg Traditionalist. Jetzt waren es vor allem die Dardaner, die wieder Gefahr bedeuteten. Justinus charakterisiert das Verhältnis um diese Zeit: „Die Dardaner und andere benachbarte Völker, welche einen fast unauslöschlichen Haß gegen die Könige der Makedonen nährten, provozierten Philipp andauernd, weil sie sein junges Alter verachteten." Polybios erzählt etwas konkreter von Unternehmungen im Winter 220/219, im Sommer 219 und im Frühjahr 217. Im letzten Feldzug eroberte er sogar Bylazora zurück, welches die Dardaner von den Paionen um 230 erobert hatten; und damit kehrte für einige Jahre wieder Ruhe ein.[27]

Wo Doson etwas ganz Besonderes geschaffen hatte und wo eine Rückkehr zur Politik des Gonatas das subtile, auf Partnerschaft beruhende Verhältnis Dosons schnell vernichtet hätte, ist Kontinuität sofort faßbar. Die Verfügung Dosons funktionierte, wenn nicht ganz reibungslos, so doch zunächst effektiv. Selbst in Karien, woher wir die frühesten Staatsakten aus Philipps Regierungszeit haben, wurden die Beziehungen, welche Doson zu Olympichos von Alinda und zu Mylasa um 227 geknüpft hatte, von Philipp aufrecht erhalten: Wir dürfen mit ziemlicher Sicherheit annehmen, daß die zwei erhaltenen Briefe in Philipps Namen (vom Jahr 220) vom selben Kanzleichef – Apelles oder vielleicht Megaleas – geschrieben wurden wie die früheren unter Doson.

Durch den Zusammenschluß der Bundesgenossen Dosons im Hellenischen Bund waren die Aitoler umzingelt worden; durch die Erweiterung des makedonischen Einflusses in der Peloponnes waren die wenigen aitolischen Bundesgenossen dort – Messenien und Elis – unter starken Druck geraten; und zumindest Messenien spielte mit dem Gedanken (aber wohl erst nach der Aufnahme des alten Feindes Sparta in den Hellenischen Bund), sich selbst dem Bund anzuschließen.[28] Damit wäre aitolischer Einfluß auf Elis begrenzt gewesen. Die aitolischen Führer verrechneten sich aber, als sie sich entschlossen, in Messenien einzugreifen. Die Messenier appellierten an Achaia, die Achaier kurz danach an die Mitglieder des Bundes; und weil das einzige bindende Element des Bundes eben gemeinsame Furcht vor den Aitolern war, war es nicht schwierig, Philipp und seine Berater, ganz im Sinne der Politik Dosons, für ein militärisches Eingreifen zu gewinnen: Im Sommer 220 wurde also auf einer Delegiertenversammlung bei Korinth Krieg gegen den aitolischen Bund erklärt. Die Mitglieder verpflichteten sich außerdem, Städte und Territorien, welche die Aitoler seit dem Tode des Demetrios eingenommen hatten, zu befreien und die Wiederherstellung der Freiheit der Amphiktyonen, Delphi ohne aitolischen Einfluß zu verwalten, zu erkämpfen. Das waren vor allem Interessen der mittel- und westgriechischen Mitglieder des Bundes, die hier zum Ausdruck kamen. Unter Doson hatten sie sich am Krieg gegen Kleomenes, der sie unmittelbar kaum anging, beteiligt: jetzt sollten auch sie etwas vom Bund haben.[29]

Die Zielsetzung dieses Krieges entsprach, obwohl der unmittelbare Anlaß in der Peloponnes gegeben war, sicherlich makedonischen Staatsinteressen, reflektiert sie doch Dosons ursprüngliche Ziele für den Bund. Gerade im Westen war der makedonische Einfluß unter Doson, durch Staatsverträge und über den Hellenischen Bund, wieder etwas gestärkt worden: Nunmehr sollten konkrete Vergünstigungen folgen, welche sowohl die Aitoler schwächen als auch die Freunde der Makedonen in Epeiros und Akarnanien stärken sollten. Deswegen waren makedonische Operationen im Jahr 219 auf dieses Gebiet beschränkt, dessen momentane Bedeutung daran gemessen werden kann, daß weder der Angriff des aitolischen Generals Skopas auf Thessalien und seine Verwüstung des makedonischen Nationalheiligtums in Dion in Pieria noch der Zusammenbruch der Neuordnung in Sparta Philipp davon abbrachte. Erst als ein Gerücht über Bewegungen bei den Dardanern ihn erreichte, brach er den Feldzug ab und eilte nach Norden; doch als sich das Gerücht als falsch entpuppte, verbrachte er den Rest des Sommers in Larissa, während seine Soldaten zuhause die Ernte einholten. Nach Skopas' Angriff gab es in Thessalien bestimmt genug zu tun. Erst im Winter 219/218 kam das makedonische Heer in die Peloponnes, wo in einem ungewöhnlichen Winterfeldzug die achäischen Verluste des Jahres weitgehend wettgemacht wurden.[30]

Die Prioritätensetzung in diesen ersten Jahren der Herrschaft Philipps wich von jener Dosons in nichts ab. Der jugendliche Elan des Königs war offensichtlich in die von Apelles und vom Hof anvisierten Bahnen gelenkt worden. Doch während des Kriegsjahres 219/218 waren Spannungen entstanden, die zunächst allerdings keinen wesentlichen Einfluß auf die Staatspolitik ausgeübt hatten. Unsere Quelle Polybios vertritt sehr stark den Gesichtspunkt der Achaier und insbesondere des Aratos; aber weil Aratos einer der Hauptbetroffenen war – zwischen ihm und Apelles gab es starke Reibungen –, ist Polybios' Tendenz bestimmt irreführend, aber dennoch nicht leicht genau zu durchschauen. Die Spannungen uferten im nächsten Jahr aber weiter aus und führten zu schwerwiegenden Meinungsverschiedenheiten sowohl innerhalb des Kronrates als auch zwischen Philipp und einzelnen Mitgliedern. Verkompliziert wurde die Lage am Hof außerdem durch die Aufnahme des flüchtigen Demetrios von Pharos, der aus seiner illyrischen Herrschaft im Jahr 219 von einer römischen Expedition verjagt worden war (sog. ‚Zweiter Illyrischer Krieg'). Demetrios hatte im Jahre 222 zusammen mit Doson bei Sellasia gekämpft, er war im Jahre 220 von Taurion für einen Einsatz in der Peloponnes engagiert gewesen, galt also zur Zeit seines Exils durchaus als Freund und Verbündeter der Makedonen.[31] Doch schuf die Dauerpräsenz eines hochgestellten Flüchtlings am Hof eine neue Lage; und obwohl es wegen der feindlichen Färbung des polybianischen Berichts nicht möglich ist, die wahre Bedeutung des Demetrios einzuschätzen, ist es eindeutig, daß er strategische und taktische Vorschläge machte, die Philipp und Taurion einleuchteten, Apelles aber verdächtig vorkamen.

Der Streitpunkt, um den sich die Spannungen kristallisierten, war der Einsatz einer Flotte. Es war unbestreitbar, daß Operationen insbesondere in Akarnanien und Epeiros dadurch erleichtert und effizienter gestaltet werden konnten.[32] Seit Demetrios Poliorketes hatte keine makedonische Flotte im Westen operiert, aber Taurion hatte schon versucht, in der Peloponnes Demetrios' illyrische Flotte einzusetzen. Wenn Taurion den Flotteneinsatz jetzt empfahl, war es gewiß wegen der Vergrößerung des Kriegspotentials der Makedonen, das so gegen die Aitoler eingesetzt werden konnte. Doch sollte Demetrios noch an Einfluß auf Philipp gewinnen, würde er vielleicht in der Lage sein, ihm einen Einsatz in Illyrien selbst schmackhaft zu machen: daß Demetrios' Eigeninteresse zum makedonischen Staatsinteresse allmählich werden könnte, dagegen sträubten sich die Konservativen. Es spielten sicherlich die persönlichen Motive von Apelles eine Rolle, daß er sich beiseite geschoben fühlte, die Polybios hervorhebt.[33] Aber das Staatsinteresse dürfte die Hauptsache gewesen sein: Ein ernsthaftes makedonisches Engagement in Illyrien wäre etwas Einmaliges in der makedonischen Geschichte, Illyrien wäre ein ganz neues Interessengebiet gewesen, das aber keineswegs so nützlich für Makedonien sein konnte wie etwa die Wiedereroberung Thrakiens. Durch den wachsenden Einfluß des Demetrios war also eine neue staatspolitische

Dimension entstanden, deren Größe sich auch nicht annähernd schätzen ließ. Diejenigen, die so weit voraus sahen, anscheinend allen voran Apelles, lehnten die Gefahren entschieden ab; andere, wie Taurion, sahen in der Flotte gerade jene Mobilität, welche den Makedonen gegen Aitolien bislang fehlte, und sie unterstützten die neue Entwicklung – und überlebten.

Das Jahr 218 brachte die brutale Zuspitzung der Krise. Das Hauptereignis des Jahres war ein erfolgreicher Angriff, in Erwiderung aitolischer Angriffe auf Dion und Dodona, auf das aitolische Bundesheiligtum in Thermon, wo die Bundesgenossen große Weihgeschenke und sonstige wertvolle Gegenstände zerstörten oder wegtrugen. Im Verlauf dieses Feldzuges wurden die Hauptwidersacher des neuen Aktivismus, Apelles, Megaleas und Leontios, nach und nach in politische und persönliche Schwierigkeiten verstrickt. Mit der treuen Hilfe des Alexandros und Taurion nutzte Philipp diese dann aus, um sie zu isolieren, und dann zu ermorden oder zum Selbstmord zu treiben. Die Überlieferung dieses trüben Kapitels bei Polybios ist durch die offiziöse nachträgliche Tarnung der Ereignisse als eine Verschwörung gegen Philipp und durch Aratos' eigenwillige Betonung seines eigenen Einflusses beim König so verdunkelt worden, daß die echten Beweggründe kaum zu erkennen sind. Doch scheint der Person des Demetrios von Pharos, selbst dann, wenn er zunächst bloß als Günstling Taurions an Einfluß gewann, eine mitentscheidende Bedeutung zuzukommen. Gewiß fühlte sich der junge König eingeengt von seinen von Doson hinterlassenen Beratern – und er war es auch, wie die temperamentvolle und für Philipp gefährliche persönliche Loyalität des Spitzenregiments der Peltasten gegenüber ihrem General Leontios nachweist. Schließlich mag eben die zu enge Gängelung des Königs durch die alten Berater, welche selbst die Erfolge Dosons mitgetragen hatten und über Ansehen und Autorität im Lande und beim Heer verfügten, den wahren Grund für ihr Scheitern mitgeliefert haben.[34]

Durch die Ausrottung des Apelleskreises tat Philipp mehr, als sich bloß freie Entfaltungsmöglichkeiten zu verschaffen. Mitentscheidend für die Krise waren Meinungsverschiedenheiten über die Richtung der makedonischen Politik. Solange die „Westpolitik" auf traditionelle Weise vom Lande her betrieben wurde, blieben makedonische Interessen auf Akarnanien und Epeiros begrenzt, war das höchste Kriegsziel die Einschränkung der Entwicklungsmöglichkeiten des aitolischen Bundes. Das war der Ausgangspunkt der Griechenlandpolitik Dosons, dessen Grundsätze im Jahre 218 immer noch bestimmend blieben. Der Hellenische Bund war eben ein Bund der Gegner Aitoliens. Daß Aratos, als Vertreter des Bundesmitglieds Achaia, lokale Eigeninteressen vertrat, war selbstverständlich und mußte hingenommen werden: so taten bestimmt auch die maßgeblichen Politiker der anderen Bundesstaaten. Demgegenüber war das Eigeninteresse des Demetrios, der sich seine Rückkehr nach Illyrien wünschte, weder Bundessache noch vertrat er Interessen, welche von einem Traditionalisten überhaupt als makedonisch erkennbar waren. Die Flotte ermöglichte in der Tat eine effizientere Kriegführung gegen Aitolien, ermöglichte aber gleichzeitig rasche Abenteuer in anderen Gebieten. Die Konsequenzen waren nicht absehbar.

Daß Philipp aber die politischen Grundsätze Dosons inzwischen als zu mühsam und phantasielos empfand, wurde bald klar. Im Jahre 217 ließ er die südlichen Griechen allein, engagierte sich intensiv im Norden und mit Illyrien: Von den Dardanern gewann er Bylazora zurück; kümmerte sich sehr um Thessalien, wo er den Aitolern das Phthiotische Theben wegnahm und die Stadt in Philippoi umbenannte, und etwa im September schrieb er nach Larissa, daß die Stadt neue Bürger aufnehmen sollte, um die Menschenverluste des Krieges wettzumachen. Außerdem bereitete er einen Feldzug gegen den Illyrerfürsten Skerdilaidas vor, der sich nach der Vertreibung des Demetrios bei den Ardiaioi anscheinend durchgesetzt hatte.[35]

Im Spätsommer leitete er dann Verhandlungen mit den Aitolern ein, die zum Friedensabschluß auf der Basis der jeweiligen Besitzverhältnisse führten (Friede von Naupaktos). Seit Polybios, dessen Interpretation durch spätere Ereignisse stark beeinflußt ist, neigt man zu der Annahme, daß die Nachricht über die schwere römische Niederlage gegen Hannibal beim Trasimenischen See und die Hoffnung, sich in diese ‚Weltereignisse' einmischen zu können, maßgebliche Gesichtspunkte für Philipps Frieden mit den Aitolern gewesen waren. Wahrscheinlicher jedoch ist, daß die Gründe etwas bescheidener waren. Aus der momentanen Notlage der Römer konnte höchstens geschlossen werden, daß sie in Illyrien wahrscheinlich nichts würden unternehmen wollen, falls Philipp, auf Demetrios hörend, gegen Skerdilaidas (der gerade provokativ in Pelagonia eingebrochen war) vorgehen und Demetrios in Illyrien wieder einsetzen sollte. Daß Philipp in Illyrien doch etwas vorhatte, das mit den Aitolern nichts zu tun hatte, geht eindeutig aus seiner Anweisung hervor, während des Winters den Bau einer von Demetrios von Pharos angeregten Flotte von 100 leichten Schiffen illyrischer Bauart *(Lemboi)* vorzunehmen. Diese kleinen Schiffe waren für ein etwaiges Engagement in Italien völlig ungeeignet, doch für den schnellen Kommandoeinsatz in illyrischen Küstengewässern ideal. Mit Rom und Hannibal hatte Philipps Flottenbau nichts zu tun, dennoch konnte niemand daran zweifeln, daß die umsichtige Aufbauphase Dosons und seiner Berater zu Ende war. Ein neuer Aktionismus beherrschte die makedonische Politik, die zunächst einmal neue Wege gehen wollte.[36]

3. Der neue Aktionismus

Seit Philipp II. waren die zwei Säulen der makedonischen Lösung des illyrischen Problems die Unterhaltung enger Beziehungen im Norden zu den Paionen im Axiostal und im Westen zu Epeiros. Wenn außerdem mit irgendwelchen illyrischen Stämmen freundliche Beziehungen unterhalten werden konnten – wie bislang mit den Ardiaioi –, war das eine Zugabe. Bis auf gelegentliche Streifzüge sind keine makedonischen Unternehmungen bekannt, die das Ziel hatten, in Illyrien unmittelbaren Einfluß, wie in Paionien oder Epeiros, zu gewinnen.

Die Lage im Westen hatte sich aber in den letzten Jahren in wesentlichen Aspekten geändert. Erstens hatten die Ardiaioi in den dreißiger Jahren unter Agron ihre Interessen nach Süden ausgedehnt, und zumindest einige Gruppen führten gelegentliche Raubzüge an der Küste von Epeiros durch.[1] Zweitens war Epeiros selbst, das unter der Monarchie normalerweise stark genug gewesen war, um den Illyrern mit Härte zu begegnen, seit der Errichtung der Republik geschwächt, war also als Pufferzone nicht mehr so effektiv. Ein wesentlicher Grund dafür war die feindliche Haltung der Aitoler im Süden, und dies verschärfte noch die Tatsache, daß wegen der epeirotischen Schwäche auch Makedonien exponierter geworden war. Ein Hauptziel des Bundesgenossenkrieges war es gewesen, eben jene makedonischen Bundesgenossen im Westen zu stärken. Ein drittes Moment war im Jahre 217 schwerer einzuschätzen. Im Jahre 229 ging ein römisches Heer nach Illyrien, um den Illyrern, damals unter Teuta, zu begegnen und die Straße von Otranto für Reisende aus Italien vor den illyrischen Piraten zu sichern. Teuta akzeptierte sehr schnell römische Bedingungen, wobei die Selbständigkeit verschiedener Stämme und Städte garantiert wurde – es handelte sich um Epidamnos, Apollonia und Kerkyra sowie die Stämme der Atintanes und Parthinoi – und die Tätigkeit der Ardiaioi auf das Gebiet nördlich von Lissos (Lezha) begrenzt war. Die so geschützten Gemeinden galten den Römern als Freunde *(amici)*, und insbesondere Demetrios von Pharos wurde von Rom gefördert. Er dehnte den Bereich seines Einflusses allmählich auf das Reich der Ardiaioi aus – er wurde sogar Vormund des Prinzen Pinnes –, bis er praktisch als ihr neuer Fürst auftrat. Agrons gute Beziehungen zu Makedonien pflegte Demetrios nunmehr weiter; so fand er, als im Jahre 219 die Römer meinten, er selbst stelle dieselbe Gefahr für die Sicherheit der Straße von Otranto dar wie Teuta in 229, und ihn stürzten, eine Zuflucht in Pella.[2]

Bislang hatte Makedonien anscheinend keinen Kontakt mit Rom gehabt. Die bloße Aufnahme des Flüchtlings Demetrios, obwohl *persona non grata* in Rom, war kein feindlicher Akt. Doch sobald Philipp unter dem Einfluß des Demetrios daran dachte, Makedoniens illyrisches Problem durch die Rückkehr des von ihm abhängigen Demetrios nach Illyrien zu lösen, war die Gefahr da, daß ein Interessenkonflikt entstand. Die Entwicklung der makedonischen Flottenpolitik, auch unter dem Einfluß des Demetrios, deutet darauf hin, daß Philipp letztendlich bereit war, das Risiko einzugehen. Die neue Lösung war unter verschiedenen Gesichtspunkten risikoreich: man konnte sich ohne weiteres fragen – auch ohne das römische Moment –, ob das Ergebnis den Einsatz je rechtfertigen konnte. Doch schien die Unternehmung im Moment attraktiv, denn obwohl Demetrios die Gefahr einer erneuten römischen Einmischung im Prinzip ernst zu nehmen hatte – er dürfte gewußt haben, daß im Jahre 217 der Senat bei Pinnes nachgefragt hatte, wo fällige Reparationszahlungen geblieben waren; angeblich wurde sogar Philipp gebeten, Demetrios auszuliefern[3] –, schien das römische Desaster am Trasimenischen See diese Gefahr doch ausgeschaltet zu haben. Daß sich Philipp der römischen Gefahr zwar im Prinzip bewußt war, doch sie eben wegen Trasimene anfangs nicht ernst nahm, geht aus den Ereignissen des Jahres 216 hervor. Die neuen *Lemboi* operierten in der Gegend von Apollonia, welches Philipp einnehmen wollte. Von Skerdilaidas alarmiert, kamen zehn römische Schiffe über die Adria, was ausreichte, um Philipp von seinem Vorhaben gleich abzuschrecken: es gab keine Auseinandersetzung. Philipp gab einfach auf und führte seine neue Flotte nach Hause.[4]

Dennoch eröffnete das Jahr 216 für Makedonien neue Aussichten, als bei Cannae das römische Heer von Hannibal vernichtend geschlagen wurde. Nicht nur in Italien dachte man damals an die Möglichkeit eines endgültigen Sieges der Karthager. In Makedonien erhob sich die Frage, falls in Italien Hannibal siegen sollte, was mit Illyrien geschehen würde. Nicht Rom, sondern ein von Karthago geschütztes Unteritalien wäre dann der Nachbar geworden. Um Kontakte rechtzeitig aufzunehmen, fuhr im Jahre 215 ein makedonischer Gesandter zu Hannibal, der Athener Xenophanes, und handelte einen Bündnisvertrag aus. Formell war zwar eine Kooperation vorgesehen, doch der eigentliche Sinn des Vertrages war ganz deutlich, die neuen makedonischen Ansprüche in Illyrien zur Geltung zu bringen. Eine allgemeine Freundschaft wurde vereinbart, außerdem, daß Karthago und Makedonien im Krieg gegen die Römer Bundesgenossen sein sollten, „bis die Götter uns den Sieg gewähren". Philipp sollte helfen „wenn nötig und wie von Zeit zu Zeit vereinbart wird." Philipp reihte sich damit deutlich in die Reihe der Romgegner ein. Er ging aber sicherlich davon aus, daß er sich so mit der Macht der Zukunft arrangiert und damit seine illyrischen Ansprüche billig geschützt hatte. Dies geht aus der einzigen konkreten Vereinbarung des Vertrags hervor: nach dem Sieg sollten die Römer verpflichtet werden, gegen Philipp keinen Krieg zu führen, sie würden nicht mehr Kerkyra, Apollonia,

Epidamnos, Pharos, Dimallon, die Parthinoi und die Atintanes „beherrschen" dürfen (hier fassen wir Demetrios' Interpretation der von Rom geschützten Selbständigkeit der römischen Freunde in Illyrien); und Demetrios von Pharos sollte seine Freunde und Verwandten, die seit 219 in Italien interniert waren, frei bekommen.[5]

Diese deutliche, durch nichts provozierte Stellungnahme für Karthago, bei der sich Philipp Demetrios' Feindschaft gegen Rom offen zu eigen machte, war eine voreilige Handlung mit verheerenden langfristigen Folgen. Gewiß war es ein Versuch, auch nach dem Ende des Krieges in Italien, das anscheinend unmittelbar bevorstand, die Effektivität der neuen makedonischen Politik in Illyrien zu schützen. Der Vertrag hätte vielleicht auch längerfristig kaum so großen Schaden angerichtet, wenn nicht sein Inhalt durch einen dummen Zufall den Römern gleich bekannt geworden wäre: Xenophanes' Schiff wurde nämlich vor Kalabrien aufgebracht, an Bord waren drei hochgestellte Karthager, und der Vertragsentwurf wurde gefunden. Als es sich dann nach und nach herausstellte, daß der Sieger von Trasimene und Cannae zwar Schlachten, aber nicht den Krieg gewinnen konnte, war auch die makedonische Katastrophe wohl vorhersehbar. Philipp hatte seinen Staat bloß wegen seiner von Demetrios im eigenen Interesse entworfenen neuen Illyrienpolitik in einer der größten Auseinandersetzungen, welche es im Mittelmeerraum je gegeben hatte, leichtfertig auf die Seite des Verlierers gebracht.

Es vergingen einige Jahre, bis diese Folgen voll sichtbar wurden. Zunächst nahm der Senat mit Recht die Drohung, welche aus dem Vertrag hervorging, nicht sehr ernst: 50 Schiffe wurden zur Disposition gestellt, ihr Kommandeur M. Valerius Laevinus angewiesen die Adria zu überqueren, sollten sich Verdachtsmomente gegen Philipp erhärten, „nach Makedonien", wie es offiziell hieß, um sicherzustellen, daß Philipp eben nicht zu Hannibal komme. Als dann Philipp im Jahre 214 mit 120 *Lemboi* die romfreundliche Stadt Orikos einnahm, holten die Oriker gleich Laevinus herüber, und Philipps Garnison wurde vertrieben; etwas später, als die Makedonen Apollonia angriffen, wurden sie mit solcher Entschiedenheit zurückgewiesen, daß Philipp meinte, sich und sein Heer bloß auf dem Landweg retten zu können, worauf er die ganze neue Flotte an der Mündung des Aoos vorher verbrannte. Damit war sichergestellt, daß die römische Flotte in illyrischen Gewässern stationiert blieb, allerdings auch, daß die Flottenphase der Politik Philipps in Illyrien zu Ende war.[6]

Der Tod des Demetrios, wahrscheinlich im Herbst 214,[7] beraubte die neue makedonische Illyrienpolitik, welche auf seine Person zugeschnitten war, ihrer Grundlage. Doch blieb Skerdilaidas nicht ungefährlich; und unsicher waren inzwischen Status und Ziele der römischen Flotte. Die grundsätzlichen Ziele makedonischer Politik in Illyrien jedoch, die Absicherung Makedoniens, mußten jetzt, ohne Demetrios und ohne

Flotte, mit anderen Methoden verfolgt werden. In den nächsten zwei Jahren war Philipp in den Bergen des Westens tätig, mit dem Ziel, seinen Gegnern Territorien und Völker abzugewinnen: So wurden unter den römischen *amici* die Atintanes, die Parthinoi und die Festung Dimallon sowie von Skerdilaidas die Festung Lissos eingenommen; auch in der Dassaretis scheint Philipp makedonischen Einfluß geltend gemacht zu haben. Damit hielten die Römer zwar noch die wichtigen Häfen Orikos, Apollonia und Epidamnos, doch fast das ganze Hinterland sowie Lissos kontrollierte Philipp.[8]

An sich hätte der Krieg da enden können. Philipp, ohne Flotte und bis auf Lissos ohne Adriahafen, stellte für Italien keine Gefahr dar; die Römer, auf die Hafenstädte beschränkt, stellten für Makedonien keine Gefahr dar. Doch es stand Philipps ominöser Vertrag mit Hannibal im Raum, jener Anlaß für die römische Präsenz überhaupt. Und damit blieb für Rom Makedonien ein Feind, den es, trotz der begrenzten Mittel, noch zu bekämpfen galt. Laevinus handelte deshalb konsequent, als er mit den alten Makedonenfeinden, den Aitolern, einen Bündnisvertrag abschloß, womit er sie zu einem neuen Krieg gegen Makedonien verlocken wollte. Die Bedingungen waren für die Aitoler maßgeschneidert: nach Norden bis Kerkyra sollte erobertes Land den Aitolern gehören, die Römer behielten bloß einen den Eroberungsumständen angepaßten Anteil an der beweglichen Beute. Insbesondere sollte Akarnanien Ziel gemeinsamer Bemühungen sein. Weitere aitolische Freunde als Mitstreiter wurden vorgesehen, ausdrücklich Sparta und Elis in der Peloponnes, in Illyrien Skerdilaidas und sein Sohn Pleuratos, und – neu auf der Balkanszene – Attalos von Pergamon.[9]

Der Ausrichtung der Allianz entsprechend, fand dieser „Erste Makedonische Krieg" zwangsläufig in genau jenen Gebieten statt, welche auch vom Bundesgenossenkrieg heimgesucht worden waren. Den Römern war alles recht, was Philipp und seinen Bundesgenossen schadete und sie von der Straße von Otranto fernhielt: Sie ließen es gern zu, daß Operationen, an welchen sie sich sowieso bloß mit 25 Quinqueremen beteiligten, in Akarnanien, Phokis, Lokris und Thessalien sowie auf der Peloponnes erfolgten. Im Jahre 211 fand Philipp zwar noch Gelegenheit, das illyrische Hinterland von Apollonia und Orikos zu verwüsten und außerdem die Dardaner sowie die Maedoi am mittleren Strymon anzugreifen.[10] Später mußte er aber den Norden vernachlässigen, um zu vermeiden, daß die von Doson wiederhergestellte makedonische Stellung im mittleren und südlichen Griechenland vernichtet wurde. Bis 206, mit der Ausnahme des Herbstes 209, als er Angriffen von Illyrern auf Lychnidos und von den Dardanern, die bis nach Orestis vorstießen, begegnen mußte, sowie einer kurzen Zeit im Jahre 208,[11] beanspruchte ihn der Krieg im Süden vollauf.

Die deprimierenden Details dieses Krieges, welcher immer wieder zu Brutalitäten und Verwüstungen führte, aber keiner Seite wesentliche strategische Vorteile brachte – außer den Römern, die im Augenblick Philipp nur schädigen und beschäftigen wollten –, brauchen hier nicht aufgeführt zu werden. Es genügt, festzustellen, daß fast alles Wesentliche, das die Aitoler in den Jahren 211 und 210 gewannen – bis auf Aigina, welches Attalos ihnen abkaufte –, später von Philipp zurückerobert wurde. Selbst das namentliche Hauptziel der Aitoler, Akarnanien, wurde nicht erreicht. Infolgedessen schlossen die Aitoler im Jahre 206 einen Friedensvertrag, obwohl ihnen dies Ärger mit den Römern bringen mußte, weil im Vertrag von 212/11 stand, daß kein Partner ohne den anderen Frieden schließen durfte und Rom eben noch keinen Frieden mit Philipp machen wollte. Aber ein Jahr später, nachdem ein neuer römischer Kommandeur im Hinterland von Epidamnos und Apollonia tätig gewesen war, wo er die Parthinoi auf Dimallon zurückgewann sowie zwei Festungen, Bargullon und Eugenion, einnahm, verhandelten die Kriegsparteien in der epeirotischen Stadt Phoinike. Die Römer wollten nunmehr den Krieg auf dem Balkan, zumindest momentan, beenden, weil sie die Invasion in Afrika vorbereiteten; und Philipp hatte vom Frieden nichts zu verlieren. Für Makedonien waren die Parthinoi und Dimallon schließlich nur wichtig, solange eine feindliche Flotte in Epidamnos oder Apollonia stationiert war. Für die Hinnahme dieser Verluste durfte Philipp die Atintanen behalten. Daß er immer noch Lissos hielt, ist unwahrscheinlich, spielte die Stadt doch bei den Verhandlungen keine Rolle mehr. Dem Vertrag wurden von Philipp beigeschrieben *(adscripti)* sein Verwandter Prusias, König von Bithynien (der allerdings im Krieg keine bekannte Rolle spielte), sowie die wichtigsten Mitglieder des Hellenischen Bundes, die Achaier, Boioter, Thessaler, Akarnanen und Epeiroten. An der Küste blieben die Hafenstädte Orikos, Apollonia und Epidamnos sowie die Insel Kerkyra freie römische Freunde, genauso die Parthinoi und die Bewohner der drei Festungen. In Skodra saß außerdem Skerdilaidas' Sohn und Nachfolger Pleuratos, der gewiß ein aufmerksames Auge auf seine südlichen Nachbarn halten würde.[12] Doch schließlich dürfte Philipp zufrieden gewesen sein, daß sein vor mehr als zehn Jahren angefangenes Abenteuer in Illyrien anscheinend so glücklich beendet war. Ein prinzipieller Gegensatz zwischen ihm und Rom, so schien es, war nicht vorhanden. Makedonien mußte nicht die illyrische Küste beherrschen, während römische Interessen nach wie vor bloß auf die illyrische Küste begrenzt zu sein schienen. Auch der Hellenische Bund blieb erhalten, trotz einiger Spannungen, etwa in Achaia, als es sich herausstellte, daß der König nicht gleichzeitig überall sein konnte, und wo makedonische Garnisonen in Orchomenos und Heraea, in Triphylia und Alipheira nicht immer nur von der Seite ihrer Schutzfunktion angesehen wurden.

Der Friede von Phoinike befestigte die makedonischen Grenzgebiete gegenüber Illyrien. Eine weitere Auseinandersetzung mit Rom war nicht vorauszusehen, weil der Frieden anscheinend auch römische Interessen aufrechterhielt. Es mag sein, daß Philipp einige weitere Kontakte mit illyrischen Stämmen pflegte, welche Anlaß zu Beschwerden in Rom gaben; doch scheint er sich in den nächsten Jahren vorwiegend östlichen Interessen gewidmet zu haben. Wiederum ist die Überlieferung äußerst schlecht, sowohl lückenhaft als auch feindlich, und vieles bleibt unsicher. Aber feststellbar ist – vielleicht zum ersten Mal seit Ptolemaios Keraunos – ein systematischer Versuch, einige der ehemaligen makedonischen Territorien in Thrakien wieder unter makedonische Kontrolle zu bringen. Schon im Jahre 209 hat Philipp die Maidoi am mittleren Strymon besiegt; nunmehr bis 202, wieder von einer neugebauten größeren ägäischen Flotte unterstützt, zog er bis zum Marmarameer. Auch auf der asiatischen Seite, im Interesse seines Verwandten Prusias tätig, nahm er Chalkedon, Kios und Myrleia ein; bis dahin hatte er in Europa mindestens Lysimacheia und Perinthos sowie Thasos eingenommen. Die Auswahl dieser Städte scheint zumindest teilweise dadurch bedingt gewesen zu sein, daß sie Bundesgenossen der Aitoler waren. Als die Aitoler sich über Philipp in Rom beschwerten (202), wurde aber lediglich auf ihren eigenen Vertragsbruch vom Jahre 206 verwiesen.[13]

Nicht nur die Aitoler regten sich wegen Philipps Aktivitäten auf. Niemand wußte genau, was er vorhatte – vielleicht letztendlich auch Philipp selbst nicht. Seine Tätigkeit in Thrakien erinnerte an Philipp II. oder Lysimachos, die große Flotte, welcher er sich dazu bediente, sogar an Demetrios Poliorketes, dessen Urenkel er schließlich war. Attalos von Pergamon und Rhodos fühlten sich verunsichert und bedroht. Attalos, selbst ein ehrgeiziger Expansionist, feindlicher Nachbar des Prusias, hatte sich sofort am Krieg gegen Philipp beteiligt, als die Aitoler ihm die Gelegenheit gaben, seit 210 besaß er die Insel Aigina und zweifellos machte er sich weitere Hoffnungen. Rhodos, ein Staat, der einen umfangreichen Handel mit dem Schwarzmeergebiet betrieb, sah durch Philipps Aktivitäten am Marmarameer den Handel gefährdet und wegen der brutalen Zerstörung der Stadt Kios fühlten sich die Rhodier so verletzt, daß sie bereit waren, Krieg zu führen.[14] Hinzu kam der Verdacht, daß Philipp kretische Piraten unterstützte, welche Rhodos um diese Zeit bekämpfte: Auf jeden Fall waren Vertraute Philipps in Kreta engagiert, wo Philipp, wie viele seiner Vorgänger, wegen der Rekrutierung von Söldnern, seinen Einfluß aufrechterhielt (um 220, als Krieg auf der Insel ausbrach, hatte er sogar Soldaten des Bundes hinübergeschickt, um seinen Freunden dort zu helfen; deswegen wurde er mit dem Ehrentitel des Präsidenten *[Prostates]* des kretischen Bundes ausgezeichnet).[15]

Die kleinasiatischen Staaten waren außerdem vom Wiederaufbau des

Seleukidenreiches durch Antiochos III. beunruhigt. Es war nämlich weitgehend auf Kosten der Seleukiden gegangen, daß Attalos sein eigenes Reich in Kleinasien so weit hatte ausdehnen können. Als Antiochos nach der Wiederherstellung seines Reiches in Innerasien aus Iran zurückkehrte (ca. 206/5) und sich wieder Kleinasien widmete, ging das zwangsläufig auf Kosten der Pergamener. Der seleukidische Statthalter in Kleinasien Zeuxis saß seit etwa 213 in Sardis und trachtete nach Möglichkeiten, den Einfluß seines Herrn auszudehnen; der König selbst war im Jahre 204 oder 203 in Ionien und besuchte zumindest Teos, das ihn großzügig ehrte.[16]

Die Aktivitäten des Philipp und des Antiochos in den Jahren nach 202 gaben Polybios Anlaß, an einen gegen den unmündigen Ptolemaios V. gerichteten Raubvertrag zwischen den beiden Königen zu denken. In der Tat nutzte Antiochos die Schwächen des jungen Königs aus, um ab 202 dem Ptolemaier das seit einem Jahrhundert umstrittene Koile-Syrien zu nehmen,[17] während Zeuxis Philipp nicht daran hinderte, Ptolemaios im Jahre 201 Samos und Milet, 200 Ainos und Maroneia wegzunehmen. Außerdem scheint Philipp für Operationen gegen Pergamon und Rhodos im Jahre 201 sogar mit der Hilfe des Zeuxis gerechnet zu haben. Es scheint also doch irgendein Abkommen gegeben zu haben, wenn nicht unbedingt (wie Polybios meinte) mit dem Ziel, das ganze Ptolemäerreich aufzuteilen.[18] Die Mächte, die sich vor allem betroffen fühlten, waren eindeutig Rhodos und Pergamon. Als im Jahre 201 Philipp versuchte, Chios zu erobern, begegnete ihm die vereinigte Flotte von Pergamon und Rhodos und fügte seiner Flotte solchen Schaden zu, daß er nicht mehr kämpfen wollte oder konnte: Daraufhin zog er mit dem Landheer plündernd durch pergamenisches Gebiet, in die Vororte der Stadt Pergamon selbst stieß er sogar vor, offensichtlich wütend wegen des Eingreifens des Attalos überhaupt. Im selben Jahr – ob früher oder später läßt sich nicht feststellen – kämpfte seine Flotte bei Lade, diesmal gegen die Rhodier allein und auch erfolgreich. Als er dann nach Nordkarien vorstieß, konnte aber die wieder vereinigte Flotte der Pergamener und Rhodier die Makedonen in der Bucht von Bargylia den ganzen Winter 201/200 hindurch einschließen.[19]

Man stellt sich die Frage, wozu Philipp das alles tat. Was wollte er für Makedonien in Kleinasien, zumal in Karien, überhaupt erreichen? Wie sind diese Ereignisse gesamtpolitisch zu verstehen? In Thrakien hatte Makedonien seit Philipp II. Interessen, die es galt, jetzt wieder zu aktivieren. Das ist leicht verständlich. In der Ägäis war Philipps Urgroßvater Demetrios Poliorketes einmal ein großer Machthaber gewesen: hier gab es also eine familiäre Tradition, an welche Philipp anknüpfen konnte und die ausreichte, um sein Interesse für Lemnos, Samos, Chios und andere Inseln zu begründen, wo er makedonischen Einfluß jetzt wieder geltend machte.[20] Doch scheint seine Tätigkeit in Karien auch in diesen Rahmen nicht hineinzupassen, und es gibt dafür keine ganz befriedigende Erklärung. Allerdings läßt sich Philipps aktives Interesse in Nordkarien nur im Rahmen des Krieges gegen Rhodos nachweisen,[21] und es liegt nahe, es bloß als einen taktischen Versuch zu deuten, um den Rhodiern in ihrem eigenen Machtbereich zu schaden. Dafür ließen sich die alten makedonischen Freundschaften in Nordkarien, welche Doson erst geknüpft hatte, wiederbeleben. Um gegen Rhodos vorzugehen, brauchte Philipp eine Landbasis in nächster Nähe: Iasos, Bargylia und Euromos sowie Pedasa und Stratonikeia bildeten schließlich diese makedonische Exklave: Euromos wurde sogar in Philippoi umbenannt bevor im Jahre 197 Philipp Karien endlich räumte.[22] Von hier aus griff er im Jahre 201 Knidos an, den Rhodiern nahm er außerdem Prinassos und die kleine Insel Nisyros, sowie vielleicht auch andere Städtchen und Festungen, welche sie auf dem Festland besaßen (die Peraia).[23] Es mag unsicher sein was Philipp in Karien genau vorhatte. Was er aber bestimmt nicht vorhatte, war, den ganzen Winter 201/200 dort zu verbringen. Die Länge seines Zwangsaufenthaltes und die Notwendigkeit, seine Männer auch im Winter zu versorgen, riefen Spannungen mit freundlichen Staaten hervor. Das Gebiet um Euromos, Iasos und Bargylia konnte die Makedonen eben nicht aus eigener Überproduktion versorgen, und weil die feindliche Flotte die Versorgung auf dem Seeweg verhinderte, wurde Philipp gezwungen, Unpopuläres zu tun: Angriffe auf Mylasa, Alabanda und Magnesia-am-Maeander werden überliefert, deren einziger Zweck es war, Lebensmittel zu bekommen. Zeuxis, der anscheinend Hilfe versprochen hatte – gegen Städte, welche Antiochos gehorchten, scheint Philipp nichts getan zu haben –, half aber äußerst wenig.[24] Erst im Frühjahr 200 konnte Philipp von Bargylia ausbrechen. Er ließ zwar einige Soldaten da: Die kleinen Städte, die sich in seinem Interesse – ob freiwillig oder unter Druck – exponiert hatten, sollten vor eventuellen Gegenmaßnahmen der Rhodier geschützt werden, außerdem sollten die Rhodier in Karien „beschäftigt" werden, um zu verhindern, daß sie in der Nordägäis eingriffen. Dennoch ist ganz deutlich, daß im Jahre 200 nicht Karien und der Krieg gegen Rhodos, sondern Thrakien Priorität hatte: ohne rhodische Aufregung wegen Philipps Taten an den Meeresengen im Jahr 202 hätte es wohl keinen makedonischen Einfall in Karien gegeben.

Im Jahre 200 ging es dann in Thrakien systematischer zu: Maroneia und Ainos wurden eingenommen sowie die binnenländischen thrakischen Städte Kypsela, Doriskos und Serrhaion; auf der Chersonnesos kamen zu Lysimacheia jede größere und eine Anzahl kleinerer Gemeinden hinzu. Erwähnt werden Eleious, Alopekonnesos, Kallipolis, Madytos und Sestos. Von Sestos setzte Philipp über die Dardanellen und fing an, Abydos zu belagern. Ziel war offenbar, die zwei wichtigsten Fährhäfen an der engsten Stelle der Dardanellen zu kontrollieren.[25] Die Beharrlichkeit, mit welcher Philipp seine Thrakienpläne im Jahre 200 durchführte, zeigt deutlich, daß er ein unmittelbares Ziel verfolgte, das vorläufig nicht die Wiedergewinnung des großen thrakischen Besitzes des Lysimachos oder Philipps II. war (wovon ihm im Binnenland fast alles noch fehlte). Es ging ihm um die Hafenstädte und um die Ost-West-Kommunikationswege, er betrieb also primär eine vorgeschobene Verteidigung. Als potentielle Bedrohung in diesem Bereich kam der gierige alte Attalos von Pergamon in Frage.

Im Jahre 200 dürfte Attalos umso gefährlicher erschienen sein, weil er im Herbst 201 zusammen mit Rhodos an den römischen Senat appelliert hatte. Der Senat war sofort bereit, jenen Mitgliedern zuzuhören, die meinten die günstige Zeit sei gekommen, um mit Philipp abzurechnen. Die endgültige Schlacht gegen Hannibal war eben im Jahre 202 ausgetragen worden. Schon gegen Ende des Winters reiste eine Gruppe von drei Gesandten *(legati)* nach Griechenland ab, um Stimmung für Krieg gegen Philipp zu machen – einer von ihnen, P. Sempronius Tuditanus, hatte sogar den Frieden von Phoinike abgeschlossen.[26] Bei den Konsulatswahlen wurde ein alter Kommandeur des ersten Krieges, P. Sulpicius Galba, gewählt, der dann als Provinz gleich Makedonien erhielt. Zwar leistete die Volksversammlung, die für Kriegserklärungen förmlich zuständig war *(comitia centuriata)*, kurzen Widerstand – den ersten Antrag des Konsuls lehnte sie ab –, aber nach Verhandlungen mit den Stimmungsmachern kam der Kriegsbeschluß „gegen Philipp und die Makedonen, die seiner Herrschaft unterstanden", im Frühsommer 200 doch zustande. Galba hob seine Legionen gleich aus, sammelte Material, und kurz nachdem Philipp endlich Abydos eingenommen hatte, hörte er, daß der Konsul bei Apollonia an Land gegangen war.[27]

Verhandlungen fanden nicht statt. Die römischen *legati* forderten Philipp zwar zweimal auf, keinen Krieg gegen die Griechen zu führen und seinen Disput mit Attalos (wegen der Verwüstungen von 201) schlichten zu lassen – einmal im Frühjahr bei Athen, über seinen General Nikanor, das zweitemal im Spätsommer bei Abydos; und sie unterbreiteten ihre Aufforderung, wo immer sie sich in Griechenland aufhielten. Aber ganz unabhängig von einem eventuellen Entgegenkommen Philipps verliefen die Kriegsvorbereitungen in Italien weiter. Eine Funktion der *legati* war zwar, das Ultimatum zu stellen, ihre Hauptaufgabe bestand aber deutlich darin, anti-makedonische Stimmung in Griechenland zu machen. Sie hatten es nicht besonders leicht. Weil Philipps teilweise sehr brutale Kriegführung außerhalb des Kernbereichs des griechischen Mutterlandes geschehen war, regten sich zwar Attalos und die Rhodier auf, doch unter den meisten Balkangriechen kam keine Kriegsbegeisterung auf – weder gegen noch für die makedonische Herrschaft. Nach wie vor meinten viele

Peloponnesier, die makedonischen Garnisonen stellten einen angemessenen Preis dar für die relative Sicherheit vor Sparta und Elis. Die Achaier fühlten sich nicht als von Philipp „bekämpft", und obwohl die *legati* sich dort aufhielten und gewiß eine eventuell vorhandene anti-makedonische Stimmung in eine pro-römische Richtung zu lenken versuchten, war im Jahre 200 dort nicht viel zu holen. Genauso war es in Epeiros, wo der militärisch schwache Bund den Phoinikefrieden zwar vermittelt hatte, aber kaum in der Lage war, eine prinzipielle Stellung für oder gegen Philipp oder Rom einzunehmen. Im Pindosgebirge besuchte die Kommission auch den Fürsten Amynandros in Athamania, der keinerlei Bindung an Makedonien hatte, auch beim aitolischen Bund statteten sie einen Besuch ab, doch war dort trotz der prinzipiellen Feindschaft gegenüber Makedonien das Verhältnis zu Rom seit 206 getrübt.[28]

Nur in Athen wurden die Römer herzlich empfangen, als sie etwa im April 200 zusammen mit Attalos und einigen Rhodiern dort eintrafen. Aber auch hier war der Grund nicht in prinzipieller Begeisterung zu suchen, sondern in einer eigentümlichen Entwicklung. Bei den Eleusinischen Mysterien im September 201 waren zwei Burschen aus Akarnanien anwesend gewesen, die nicht nach dem vorgeschriebenen Ritual eingeweiht worden waren. Die Athener ließen ihre Wut überkochen und bestraften die zwei jungen Männer mit dem Tode. Daraufhin kamen mit makedonischer Duldung und Unterstützung akarnanische Scharen nach Attika und verwüsteten ländliche Gebiete. Makedonen aus Chalkis und Korinth halfen mit, worauf die Athener die Zerstörung aller Denkmäler und sogar die Tilgung bloßer Erwähnungen makedonischer Könige in Inschriften sowie die Auflösung der zwei nach makedonischen Königen genannten Phylen Antigonis und Demetrias beschlossen.[29] Damit war wegen einer unangemessenen Reaktion auf einen relativ trivialen Vorfall die grundsätzliche Neutralität, welche seit 229 Athen gegenüber Makedonien gewahrt hatte, gebrochen. Während des Winters ging der Athener Kephisodoros auf die Suche nach Bundesgenossen: bei Rhodos und Attalos fand er selbstverständlich Gehör, sowie bei Ptolemaios, auf Kreta und bei den Aitolern. Aber weil nur Attalos und die Rhodier, die Philipp sowieso augenblicklich bekämpften, etwas taten, reiste er auch nach Rom, ob vor oder nach dem Besuch der *legati* in Athen ist aber unsicher.[30] Während ihrer Anwesenheit jedoch und unter Druck der Rhodier und des Attalos erklärten die Athener den Krieg gegen Makedonien. Es sieht aus wie eine verzweifelte Tat, doch war es dies wohl nicht ganz: Weil nur durch römische Hilfe die Athener überhaupt auf Erfolg hoffen konnten, dürfte es als sicher gelten, daß in Athen die *legati* die Entsendung römischer Streitkräfte gegen Philipp ankündigten.[31] Die Ereignisse in Athen liefern also einen weiteren Beleg dafür, daß die *legati* nicht vorhatten, mit Philipp zu verhandeln.

Vielleicht ist nicht endgültig erklärbar, warum sich die Römer plötzlich wieder für Balkan- und griechische Angelegenheiten so sehr interessierten, daß sie meinten, die makedonische Herrschaft außerhalb Makedoniens gänzlich zerstören zu müssen, und bereit waren, den vierjährigen Krieg durchzustehen. Bloß am Appell der Rhodier und des Attalos im Herbst 201 lag das gewiß nicht. Dies kann höchstens als auslösender Moment angesehen werden. Deswegen kann Philipps augenblickliche Tätigkeit in der Ägäis und in Thrakien bloß als Vorwand und nicht als Ursache für die Wiederaufnahme römischer Kriegführung gegen Makedonien gelten, denn römische Interessen, wie sie bislang auf dem Balkan feststellbar sind, waren gar nicht davon betroffen. Auch illyrische Angelegenheiten reichen nicht aus, um die drastische römische Zielsetzung zu erklären, obwohl seit dem Phoinikefriede mehrmals Römer dorthin entsandt worden waren, die römische Bundesgenossen gegen unbestimmte Bedrohungen schützen sollten.[32] Bedroht war die römische Stellung in den Hafenstädten aber keineswegs. Tatsache ist, daß, obwohl Philipp auch all jene neuen Erwerbungen nach dem Krieg aufgeben mußte, die römische Priorität eindeutig bei der Demontage der alten makedonischen Stellung unter den Griechen im Süden des Balkanraumes lag. Von Anfang an, von der ersten Propagandabotschaft im Frühjahr 200, versuchten die Römer griechische Belange von makedonischen Interessen zu trennen, um eine Entzerrung der historisch gewachsenen Struktur der makedonischen Herrschaft zu bewirken und einen allerdings etwas künstlichen Gegensatz zwischen den Interessen „der Griechen" und Philipp herbeizuführen.[33] Nach dem vierjährigen Krieg wurde eben diese Demontage durchgeführt.[34] Sie hatte mit aktuellen Beschwerden von 201/200 kaum etwas zu tun, doch war der Senat offenbar fest entschlossen, sie durchzusetzen.

Der einzige ausreichende Beweggrund scheint damit ein dem Senat bewußt gebliebener Zusammenhang mit dem Krieg gegen Hannibal zu sein. Im Jahre 202 verlor Hannibal bei Zama seine letzte Schlacht gegen Rom, worauf der Friedensvertrag Karthago auf ein als traditionell anerkanntes Herrschaftsgebiet in Nordafrika beschränkte.[35] Danach war Makedonien die einzige Macht, die sich mit Hannibal liiert hatte und noch nicht bestraft worden war. Philipp dehnte sogar momentan seinen Einfluß aus und ärgerte dabei römische Freunde. Im Senat gab es noch eine Anzahl ehemaliger Kommandeure des früheren Krieges gegen Philipp, die ihn durchaus als Teil des Hannibalkrieges begriffen hatten, doch wegen der Begrenztheit ihres damaligen Auftrags eben keine spektakulären Erfolge hatten erzielen können. Insbesondere diese Männer – aber gewiß auch andere – dürften gemeint haben, daß jener Krieg gegen Philipp jetzt fortgesetzt werden sollte, um eine Demontage auch der makedonischen Herrschaft über die Nachbarn, eben nach dem Muster des Friedensvertrages mit Karthago, zu erzielen. Römische Ressentiments und private Hoffnungen auf ruhmvollen Erfolg dürften also letzten Endes für den Ausbruch des Krieges maßgeblich gewesen sein.

Mit der Entwicklung einer langfristigen Politik gegenüber den griechischen Staaten hat das alles zunächst nichts zu tun: dies war eine Folge des Kriegsergebnisses oder der Art der Kriegführung. Von Anfang an zielte die römische Taktik auf die Abspaltung derjenigen Griechen von Makedonien, welche die makedonische Herrschaft duldeten oder sogar unterstützten. Längerfristige Folgen – die Entstehung immer neuer Bindungsketten – wurden zunächst bestimmt nicht bedacht, es ging bloß um die Zerstörung von Bindungen an Makedonien. Die griechischen Staaten, mit Ausnahme der wenigen, die schon gegen Philipp Krieg führten, ließen sich vom programmatischen Gerede der *legati* nicht beeindrucken. Nur zögernd und unter dem Eindruck der ersten Erfolge oder sogar unter dem direkten militärischen Druck der Legionen schlossen sie sich nach und nach den Römern an, als diese verkündeten, keine Neutralität dulden zu wollen.[36] Nachdem ein erster Direktangriff von Illyrien aus an Versorgungsschwierigkeiten scheiterte, stieß T. Quinctius Flamininus im Frühjahr 197 vom Süden her nach Thessalien vor, wie früher auch makedonische Eroberer Makedoniens, Kassandros, Demetrios oder Antigonos Gonatas. Bei Verhandlungen schon ein Jahr zuvor hatte er angekündigt, daß die Römer vorhatten, auch Thessalien zu „befreien".

Wegen dieses Kernstückes des makedonischen Systems seit Philipp II. war Philipp bereit, sich den Hauptstreitkräften der Römer und ihrer Bundesgenossen zu stellen. Aber das Ergebnis war nicht lange zweifelhaft. Philipps Phalanx wurde bei Kynoskephalai von Flamininus' Heer vernichtend geschlagen.[37] Jener Junitag des Jahres 197 war für Makedonien gewiß einer der wichtigsten einzelnen Tage seiner Geschichte. Doch wäre es falsch zu denken, daß ein makedonischer Sieg in der Schlacht bei Kynoskephalai das Kriegsergebnis langfristig wesentlich geändert hätte. Wenn der römische Senat einmal entschlossen war, Makedonien wie Karthago zu erniedrigen, verfügte er doch über das Mehrfache an militärischer Macht als Philipp. Wenn der politische Wille vorhanden war – und er war vorhanden –, würde es an militärischer Macht nicht fehlen.

Es ist bekannt, daß die Römer über die Handhabung der Angelegenheiten der Griechen außerhalb Makedoniens keine vorgefaßte Meinung hatten, daß T. Quinctius Flamininus seine Politik der ‚Befreiung' der Griechen nach und nach entwickelte und nur gegen Widerstand im Senat – ob prinzipieller oder bloß taktischer Art – durchsetzen konnte. Über die Demontage der makedonischen Herrschaft jedoch, über die Einschränkung des Staates des Kriegsgegners auf ein Gebiet, das als „traditionell' angesehen werden konnte, bestand offenbar keine Meinungsverschiedenheit. Das Ziel, das von Anfang an feststand, war erreicht. Für

Makedonien hieß das den Verlust aller Besitzungen südlich des Olympmassivs (also und insbesondere Thessaliens und der drei traditionellen Festungen Demetrias, Chalkis und Korinth, welche Philipp ‚die Fesseln Griechenlands' nannte); im Osten ging alles jenseits des Nestos verloren (Thrakien bis zum Marmarameer sowie alles in der Ägäis und Kleinasien); im Westen sollte etwa die Pindoskammlinie gehalten werden, doch wurde Orestis selbständig, und einige umstrittene Gebiete um Lychnidos wurden dem Illyrer Pleuratos zugesprochen. Die makedonische Flotte wurde auf fünf kleine Schiffe und ein altes Denkmal beschränkt; einen Beitrag von 1000 Talenten zu den Kriegskosten sollte Philipp in Raten zahlen sowie seinen zweiten Sohn Demetrios als Geisel stellen.[38] Makedonien blieb also als Bollwerk gegen die Balkanbarbaren erhalten (so erklärte Flamininus den Aitolern, warum der Staat Makedonien überhaupt noch erhalten blieb),[39] doch innerhalb von Grenzen, die seit der Mitte des IV. Jahrhunderts nicht mehr gegolten hatten. Die auswärtigen Herrschafts- und Einflußbereiche, die Makedonien erst zur Großmacht gemacht hatten, waren zerstört; und die Römer achteten darauf, daß sie nicht wieder entstanden.[40]

4. Unter dem Schatten Roms

Dreißig Jahre nachdem Flamininus gegenüber den Aitolern die künftige Funktion Makedoniens umrissen hatte, war der Staat Makedonien von Rom zerschlagen, die Wehrkraft des Landes zerstört, die Monarchie abgeschafft und der letzte König Perseus nach Italien verschleppt worden. Es wurde zwar nicht sofort eine römische Provinz in Makedonien eingerichtet, doch der makedonische Staat, wie die griechische Welt ihn seit dem 6. Jh. gekannt hatte, existierte nicht mehr. Wie es dazu kam, soll dieses Kapitel zeigen.

Ein ‚normales' Nachkriegsverhältnis zwischen Rom und Makedonien konnte sich unmittelbar nach 196 wegen äußerer Umstände nicht entwikkeln. Gleichzeitig mit dem römischen Krieg gegen Makedonien baute der Seleukide Antiochos III. seinen Einfluß in Kleinasien systematisch aus. In Europa wußte niemand genau, was Antiochos vorhatte. Aber daß er Europa aus seinem Gesichtskreis nicht prinzipiell ausschloß – vielleicht schwebte ihm das lang entschwundene Erbe des Lysimachos vor –, wurde deutlich im Jahre 196, als er die Dardanellen überquerte und Lysimacheia einnahm. Diese unerwartete Unsicherheit bildete eine Rahmenbedingung für die römische Behandlung von Makedonien nach dem Krieg; eine andere stellte die tiefe Unzufriedenheit der Aitoler mit den Römern dar, weil die römische Auslegung der Politik der ‚Befreiung' der Griechen eben keine Ausdehnung des aitolischen Einflusses auf die von Makedonien geräumten Gebiete zuließ.[1] Unter diesen Umständen wurde Philipp schon 196 angedeutet, seine eigene künftige Zuverlässigkeit gegenüber Rom sollte er durch die Aufnahme von Verhandlungen über ein Bündnis nachweisen.[2]

Es ist recht unwahrscheinlich, daß ein Bündnis tatsächlich zustande kam. Dennoch, als sich die Beziehungen zwischen Rom und Aitolien sowie Antiochos immer mehr verschlechterten, tat Philipp nichts, was die eigene Zuverlässigkeit gegenüber Rom in Frage gestellt hätte. Im Jahre 195 begleiteten auch 1500 Makedonen Flamininus, als er in der Peloponnes Nabis von Sparta bekämpfte.[3] Sondierungen und Angebote der Aitoler und schließlich auch des Antiochos selbst lehnte er grundsätzlich ab. An einer Verstärkung gerade ihrer Stellung in Griechenland konnte Philipp nun doch nicht interessiert sein.[4] Als dann im Jahre 192 deutlich wurde, daß die Römer ohne Krieg mit den Aitolern nicht fertig würden, wollte Flamininus, der als *legatus* nach Griechenland zurückgekehrt war, in Demetrias nicht öffentlich abstreiten, daß die Stadt eventuell an Philipp zurückgegeben werden könnte;[5] und in der ersten aktiven Kriegsphase im Jahre 191 traf der römische Prätor M. Baebius Tamphilus ein Abkommen mit dem Makedonenkönig. Die Aitoler hatten inzwischen mit Antiochos' Unterstützung weite Teile Thessaliens und Mittelgriechenlands wieder okkupiert: Philipps Abkommen mit Baebius sah dann vor, daß er als Lohn für seine militärische Hilfe solche Ortschaften in Thessalien, welche er ihnen wegnahm, behalten durfte.[6] Philipp galt nun als durchaus nützlich und zuverlässig; und Baebius' Nachfolger respektierten das Abkommen.

Auf diese Weise kamen vor dem Frieden mit den Aitolern (188) Demetrias und Magnesia sowie Teile von Perrhaibia, einige Ortschaften in Westthessalien einschließlich Dolopia sowie einige Orte in der Phthiotis unter makedonische Herrschaft.[7] Man war gewiß weit entfernt von der traditionellen dominanten Stellung in Thessalien, welche Makedonien seit Philipp II. innegehabt hatte. Aber der selbständige thessalische Bund, seit 195 als die Staatsform für das befreite Thessalien von Rom gewählt und organisiert, nahm mit den Jahren an Selbstbewußtsein zu, ließ sich von Philipp nicht einschüchtern und fand sich nach 188 keineswegs mit dem an sich bescheidenen makedonischen Machtzuwachs in seinem Bereich ab. Gerade der Widerspruch zwischen der laut verkündeten Freiheit der Thessaler von 196 und der römischen Tolerierung der territorialen Gewinne Philipps in Thessalien, auch nachdem die Notlage des neuen Krieges vorbei war, verursachte Spannungen, welche die Thessaler nach Rom führten.

Im Jahre 186/5 fuhren Gesandte aus Thessalien, Perrhaibia und Athamania mit Beschwerden gegen Philipp nach Rom. Der Senat sah sich nicht in der Lage, über Einzelheiten der Vorwürfe zu entscheiden, bestellte also eine Kommission von drei *legati*, die nach Griechenland fahren sollten, darunter M. Baebius Tamphilus, der im Jahre 192 das Abkommen mit Philipp geschlossen hatte. Im Frühjahr 185 luden dann die *legati* alle Betroffenen zu einer Anhörung bei Tempe ein. Jeder trug seine Beschwerden vor; und in jedem einzelnen Fall entschied sich die Kommission gegen Philipp. Das Prinzip des Friedensvertrages von 196 wurde dann wieder bekräftigt: alle makedonischen Besatzungen seien aus den umstrittenen Städten zu entfernen; Philipps Reich sei an den traditionellen Grenzen zu terminieren; Nachbarschaftsstreitigkeiten seien nach einem bestimmten Verfahren zu schlichten.[8] Die Thessaler hatten offenbar nicht damit gerechnet, daß die Römer ganz so pauschal und zynisch mit Makedonien verfahren würden: Weder Demetrias und Magnesia noch Dolopia und die von Philipp besetzten Städte in der Phthiotis scheinen Gegenstand der Beschwerden gewesen zu sein. Hätten die Thessaler aber auch sie erwähnt, wäre die Entscheidung gewiß auch da zu ihren Gunsten ausgefallen; doch so, wie es war, blieben diese Gebiete weiterhin ‚traditionell' makedonisch.

Dieses Verfahren läßt die römische Haltung gegenüber Makedonien nach 196 exemplarisch deutlich werden: Makedonien war damals auf das als traditionell bezeichnete Gebiet – also, auf das, was von keinem anderen romfreundlichen Staat beansprucht war – begrenzt worden. Bloß wegen des Wunsches, Philipps Hilfe gegen Antiochos zu bekommen, war ihm die Möglichkeit eingeräumt worden, einige Gebiete und Städte in Thessalien wieder zu besetzen. Wenn nach 188 die Betroffenen damit einverstanden gewesen wären, hätten die Römer bestimmt von sich aus nichts getan, um das Abkommen mit Makedonien rückgängig zu machen. Doch wenn es ärgerliche Spannungen verursachte, dann mußte sich prinzipiell der einmal Besiegte den Wünschen der von Rom Geförderten eben beugen. Mit Recht oder Gerechtigkeit hatte das alles nichts zu tun: Philipp mußte diese zweite Entscheidung gegen ihn genauso schlucken wie zehn Jahre vorher die erste.

„Im Zweifel gegen Makedonien" war auch das römische Motto bei der Handhabung des Problems, das Ainos und Maroneia darstellten. Kurz nach 196 fielen die zwei Städte an Antiochos III. Nach seiner Niederlage war dann unsicher, was zu tun war. Eumenes, der die von Antiochos geräumte Chersonnesos einschließlich Lysimacheia zugesprochen bekam, hätte gern auch Ainos und Maroneia gehabt. Aber auch Philipp, dessen Grenze an der Küste bis Abdera reichte, hätte die Städte gern wieder bekommen. Um in diesem Grenzbereich weder Eumenes noch Philipp nachgeben zu müssen, wurden sie 188 keinem der beiden zugesprochen, sondern selbständig gelassen. Im Jahre 187 oder 186 stationierte Philipp, durch eigene Parteigänger in den Städten gebeten, Soldaten dort, worauf sowohl Eumenes als die örtlichen Gegner der Parteigänger

Philipps an Rom appellierten. Die Entscheidung wurde vom Senat derselben Kommission übertragen, welche die thessalischen Angelegenheiten zu regeln hatte. In einer zweiten Sitzung in Thessalonike hörten sie also die Parteien in dieser Angelegenheit. Diesmal waren die drei *legati* von Philipps Verärgerung beeindruckt und schlugen eine andere Taktik als in Thessalien ein: Philipps Besatzungen mußten abziehen, doch die Sache selbst wurde an den Senat zurückverwiesen. Der Senat bekräftigte aber die Selbständigkeit der zwei Städte und schickte eine neue Kommission, um dies durchzusetzen. Bevor sie eintreffen konnte, veranstalteten Thraker ein Massaker in Maroneia, bei dem angeblich die übriggebliebenen Makedoniengegner die Opfer waren. Philipp leugnete zwar seine Verantwortung für diese Brutalität, wurde aber gezwungen, allerdings erst im Jahre 183, die Städte zu räumen.[9] Der römische Grundsatz bei der Behandlung Makedoniens wird wieder deutlich: wie auch immer ein Konflikt entstanden sein mochte, immer sollte Makedonien das Nachsehen haben.

Flamininus hatte im Jahre 197 Roms Behandlung von Makedonien damit begründet, daß Makedonien als Bollwerk gegen die nicht-griechischen Völker des Nordens eine bedeutende Funktion besaß. Diese Haltung ließ sich offenbar auch in Rom durchsetzen, wo eine berechtigte Angst vor den keltischen Völkern des Alpen- und Transalpinen Raumes vorhanden war. Nur die Griechen wurden also ‚befreit', nur im Zusammenhang mit griechischen Städten und Staaten griffen die Römer nach 196 immer wieder in makedonische Angelegenheiten ein. Der Bollwerkfunktion entsprechend, konnte Philipp in diesen Jahren eine rege Tätigkeit im nicht-griechischen Norden entwickeln. Wie wichtig das war, hätten auch die Aitoler eigentlich einsehen müssen, als Philipp unmittelbar nach Kynoskephalai einer dardanischen Invasion begegnen mußte. Bato, der dardanische Fürst, hatte sich zwar im Jahre 200 als Helfer Roms angeboten, ein Angebot, das umgehend angenommen wurde und dazu führte, daß, als Sulpicius Galba Obermakedonien angriff (199), auch die Dardaner von Norden her in Makedonien einfielen. An der Schlacht bei Kynoskephalai nahmen sie aber nicht teil, wurden auch beim Frieden anscheinend gar nicht berücksichtigt. Dennoch mußte Philipp noch im Jahre 197 aus den Städten Makedoniens sein letztes Aufgebot von 6500 Mann zusammenziehen, um sie bei Stoboi, als sie diese Gegend gerade plünderten, zu schlagen.[10]

In den folgenden Jahren war Philipp regelmäßig auch in Thrakien tätig. Als im Jahre 190 die Scipionenbrüder das römische Heer auf dem Landweg nach Kleinasien bringen wollten, konnte Philipp ihnen einen sicheren Weg und ausreichende Versorgung garantieren. Sein Einfluß unter den Thrakern war so gut bekannt, daß, als Cn. Manlius Vulso im Jahre 188 auf derselben Route von Asien zurückkehren wollte (allerdings ohne Philipp vorher informiert zu haben) und von thrakischen Scharen angegriffen wurde, auf Philipp der Verdacht fiel, das alles organisiert zu haben. Genauso war Philipp verdächtigt, als Thraker das erwähnte Massaker in Maroneia durchführten (184).[11] Philipp galt also als sehr einflußreich in Thrakien und zwar weit über die eigentliche Ostgrenze Makedoniens hinaus. Als im Jahre 189 Q. Fabius Labeo den Bereich der Selbständigkeit von Ainos und Maroneia bestimmte, tat er das dadurch, daß er die West-Ost-Straße als Grenze makedonischen Einflusses festlegte.[12] Daraus muß man folgern, daß mit römischer Duldung Philipp tatsächlich im nicht-griechischen Thrakien weiterhin tätig sein durfte. Nur die griechischen Staaten sowie die Chersonnesos, die jetzt Eumenes zugeteilt worden war, sollte er nicht bekommen. Offensichtlich galten hier, eben mit Rücksicht auf die ,,Bollwerkfunktion', die ,traditionellen Grenzen' nicht.

In Thrakien gibt es dann Anzeichen für eine neue Ausrichtung des makedonischen Staates, für eine erneute Konsolidierung in der einzigen Richtung, die ihm von Rom offengelassen worden war (die allerdings einmal den Kern der Staatsexpansion Philipps II. dargestellt hatte). Im Jahre 184 wird von einem Krieg gegen den Odrysenfürsten Amadokos an der Marmaraküste berichtet, an dem auch Byzantion interessiert war; eine Tochter gab Philipp danach an den Thrakerkönig Teres; es wird sogar von thrakischer Ansiedlung auf makedonischem Boden – vielleicht zwischen Strymon und Nestos – im Rahmen einer allgemeinen Politik des gezielten Bevölkerungszuwachses berichtet. Dann im Jahre 183 war der König im mittleren Hebrostal mit einem Heer unterwegs: Er kämpfte wieder gegen die Odrysen sowie die Bessoi, besetzte Philippopolis, bekämpfte auf dem Rückweg über Paionien die Dentheletoi und gründete in der Nähe von Stoboi eine neue Stadt, Perseis. Im Jahre 181 kämpfte er wieder gegen die Maedoi und Dentheletoi.[13] Die Systematik dieser Thrakienpolitik ist also ziemlich deutlich: die Eroberung des wirtschaftlichen Kerngebiets von Thrakien, die Philipp II. einmal angestrebt hatte, war, in Ermangelung attraktiverer Möglichkeiten, wieder die Hauptausrichtung der makedonischen Politik geworden. Schon im Jahre 183 wird ein Offizier Onomastos erwähnt, dessen Funktion die Verwaltung des thrakischen Bezirks war.[14] Auch mit den widerspenstigen Dardanern wollte Philipp endlich fertig werden. Dem germanischen Stamm der Bastarnae, der gerade im Gebiet um die Donaumündung saß, schlug er vor, es mit den Dardanern aufzunehmen. Wenn sie sie vertrieben hätten, sollten sie sich auf deren Land ansiedeln. Auch diese Beziehung wurde mit einer persönlichen Bindung bekräftigt: der Kronprinz Perseus erhielt eine bastarnische Prinzessin zur Gattin.[15]

Genau wie unter Philipp II. und unter Lysimachos wurden die thrakischen Unternehmungen Philipps V. von den griechischen Quellen nur am Rande berücksichtigt und, weil mißverstanden, falsch gesehen und in das Interessenfeld der Schriftsteller selbst hineininterpretiert. Weil im Jahre 168 die Römer den makedonischen Staat endgültig zerstörten und ihre wahren Beweggründe später auch in Rom nicht gerade als ehrenwert angesehen wurden, entwickelte man den Mythos einer makedonischen Kriegsvorbereitung und eines römischen Präventivschlages. Aber weil Perseus selbst eindeutig bis zum Kriegsausbruch eben keinen Krieg plante, mußte – unter Mißachtung der dabei entstehenden Widersprüche – die Idee auf den längst toten Philipp geschoben werden. Philipp plante also, und Perseus führte aus. So war die Deutung, welche etwa Polybios in Rom vorfand und sich zu eigen machte. So wurde phantasiert, daß die Bastarnai, nachdem sie die Dardaner vertrieben hatten, über die Berge und über die Adria nach Italien wollten; und ähnliches wurde über Philipps Kontakte mit den Skordiskoi, die etwa um Belgrad ansässig waren, gemutmaßt.[16]

Tatsächlich zeigte Philipp aber, genau wie Perseus, gar keine Neigung, mit Rom wieder Krieg zu führen. Daß er überhaupt einmal nach Italien gewollt hatte, war sowieso bloß die weite römische Auslegung seines Vertrages mit Hannibal und hatte auch mit den damaligen Realitäten kaum etwas zu tun. Alles deutet darauf hin, daß die thrakische Expansion eben ein Versuch war, seinen Staat innerhalb der übriggebliebenen und von Flamininus ausdrücklich bekräftigten Möglichkeiten und Fähigkeiten zu konsolidieren. Er mag die wiederholten römischen Entscheidungen zu seinen Ungunsten in Thessalien sowie über Ainos und Maroneia nur zähneknirschend und mit gelegentlichem Protest hingenommen haben. Doch dürften diese Gebiete inzwischen Nebensächlichkeiten geworden sein, wenn auch peinliche. Die große Investition im thrakischen Bereich zeigt, daß die Konsolidierung des Staates nunmehr im Norden liegen sollte, dort, wo Rom bislang selbst kein aktives Interesse gezeigt hatte.

Eine Umstellung der Staatspolitik in solchen Dimensionen war nicht unumstritten, zumal Philipp außerdem neue Siedlungen sowohl im Norden (von denen Perseis wohl nur eine war) als auch im Süden, wo Thraker Land zugewiesen bekamen, organisierte. Ein gewisser Zwang bei dieser Siedlungspolitik scheint ausgeübt worden zu sein, er war wohl unvermeidlich, aber er führte zur Opposition bis in die höchsten Ränge der Aristokratie. Im Jahre 183/2 wurde, wie schon im Jahre 218, eine blutige ‚Säuberung' durchgeführt, wieder offiziell als Maßnahme gegen eine Verschwörung deklariert, und wieder fielen ihr hochgestellte Persönlichkeiten zum Opfer – Admetos, Pyrrhichos und Samos, Sohn des Chrysogonos, der einmal Spielgefährte Philipps gewesen war, werden namentlich erwähnt.[17] Die Quellen reichen nicht aus, um den Nebel der offiziellen Verschleierung und der römischen Interpretation (wonach alles schließlich gegen Rom gerichtet war) zu durchschauen. Noch dunkler sind die Ursprünge des tödlichen Streits zwischen Philipps Söhnen, Demetrios und Perseus, welcher die Privatsphäre der letzten Lebensjahre Philipps belastete. Die Quellentradition ist wieder äußerst unzuverlässig, eine nachträgliche Interpretation, die in diesen trüben Hausgewässern Ursachen für Perseus' Krieg mit Rom suchte. Demetrios war nämlich *persona grata* in Rom, gut bekannt dort aus seiner Zeit als Geisel nach 196. Im Jahre 183 erreichte er sogar bei einem Besuch in Rom eine positive Entscheidung für Philipp hinsichtlich erneuter thessalischer Forderungen; insbesondere Flamininus nahm sich damals des jungen Prinzen an. Nach seiner Rückkehr nach Pella spielte er anscheinend mit dem Gedanken, seinen älteren Bruder als Herrschaftsnachfolger zu ersetzen, wobei seine guten Beziehungen zum Senat ihn beflügelt haben dürften. Der Streit zog sich bis Sommer 180 hin, drückte sich in immer neuen gegenseitigen Reibungen und Provokationen aus. Perseus wußte sich aber zu verteidigen: gerade er war eng mit Philipps Nordpolitik verbunden und konnte es schließlich durchsetzen, daß Demetrios beiseitegeschafft wurde. Die genauen Beweggründe sind unklar und waren es auch den Zeitgenossen,[18] was nicht verhinderte, daß eine Fülle von spektakulären und spekulativen Erklärungen umlief. Am wahrscheinlichsten ist, daß interne Gründe, die nicht zuletzt mit Demetrios' Ehrgeiz, seinen Bruder als Herrschaftsnachfolger zu ersetzen, zu tun hatten, verantwortlich zu machen sind. Ob auch eine Auseinandersetzung über Politik – etwa über das künftige Verhältnis zu Rom oder zu den Thrakern – eine Rolle spielte, muß unsicher bleiben. Doch weil Demetrios' einziger Vorteil gegenüber Perseus seine guten Beziehungen zu Rom waren (was nicht besagt, daß Perseus schlechte Beziehungen hatte), ist es doch wahrscheinlich, daß der eitle junge Mann versuchte, diesen Vorteil auszuspielen. Es ist aber weniger wahrscheinlich, daß der Senat beabsichtigte, sich so weit in die inneren Angelegenheiten Makedoniens einzumischen, daß er für Demetrios Partei ergriff, obwohl einzelne Senatoren mit diesem Gedanken durchaus gespielt haben mögen.[19] Perseus hatte nämlich keine Schwierigkeiten die Herrschaftsnachfolge anzutreten, als Philipp im Jahr darauf, siebzigjährig, unerwartet starb; auch in Rom wurde Perseus' erste Botschaft freundlich aufgenommen. Vom Senat wurde er problemlos als Nachfolger anerkannt.[20]

Sowohl die römischen als auch die griechischen Traditionen haben Perseus' Regierungszeit sehr vernebelt. Gegenüber der Politik seines Vaters lassen sich aber gewisse Änderungen nachweisen, sowohl interner als auch externer Art. Die Thrakienpolitik hielt er aufrecht. Ihre grundsätzliche Bedeutung wurde schon 179 oder 178 deutlich, als Abrupolis, Fürst der thrakischen Sapaioi, vielleicht von Eumenes von Pergamon ermuntert, bis nach Amphipolis vordrang, ehe Perseus ihn zurückschlug und aus seinem Land vertrieb. Mit dem Odrysenfürsten Kotys herrschten gute Beziehungen, doch konnte im Jahre 171 Eumenes' Strategos Korrhagos den Kleinfürsten Autlesbis aufstacheln, Kotys im kritischen Moment anzugreifen.[21] Ein Sicherheitsbedürfnis gegenüber Thrakien gab es also allemal. Auch gegenüber den Dardanoi betrieb Perseus die Bastarnaipläne seines Vaters weiter, was dann zu Beschwerden der Dardanoi sogar in Rom führte. Doch weil der erste Versuch der Bastarnai zeitgleich mit Philipps Tod erfolgte und aus verschiedenen Gründen scheiterte, waren die Impulse beim zweiten Anlauf (177/76) doch schwächer und war die makedonische Hilfe schließlich so schwer feststellbar, daß, obwohl die Dardanoi sie nach wie vor behaupteten, eine römische Untersuchungskommission sie nicht nachweisen konnte.[22]

Es mag sein, daß Perseus wirklich den Bastarnai nicht so viel Bedeutung beimaß wie Philipp, der sie den alten Feinden, den Dardanoi, als Nachbarn vorzog. Sie waren aber bei den Griechen ganz und gar unbeliebt,[23] und Perseus bemühte sich sehr darum, Kontakte mit den südlichen Griechen zu pflegen. Ganz abgetrennt war Makedonien in Folge der territorialen Gewinne in Thessalien nach 192 sowieso nie gewesen. Im Herbst 178, in der ersten erhaltenen Liste der Mitglieder der nach 188 neuorganisierten delphischen Amphiktyonie, werden zwei Vertreter des Perseus erwähnt. Leider können wir nicht sicher sein, daß dies das erste Mal war, daß der makedonische König die Sitzung beschickte.[24] Aber wie auch immer das gewesen sein mag, läßt dieser Schritt doch die Bereitschaft erkennen, im Süden wieder eine gewisse Rolle zu spielen.

Die Spannungen, welche Philipps Innenpolitik verursachte, hatten dazu geführt, daß eine größere Anzahl von Leuten, ob aus politischen oder wirtschaftlichen Gründen, das Land verließen. Viele fanden Zuflucht in Griechenland, teilweise vielleicht wegen der Asylmöglichkeiten bei Heiligtümern. Als Perseus versuchte, diese Spannungen der Vergangenheit durch eine Amnestie zu entschärfen, verkündete er seinen Erlaß insbesondere in den Apollonheiligtümern in Delphi und Delos sowie bei Athena Itonia in Boiotia. Danach durften entflohene Schuldner und politische Flüchtlinge straffrei zu ihrem Besitz in Makedonien zurückkehren. Die pauschale Lösung des Problems der makedonischen Flüchtlinge war, wie Polybios deutlich macht, gewiß auch ein Beitrag zur Verbesserung der Beziehungen zu den griechischen Staaten und Einrichtungen, die sie aufgenommen hatten. Aber auch diejenigen, die in Makedonien geblieben waren, profitierten von der Amnestie: alle öffentlichen Schuldner und politische Häftlinge wurden freigelassen.[25] Es sollte eindeutig ein neuer Anfang gemacht, ein Versuch, die Folgen der letzten, trüben Zeit Philipps zu mildern, unternommen werden.

Wenn dies eine vorsichtige Annäherung an die Griechen erkennen läßt, deuten zwei Ehebindungen auf das höhere Ansehen des Perseus auch unter den zeitgenössischen Herrschern hin. Er selbst heiratete im Jahre 177 die Tochter des Seleukos IV. – und, weil nach ihren Friedensverträgen mit Rom weder der makedonische noch der syrische König die Ägäis mit der notwendigen Pracht und Sicherheit befahren durften, half Rhodos mit dem Transport aus (und bekam dafür großzügige Lieferungen von Bauholz). Etwas später heiratete seine Schwester Apame Prusias II. von Bithynia. Wer in diesen Fällen initiativ war, ist nicht völlig sicher, aber eine neue Öffnung Makedoniens zu der griechischen Außenwelt, eine Normalisierung der Beziehungen, ist daran abzulesen.[26]

Auch alte Probleme wurden angepackt. Die Achaier hatten einmal – der genaue Zeitpunkt ist unbekannt – ein Gesetz geschaffen, daß Makedonen achäischen Boden nicht betreten durften. Dieses Gesetz war den Achaiern inzwischen peinlich geworden, nicht zuletzt weil achäische Sklaven, die nach Makedonien flüchteten, nicht zurückgeholt werden konnten, weil das Gesetz Verhandlungen praktisch unmöglich machte. Der augenblickliche extrem pro-römische Führer der Achaier, Kallikrates, der die grundsätzliche Härte der römischen Haltung gegenüber Makedonien spürte, meinte, wenn man dieses Gesetz gerade im Jahre 174 aufhebe, müsse das unvermeidlich zu Spannungen mit Rom führen. Damit konnte er sich knapp durchsetzen. Doch war die Gegenpartei ebenfalls stark, und die Angelegenheit läßt erkennen, wie weit auch in Achaia die Spannungen der Kriegsjahre abgebaut worden waren, wie weit auch hier ohne Kallikrates eine Normalisierung der Beziehungen hätte stattfinden können.[27] In Mittelgriechenland wagte sich Perseus viel weiter vor, als Philipp es nach 196 tat. Als die Doloper im Jahre 174 zeigten, daß sie die makedonische Obhut lästig fanden, ging Perseus sogar mit einem Heer gegen sie vor; und gleich danach besuchte er Delphi, vielleicht zur Zeit der Pythischen Spiele, mit einer großen militärischen Begleitung, welche seine Gegner gleich als Heer bezeichneten. Mit Boiotien schloß er sogar einen Bündnisvertrag ab.[28]

Was aus einem Blickwinkel als Normalisierung, als die natürliche Beziehungspflege zwischen Nachbarn, angesehen wurde, konnte von einem weniger wohlwollenden Gesichtspunkt als die Wiedergewinnung von Einfluß, als eine Vorstufe zur erneuten Herrschaftsbildung betrachtet werden. So wollte es auch Eumenes von Pergamon sehen, Roms großer Freund in Kleinasien, der im Streit mit Perseus' Schwager Prusias lag, vielleicht mit seinem anderen Schwager Teres, gewiß aber mit Perseus selbst wie auch mit Philipp, wegen Ainos und Maroneia. Sein Haß entlud sich bei einem Besuch in Rom im Frühjahr 172 in einer Rede vor dem Senat, welche jede Tätigkeit des Perseus als grundsätzlich gegen Rom gerichtet darstellte.[29] Wir haben keinen Grund anzunehmen, daß diejenigen Senatoren, die sich auf dem Balkan auskannten, Eumenes voll glaubten, daß der Senat eine wirkliche Furcht vor Makedonien entwickelte. Auch Perseus hatte, wie sein Vater, nämlich alles getan, um den Senat bei jeder zweifelhaften Angelegenheit zufriedenzustellen, und er tat es immer noch. Doch Eumenes hatte den Zeitpunkt ausgezeichnet gewählt. Die langjährigen römischen Kriege in Spanien und Liguria, welche den glücklichen Kommandeuren eine große Anzahl von Triumphen und sonstigen militärischen Ehren gebracht hatten, waren vorläufig weitgehend abgeschlossen. Die große Freiheit, unter einer als weniger zivilisiert geltenden Bevölkerung Krieg führen zu dürfen, hatte eine Rücksichtslosigkeit und Brutalität gefördert, welche den Römern zwar eigen, hier jedoch ziemlich ungezügelt war. Die langjährige Gewohnheit, unbekümmert Beute und Sklaven zu sammeln, und der immanente politische Druck im Senat, den jährlichen Konsuln eine Provinz zuzuweisen, wo auch sie die für eine einflußreiche Stellung im Staate notwendigen militärischen Ehren gewinnen konnten, führten dazu, daß unmittelbar nach Eumenes' Besuch – seine Kontakte beschränkten sich selbstverständlich nicht auf den formellen Auftritt im Senat, den Livius darstellt – schon die Konsuln des Jahres 172 Makedonien als Provinz verlangten.[30] Politisch unvorbereitet mochte man vielleicht in Iberia kämpfen, doch immer noch nicht im griechischen Osten, wo eine politische Vorbereitung, wie im Jahre 200, noch für notwendig gehalten wurde. Die Konsuln von 172 wurden also wieder mit Arbeit in Liguria entschädigt, aber es scheint so gut wie sicher, daß der Senat, in dem so viele alte Spanienkämpfer saßen, eine prinzipielle Entscheidung schon getroffen hatte, obwohl die formelle Kriegserklärung erst am Anfang des Konsulatsjahres 171 erfolgte. Verschiedene Gruppen von *legati* wurden im Jahre 172 in den griechischen Osten entsandt, um die Zuverlässigkeit der Griechen für den Fall eines Krieges mit Perseus abzusichern. Doch keine dieser Kommissionen sollte sich mit Perseus treffen; keine Forderungen wurden an Makedonien gestellt, weder jetzt noch später. Die Prozedur ist so direkt, so verblüffend brutal gewesen, daß man folgern muß, daß schon im Jahre 172 die Entscheidung, Makedonien zu zerstören, im Grundsatz gefallen war. Perseus' Bemühungen um eine Normalisierung seiner Verhältnisse zu den griechischen Staaten mögen dem Senat Vorwand oder Rechtfertigung gewesen sein, nachdem Eumenes seine feindliche Interpretation dieser Entwicklung vorgetragen hatte. Doch letztendlich, weil Perseus eben nichts gegen Rom tat – selbst als die Legionen schon da waren, suchte er verzweifelt nach einer Verhandlungsbasis –, waren alle diese individuellen Momente belanglos gegenüber dem brutalisierten Willen der Mehrheit des römischen Senates, einen Staat zu zerstören, wo, so meinten sie, noch großartige Beute zu holen war, und gleichzeitig den politischen Ärger zu beenden, welchen die bisherige Rücksichtnahme gebracht hatte.[31]

Entsprechend der entschlossenen römischen Haltung gab es nicht vor dem Krieg und auch nicht – trotz einiger römischer Niederlagen und seiner Fortdauer bis 168 – während seines Verlaufs von Rom ernst gemeinte Verhandlungen. Vermittlungsversuche brachten nur den Vermittler in den Verdacht, Perseus zu favorisieren. Auch griechische Staaten, die loyal auf der Seite Roms standen, bekamen die in Spanien eingeübte Brutalität zu spüren – so sehr, daß der Senat sogar ungewöhnliche Disziplinarmaßnahmen gegen die eigenen Mitglieder ergriff: zumindest während des Krieges durften die Griechen nicht exzessiv vor den Kopf gestoßen werden.[32] Diesmal fand die entscheidende Schlacht, so wie es sich die Römer wünschten, selbstverständlich im Kernland Niedermakedonien statt, bei Pydna in Pierien. Nach der Vernichtung des makedonischen Heeres – es sollen mehr als 20000 Makedonen umgekommen sein – floh Perseus zunächst nach Amphipolis, dann nach Samothrake, wo er schließlich seine verzweifelte Lage erkennen mußte und sich dem siegreichen römischen Feldherrn L. Aemilius Paullus ergab.[33] Eine jahrhundertelange Tradition ging damit zu Ende.

5. Nach dem Sturm

Die Demontage des makedonischen Staates, die der römische Senat nach dem Sieg des L. Aemilius Paullus verfügte, war fundamentaler Art. Nicht nur wurden das Königtum abgeschafft und enorme Reichtümer als Beute mit dem König und allen seinen Funktionären nach Italien verschleppt; auch die staatliche Struktur des Landes, jenes Gebilde eines vereinigten makedonischen Staates, das wohl die größte der Leistungen Philipps II. war, wurde völlig zerschlagen. An die Stelle des einheitlichen Staates traten nicht weniger als vier Republiken, denen es untersagt war, untereinander staatliche oder soziale Kontakte jeglicher Art zu haben – sogar Ehen zwischen Mitgliedern verschiedener Republiken waren nicht statthaft. Die wirtschaftliche Stärke wurde unterdrückt: Es durften weder Gold und Silber aus den Bergwerken geholt noch Schiffsbauholz geschlagen und exportiert werden; eine Steuer in der Höhe einer Hälfte der ehemaligen königlichen Steuer sollte an Rom gezahlt werden, eine Summe von 100 Talenten, und ein Heer durfte lediglich an den Grenzen unterhalten werden.[1]

Damit verschwand Makedonien endgültig als Staat. Es ist selbstverständlich, daß die Makedonen nunmehr der historischen Funktion des Staates der Königszeit, Bollwerk gegen die nichtgriechischen Stämme zu sein, nicht mehr gerecht werden konnten. Bezeichnend für diese künstlich geschaffene Schwäche sind folgende Vorgänge: Als im Jahre 150 ein Prätendent Andriskos, der sich als Sohn des Perseus ausgab, versuchte, das makedonische Königtum wieder zu beleben, kam er nicht vom Süden mit griechischer, sondern vom Osten mit thrakischer Unterstützung, und es bedurfte schließlich des Einsatzes eines römischen Heeres, um ihn zu schlagen, weil den Republiken, die sich ihm weitgehend nicht anschließen wollten, eben keine effektive Wehrkraft zugestanden worden war.[2]

Eine direkte Folge der Abschaffung des makedonischen Staates war also, daß schließlich Rom selbst die überörtlichen Funktionen des zerstörten Staates übernehmen mußte, wenn der Senat ein Chaos auf dem Balkan vermeiden wollte. Im Jahre 167 war versucht worden, dieser Konsequenz auszuweichen. Doch nach der Niederlage des Andriskos wurde doch entschieden, auf dem Balkan eine direkte römische Verwaltung einzurichten. Ab 148, dem Datum der entscheidenden Schlacht des Q. Caecilius Metellus Macedonicus gegen Andriskos, wurde in Makedonien eine neue Zeitrechnung eingeführt. Das Ereignis galt also als epochal. Ob jedes Jahr ein römischer Amtsträger nach Makedonien ging, ist nach der Überlieferungslage unsicher.[3] Deutlich ist jedoch, daß von dieser Zeit an alle überregionalen staatlichen Handlungen, welche uns bekannt sind, römische Handlungen sind. Also, sofern überregionale staatliche Funktionen überhaupt wahrgenommen wurden, sind sie direkt vom römischen Amtsträger ausgeübt worden. Die Makedonen waren danach Untertanen Roms geworden, ihre weitere Geschichte wurde von der Herrschermacht Rom geprägt.[4]

VI. Der makedonische Staat

1. König und Staat

In diesem letzten Abschnitt wird versucht, einige Aspekte des makedonischen Staatswesens über den ganzen Zeitraum hinweg systematisch zu behandeln. Drei größere Bereiche lassen sich fassen: die Monarchie und die Rolle des Königtums im Staate, die allgemeine Verwaltung einschließlich des Städtewesens und das Heerwesen. Alle diese Bereiche waren in der Praxis voneinander abhängig, doch über allem stand – für den makedonischen Staat überhaupt charakteristisch – das Königtum. Deswegen wird es zuerst behandelt.

Im Zentrum des makedonischen Staatswesens stand der König. Als die Römer nach 168 den makedonischen Staat zerschlagen wollten, war der erste Schritt die Abschaffung des Königtums und die Zerstörung des königlichen Verwaltungsapparates durch die Verschleppung des Königs selbst und seiner Funktionäre in italische Internierungslager. Doch das Königtum war so fest verankert, daß die Makedonen an den von den Römern eingerichteten regionalen Räten keinen Gefallen fanden und eine Anzahl von königlichen Prätendenten, von denen Andriskos nur der erfolgreichste war, immer wieder gewissen Zulauf aus der Bevölkerung erhielten und nacheinander von den Legionen unterdrückt werden mußten.[1]

Auch bei früheren Krisen hatten die Makedonen niemals im Ernst an der Institution des Königtums gezweifelt. Auf die Bereitschaft der Makedonen, einen König anzuerkennen, konnte sich Kassandros in der Nachfolgekrise nach dem Tode Alexanders III. stützen und sich schließlich auch durchsetzen; sogar während der chaotischen Jahre vor der Anerkennung des Antigonos Gonatas war die Institution des Königtums anscheinend nie in Frage gestellt worden. Auch diejenigen Makedonen, die nach Alexanders Tod eigene Staaten gründeten, dachten nur an die Verpflanzung der makedonischen Institution der Monarchie und ihre Anpassung an neue Situationen. Die stärksten Dynastien waren die Ptolemäer in Ägypten und die Seleukiden in Asien, und zumindest erstere beriefen sich, fiktiv wie es nur sein konnte, auf eine Abstammung von den makedonischen Argeadai. Kassandros hatte es leichter, konnte er doch mit seiner Gemahlin Thessalonike, Philipps Tochter, unmittelbar an die Argeaden anknüpfen; aber selbst die Antigoniden versuchten glaubhaft zu machen, daß sie dem ersten staatsschöpfenden königlichen Haus verpflichtet waren: Gonatas pflegte die alte Königsstadt Aigai und die dortigen Königsgräber, seine Nachfolger beanspruchten die Argeadai sogar für ihren eigenen Stammbaum.[2]

Die Monarchie war also tief im makedonischen Staat verwurzelt und dominierte alle Aspekte des staatlichen Lebens. Begründet war diese Stellung durch das enge Verhältnis zwischen König, Adel und den adligen Gefolgschaften, wobei der Natur des makedonischen Königtums eigentümlich war, daß sich der König volksnah benahm. Deswegen blieb der äußerliche Ausdruck des Königtums bescheiden. Vor Alexander sind keine besonderen Kennzeichen bekannt. Vielleicht war das gelegentliche Tragen von Purpurgewändern in Hofkreisen schon Sitte geworden, doch galt es nie als für den König allein reserviert. Nachdem Alexander in Persien lernte, das Diadem – eine um den Kopf gelegte weiße Stoffbinde – als Königszeichen zu tragen, wurde es anscheinend auch in die makedonische Heimat eingeführt, wo es jedenfalls für die späteren Antigoniden gesichert ist.[3] Doch selbst nach Alexander blieb in Makedonien königlicher Prunk verpönt: Gerade seine Vorliebe für extravagante Kleidung galt bei Demetrios Poliorketes als ein starker Beweis, daß er im Grunde genommen ungeeignet war, in Makedonien zu herrschen. Ein weiterer Fehler des Demetrios war seine ‚orientalische' Unzugänglichkeit für kleinere Leute: die Pflege guter Beziehungen zum Volk galt als *sine qua non* eines guten Königs. Von Philipp II. wird überliefert, wie er am Anfang seiner Regierung das ganze Land bereiste und mit den Leuten persönlich redete; auch Polybios bemerkt, daß zur Zeit Philipps V. die Makedonen ihrem König ihre Gedanken in unverblümter Sprache vorzutragen pflegten.[4] In einem solchen Staat gab es keinen Platz für einen König, der sich vom Volk abschottete, der, wie etwa bei den Ptolemäern und Seleukiden – die allerdings Vielvölkerstaaten mit verschiedenartigen Traditionen regierten – Zuflucht im Kult seiner Vorfahren oder sogar seiner selbst oder seiner Familie als Vereinigungsprinzip suchte. In Makedonien gab es keinen Herrscherkult.

Der freie Zugang von Einzelpersonen sowie Offenheit gegenüber Volksmeinungen, die vom König erwartet wurden, waren der Preis, den er dafür zu zahlen hatte, daß dem Volk ein formales politisches Organ vorenthalten war, der Preis also des königlichen Absolutismus. Mancher moderne Historiker hat zwar gemeint, doch eine Versammlung der Wehrfähigen (Heeresversammlung) zu erspähen, die etwa so, wie es Homers dichterische Phantasie für das achäische Heer bei Troja oder die Volksversammlung auf Ithaka dargestellt hat, funktioniert haben soll. Doch war das achäische Heer vor Troja überhaupt kein Staat und der kleine Inselstadtstaat Ithaka nicht mit Makedonien vergleichbar; in Makedonien gibt es außer in anormalen Krisenzeiten keinen Nachweis, daß versammelte Soldaten zu Friedenszeiten irgendwelchen verfassungsmäßigen politischen Einfluß, von Rechten ganz zu schweigen, besaßen. Der gesamte Einfluß im Staate neben dem König lag beim Adel, dessen angesehenste Mitglieder auch bei Fragen der königlichen Nachfolge normalerweise das entscheidende Wort zu reden hatten, wobei solange die Argeadai männliche Vertreter aufweisen konnten, immer ein erwachsener Sohn des verstorbenen Königs die Nachfolge angetreten hat. Dennoch mußte er anscheinend vom Adel akzeptiert und anerkannt werden. Es waren z. B. der einflußreiche Antipatros und sein Schwiegersohn Alexandros von Lynkestis, die sich nach der Ermordung Philipps II. (336) sofort für Alexander aussprachen; es war aber auch der Adelsklüngel von Antigonos, Ptolemaios, Lysimachos und Kassandros, welcher im Jahre 311 die Angelegenheiten des Reiches (und des unmündigen Alexanders IV.) im eigenen Interesse regelte. Nur einmal, in der Krise in Babylon (323) war eine tumultuarisch geäußerte Heeresmeinung für die Form der Nachfolge mitverantwortlich, als die anwesenden Adligen deutlich vom bisher beachteten Nachfolgeprinzip abweichen wollten.[5]

Der König und seine Barone dirigierten also den Staat, und dieser Grundsatz scheint genauso für Alexander I. zu gelten wie für Philipp V. oder für Perseus. Im Hinblick auf politische Entscheidungen stellt Demosthenes die alleinige (und deswegen vorteilhaft schnelle) Entscheidungskompetenz Philipps II. fest, im Gegensatz zum mühsamen (und langsamen) Meinungsbildungsprozeß im demokratischen Athen.[6] Sowohl politische als auch verwaltungsmäßige Entscheidungen traf der König: Dabei konsultierte er aber seine engsten Berater, die zunächst *Hetairoi* (Gefährten) hießen, dann, als dieser Begriff unter Alexander III. durch die Ausdehnung auf Tausende von Soldaten entwertet war, *Philoi* (Freunde) genannt wurden.[7] Diese Berater suchte der König jeweils selbst aus, wenn auch üblich gewesen sein dürfte (wie bei Alexander dem Großen oder Philipp V. in den ersten Jahren), daß ein neuer König zunächst Berater seines Vorgängers einfach übernahm: Diejenigen Magnaten, die an der Anerkennung eines neuen Königs maßgeblich beteiligt waren, dürften eben zunächst immer den größten Einfluß gehabt haben. Gründe für die weitere Wahl fehlen uns weitgehend, es dürfte aber immer eine Mischung aus politischen und persönlichen Momenten gegolten haben.

Der königliche Absolutismus drückte sich in vielen Bereichen aus. Der königliche Name wurde bei Städtegründungen eingesetzt: Philippoi und Philippopolis sind nur die ersten Beispiele für eine makedonische Sitte, welche unter Alexander eine so weite Ausdehnung erfuhr, daß sie die Namengebung von Städten im ganzen Ostmittelmeerraum prägte. Der König und die königliche Familie vertraten und führten den Staat, waren Nutznießer, doch auch gleichsam Diener des Staates. Sie waren im Interesse des Staates einsetzbar. In einer müden Stunde vertrat der alte Antigonos Gonatas sogar angeblich die Auffassung, das Königtum sei ‚eine ruhmvolle Knechtschaft'.[8] Die Bedeutung persönlicher Bindungen, auch über die Grenzen des eigenen Staates hinweg, war schon früh erkannt, als Alexander I. seine Schwester Gygaia an den persischen Adligen Boubares vergab.[9] Solche Bereitschaft, durch intime persönliche Bindungen die Interessen des Staates (sowie die eigenen) zu fördern, hörte erst mit dem Königtum überhaupt auf: Philipp II. dürfte der bekannteste Fall sein (bei ihm entsprach die Sitte sicherlich auch der eigenen Neigung),[10] doch nicht anders ist die Ehe des jungen Perseus mit der Bastarnerin oder jene seiner Schwester mit dem Thrakerfürsten Teres aus den letzten Jahren der Monarchie zu werten.[11] Im militärischen Bereich war der König selbstverständlich Kommandeur, und das implizierte, von Alexander I. durchgehend bis Perseus nachweisbar, den persönlich kämpfenden Einsatz des Königs in der Schlacht.

Staatsverträge scheinen mit dem König abgeschlossen worden zu sein, nicht mit dem Volk; auch im Amphiktyonenrat zu Delphi bekam nach 346 der König persönlich, nicht das Volk oder der Staat, die Sitze. Die Verwaltung des Staates war auch immer eindeutig zentralistisch (soweit sie überhaupt faßbar ist): Die Könige schreiben (oder lassen schreiben) im eigenen Namen Briefe, welche doch Verwaltungsakte sind, an die eigenen Verwalter in den Städten oder auf dem Lande, die auch mit eigenen Namen und nicht mit irgendeinem Titel angesprochen werden, also zumindest nominell persönliche Diener des Königs waren (die *Epistatai*).[12] Wo diese Verwalter herkamen, was für Leute sie waren, ist nicht belegt, doch dürften sie aus denselben Kreisen kommen wie die hohen Heeresoffiziere: aus dem weiteren Kreis der *Hetairoi* oder später der *Philoi*, die in Makedonien auch aus dem Pagenkorps, das seit Philipp II. bestand *(Basilikoi Paides)*, rekrutiert werden konnten.

Trotz dieser grundsätzlichen Feststellungen zum Wesen des Staates sind wichtige Bereiche des Staatsapparates nur sehr schlecht bekannt. Vom Justizwesen wissen wir kaum mehr als daß der König selbst oberster Richter war. Vielleicht existierte in den Städten ein irgendwie ausgerichtetes eigenes städtisches Justizwesen, doch auch hier ist Vorsicht geboten: Nur aus Thessalonike sind Richter *(Dikastai)* bekannt, und da ist es nicht sicher, ob sie nicht königliche Richter sind, welche es unter Philipp II. sicherlich gab.[13] Auf jeden Fall ist ein ‚demokratisches' System von Volksgerichten auch in den Städten (die *Dikastai* in Thessalonike waren eine Behörde) auszuschließen. Naheliegend wäre es, den *Epistatai* eine richterliche Kompetenz zuzuordnen, zumindest dort wo es keine besondere Richterbehörde wie in Thessalonike gab; doch muß das leider eine Vermutung bleiben.

Ähnlich steht es beim Finanzwesen. Die Hauptbergwerke, in denen Silber und Gold gewonnen wurden, scheinen im königlichen Besitz gewesen zu sein. Ob die Könige sie aber als Staatsbetriebe in eigener Regie führten – wie zumindest eine Ziegelei – oder sie an Pächter vergaben wie etwa die Athener taten, ist unbekannt, aber kaum sehr wichtig, weil klar bleibt, daß das Gros des Einkommens auf jeden Fall in die königliche Staatskasse floß: Aus dem Metall wurden nach Alexander I. die Münzen geprägt, mit welchen die Könige ihre Ausgaben deckten.[14] Eine weitere Einkommensquelle stellten die Einfuhr- und Ausfuhrzölle dar, die vom Staate erhoben wurden.[15] Auch das makedonische Bauholz (vor allem für den Schiffsbau) sowie Pech und deren Export scheinen weitgehend aufgrund entsprechender Besitzverhältnisse unter königlicher Kontrolle gewesen zu sein: Die Römer verfügten einen Stopp beim Baumschlagen für Schiffsbauholz, eben weil das Holz, wie die Silber- und Goldbergwerke, deren Ausbeutung ebenfalls eingestellt wurde, eine zentrale Einnahmequelle für die Könige war.[16] Es liegt also nahe, auch hier ein königliches Monopol zu sehen – mit der Monarchie wurden auch deren wichtigste finanziellen Stützen zerstört –, doch bleibt letztendlich auch dies eine bloße Annahme. Es ist wahrscheinlich, daß die Könige am ägäischen Getreidemarkt als Verkäufer tätig waren. Aus dem Handelsemporium Delos ist ein Mann mit Namen Aristoboulos aus Thessalonike bekannt, der sich als Getreidebevollmächtigter *(Sitones)* des Demetrios II. mehrere Jahre dort aufhielt, und es ist nicht anzunehmen, daß er dort als Einkäufer für das landwirtschaftlich autarke Makedonien tätig war. Makedonien kontrollierte damals auch Thessalien, das noch im 2. Jh. große Getreideüberschüsse, wenn vielleicht auch nicht jedes Jahr, produzierte. Zumindest einen Anteil daran wird der makedonische Herrscher auch dort gehabt haben.[17]

Die Makedonen zahlten Steuer, wahrscheinlich eine Erntesteuer, die an Rom in der Höhe einer Hälfte der königlichen Steuer gezahlt werden mußte.[18] Bei Perseus wird das Einkommen auf 200 Talente pro Jahr angegeben,[19] wobei aber völlig unbekannt bleibt, was alles mitgerechnet ist. Wurde diese Summe nur deswegen bekannt, weil die Römer die Hälfte davon erhielten (Plutarchs Kontext läßt dies wahrscheinlich erscheinen), dann dürfte sie bloß dem Ertrag der Bodensteuer und nicht dem gesamten Staatseinkommen entsprochen haben.

Genauso wie Politik und Wirtschaft von der zentralen Regierung weitgehend gestaltet worden zu sein scheinen, war auch das kulturelle Leben in Makedonien wesentlich von der Monarchie bestimmt und getragen worden. Teilnahme an den großen Festspielen in Olympia, zum Teil gewiß bloß der Selbstdarstellung des Teilnehmers sowohl zu Hause als unter den Griechen dienend, wird von Alexander I., Archelaos (der auch an den Pythia in Delphi teilnahm) und vor allem Philipp II. überliefert, dessen Münzen auf seine Siege aufmerksam machten. Archelaos gründete sogar, anscheinend nach dem Olympischen Muster, eigene makedonische Festspiele, die in Dion in Pieria stattfanden.[20]

Der ganze ‚kulturelle' Bereich dürfte jedoch weitgehend vom Geschmack des jeweiligen Königs abhängig gewesen sein. Alexander I. kaufte sich zwar eine Lobpreisung von Pindar, dem Modedichter der Aristokraten, und Perdikkas II. soll den ärztlichen Pionier Hippokrates von Kos und den Dichter Melanippides an seinen Hof eingeladen haben, doch erst Archelaos scheint regelmäßige Besuche von Künstlern am Hof genossen zu haben: Euripides und Agathon, Timotheus und Choirilos besuchten damals Pella – sogar Sokrates soll eine Einladung erhalten, doch abgelehnt haben.[21] Von Amyntas III. wird nur überliefert, daß er den Arzt von Stageira, Nikomachos, bei sich am Hof hatte, doch seine Söhne pflegten kulturelle Interessen: Perdikkas III. empfing den Platonschüler Euphraios, der sich in Pella anscheinend länger aufhielt, und Philipp II. war so anpassungsfähig, daß er in Athen als ‚vollständig griechisch' bezeichnet werden konnte.[22] Seine geistigen Neigungen können nicht von ungefähr gekommen sein: Trotz der Nachricht, daß Philipps Mutter Eurydike erst spät und bloß wegen der Kinder das Lesen lernte,[23] müssen die Söhne doch am Hof an höhere geistige Interessen herangeführt worden sein. Philipp war es, der den Sohn des väterlichen Leibarztes, den Platonschüler Aristoteles, als Privatlehrer für seinen eigenen Sohn Alexander engagierte, und der mit Gesandten aus Griechenland über intellektuelle Dinge recht ordentlich diskutieren konnte. Philipp hatte auch eine große Liebe für Theater und Musik, wenn sie auch nicht gerade den Geschmack des spöttischen Demosthenes traf. Schauspieler, Dichter, Historiker und Philosophen wurden in Pella willkommen geheißen;[24] und Alexander, der als Schüler des Aristoteles in diesem Hofambiente aufwuchs, führte ebenfalls solche Leute in großer Zahl in seinem Troß auf dem großen Perserfeldzug mit.

Diese allgemeine Pflege intellektueller und kultureller Interessen hörte mit der Argeadendynastie nicht auf: Antigonos Gonatas, der sich als Stellvertreter des Demetrios länger in den Städten Mittelgriechenlands, einschließlich Athen, aufgehalten hatte, entwickelte gute Beziehungen zu Menedemos von Eretria und zu Zenon, dem Gründer der stoischen Schule. Ihn versuchte er vergeblich nach Pella zu locken, doch andere Literaten kamen und hielten sich dort auf.[25] Philipp V. liebte anscheinend eher spitze Epigramme, doch verehrte er seinen Namensvetter Philipp II. soweit, daß er Partien aus den Philippika des Theopompos zusammenstellen und abschreiben ließ.[26] Geschichtsschreibung scheint überhaupt eine gewisse Vorliebe der makedonischen Oberschicht gewesen zu sein: Antipatros schrieb über die illyrischen Feldzüge des Perdikkas II., Marsyas von Pella und Marsyas von Philippoi schrieben beide makedonische Geschichte; eine systematische Sammlung athenischer Volksbeschlüsse wurde von einem Makedonen Krateros wohl im Zusammenhang mit der Schule des Aristoteles angefertigt; der nach Amphipolis zugewanderte

Nearchos schrieb ein Buch über seine Rückkehr aus Indien, Aristobulos schrieb seine Alexandergeschichte während er in Kassandreia lebte, Hieronymos von Kardia schrieb seine Diadochengeschichte in Pella unter Gonatas – von der berühmten Alexandergeschichte des Ptolemaios I. ganz zu schweigen. Leider sind bis auf ein paar dürftige Fragmente diese Werke alle ganz verlorengegangen – doch muß man feststellen, daß der makedonische Hof und die Oberschicht vom 4. Jh. an für literarische Betätigung durchaus offen war.[27]

Auch im Bereich der Architektur und Malerei, wo jedoch viel noch im dunkeln liegt, ist ein Sinn für Qualität erkennbar. Als Archelaos am Ende des 5. Jhs. seinen neuen Palast in Pella bauen ließ, beschäftigte er den berühmten Maler Zeuxis. Die Qualität der Gold- und Silberarbeiten aus Gräbern des 4. Jhs. zeigt, daß der Anschluß an die Entwicklung der griechischen Kunst in diesem Bereich nicht verlorenging. Aus dem späten 4. Jh. lassen die Wandmalereien der Königsgräber zu Verghina und die sonstigen Funde dort oder die Gräber bei Lefkadhia sowie die Mosaiken und die großzügigen Peristylhäuser in Pella dasselbe erkennen. Auch der von Gonatas gebaute Palast zu Verghina war offensichtlich ein Prachtstück zeitgenössischer Architektur. Diese Dinge waren gewiß alle Produkte für die reiche Spitze der makedonischen Gesellschaft: von dem kulturellen Lebensniveau der unteren Schichten läßt sich leider nichts ermitteln.[28]

Zu den größten öffentlichen Investitionen griechischer Staaten gehörten die Errichtung von Tempeln und die sonstige Bautätigkeit in Heiligtümern. In diesem Bereich läßt sich aus Makedonien außerhalb der älteren griechischen Städte noch kein großes Gebäude einwandfrei bestimmen. Es dürfte jedoch bloß eine Frage der Zeit sein, daß mit fortschreitender Ausgrabungstätigkeit größere religiöse Bauten gefunden werden. Dennoch läßt sich einiges zum Kultwesen sagen. In den Städten dürfte ein normaler Kultbetrieb geherrscht haben: In Amphipolis war der Asklepiospriester nominelles Staatsoberhaupt und Asklepios mußte somit einen größeren Tempel gehabt haben; in Kassandreia wurde nach guter griechischer Tradition Kassandros als Gründer verehrt (und später, wohl als Neugründer, zeitweilig Lysimachos) und der Priester des Gründers war dort eponym.[29] Wir dürfen auch Gründerkulte für Philippoi, Thessalonike und Demetrias annehmen. Insbesondere in Dion wurde Zeus verehrt, in Beroia Herakles der Jäger (Kynagidas), ein Kult an dem zumindest einmal die königliche Familie so viel Interesse zeigte, daß der junge Demetrios II. für den Heraklespriester gegen die Stadtverwaltung intervenierte. Ob der Grund, die besondere Beziehung der Könige zu Herakles war (der auch sonst mit verschiedenen Beinamen weit verehrt wurde), auf den sie (auch die Antigoniden) ihren Stammbaum zurückzuführen beliebten, läßt sich nicht ermitteln. In Pella wurde Athena Alkidemos

(„Schützer des Volkes“) in großen Krisen besonders verehrt.[30] Auf jeden Fall scheint das Kultwesen in Makedonien, soweit die spärlichen Angaben einen Einblick zulassen, ein durchaus normales Bild abzugeben. Selbst bei der Ausbreitung der ägyptischen Kulte stellt das königliche Makedonien keine Ausnahme dar: Schon im Jahr 187 gab es in Thessalonike seit längerer Zeit einen Sarapistempel, den der König selbst unter strengerer Kontrolle halten zu müssen meinte.[31]

Die Makedonen unterhielten auch gute Beziehungen zu verschiedenen außermakedonischen ‚internationalen' Kulten und Kultzentren. Mindestens von Philipp II. bis Perseus galt dem Heiligtum des ekstatischen Kultes der Kabiren auf Samothrake die besondere Aufmerksamkeit des makedonischen königlichen Geschlechts. Philipp soll Olympias dort erst kennengelernt haben. Alexander IV. und Philipp Arrhidaios (in der Praxis wohl Antipatros oder Polyperchon) brachten dort ein großes Weihgeschenk dar und kümmerten sich um Tempelbesitz auf dem Festland; dorthin flüchteten sowohl Arsinoe im Jahr 280 als auch im Jahr 168 der besiegte Perseus. Auch das Kabirenheiligtum auf Lemnos genoß die besondere Aufmerksamkeit Philipps V.[32]

Delphi und Olympia weisen langjährige Beziehungen nach. Alexander I. stiftete in Delphi nach 479 eine Statue seiner selbst und Archelaos nahm an den Pythischen Spielen teil. Philipps II. Eintreten für die Belange des delphischen Apollon während des Heiligen Krieges änderte sogar die Zusammensetzung des Amphiktyonenrates: Vertreter des makedonischen Königs nahmen danach regelmäßig an den Sitzungen teil, bis die ätolische Herrschaft im 3. Jh. dies unmöglich machte. Dann aber (wohl gleich nach der Neuordnung der Amphiktyonie nach 188) nahmen Vertreter des makedonischen Königs wieder an den Sitzungen teil. Als Perseus bei Pydna besiegt wurde, stand in Delphi ein halbfertiges Denkmal, das angeblich eine vergoldete Statue seiner selbst tragen sollte: sein Besieger Aemilius Paullus übernahm es für sich.[33]

Zu Olympia wurden seit der Teilnahme Alexanders I. an den Spielen gute Beziehungen gepflegt. Nicht nur weitere Teilnahme an den Spielen (Archelaos und mehrfach Philipp II.), sondern auch große Weihgeschenke Philipps II. und Philipps V. sind bekannt: Philipp II. baute nach Chaironeia einen Rundbau an exponierter Stelle neben dem Prytaneion (Tholos), der später unter dem Namen Philippeion bekannt war. Darin wurden Statuen aus Gold und Elfenbein seiner selbst und Olympias, seiner Eltern, Amyntas' III. und Eurydikes sowie des Alexander aufgestellt. Wahrscheinlich war es Alexander, der das Denkmal fertigstellen ließ. Philipp V. stiftete eine Statuengruppe, die die Bekränzung Dosons und Philipps selbst durch eine personifizierte Hellasfigur darstellte.[34]

Zu Delos unterhielten die Antigoniden ein enges Verhältnis, das wohl aus der Zeit der Seeherrschaft des Antigonos Monophthalmos und Demetrios Poliorketes herrührte, als sie den Bund der Insulaner (Nesiotenbund) mit Sitz auf Delos gründeten. Im 3. Jh. stifteten verschiedene antigonidische Könige und Königinnen auf der Apolloninsel mehrere größere und kleinere Monumente, Gebäude, Weihgeschenke und Feste, die auf diese enge Bindung hinwiesen.[35] Diese Beziehung wurde wahrscheinlich insbesondere wegen der zunehmenden Bedeutung der Insel für Makedonien als Handelsumschlagplatz gepflegt. In den ersten Jahren Philipps V. hielten sich auf der Insel zumindest zeitweilig so viele Makedonen auf, daß sie eine kleine Gemeinde oder einen Club *(koinon)* bildeten und einmal eine Statue des Königs, vielleicht im Zusammenhang mit dem Bau seiner großen Stoa, stifteten.[36]

Weihgeschenke in weniger bekannten Tempeln stehen wahrscheinlich in unmittelbarem Zusammenhang mit der Pflege guter politischer Beziehungen: So ist wohl die Weihung Alexanders des Großen bei Athena Lindia auf Rhodos nach der Gaugamelaschlacht zu verstehen oder die Philipps V. ebenda, wohl während des ersten Krieges mit Rom, als Rhodos eine ihm günstig erscheinende Vermittlungsaktion durchführte.[37] Ebenso dürften Weihgaben Philipps V. im karischen Panamara im Zusammenhang mit seinem Karienabenteuer von 201–197 stehen.[38]

Als Fazit kann man feststellen, daß die makedonischen Könige sich durchaus darüber im klaren waren, daß mit einer großzügigen Pflege der internationalen religiösen Einrichtungen der griechischen Welt wichtige Öffentlichkeitsarbeit zu leisten war. Die Beziehungen zu den traditionellen großen Heiligtümern wurden kultiviert, und, als im 3. Jh. mehrere Staaten internationale Anerkennungskampagnen für ihre eigenen Kultstätten starteten, ließen es sich die Makedonen auch hier nicht nehmen, sich daran zu beteiligen: so die koische Asyliekampagne unter Antigonos Gonatas um 242 und das Begehren von Magnesia am Maeander hinsichtlich des Kultes der Artemis Leukophryene um 207. Auch als Teos um 204 eine ähnliche Kampagne anlaufen ließ, wurde sie von Philipp V. unterstützt.[39] Internationale Kultzentren hatten immer der Selbstdarstellung der daran Beteiligten gedient. So gesehen, handelten die makedonischen Könige durchaus angepaßt und traditionskonform.

Aus unserer zeitlichen und geistigen Entfernung ist schwer feststellbar, wie weit bei diesem Verhalten auch religiöse Gefühle eine Rolle spielten. Die Makedonen handelten nicht anders als ihre Zeitgenossen, die über ausreichende Mittel verfügten. Es gab jedoch in Makedonien mit Sicherheit eine andere Seite des religiösen Phänomens. Vielleicht war sie bei Alexander dem Großen am stärksten ausgeprägt, doch ist sie schon bei der Bedeutung des ekstatischen Kultes der Kabiren zu fassen: ein starker Hang zum Mystizismus. Bei Alexander ist wegen der Natur der späten Überlieferung der religiöse Bereich in den Quellen einerseits sehr ausgeprägt, andererseits sehr vernebelt. Doch scheinen seine regelmäßigen Opferhandlungen und Ehrungen für die verschiedensten – auch fremden – Gottheiten bis hin zu seinem Besuch privatissime beim Ammonpriester in der ägyptischen Oase Siwah doch einen für uns schwer faßbaren, aber anscheinend echten religiösen Glauben zu verraten, der ihn allerdings unter dem Dauerstreß des langen Feldzuges zum Wahnsinn trieb, zum Glauben an die eigene Übermenschlichkeit.

So rational uns die anderen Makedonen im allgemeinen vorkommen mögen, gibt es doch ein weiteres, diesmal nicht an Personen gebundenes Beispiel für die Neigung zum Mystizismus. In Babylon wurde im Jahre 323 nach den Unruhen, die der Tod Alexanders ausgelöst hatte, eine rituelle Reinigung des Heeres durchgeführt: man hackte einen Hund in zwei Teile und ließ das Heer zwischen den beiden Hälften durchmarschieren. Ähnliches wird auch anderthalb Jahrhunderte später unter Perseus überliefert.[40]

Derartige primitive rituelle Reinigungsmaßnahmen sind auch anderweitig in der griechischen Welt bekannt: daß sie aber als makedonischer Staatsakt mehrfach bezeugt sind und offensichtlich regelmäßig durchgeführt wurden, verrät, daß die anscheinend so rationalen Makedonen in bestimmten Bereichen am Glauben an die Wirksamkeit formeller ritueller Handlungen doch haften geblieben sind. Dem entsprechen nur die Pflege des Kabirenkultes oder der Besuch des Amyntas, Sohn des Perdikkas III. beim Orakel des Trophonios in Lebadeia, wo Ratsuchende durch ein enges dunkles Loch in einer tiefen Höhle durchgezogen wurden.[41] Mystizismus und Irrationalität spielten dann auch in Makedonien bis zum Ende der Monarchie – und darüber hinaus – eine Rolle. Inwieweit sie aber auch das staatliche Leben mitbeeinflußten, läßt sich nicht ermitteln.

2. *Verwaltung und Städtewesen*

Als L. Aemilius Paullus im Jahre 168/7 in Amphipolis Hof hielt und eine Neuordnung in Makedonien verfügte, forderte er die Städte des Landes auf, jeweils zehn Vertreter nach Amphipolis zu entsenden. Sie empfingen dann die erste Kunde des römischen Erlasses. Danach sollten die Makedonen frei sein, ihre Städte und Ländereien und eigenen Gesetze behalten sowie von jährlich zu wählenden Beamten regiert werden.[1] Damit läßt Livius erkennen, daß die Römer förmlich den herrschenden Zustand der rechtlichen Ordnung der Städte bestätigten. Wenn wir nun versuchen, den Status der Städte im Königreich Makedonien näher zu bestimmen, fehlen weitgehend Quellen. Einige Inschriften lassen aber doch für bestimmte Städte eine kontrollierte lokale Selbstverwaltung mit eigenen Gesetzen und jährlich wechselnden Beamten erkennen.

Grundsätzlich scheint jedoch feststellbar zu sein, daß keine makedonische Stadt zu der Zeit als die königliche Verwaltung in der Lage war, sich überall durchzusetzen, je eine ernstzunehmende, über den rein lokalen Bereich hinausgehende Selbständigkeit genoß.[2] Philipp II. scheint hier Weichen gestellt zu haben: In Amphipolis, das 357 dem Reich Makedonien eingegliedert wurde, scheint zwar die ‚demokratische' Verfassung – Volksversammlung, Stadtrat *(Boule)* und jährlich wechselnde Beamte – beibehalten worden zu sein, doch hinzu kamen bekanntlich eine Garnison und ein königlicher Beauftragter als allgemeiner politischer Aufseher *(Epistates).*[3] Interessant ist zu beobachten, daß Philippoi, die erste neue Gründung des jungen Philipp, die in der unmittelbaren Nähe von Amphipolis liegt, die einzige andere makedonische Stadt ist, wo die volle ‚demokratische' Verfassung mit beschlußfassender Volksversammlung nachweisbar ist.[4] Makedonien selbst hatte eben keine Tradition von Volksversammlungen: möglicherweise ließ sich Philipp vom naheliegenden Beispiel Amphipolis beeinflussen. Wenn dem so ist, dann wurde seinem Beispiel von Kassandros, der ihn sonst so verehrte, anscheinend nicht gefolgt. In Kassandreia ist keine Volksversammlung belegt, in Thessalonike zwar eine Ekklesia, aber eine, die offenbar bloß zuhörte. In den beiden Städten sind die erhaltenen Beschlüsse im Namen der Stadt ausschließlich vom Stadtrat verabschiedet worden. Nach dieser Feststellung darf dann nicht ohne weiteres angenommen werden, daß der vorhandene Beschluß von Pella, welcher von ‚der Polis' verabschiedet war, von einer Volksversammlung und nicht vom Stadtrat stammt.[5]

Wenn also das demokratische Merkmal einer beschlußfassenden Volksversammlung nur selten nachweisbar ist, so ist die Lage bei den jährlichen Beamten anders. Solche Funktionäre oder auch jährlich wechselnde Priester, die als Eponymen galten, sind in weiterem Umfang belegt. Philippoi, wo der Eponym einfach (wie in Athen) Archon hieß, dürfte den ersten Beleg liefern; danach folgt Amphipolis, wo der Asklepiospriester dem Jahr seinen Namen gab. Aber auch für Kassandreia ist schon unter Kassandros der eponyme Priester belegt, ebenso unter Demetrios Poliorketes ein eponymer Beamte für Beroia, unter Gonatas für Pella und unter Doson für Thessalonike.[6] In allen Fällen ist die Zeit des ersten Belegs zufällig, der Zustand dürfte in allen Fällen viel älter oder bei den Neugründungen zeitgleich mit der Gründung gewesen sein.

Außerdem verfügten zumindest einige Städte über eigene städtische Mittel, selbst wenn diese sehr begrenzt waren und unbekannt ist, ob sie aus eigener Steuereintreibung oder aus königlicher Überweisung stammten. Ein Schatzmeister *(Tamias)* ist sowohl in Pella als auch in Philippoi und Kassandreia belegt, wo er Geldmittel für die Bewirtung der heiligen Gesandten von Kos *(Theoroi)* im Jahre 242/1 zur Verfügung stellte; auch in Thessalonike gab es eine Behörde von *Tamiai.*[7] Es existierte darüber hinaus, allerdings vielleicht nicht überall, ein städtisches Rechtswesen: Philippoi und Kassandreia hatten Gesetze, welche die Bewirtung von fremden Gesandten regelten (was zeigt, daß der Fall oft genug vorkam); Kassandreia hatte sogar eine Behörde von ‚Gesetzeshütern' *(Nomophylakes)*; anscheinend im Rahmen eines städtischen Rechtswesens, das allerdings nicht überall gleich gewesen sein muß, wurden in Beroia Sklaven freigelassen und in Amphipolis Immobilien verkauft.[8] Kassandreia und Philippoi sowie vielleicht Beroia hatten einen oder mehrere *Strategoi* (vom Namen her grundsätzlich eine Militärbehörde), aber nur aus Philippoi ist eine genauere Tätigkeit nachweisbar. Dort verfügten die *Strategoi* im 3. Jh. über einige Söldner, die im städtischen Dienst tätig waren. Diese werden erwähnt, als sie die heiligen Gesandten aus Kos zum Hafen von Neapolis begleiten sollten. Sie waren bestimmt nicht mehr als eine kleine Truppe, die vorwiegend solche polizeilichen Funktionen ausübte; und es dürfte in den anderen Städten ähnlich gewesen sein.[9] Aber unmittelbar nach Kynoskephalai, als Philipp V. gegen die Dardaner vorgehen mußte, konnte er doch ‚aus den Städten' ein neues Heer von 6500 Mann ausheben.[10] Es scheint also möglich, daß die städtischen *Strategoi* im Notfall vielleicht nicht nur über ein paar Söldner, sondern auch über erhebliche Zahlen von Bürgern verfügten, die auch zur Landesverteidigung eingesetzt werden konnten.

Einige Städte scheinen also eine gewisse örtliche Selbständigkeit genossen zu haben. Wie begrenzt sie aber war, zeigt sich daran, daß auch in einer trivialen Angelegenheit wie der Anerkennung der koischen Asylie die vier Städte, deren zuständige Organe diese vornahmen, ihre Beschlüsse unter anderem damit begründen, daß sie mit der Politik des Königs Antigonos konform seien.[11] Also selbst hier war offenbar vorgeklärt, ob die Beschlüsse zustande kommen durften oder nicht. Auch auf die städtischen Finanzen hielten die Könige ein scharfes Auge. Der Kronprinz Demetrios schrieb an die Priester des Herakles von Beroia im Jahre 249/8, daß gewisse Tempeleinkünfte, welche an die Stadt abgezweigt worden waren, an den Gott zurückgezahlt werden sollten.[12] Hier also zeigt sich eine direkte königliche Einmischung in bezug auf städtische Finanzen, und zwar zu Ungunsten der Stadt. Dasselbe geht aus einem Erlaß Philipps V. vom Jahre 187 betreffend die Finanzen des Sarapistempels in Thessalonike hervor. Hier verfügte der König nicht nur, daß keine Gelder für unerlaubte Zwecke ausgegeben werden durften, sondern sogar, daß die Schatzkammer des Tempels ohne die Anwesenheit des *Epistates* und der Richter (die evtl. auch königliche Funktionäre waren) gar nicht geöffnet werden durften.[13] Ebenfalls um die Finanzierung religiöser Zwecke geht es in einem leider nur sehr bruchstückhaft überlieferten Brief des Perseus aus Alkomenai.[14] Insoweit sich aus diesen Belegen überhaupt ein Gesamtbild ergibt, ist es von einer sehr scharfen Überwachung der städtischen Finanzen durch königliche Funktionäre gekennzeichnet.

Von diesen sind mehrere – aber alle aus der Zeit nach Philipp II. – bekannt, welche dienstlich mit Städten zu tun hatten. Am ergiebigsten ist eindeutig Amphipolis, woher wir nicht weniger als fünf namentlich kennen. Alle erscheinen – einmal allein, sonst in Verbindung mit dem eponymen Asklepiospriester – im protokollarischen Teil (in der Datierungsformel) von Urkunden, welche den Zeitraum vom 4. Jh. bis in die zweite Hälfte des 3. Jhs. abdecken. Die Amtsbezeichnung in Amphipolis war *Epistates,* eine ganz übliche Bezeichnung für eine vom König bestellte Aufsichtsperson. Anscheinend diente er in Amphipolis auch länger als das für einen städtischen Funktionär übliche Jahr, weil der *Epistates* Spargeus in der zweiten Hälfte des 3. Jhs. zweimal, aber mit verschiedenen jährlichen Priestern erwähnt wird.[15] Was der *Epistates* in Amphipolis genau zu tun hatte, ist allerdings unbekannt; er dürfte aber für die Koordination mit dem König zuständig gewesen sein, außerdem war er wohl Zensurbehörde für städtische Beschlüsse und Finanzaufsicht sowie vielleicht Besatzungskommandant. Auch in Thessalonike gab es einen *Epistates,* sogar einen mit Stellvertreter *(Hypepistates),* der im einzigen gut erhaltenen Beschluß des Stadtrates als Antragsteller, zusammen mit den eventuell auch königlich bestallten Richtern *(Dikastai)* auftritt.[16]

Wenn man diese Lage der Dinge betrachtet, dann dürfte jener Harpalos, der Empfänger der Briefe des Kronprinzen Demetrios in der Sache der Gelder des Herakles zu Beroia, wohl auch *Epistates* gewesen sein. Er war eindeutig zuständig für diese finanzielle Angelegenheit wie der *Epistates* in Thessalonike für die dortigen Sarapisgelder, zuständig für einen Bereich, der normalerweise in einer selbständigen griechischen Stadt von den politischen Organen der Stadt selbst zu erledigen gewesen wäre. Sowohl in Beroia als auch in Thessalonike darf man aus den Urkunden schließen, daß städtische Organe oder Behörden im Umgang mit den heiligen Geldern ‚normal' verfahren waren, bis die königliche Verfügung eintraf, welche die beanspruchte ‚Normalität' beendete. Ob Harpalos nur für Beroia zuständig war, oder ob Beroia nur ein Teil seines Amtssprengels war, ist gänzlich unbekannt.

Auch in zwei weiteren Fällen, wo es sich anscheinend nicht um Polisangelegenheiten handelt, ist die Ausdehnung des Bezirks unsicher. Im Jahr 181 erhielt der königliche Funktionär Archippos einen Brief des Königs Philipp V. betreffend eine Landzuweisung an einige Soldaten. Der Stein, der 20 km nördlich von Kozane gefunden wurde, stammt zunächst nicht aus einer als Polis organisierten Gemeinde. Doch hatte Archippos irgendwo sein Büro *(Epistasion),* wo die königlichen Schreiben veröffentlicht wurden.[17] Archippos scheint also als *Epistates* nicht nur den unbekannten Ort, wo er sein *Epistasion* hatte, verwaltet zu haben, sondern mußte sich mit der Verwaltung dessen, was eindeutig Domanialland war, beschäftigen. Er hatte also auf jeden Fall Funktionen auch außerhalb des städtischen Bereiches. Dasselbe dürfte auch für Plestis gelten, der aus der Marktgemeinde Gazoros beim heutigen Serrhai stammte und dort im königlichen Dienst im 5. und 6. Jahr eines nicht genannten Königs (der aber Philipp V. oder Perseus gewesen sein dürfte), tätig war.[18] Sein Fall stellt dar, wie die patronale Aufsicht nicht immer bloß negativ angesehen werden muß. Diese Gemeinde lobt ihn – zusammen mit den Dörfern, die ebenfalls seiner Verwaltung unterstanden –, weil er in einer Notsituation dafür sorgte, daß ausreichend Getreide zu festen Preisen auf den Markt kam, und berichtet an den König über sein Verdienst. Nun ist wegen der unbeholfenen Formulierung und der außerordentlich schlecht ausgeführten Publikation auf dem Stein wahrscheinlich, daß Gazoros normalerweise Beschlüsse weder verfaßte noch veröffentlichte, war also nicht als Polis organisiert, wie auch die thrakischen Namen, die erwähnt werden nahelegen. Hier haben wir also wieder mit einer nichtstädtisch organisierten Gemeinde zu tun, wo aber anscheinend ein königlicher Funktionär tätig war.

Die Tätigkeiten des Plestis und Archippos sowie vielleicht des Harpalos lassen es zu, einige allerdings noch unsichere Vermutungen zur Form der allgemeinen Landesverwaltung Makedoniens seit Philipp II. anzustellen. Die königliche Zentralverwaltung war in allen Bereichen tätig. Polybios bemerkt im Zusammenhang mit Schwierigkeiten im Provinzrat von Makedonia Trite um 163, daß die Makedonen eben an demokratische Verhältnisse nicht gewöhnt waren.[19] Die meisten hatten einfach keine Erfahrungen gemacht, zumal nur in zwei Städten des Landes – in Amphipolis und Philippoi – eine normale Volksversammlung nachzuweisen ist. Wo sonst Städte existierten, gab es einen Stadtrat *(Boule)*, der zusammen mit den königlichen Aufsehern die Stadt regierte und eventuell die jährlichen Beamten, vielleicht aus den eigenen Reihen, bestellte. Wo es aber kein nach griechischer Tradition geformtes Staatswesen gab – und sobald man von der Küste wegging, war keine griechische Polistradition vorhanden –, hatten die *Epistatai* in den Marktgemeinden, Dörfern und auf dem Domanialland andere Funktionen. Solche Gebiete machten offenbar noch im 2. Jh. einen großen Teil Makedoniens aus. Ob über diesen Untereinheiten regelrechte Provinzen eingerichtet waren, ist unbekannt, aber eher unwahrscheinlich. Als unter Philipp II. und Alexander III. sowie wieder unter Philipp V. große Teile Thrakiens von Makedonien verwaltet wurden, war dort ein *Strategos* eingesetzt; auch für Paionien ist unter Philipp V. ein *Strategos* bekannt.[20] Doch für das Kernland Makedonien selbst fehlt jede Angabe. Vielleicht konnte man dann auf größere Verwaltungseinheiten verzichten, wenn – wie im Falle des Plestis – regelmäßig lokale Autoritäten als ortskundige königliche Verwalter fungierten, jeweils mit direktem Zugang zum König. Auch die städtischen *Epistatai* mögen dann gelegentlich oder regelmäßig Bürger der jeweiligen Stadt gewesen sein: Wenn es so war, dann dürften sowohl Kassandros als auch Gonatas einer makedonischen Tradition gefolgt sein, als sie im makedonischen Athen Athener als königliche Beauftragte einsetzten (318 und 259).

Im Vergleich zu Städten, welche traditionelle griechische Selbständigkeit genossen, führten die makedonischen Städte also ein kümmerliches politisches Dasein: im Königreich hatten sie eben funktional *qua* Städte keinen Platz, höchstens sollten sie sich unter königlicher Aufsicht selbst verwalten. Ein Kern der städtischen Autonomie war die Finanzautonomie, und die meisten griechischen Städte finanzierten ihre laufenden Ausgaben weitgehend aus indirekten Steuern, von welchen die wichtigsten Hafengebühren oder Ein- und Ausfuhrzölle sowie Marktgebühren waren. Als Philipp V. nach 187 anfing, die Landesfinanzen zu reformieren, erhöhte er u. a. eben diese Hafenzölle.[21] Mehr als ein Jahrhundert früher hatte Kassandros in Kassandreia Steuerfreiheit von diesen Gebühren an Perdikkas, Sohn des Koinos, dem er außerdem seinen Landbesitz bestätigte, verliehen.[22] Daraus kann geschlossen werden, daß die Hafenzölle in Makedonien königliche Steuer waren, wie die Agrarsteuer; ob das für Marktgebühren auch zutrifft, ist unbekannt.

Den Städten und Gemeinden wurde aber ein gewisses örtliches Selbstverteidigungspotential überlassen. Selbst bei einer vollständigen Aushebung, wie vor Kynoskephalai, blieben mindestens 6500 Wehrfähige in den Städten zurück, die dann in der darauffolgenden Notsituation des dardanischen Einfalles doch ausgehoben wurden. Ob diese Männer Söldner aus Garnisonen oder milizähnliche Bürgeraufgebote waren (oder eine Mischung), ist unbekannt; sie waren tüchtig genug, um die Dardaner zu schlagen. Insgesamt aber wird deutlich, daß sowohl die Städte als auch die nichtstädtischen Bereiche eng in das königliche zentralistische Verwaltungssystem eingegliedert waren.

Wegen der geringen Zahl der traditionell als Poleis organisierten Gemeinden im makedonischen Kernland und der eigentümlichen historischen Entwicklung des makedonischen Staates stellten sich Spannungen zwischen Königsmacht und freiem griechischen Staat in Makedonien nicht so stark ein wie etwa in Kleinasien unter den Seleukiden und Attaliden, wo die makedonische Königsmacht erst mit Alexanders Feldzug und nur durch Eroberung und zum Teil lang anhaltende Machtkämpfe zustande gekommen war.

Für Makedonien gelten solche Bedingungen nur in den auswärtigen Besitzungen. Thrakien hatte (solange es von Pella aus verwaltet wurde) einen eigenen militärischen Gouverneur *(Strategos)* (wie auch Paionien unter Philipp V.), der wohl auch für die Eintreibung der Tributzahlungen und Truppenaushebung verantwortlich war.[23] In Thessalien wurden Philipp II. und Alexander III. nacheinander Archon des Thessalischen Bundes, verfügten also von Amts wegen über den Bundesanteil am Steueraufkommen und über das Bundesaufgebot. Nach der Beteiligung auch vieler thessalischer Städte am Lamischen Krieg ist vom Bund für ein Jahrhundert lang nichts mehr bekannt, bis Antigonos Doson, wohl um 227 nach erneuten Unruhen, ihn wiederbelebt zu haben scheint.[24] Die Ausschaltung oder Abschaffung des Bundes nach dem Lamischen Krieg bedeutete eine Verstärkung direkter makedonischer Autorität. Kassandros unterhielt einige Garnisonen, Demetrios baute sogar seine Namensstadt Demetrias am Golf von Pagasai, die dann als einer der Kernstützpunkte des makedonischen Einflusses in Griechenland galt und von Philipp V. als eine der ‚Fesseln Griechenlands' bezeichnet wurde.

Aber auch nach der Neubelebung des Bundes ließ der unmittelbare Druck der makedonischen Herrschaft nicht nach. Unter Antigonos Doson und Philipp V. nahm der Bund formell an den Kriegen gegen Kleomenes, die Aitoler und die Römer teil. Der König intervenierte anscheinend wo, wie und wann er wollte, sogar bis in zentrale Angelegenheiten der einzelnen Städte hinein, wie zwei Briefe Philipps V. an Larissa belegen:[25] im ersten Brief vom Jahr 217 legt der König der Stadt nahe, Nichtbürger in die Bürgerschaft aufzunehmen, damit sich die Bürgerzahl erhöhe und die Wirtschaft aufblühe, worauf sich die Stadt (die noch immer eigene Wahlbeamten und eine beschlußfassende Versammlung hatte) zunächst fügte; doch gab es bald einen Meinungswechsel, und Philipp mußte im Jahre 214 noch einen Brief schreiben, in dem er die Behörden ermahnte, sogar mit Hinweis auf die Erfolge der römischen Aufnahme von Freigelassenen in die Bürgerschaft und auf das römische Koloniewesen, doch seinen Willen zu tun. Polybios schrieb im Hinblick auf diese Zeit: ‚Die Thessaler schienen nach ihren Gesetzen zu leben und sehr anders als die Makedonen zu sein, doch waren sie keineswegs anders, wurden genauso behandelt wie die Makedonen und taten alles, was ihnen von königlicher Seite auferlegt war.'[26] Daran hatte also die Wiederbelebung des Bundes gar nichts geändert. Thessalien galt nach wie vor als makedonisches Herrschaftsgebiet par excellence, wurde immer wieder von Gegnern Makedoniens – ob von Demetrios gegen Kassandros, von den Aitolern oder Römern gegen Gonatas oder Philipp V. – stellvertretend für das schwer zugängliche makedonische Kernland angegriffen und verwüstet. Genauso handelten auch die Machthaber in Makedonien, die lieber in Thessalien als in Makedonien selbst Kämpfe austrugen – so Kassandros, so letztlich Philipp V., der gerade beim thessalischen Kynoskephalai seine entscheidende Niederlage im Jahre 197 erlitt.

Südlich von Thessalien gestaltete sich die makedonische Herrschaft zwangsläufig lockerer. Nach Chaironeia scheinen nur Korinth und vielleicht einige westgriechische Ortschaften sofort makedonische Besatzungen erhalten zu haben, doch dürften die makedonischen ‚Beauftragten für die gemeinsame Sicherheit' des Korinthischen Bundes nicht nur moralischen Druck hinter sich gehabt haben. Aber der einmal von Philipp II. festgelegte Grundsatz der makedonischen Politik im südlichen Griechenland wurde beibehalten: mit möglichst geringem Kraftaufwand, möglichst durch den freien Willen der örtlichen Regierenden, sollte der makedonische Einfluß geltend gemacht und aufrecht erhalten werden. Dieses Ziel ließ sich nicht immer realisieren: Besatzungen im Piräus, in Chalkis und vielen anderen Orten waren Folgen des Lamischen Krieges; Kassandros im Jahr 317 und dann Gonatas um 260 setzten eigene Vertrauensleute als Vertreter makedonischer Interessen sogar in Athen und sicherlich auch andernorts ein.[27] Nur einmal scheint es einen Ansatz zu regionaler Verwaltung gegeben zu haben: der Historiker Hieronymos von Kardia war Beauftragter des Demetrios Poliorketes in Boiotien ab 293,[28] doch fehlen weitere Hinweise auf solche Posten völlig. Chalkis und Korinth wurden als große Burgen ausgebaut, als Stützpunkte des makedonischen Einflusses. Wie sie im Jahre 198 von feindlichen Griechen empfunden wurden überliefert Polybios: ‚Weder konnten die Peloponnesier aufatmen, solange eine königliche Besatzung in Korinth saß, noch konnten die Lokrer, Boioter und Phoker unbesorgt sein, solange Philipp Chalkis und das restliche Euboia hielt.'[29]

Von den ‚Fesseln' also gingen Impulse aus, die in der Tat normalerweise ausreichten, um den makedonischen Einfluß aufrechtzuerhalten. Ob man darüber hinaus mit kleineren Besatzungen, was unter Kassandros und wieder unter Philipp V. sehr häufig vorkam, oder mit der Unterstützung der makedonienfreundlichen Kräfte arbeitete – dazu gehörte die Stärkung von Alleinherrschern (Tyrannen) unter Gonatas oder das Hofieren etwa des Aratos von Sikyon in Achaia durch Doson und Philipp V. –, jedenfalls wurde mit relativ kleinem Aufwand eine Herrschaftsstellung unter den Griechen behauptet, die in der Regel genügte, um den Einfluß konkurrierender Mächte in erträglichen Grenzen zu halten. Erst als die Römer im II. Makedonischen Krieg große militärische Macht einsetzten und zugleich systematisch Anhänger, auch unter den grundsätzlich makedonienfreundlichen Staaten Griechenlands, zu werben begannen, fing das makedonische Herrschaftssystem an abzubröckeln, bis es nach Kynoskephalai systematisch zerstört wurde.

3. Das Heerwesen

Jeder Staat muß, wenn er Bestand haben will, für die Sicherheit seiner Mitglieder Sorge tragen. Es ist also kein Zufall, daß die allmähliche Befestigung des makedonischen Staatswesens mit der Entwicklung eines leistungsfähigen Heerwesens einherging. Der relativ kleine Staat Alexanders I., der den Persern keinen Widerstand leistete, scheint vornehmlich über Kavallerie verfügt zu haben; und weil Kavalleriedienst teuer war, liegt es nahe, anzunehmen, daß die makedonischen Reiter jener Zeit vorwiegend aus den reicheren Bevölkerungsgruppen des Staates, also aus der Aristokratie, rekrutiert wurden. Noch unter Perdikkas II. bildete die Kavallerie anscheinend den Kern des Heerwesens: Das Fußvolk, das anläßlich der Feldzüge gegen den Lynkesten Arrhabaios aufgeboten wurde, leistete Kümmerliches und lief bei der ersten Gefahr auseinander. Man darf mit ziemlicher Sicherheit annehmen, daß es für das Fußvolk kein regelmäßiges Exerzieren gegeben hatte: es dürften einfache Bauern und Hirten gewesen sein, welche hier ihrem König dienten. Archelaos investierte zwar, nach der Angabe des Thukydides, viel in Infrastrukturen, mag sogar erste Ansätze zur öffentlichen Bewaffnung – was den Vorteil gleicher Bewaffnung mit sich bringt – gemacht haben. Doch ging in den Wirren der ersten Jahre des 4. Jhr. viel verloren, als die Illyrer immer wieder Makedonien bedrohten und Amyntas III. sie sogar nur mit Tributzahlung in Schach halten konnte.[1]

Als sich dann Philipp II. nach dem Desaster seines Bruders, ganz am Anfang seiner Regierung, mit den Illyrern konfrontiert sah, griff er zu den in den griechischen Poleis des Südens erprobten Mitteln des regelmäßigen Exerzierens und der gleichmäßigen Bewaffnung. Die überdimensionale, fünf Meter lange Sarissa, die große makedonische Stoßlanze, wurde jetzt eingeführt und aus staatlichen Mitteln zur Verfügung gestellt: Die ärmeren Bauern konnten also nunmehr vernünftig geschult werden;[2] und die ersten Erfolge in den Jahren 359 und 358 gaben den Anstoß zum weiteren Ausbau des erfolgreich erprobten Modells. Erst ab Philipp II. kann man also von einem kampferprobten und erfolgreichen Heerwesen überhaupt sprechen. Alles zuvor waren dilettantische aristokratische Kunststücke mit der Kavallerie oder nicht gerade ermutigende Versuche, die Bauern als Fußvolk militärisch zu mobilisieren.

Trotz der eindeutigen Erfolge des makedonsichen Heeres unter Philipp II. und seinen Nachfolgern kommt man rasch in Schwierigkeiten, wenn man die Heeresorganisation erfassen will – die einfachsten Fragen, etwa über die Grundeinheiten, über ihre Größe oder Zusammensetzung, können letztendlich nicht zufriedenstellend beantwortet werden, während Aussagen über die soziale Dimension des neuen Heeres über das Spekulative nicht wesentlich hinauskommen. Eine eingehende Beschäftigung mit dem makedonischen Heer ist also alles andere als eine befriedigende Tätigkeit. Weil trotz der Bemühungen von Generationen von Gelehrten vieles unsicher bleibt, wird hier nichts mehr versucht, als einige grundsätzliche Fragen aufzuwerfen und ihnen vorsichtige, auch unvermeidlich spekulative, Antworten zu geben.[3]

Einen wesentlichen Faktor des Wehrpotentials stellt die zur Verfügung stehende Zahl der Männer dar, die einzugsfähig sind. Sie läßt sich für Makedonien letztendlich nicht ermitteln. Ein Hinweis darauf wird über die Zahlen von Makedonen gegeben, die in bestimmten Situationen – etwa bei Schlachten – aufgeboten wurden; doch werden diese Zahlen von den Quellen kein einziges Mal in das Verhältnis zum Wehrpotential gesetzt, manchmal wird nicht genau zwischen Makedonen und Alliierten unterschieden, und schließlich haben wir überhaupt keine Kontrolle darüber, ob die überlieferten Zahlen stimmen. Moderne Historiker versuchen sich am Material mit mehr oder weniger überzeugenden Vermutungen und Kombinationen. Doch bleibt die Tatsache erstaunlich, daß bei den überlieferten Zahlen zwischen Philipp II. und Perseus eine Zahl zwischen 20000 und 30000 Mann immer wieder auftaucht. Bei Chaironeia (338) wird eine Gesamtzahl von 30000 Fußsoldaten und 2000 Reitern überliefert, wobei unbekannt ist, wie groß die Zahl der Makedonen war.[4] Doch als Alexander nach Asien aufbrach (334) nahm er (nach der wahrscheinlichsten Überlieferung) 12000 Fußsoldaten und 1800 Reiter aus Makedonien mit (in einer Gesamtheereszahl von 32000 Fußsoldaten und 5100 Reitern) und ließ mit Antipatros an Makedonen nochmals 12000 Fußsoldaten und 1500 Reitern zurück.[5] Insgesamt standen also im Jahre 334 aus Makedonien 24000 Fußsoldaten und 3300 Reiter zur Verfügung. Vier Jahre früher dürfte Philipp dann etwa ebensoviele makedonische Soldaten zur Verfügung gehabt haben.

Es mag aber sein, daß dabei nicht alle Wehrfähigen berücksichtigt wurden, weil 3000 Fußsoldaten Alexander in Gordion (333)[6] erreichten und zwei Jahre später weitere 6000 Fußsoldaten und 500 Reiter in Susa zu ihm stießen;[7] gleichzeitig konnte Antipatros für die Schlacht bei Megalopolis angeblich 40000 Mann mobilisieren, wobei allerdings viele davon makedonientreue Bundesgenossen waren.[8] Aber im Jahre 324, als Alexander von Opis 10000 Veteranen nach Hause schickte, erwartete er offenbar gleichstarken Ersatz von Antipatros,[9] der aber nie geliefert wurde. Statt dessen gingen Soldaten in die andere Richtung: Bei der Schlacht bei Krannon (322) gegen die vereinigten Griechen verfügten Antipatros und Krateros über 40000 Fußsoldaten und 5000 Reiter, von welchen gut zwei Drittel Makedonen gewesen sein dürften.[10]

Bis kurz vor Ipsos (301) können Zahlen für Heeresstärken, welche überliefert werden, in kein Verhältnis zum makedonischen Staat gebracht werden. Erst als sich Kassandros etablierte, können sie wieder etwas aussagen, und da springt die übliche Zahlenspanne wieder ins Auge. Als Kassandros im Jahre 302 gegen Demetrios in Thessalien vorging, hatte er 29000 Fußsoldaten und 2000 Reiter; er hatte schon einige Soldaten – vielleicht aber weitgehend Nicht-Makedonen – unter Prepelaos nach Kleinasien geschickt. Wie viele seiner 31000 Mann Makedonen waren, ist nicht bekannt, doch gegen Demetrios brauchte er wohl seine Besten, und die meisten dürften Makedonen gewesen sein.[11] Danach gibt es jahrzehntelang keine verwertbaren Zahlen mehr, bis zur Schlacht bei Sellasia, wo Antigonos Doson 13000 Fußsoldaten und 300 Reiter stellte, bei einer Gesamtzahl von 28000 Fußsoldaten und 1200 Reitern; doch ist klar, daß die ganze Konzeption jenes Feldzuges keine Massenaushebung unter den Makedonen verlangte: die griechischen Bundesgenossen sollten vor allem ihren Anteil aufbringen. Zwei Jahre früher hatte Doson allein 20000 Fußsoldaten und 1300 Reiter aufgeboten.[12] Bei Kynoskephalai sind die Zahlen wieder repräsentativ: Hier bot Philipp V. 18000 Fußsoldaten und 2000 Reiter auf, hatte gleichzeitig in Korinth 1500 Makedonen sowie in Kleinasien 500 und konnte außerdem gleich nach der Schlacht weitere 6500 Mann aus den makedonischen Städten ausheben.[13] Bei Pydna, der letzten großen Schlacht der makedonischen Geschichte (168), werden keine genaue Zahlen überliefert, doch aus den angeblichen 20000 makedonischen Toten und 11000 Gefangenen dürfte die übliche Zahl, vielleicht etwas höher, zusammenkommen, zumal Livius für 171 ein Gesamtaufgebot von 43000, davon die Hälfte Phalangiten (Makedonen), angibt.[14]

Diese Zahlen, zufällig und mehrdeutig wie sie sind, sind strenggenommen nicht sehr aussagefähig. Doch ein Schluß kann vielleicht gezogen werden: daß über einen Zeitraum von mehr als 150 Jahren, nachdem der makedonische Staat unter Philipp II. feste Form angenommen hatte, die Könige oder ihre Stellvertreter regelmäßig in der Lage waren, zwischen 20000 und 30000 Makedonen auszuheben. Wie viele mehr im äußersten Notfall – etwa beim Galliereinfall – hätten ausgehoben werden können, welche Anstrengungen jeweils nötig waren, welche Jahrgänge jeweils in Frage kamen, sind zwar grundsätzlich wichtige Fragen, lassen sich aber nicht zuverlässig beantworten.

Relativ konstant über den ganzen Zeitraum hinweg scheint auch die Bewaffnung, zumindest des Fußvolkes, gewesen zu sein. Philipp II. führte die Sarissa ein, Philipp V. erließ eine Heeresordnung – ein teilweise erhaltenes Exemplar ist in Amphipolis gefunden worden –, die unter anderem eine Geldstrafe von 2 Obolen für diejenigen Soldaten vorsah, welche in bestimmten Situationen ihre Sarissa nicht dabei hatten.[15] Im Gegensatz zu den meisten griechischen Hopliten trugen die Phalangiten Philipps II. keinen Brustpanzer: eben dieser fehlt dann auch 150 Jahre später bei der Heeresordnung aus Amphipolis. Nur Offiziere hatten Brustpanzer (im übrigen hatten die Soldaten Philipps V. Bauchband *[Kotthybos]*, Helm, Beinschienen, Schwert [oder Dolch] und Schild). Ob allerdings über die grundsätzlich unverändert gebliebene Bewaffnung hinweg alles genau gleich blieb, ist unbekannt, man möchte doch zumindest im Detail Neuerungen aufgrund von Erfahrungen annehmen.[16]

Eine weitere Konstante des makedonischen Heerwesens ist das Heranziehen von Kontingenten von Bundesgenossen aus dem Balkanraum – Thrakern, Illyrern, Paionen – und von Söldnern. Diese Leute mögen Spezialisten gewesen sein – Schleuderer, Speerwerfer, Bogenschützen usw. – oder einfach wegen ihrer gefürchteten wilden Kampfweise zur allgemeinen Verstärkung eingesetzt worden sein. Zumindest von Philipp II. bis Perseus kann man davon ausgehen, daß solche Zusatztruppen bei makedonischen Heeren fast immer anwesend waren. Es ist meistens nicht bekannt, ob diese Barbarentruppen aufgrund einer Verpflichtung zur Heeresfolge (etwa aus einem Bündnisvertrag) oder als Söldner dienten, weil die Quellen – wenn sie das einmal wußten – nicht immer darüber Auskunft geben.[17] Für den Garnisonsdienst scheinen Söldner – hier sehr oft Griechen, unter welchen Kreter eine besondere Rolle spielten – bevorzugt worden zu sein.[18] Das makedonische Verhältnis zu Kreta wurde infolgedessen im Laufe der Zeit sogar sehr eng. Die Möglichkeiten der Söldnerrekrutierung wurden in Staatsverträgen festgehalten – von Demetrios II. und Antigonos Doson sind Bruchstücke von drei solchen erhalten, wo dies mit Sicherheit oder mit Wahrscheinlichkeit geregelt wurde –,[19] während Philipp V. sich auf der Insel sogar politisch engagierte und zum Ehrenvorsitzenden *(Prostates)* des Bundes der kretischen Städte gewählt wurde.[20] Mit derartigen Bemühungen um die kretischen Städte standen die Makedonen allerdings keineswegs allein.

Die Fremdvölker dienten in eigenen Einheiten und werden in den Quellen normalerweise getrennt aufgeführt. Wie dienten aber die Makedonen? Die Frage ist mangels eindeutiger Quellenaussagen umstritten, nur unter Alexander können wenigstens Grundzüge erkannt werden. Unter Alexander gab es regionale *Taxeis* (etwa: Regimenter) oder zumindest *Taxeis* mit regionalen Namen (bekannt sind die *Taxeis* aus Tymphaia, aus Orestis-Lynkestis und aus Elimiotis) und dasselbe gilt anscheinend auch für die Kavallerie, wo *Ilai* (Schwadronen) aus Anthemous, aus Amphipolis, aus Leugaia (unbekannt), aus Bottiaia und aus Apollonia sowie ‚die Kavallerie aus Obermakedonien' bekannt sind. Ob jedoch das ganze Heer der Makedonen nach regionalen Gesichtspunkten durchorganisiert war oder ob die regionalen *Taxeis* aus Obermakedonien und die regionalen *Ilai* aus Niedermakedonien jeweils nur aus besonderen Gründen zustande gekommen waren, ist fraglich.[21] Daß aber regionale Gesichtspunkte bei Alexander ein Aspekt waren, den es zu berücksichtigen galt, dürfte sicher sein: Die Ersatztruppen, die er in Susa erhielt (331) wurden nach regionalen Gesichtspunkten auf die Einheiten verteilt.[22] Ob bei späteren Umorganisationen, vor allem bei der Eingliederung von Iranern in die Phalanxeinheiten ab 324, das lokale Prinzip, das sowieso vielleicht nicht überall galt, weiterhin Berücksichtigung fand, bleibt sehr zweifelhaft.

Änderungen bei den Untereinheiten der *Taxeis* scheinen über die Jahre erfolgt zu sein. Bei Alexander, wohl auch schon bei Philipp II., waren die *Taxeis* vielleicht 1500 Mann stark und brauchten eine Untergliederung: belegt sind für Alexander zwei solche Untereinheiten: die *Dekas* unter einem *Dekadarchos* (sie scheint, von einer ursprünglich [unter Philipp II.?] zehn Mann starken Rotte auf 16 Mann unter Alexander erhöht worden zu sein);[23] und der *Lochos* (unter einem *Lochagos*), der vielleicht ca. 250 Mann umfaßte (theoretisch wohl 240 oder 256, wenn die *Dekades* Einheiten von 16 Mann waren).[24] In diesem Bereich sind bis zu Philipp V. Änderungen eingetreten, ob sie allerdings funktionaler oder bloß epikletischer Art waren, läßt sich nicht feststellen. Die *Taxeis* scheinen nunmehr *Strategiai* (unter einem *Strategos*) zu heißen; die *Lochoi* werden *Speirai* (unter einem *Speirarchos*), die *Dekades* werden *Lochoi* und zwischen ihnen und den *Speirai* kommen die *Tetrarchiai* (unter einem *Tetrarchos*) für jeweils vier *Lochoi* neuer Art.[25] Wenn die *Strategiai* auch zahlenmäßig den früheren *Taxeis* entsprechen sollten (dies ist allerdings ganz unsicher), liefe die Änderung auf eine typisch hellenistische Personalaufblähung hinaus, zumindest im Bereich der Offiziere: von 103 pro *Taxis* (1 *Taxiarchos,* 6 *Lochagoi* und 96 *Dekadarchoi*) auf 127 pro *Strategia* (1 *Strategos,* 6 *Speirarchoi,* 24 *Tetrarchoi* und 96 *Lochagoi*). Wie bei den Aktiven scheint auch in der Verwaltung des Heeres eine Bürokratisierung stattgefunden zu haben: jetzt sind Schreiber, Hilfspersonal *(Hyperetai)* und wie selbstverständlich mehrere Chefs des Hilfspersonals *(Archihyperetai)* bekannt, die Verwaltungsfunktionen – etwa die Einziehung von Geldstrafen oder die Mitaufteilung von Beute – ausüben, die früher von den Offizieren wohl selbst wahrgenommen worden waren. Wie sich ihre Zahlen zu den Heereseinheiten verhalten, läßt sich nicht ermitteln.

Innerhalb des Heeres gab es immer auch Eliteeinheiten, sowohl des Fußvolkes als auch der Kavallerie, die insbesondere mit dem König persönlich verbunden waren. Die Kavallerie, ursprünglich die berittenen Adligen, war wohl von Anfang an eng mit dem König verbunden: seine engsten Freunde *(Hetairoi)* dürften ursprünglich den Kern der makedonischen Reiterei gebildet haben. Im Laufe der Zeit und mit zunehmender Ausdehnung des Staatsgebietes, insbesondere unter Philipp II., erhöhte sich auch die Zahl derjenigen, die es sich leisten konnten, dem König zu Pferde zu dienen; und die Könige waren nicht geneigt, solche Leute abzulehnen. Der Name *Hetairoi,* der wohl zunächst bloß auf die engsten Vertrauten des Königs angewandt, dann auf eine Spitzeneinheit innerhalb der Kavallerie ausgedehnt worden war, wurde von Alexander auf die ganze Kavallerie übertragen: so gilt unter Alexander die ganze makedonische Kavallerie als ‚Hetairenreiterei'. Sozial blieb sie aber trotzdem ihren adligen Grundsätzen treu, etwa bei der Reichskrise nach dem Tode Alexanders, als es in der Frage der Herrschaftsnachfolge sogar die Drohung eines Bürgerkriegs zwischen den immer noch exklusiv adlig gesinnten Reitern und der Masse der Phalanxsoldaten gab. Aus der Masse der Kavallerie wurde jedoch unter Alexander eine *Ile*, die dem König unmittelbar unterstand, mit dem Namen ‚Königlich' *(Ile basilike)* ausgezeichnet. Wenn andere *Ilai* regional rekrutiert wurden, dürfte diese *Ile* eine Auswahl der Tüchtigsten gewesen sein, und sie entsprach wohl funktional den ursprünglichen *Hetairoi* der Kavallerie.

Das Fußvolk in Makedonien stand immer an Effektivität und Ansehen weit hinter der Kavallerie zurück, bis Philipp II. es neu organisierte. Erst dann war diese Bauernmiliz fähig, eine ernstzunehmende Rolle in der Landesverteidigung zu spielen. Hier scheint aber auch dem Beispiel der Reiterei gefolgt worden zu sein. Wir finden nämlich unter Alexander das Phänomen, daß die Gesamtheit der Phalanx „Fuß-Hetairoi" *(Pezhetairoi)* genannt wird, und diese Namensverleihung wird von Anaximenes von Lampsakos einem Alexander, der Alexander der Große sein dürfte, zugeschrieben. Noch unter Philipp II. scheint es diesen Namen nur für eine Eliteeinheit (wie die *Hetairoi* bei der Kavallerie es noch waren), die dem König persönlich eng verbunden war, gegeben zu haben. Die Ausdehnung des privilegierten Namens auf das gesamte Fußvolk machte dann notwendig, genau wie bei der Kavallerie, daß auch für die Eliteeinheit des Fußvolkes ein neuer Name gefunden werden mußte: so wurden die *Hypaspistai* geboren, die unter Alexander beim Fußvolk der *Ile basilike* der Kavallerie entsprachen.[26]

Diese Ehreninflation, die bei den Namensänderungen bemerkbar wird, hatte bestimmt mehr mit Politik als mit militärischen Überlegungen zu tun. Alexander wollte das ganze Heer ehren, billig eine besondere persönliche Beziehung haben. Ob sie ihm stimmungsmäßig etwas brachte, wissen wir nicht; doch so leicht war die traditionelle Kluft zwischen Reitern und Fußvolk, die nach wie vor auch sozialen Ursprungs war, gewiß nicht zu überbrücken. In Babylon (323) waren es eben die Fußsoldaten, die Philipps Sohn Arrhidaios gegenüber Alexanders Baby bevorzugten; am Hyphasis und dann wieder in Opis war es das Fußvolk, das gegen den König eigene Vorstellungen entwickelte und teilweise auch durchsetzte.[27] Gerade um dessen Meinung hatte sich Alexander bei jeder Krise besonders bemüht.

Nach Alexander sind wir viel schlechter informiert. Eine Elitetruppe makedonischer Soldaten, vielleicht ehemalige *Hypaspistai*, wurde in den Jahren unmittelbar nach Alexanders Tod ‚Silberschildner' *(Argyraspides)* genannt,[28] unter Philipp V. und Perseus gab es anscheinend eine Einheit von ‚Bronzeschildnern' *(Chalkaspides)*,[29] doch dürften diese Namen nicht funktional, vielleicht nicht einmal offiziell, gewesen sein. Nach Alexander sind in der makedonischen Heeresorganisation zwei weitere

Entwicklungen faßbar. Die eine ist die Entwicklung der *Hypaspistai* von einem Elitekorps des Heeres in eine Art Militärpolizei oder Leibgarde unter Philipp V.: gemeinsam war beiden Funktionen nur die besondere Vertrautheit mit dem König.[30] Die andere Entwicklung, die spätestens unter Doson erfolgte, war die Herausbildung einer besonderen, von der Phalanx getrennten Einheit von *Peltastai,* welche eine Art königliche Garde, wie früher die *Hypaspistai* es waren, bildeten.[31] Unklar ist, ob sie, wie die *Peltastai* des 4. Jhs., leichter oder anders bewaffnet waren als die Phalangiten; doch funktional waren sie so wichtig geworden, daß der Peltastengeneral eine jener von Doson besetzten Stellen am Hof war, die er in seinem Testament erwähnte.[32] Über die Gründe für diese Entwicklung können nur Mutmaßungen angestellt werden. Sie könnte aber so verlaufen sein, daß, als die *Hypaspistai* zu einer kleinen Gruppe von königlichen Funktionären emporstiegen, die Notwendigkeit einer Eliteeinheit des Heeres damit keineswegs verschwand und bestimmte Vorteile darin gesehen wurden, daß die königliche Eliteeinheit eben nicht integrierter Bestandteil der Phalanxformation war. Eine eventuell etwas leichtere Bewaffnung der *Peltastai* dürfte die enge Verbindung mit dem König leichter gemacht haben.

Unter den Königen nach Alexander dem Großen spielte das Besatzungswesen eine relativ große Rolle, doch bis auf die Tatsache, daß viele Besatzungssoldaten anscheinend Söldner und nicht Makedonen waren, ist darüber äußerst wenig bekannt. Aus Chalkis ist allerdings eine Verwaltungsurkunde bekannt, die aus den letzten Jahren des 3. Jhs. stammt und Aspekte der bürokratischen Handhabung von Vorräten beleuchtet, wie sie in einigen Garnisonstädten angewandt wurde.[33] Man darf wohl annehmen, daß ähnliche Zustände zumindest auch in Korinth und Demetrias sowie wahrscheinlich in Amphipolis und anderen Orten herrschten, wo größere Zahlen von Soldaten längerfristig stationiert waren. Gemeinsam verantwortlich waren der Garnisonskommandeur *(Phrourarchos)* und ein Finanzverwalter *(Oikonomos),* der aber auch untergeordnete Mitarbeiter hatte *(Cheiristai).* Die erhaltene Regelung informiert über die Vorratshaltung von Getreide, Wein und Holz, wobei genau festgelegt wird, wie lange und unter welchen Bedingungen die Sachen zu erhalten oder auszutauschen waren und wie der Zutritt zu den Vorratsräumen, bis hin zur Schlüsselhaltung für die einzelnen Vorratskammern, gehandhabt werden sollte. Die Regelung zeigt also im Ansatz dieselbe Art der bürokratischen Reglementierung, der gemeinsamen Verantwortung mehrerer Funktionäre, die etwa aus Ägypten bekannt ist (wo die Informationslage über derartige Dinge viel besser ist), die aber auch in der Heeresordnung von Amphipolis in anderem Zusammenhang anscheinend sichtbar wird.

Es ist also wahrscheinlich, daß die in anderen hellenistischen Staaten zu beobachtende Tendenz einer zunehmenden Verwaltungsreglementierung in den zentralistisch aufgebauten Staaten auch in Makedonien herrschte und vorm Heerwesen nicht haltmachte, wenn sie auch nur in einigen Bereichen und selbst da nur ansatzweise erkennbar ist. Ob die Zivilverwaltung so ausgeklügelt war wie die Verwaltung des militärischen Bereichs, mag bezweifelt werden. Doch Klarheit können schließlich nur neue Urkundenfunde bringen.

Charakteristisch für das makedonische Heer über den ganzen Zeitraum hinweg ist der starke Anteil makedonischer Bürger, die entweder in der Phalanx oder in der Kavallerie dienten. Nachdem Philipp II. angefangen hatte, sie regelmäßig einzuüben, müssen sich die Dienstzeiten der Soldaten zwangsläufig erhöht haben. Eine Besoldung, auf jeden Fall mehr als eine gelegentliche Beteiligung an eventueller Beute dürfte dann eingeführt worden sein. Diese wird allerdings infolge der gestiegenen Staatseinkünfte aus den neugewonnenen Territorien, insbesondere aus dem Pangaiongebirge, relativ leicht zu verkraften gewesen sein. Die wesentlich erhöhte Münzprägung unter Philipp und Alexander wird wohl vorwiegend diesem Zweck gedient haben. Wieviel Sold die einzelnen makedonischen Soldaten bekamen, selbst ob sie mehr oder weniger als die mitkämpfenden Söldner verdienten, ist völlig unbekannt. Aus der Alexanderzeit ist zwar belegt, daß nicht alle Dienstgrade dasselbe verdienten[34] – aber das ist eigentlich so selbstverständlich, daß es auch ohne Beleg hätte angenommen werden können.

Der große Erfolg des makedonischen Landheeres unter Philipp II. und seinen Nachfolgern läßt sich jedoch nicht allein mit organisatorischen Faktoren erklären. Durch die griechische Geschichte hindurch ist im militärischen Bereich ein relativ einfaches Prinzip feststellbar: in den allermeisten Fällen gewann bei einer Schlacht, wenn besondere Umstände nicht vorlagen, das stärker motivierte und besser eingeübte Heer. Vorwiegend die Spartaner hatten das im 6. und 5. Jh. demonstriert, im 4. Jh. die Thebaner. Philipp II. hatte zwar bei den Makedonen eine einheitliche Bewaffnung eingeführt, die seinen Männern in der Schlacht vielleicht einen leichten Vorteil gegenüber Hopliten aus den griechischen Staaten des Südens brachte. Er hatte anscheinend auch, was wohl genauso wichtig war, der traditionell starken und sozial angesehenen Kavallerie in der Schlacht eine viel bedeutendere Angriffsrolle zugewiesen, als in Griechenland üblich war. Dennoch waren Motivation und Übung entscheidend. Motivation schuf ein charismatischer König durch seine ständige Teilnahme und Sympathie und vor allem durch seinen persönlichen Einsatz bei militärischen Unternehmungen, bis hin zur Führung in der Schlacht: Philipp II. und Alexander setzten hier Beispiele, die in der Antike ihresgleichen suchen. Ihre Nachfolger, die an diese Tradition anknüpften, hatten es vom Naturell her nicht immer leicht, doch scheuten die militärisch erfolgreichsten unter ihnen keineswegs die demonstrative persönliche militärische Führungsrolle.

Die hohe Bedeutung der Einübung von Truppenbewegungen dürfte Philipp II. spätestens in seiner Zeit als Geisel in Theben aufgegangen sein: Von Anfang seiner Regierungszeit an ließ er seine makedonischen Soldaten exerzieren und erzielte damit einige schnelle Erfolge, die ihm offensichtlich recht gaben. Danach dürfte allerdings die ständige militärische Praxis die Übungen ersetzt haben (außer für den erstmals Eingezogenen); die makedonischen Stammtruppen wurden praktisch zu Berufssoldaten. Auch hier scheint die einmal etablierte Tradition bis zum Ende der Monarchie aufrechterhalten worden zu sein; sogar in den anderen von Makedonen regierten Ländern wurde die heimische Tradition des makedonischen Bauern- und Berufssoldaten in der Institution der Soldatensiedlungen künstlich fortgepflanzt.[35]

Die militärische Stärke Makedoniens lag deutlich bei der Landarmee. Im Gegensatz dazu wurde eine leistungsfähige Marine nur ganz gelegentlich und nur aus besonderen Gründen aufgebaut. Philipp II. scheint auch hier der erste König gewesen zu sein, der überhaupt eine Kriegsflotte unterhielt; doch war sie nicht sehr stark, und es ist unsicher, woher er die Schiffe hatte. Vielleicht wurden sie bloß von den griechischen Küstengemeinden seines Einflußbereiches ad hoc gesammelt, wie dann auch Alexander verfahren zu sein scheint.[36] Bei den Diadochen dürfte es nicht wesentlich anders gewesen sein, doch unter Kassandros werden im Jahre 313 sechsunddreißig Schiffe aus Pydna erwähnt, was vielleicht als ein Hinweis auf eine kleinere Flotte, die auf dem Kernland Makedonien basierte, zu deuten ist.[37] Als nach 294 Demetrios in Makedonien König wurde und anfing, eine neue Flotte zu bauen, ließ er einige Schiffe auch in der Gegend von Pella in Auftrag geben, was zumindest auf fähige und geübte Werftarbeiter auch dort schließen läßt.[38] Gonatas unterhielt von seinen Anfängen als Demetrios' Stellvertreter in Griechenland her eine kleine Flotte, welche allein die Verbindung zwischen seinen zerstreuten Festlandsbesitzungen – vor allem Demetrias, Chalkis, Piräus und Korinth – aufrechterhalten konnte. Erst im Chremonideischen Krieg scheint eine größere Kriegsflotte einsatzfähig gewesen zu sein, die danach auch in der Lage war, um 255 bei Kos und vielleicht um 245 bei Andros Seeschlachten gegen ptolemäische Flottenverbände zu gewinnen und makedonischen Einfluß auf den Kykladeninseln geltend zu machen.[39]

Auch Doson besaß eine Flotte, die er für seinen karischen Feldzug einsetzte, doch mußte Philipp V. gleich neue Schiffe bauen, sobald er sich die Illyrienpläne des Demetrios von Pharos zu eigen machte. Diese Schiffe mußte er 214 bei der Aoosmündung bekanntlich verbrennen,[40] und erst nach 205 versuchte er wieder eine Flotte zusammenzustellen. Zur Schlacht bei Chios im Jahre 201 konnte er um die 200 Schiffe aufbieten.

Einige davon hatte er gerade auf Samos von Ptolemaios gekapert, doch woher er die anderen hatte (einschließlich 150 *lemboi*), ist unbekannt.[41] Die Flotte blieb allerdings bis 197 bedeutend genug (obwohl sie gegen die Römer nichts ausrichten konnte), daß die Römer meinten, in dem Friedensvertrag mit Philipp eine Klausel aufnehmen zu müssen, welche die makedonische Flotte in der Zukunft auf sechs Schiffe (davon fünf sehr kleine) beschränkte.[42] Damit kam die nicht sehr ruhmreiche Geschichte der makedonischen Kriegsmarine zum jähen Ende: Die wenigen *lemboi* die Perseus schnell sammelte – vielleicht aus Illyrien –, als im Jahre 171 wieder Krieg mit Rom ausbrach, änderten an dieser Tatsache nichts.[43]

Epilog

Vom Ende des 4. Jhs. bis in die Mitte des 2. Jhs. war der makedonische Staat eine zentrale Einrichtung des politischen Systems im Balkanraum. Von der geographischen Lage und den wesentlichen Lebensbedingungen her hatten die Makedonen wohl immer größere Gemeinsamkeiten mit den sonstigen Bewohnern des nordägäischen Raumes als mit den Polis-Griechen des Südens, trotz der gemeinsamen Sprache. Dies drückt sich darin aus, daß, sobald Philipp II. mehr als bloß eine Grenzabsicherung möglich war, die Ausdehnung des Staatsinteresses mit eindeutiger Priorität nach Osten hin erfolgte; und wenn Philipp nicht in die Wirren der politischen Auseinandersetzung der griechischen Staaten des Südens hineingezogen worden wäre, dürfte ein großmakedonisches Reich zwischen Donau und Ägäis zustandegekommen sein.

Doch die Beschäftigung mit den Griechen führte zur Beschäftigung mit Persien: Weltgeschichtlich mag der Alexanderzug von prägender Bedeutung gewesen sein, indem er die enorme Ausbreitung des griechischen Gemeinwesens und der griechischen Sprache herbeiführte, welche eine wesentliche Voraussetzung letztlich auch für das römische und das byzantinische Reich im Osten schuf. Doch wurde er für Makedonien selbst eine Katastrophe als Alexander in Babylon starb und zwei Generationen von Bürgerkriegen auslöste, die auch die Griechen des Balkanraumes, sofern sie nicht in die neu zugänglich gemachten Länder des Ostens emigrierten, voll mittragen mußten, obwohl sie kein unmittelbares Interesse daran hatten. Die Herrschaftsformen, die sich dabei entwickelten, wurden zunehmend brutaler: die drei großen Garnisonsstädte, Demetrias, Chalkis und Korinth, nannte Philipp V. schließlich die ‚Fesseln' Griechenlands, was jedenfalls subjektiv das damalige Herrschaftsverhältnis ausdrückte.

Diese Entwicklung des Verhältnisses zu den Griechen gestaltete sich ganz anders als die ursprünglich von Philipp II. angestrebte Partnerschaft und ging größtenteils aus den Handlungen Alexanders, den Unsicherheiten seines großen Feldzuges und dem nachfolgenden Konkurrenzkampf um Macht und Besitz unter den führenden makedonischen Adligen hervor. Nach den zwei Generationen der Diadochenkämpfe stand das makedonische Kernland, das ehemalige Königreich der Argeadai, von wo aus alles angefangen hatte, nur als eines von drei makedonischen Königreichen da, und keineswegs als das reichste, größte oder stärkste. Es war zwar nicht mehr umkämpft, aber doch erobert: Aus dem Chaos der

Bürgerkriege war eine neue Dynastie hervorgegangen, deren erster König, Gonatas, versuchte, die alten Traditionen des Herrscherhauses der Argeadai zu pflegen und die staatliche Struktur des Landes in den Stand zu setzen, eventueller Konkurrenz der anderen neuen makedonischen Dynastien, der Ptolemäer und der Seleukiden, zu widerstehen. Die Antigoniden brachten es bis 220 so weit, daß ihr zweitletzter Vertreter, Philipp V., meinte, in bewußter Nachahmung seines großen Vorgängers, eine dominierende Machtstellung für Makedonien im ganzen ägäischen Raum anstreben zu können. Dabei berücksichtigte er jedoch nicht, daß die Römer, die er dabei verletzte, eine ganz andere politische Potenz darstellten als das marode Achämenidenreich zur Zeit Philipps II.

Als die Römer dann nach 197 Makedoniens Außenbesitzungen weitgehend beseitigten, begründeten sie ihre Entscheidung, Makedonien als Staat bestehen zu lassen damit, daß es die Griechen vor dem Ansturm der Balkanvölker schütze. Selbst dann, wenn das Argument bloß ad hoc und zur Abwehr ätolischer Ansprüche erfunden wurde, war es dennoch ein wesentlicher praktischer Gesichtspunkt, der eine der historischen Funktionen des makedonischen Königreiches voll anerkannte. Nachdem Rom selbst nach 148 die direkte Verantwortung für die Sicherheit auf dem Balkan übernahm, kam es dennoch immer wieder zu Überfällen, welche von einem makedonischen Staat schon im Vorfeld hätten aufgefangen werden können. Ihnen mußte Rom nunmehr selbst in eigener Verantwortung begegnen, was nur mühsam gelang. Das Ergebnis war schließlich nach langem Zögern und bitteren Erfahrungen die Ausdehnung der Reichsgrenze bis zur Donau, eine Lösung des Problems, die derjenigen sehr ähnelt, welche sich Philipp II. schon im 4. Jh. zum Ziel gesetzt hatte.

Abkürzungen

AAA	Athens Annals of Archaeology. Athen 1968f.
AJPh	American Journal of Philology. Baltimore 1880f.
AM	Deutsches Archäologisches Institut. Mitteilungen. Athenische Abteilung. Athen – Berlin 1876f.
ANRW	Aufstieg und Niedergang der römischen Welt. Berlin 1972f.
ATL	B. D. Meritt, H. T. Wade-Gery, M. F. McGregor, The Athenian Tribute Lists. 4 Bde. Cambridge, Mass. – Princeton 1939–53.
BCH	Bulletin de Correspondance Hellenique. Paris 1877f.
BE	Bulletin Epigraphique (in Revue des Études Grecques).
BSA	Annual of the British School at Athens. London 1894f.
CAH	Cambridge Ancient History. Cambridge 1928f.
CPh	Classical Philology. Chicago 1906f.
CQ	Classical Quarterly. Oxford 1907f.
CSCA	California Studies in Classical Antiquity. Berkeley – Los Angeles 1968f.
FgrHist	F. Jacoby, Die Fragmente der griechischen Historiker. Leiden 1922f.
FHG	C. Müller, Fragmenta Historicorum Graecorum. Paris 1841–70.
GRBS	Greek, Roman and Byzantine Studies. Durham, N.C. 1960f.
HSPh	Harvard Studies in Classical Philology. Cambridge, Mass. 1890f.
IBM	Ancient Greek Inscriptions in the British Museum. Oxford 1874–1916.
IG	Inscriptiones Graecae. Berlin 1873f.
ISE	L. Moretti, Iscrizione storiche ellenistiche. 2 Bde. Florenz 1967; 1976.
JHS	Journal of Hellenic Studies. London 1880f.
ML	R. Meiggs, D. Lewis, A Selection of Greek Historical Inscriptions to the end of the fifth century B. C. Oxford 1969.
OGIS	W. Dittenberger, Orientis Graeci Inscriptiones Selectae. Leipzig 1903–05.
OMS	L. Robert, Opera Minora Selecta. Amsterdam 1969–74.
RC	C. B. Welles, Royal Correspondence in the Hellenistic Period. New Haven 1934.
RE	A. Pauly – G. Wissowa – W. Kroll, Realencyclopädie der classischen Altertumswissenschaft. Stuttgart 1893f.
Tod	W. N. Tod, A Selection of Greek Historical Inscriptions. 2 Bde. Oxford 1933; 1948.

RFIC . . . . Rivista di filologia e d'istruzione classica. Turin 1873f.
RhM . . . . Rheinisches Museum. Frankfurt/Main 1842f.
SEG . . . . Supplementum Epigraphicum Graecum.
StV . . . . Die Staatsverträge des Altertums. Bd. 2 von H. Bengtson und R. Werner. München 1962; Bd. 3 von H. H. Schmitt. München 1969.
Syll . . . . W. Dittenberger, Sylloge Inscriptonum Graecarum. Leipzig 1898 – 1901²; 1915–1921³.
TAPhA . . . . Transactions and Proceedings of the American Philological Association. 1869f.
ZPE . . . . Zeitschrift für Papyrologie und Epigraphik. Bonn 1967f.

Die wichtigsten Quellen

Vor der Zeit Philipps II. hatte niemand versucht, eine Geschichte Makedoniens oder eine Geschichte, in der Makedonien eine zentrale Bedeutung zukam, zu schreiben. Für diesen frühen Zeitraum ist der moderne Historiker Makedoniens deswegen auf beiläufige Erwähnungen von antiken Autoren, deren Hauptinteresse in ganz anderen Bereichen liegt, angewiesen – etwa bei Herodot, der die Auseinandersetzung zwischen Griechen und Persern im 5. Jh. zum Thema wählte oder bei Thukydides im Rahmen seiner Geschichte des Peloponnesischen Krieges sowie bei seinem Fortsetzer Xenophon in den Hellenika. Erst unter dem Eindruck des großen makedonischen Aufschwungs unter Philipp II. fing man an, stärkeres Interesse zu zeigen. Der erste Außenstehende dürfte Theopompos von Chios gewesen sein, ein Zeitgenosse Philipps, der seine Philippika als eine breit angelegte Geschichte Griechenlands, wie der Titel erkennen läßt, mit einem eindeutigen makedonischen Schwerpunkt gestaltete. Auch Anaximenes von Lampsakos, ebenfalls ein Zeitgenosse des ersten wirklich bedeutenden Makedonenherrschers, verfaßte Philippika. Aus Makedonien selbst ist das früheste bekannte Werk die Schrift des Antipatros über den Illyrienfeldzug des Perdikkas II., darauf folgt die vielleicht unter Alexander und nach dem Modell des Theopompos gestaltete Geschichte Makedoniens des Marsyas von Pella. Von diesen verschollenen Werken weiß man leider nicht, wie weit sie – wenn überhaupt – Einfluß auf die erhaltene, aber teilweise noch viel später entstandene Überlieferung hatten.

Philipp II. und der spektakuläre Alexanderzug rückten die Makedonen ins Zentrum der Geschehnisse in der griechischen Welt, was auch in der Geschichtsschreibung seinen Niederschlag fand. Alexander ließ seine Taten vom Neffen des Aristoteles, Kallisthenes, literarisch-historisch aufarbeiten und für die Griechen interpretieren, bis Kallisthenes meinte, es nicht mehr tun zu können. Aber auch eine Fülle anderer Feldzugteilnehmer hat Geschichten, Erzählungen und Reminiszenzen geschrieben, die die griechische Welt in den Jahren nach 323 überfluteten. Alle sind verschollen, sie prägten aber doch die aus späterer Zeit erhaltenen Quellen Arrian, Plutarch, Curtius Rufus, Diodoros und Justinus. Das Interesse an Makedonika ließ auch in der nächsten Generation nicht nach. Die Geschichte der Diadochen wurde u. a. von Hieronymos von Kardia geschrieben, der selbst an den Ereignissen mit Eumenes, Antigonos, Demetrios und dann mit Gonatas teilnahm oder ihnen beiwohnte. Seine leider verschollene antigonidenfreundliche Geschichte diente der Geschichte des Diodoros und Plutarchs Lebensbeschreibungen für die entsprechenden Teile als Hauptquelle. Wohl im 3. Jh. schrieb dann Marsyas von Philippoi eine makedonische Geschichte.

Die mittleren Jahre des 3. Jhs. sind ein historisches Trümmerfeld, die einzige erzählende Quelle ist das kurze und flüchtige Werk des Justinus aus dem 3. Jh. n. Chr. Von 220 an jedoch (und mit gelegentlichen Rückblicken auf frühere Ereignisse) ist die Hauptquelle Polybios aus Megalopolis. Sein Hauptthema ist zwar der Aufstieg Roms zur Weltmacht, den er selbst miterlebte, doch weil makedonische Angelegenheiten hier eben einen wesentlichen Teil des Hauptthemas ausmachten, hat er sie mit ziemlicher Ausführlichkeit behandelt. Wo Polybios' Text (nach dem 5. Buch) nur in Auszügen erhalten ist, kann Livius, der ausgiebig von ihm Gebrauch machte, herangezogen werden.

In der Überlieferung der makedonischen Geschichte spielen also literarische Quellen aus viel späterer Zeit als die Ereignisse selbst, eine große Rolle, weil über weite Strecken die einmal doch vorhandenen zeitgenössischen Schriften verschollen sind. Der Universalhistoriker Diodoros aus Agyrion in Sizilien (Mitte des 1. Jhs. v. Chr.), dessen Werk bis zum Jahr 301 vollständig erhalten ist, liefert für das 5. Jh. ein unersetzliches Faktengerüst, das auf zeitgenössischen Historikern fußt. Kurz nach ihm schrieb Livius, der für die östlichen Ereignisse in seiner monumentalen Geschichte Roms auf Polybios zurückgriff; wohl im 1. Jh. n. Chr. schrieb Q. Curtius Rufus seine Geschichte Alexanders und verarbeitete viele verschollene zeitgenössische Quellen; etwas später verfaßte Plutarch seine moralisierenden Lebensbeschreibungen, denen eine umfangreiche Quellenlektüre zugrunde liegt und von denen etliche für die Geschichte Makedoniens herangezogen werden müssen. Im 2. Jh. schrieb dann Arrian seine Geschichte Alexanders, welche auf den Werken des Ptolemaios, Aristobulos und Nearchos fußt; letztlich aus dem 3. Jh. stammt die trivialisierende Historia Philippica des Justinus, die eine Kurzfassung der Philippica des Pompeius Trogus (1. Jh. v. Chr.) darstellt. Trogus hatte gewiß eine Anzahl verschollener Quellen gelesen und verarbeitet, doch hat Justinus ohne eigene Quellenkenntnisse seine Vorlage so gekürzt und umgestaltet, daß die Zuverlässigkeit seines Werks, obwohl es für manche Strecken (insbes. die mittleren Jahre des 3. Jhs.) leider die einzig erhaltene literarische Quelle ist, häufig angezweifelt werden muß.

Zu den literarischen Quellen kommen schließlich einige zeitgenössische Urkunden hinzu. Königsbriefe oder Erlasse, Beschlüsse städtischer Organe, einige Weihungen, welche alle in der Form von Inschriften in Stein erhalten sind, sowie archäologische Funde, wie die „Königsgräber" bei Verghina oder die großen Häuser zu Pella, untermauern oder ergänzen das Bild, das von den oft unzulänglichen literarischen Quellen gewonnen werden kann. Dem urkundlichen Bereich zuzurechnen sind auch die erhaltenen Reden und Pamphlete der athenischen Politiker und Publizisten des 4. Jhs., Demosthenes und Aischines. Das historische Hauptmerkmal dieser Schriften ist ihre parteiische Athenzentriertheit, die auch die übrige erhaltene Überlieferung für diese Epoche, soweit sie sie benutzt, und vor allem die moderne Geschichtsschreibung, nachhaltig beeinflußt hat. Hier muß der Historiker Makedoniens bewußt versuchen, diese irreführende Einseitigkeit auszuschalten. Dennoch ist der Umgang mit politischen Reden und Streitschriften, wo keine oder nur unzureichende Parallelüberlieferung vorhanden ist, nicht leicht und letztendlich unbefriedigend, weil subjektive Momente dabei zwangsläufig eine zu große Rolle spielen.

Anmerkungen

I. Makedonien im Spiel der Mächte

1. Land und Leute

1. Thukydides 2.100.
2. Arrian, Anabasis 7.9. Arrian lebte zwar im 2. Jh. n. Chr., benutzte aber zeitgenössische Quellen, die nicht mehr erhalten sind.
3. Herodot 8.137–139.
4. Justinus 7.1.
5. Demosthenes 19.308.
6. Die sozio-politische Struktur des makedonischen Staates ist umstritten. Diese Meinung basiert auf meiner Studie in Chiron 8, 1978. Andere Meinungen sind verbreitet: vgl. Hammond und Griffith, History II, 150f., die mit der älteren Forschung (Hampl, Granier) eine formellere Struktur voraussetzen. Zur frühesten Staatsentwicklung vgl. auch Rosen, Chiron 8, 1978, 1f.; Borza, Hesperia Suppl. 19, 1982, 9f.; Zahrnt, Chiron 14, 1984, 325f. Zu anderen Aspekten des Staates vgl. unten Kap. VI, 1. Daß das königliche Geschlecht Argeadai hieß (neulich von Hammond und Rosen aus verschiedenen Gründen bezweifelt), ist durch eine unveröffentlichte Inschrift aus Xanthos aus dem III. Jh. (vgl. Robert, Amyzon I, S. 162 Anm. 31) gesichert. Die Ptolemäer berufen sich dort auf die *Herakleidas Argeadas.*
7. Thukydides 2.99.2f.
8. Über die Vorgeschichte des makedonischen Raumes und die historische Geographie Makedoniens ist Hammond, History, Bde. I und II allerdings mit großer Vorsicht heranzuziehen: dazu Zahrnt, Gnomon 55, 1983, 366f. Vgl. auch Geyer, Makedonien vor Philipp.
9. StV II 186. Vgl. unten S. 23f.
10. Die Holzausfuhr wird in Staatsverträgen regelmäßig geregelt: vgl. StV II 186 (Perdikkas und Athen); IG I^3 117 = ML 91 (Archelaos und Athen); StV II 231 (Amyntas III und die Chalkidier). Vgl. auch unten Kap VI, 1.
11. Strabo 14.28 = FgrHist 124 F 54 (Kallisthenes und Midas); Etymologicum Magnum s.v. Echeidoros (Echedoros); Herodot 5.17 (Dysoron); Gaebler, Antike Münzen Nordgriechenlands III 2, 148–153 mit Tafel XXVIII (die Münzen). Vgl. Hammond, History I 12f.; II 70f. (die Metallvorkommen).

2. Vor dem Peloponnesischen Krieg

1. Herodot 4.143f.; 5.17f. Zur Frage der thrakischen Satrapie vgl. Castritius, Chiron 2, 1972, 1–16.
2. Herodot 5.94.1.

3. Herodot 5.22; Justin 7.2.14. Die Teilnahme fand fast mit Sicherheit vor seinem Herrschaftsantritt (ca. 497/6) statt. Bezweifelt von Borza, Hesperia Suppl. 19, 1982, 9f.
4. Herodot 8.136.1. Zur Proxenie vgl. Marek, Die Proxenie; Wallace, Phoenix 24, 1970, 199f.; Meiggs, Timber 124.
5. Herodot 6.44.1.
6. Herodot 5.21.2. Dazu Errington, Macedonian Studies Edson, 139f.
7. Herodot 7.22.2; 25.
8. Herodot 8.136; 140f.
9. Justin 7.4.1; Herodot 5.17.
10. Herodot 8.136.
11. Herodot 8.121.2; Solinus 9.13 spricht von einem Standbild in Olympia (er erwähnt das Delphische nicht), doch hat er wohl bloß die Orte verwechselt. Deswegen zwei Standbilder anzunehmen (wie Geyer, Makedonien, 48; Hammond, History II 102), von welchen der Zeitgenosse Herodot nur eines erwähnt, besteht kein Anlaß. Beide antiken Schriftsteller erwähnen nur je eines. Im 4. Jh. sprach man, wohl ohne besondere Kenntnisse, von Lösegeld von persischen Gefangenen: [Demosthenes] 12.21. Davon weiß Herodot nichts zu erzählen.
12. Herodot 5.17–21; dazu Errington, Macedonian Studies Edson 139.
13. Herodot 7.173.2 (Tempe); 8.136; 140 (Winter 480/79); 8.34 (Boiotien); 9.45 (Plataiai).
14. Die früheste datierbare Erwähnung des Beinamens ist vom 1./2. Jh. n. Chr.: Dio Chrysostomos 2.33. Er stammt wohl aus der Tätigkeit der alexandrinischen Gelehrten, deren Aussagen den Scholien zu Thukydides 1.57.2 und Demosthenes 3.35.7 ebenso wie Harpokration s. v. Alexandros zugrunde liegen.
15. Herodot 7.107.
16. Scholion zu Aeschines 2.31. Die für Alexander im ‚Brief Philipps' beanspruchte Besitznahme des unteren Strymontales bei der späteren Stadt Amphipolis ([Demosthenes] 12.21) dürfte, wenn die Aussage stimmt, eher in den sechziger Jahren anzusetzen sein (anders: Hammond, History II 102).
17. Zur Entwicklung des Seebundes vgl. Meiggs, Athenian Empire; Schuller, Herrschaft, passim.
18. Thukydides 1.100.3. Zu Thasos vgl. Meiggs, Athenian Empire 83ff.; Pouilloux, Thasos I.
19. Plutarch, Kimon, 14.

3. Das Zeitalter des Peloponnesischen Krieges

1. Z. B. Geyer, Makedonien, 51.
2. Thukydides 2.100.3 (Philippos); Platon, Gorgias 471a–b (Alketas); IG I^3 89 = StV II 186 Z. 53 (Menelaos); Synkellos S. 500 (Dindorf) (Amyntas).
3. Text des Vertrages: IG I^3 89 = StV II 186. Der Vertrag wird verschieden datiert: für einen Ansatz vor 432 spricht die Tatsache, daß Thukydides 1.57.2 schreibt, in diesem Jahr sei Perdikkas Feind der Athener gewesen, während er früher Bundesgenosse und Freund gewesen sei (vor allem ATL III 313); der

erhaltene Vertrag hätte dann dieses Verhältnis begründet. M.E. paßt er sehr gut in die vierziger Jahre hinein (vgl. Kagan, Outbreak 276), zu einer Zeit, als Perdikkas relativ schwach und Athen relativ stark war. Vor allem die teilweise erhaltene Klausel (Z. 23f.), die den Athenern die Ausfuhr von Ruderholz zusicherte, paßt sehr gut in die frühe Zeit des Verhältnisses; und die Erwähnung eines Sohnes des Philippos, der 429 nach dem gescheiterten Aufstand seines Vaters im Exil lebte und dessen Versuch zurückzukehren scheiterte (Thukydides 2.95.3; 100.3) unter den Schwurzeugen, spricht stark gegen einen späteren Ansatz (dieser Einwand gilt unabhängig davon, ob der Name des Philippos selbst unter den Schwurzeugen ergänzt wird oder nicht). Andere Ansätze sind ca. 423/22 (StV II 186), begründet durch Thukydides 4.132, wo ein Abkommen *(Homologia)* zwischen Perdikkas und Athen erwähnt wird; aber Arrhabaios von Lynkestis, der gerade Krieg gegen Perdikkas führte, spielt eine große Rolle im Vertrag, was zusätzlich zum Argument vom Sohn des Philippos gegen diesen Ansatz spricht. Hammond (History II 132f.) spricht sich auf der Basis einer eigenwilligen Ergänzung des Textes für ca. 415 aus, ein Ansatz, der kaum richtig sein kann.

4. Zur Königstitulatur vgl. Errington, JHS 94, 1974, 22f.
5. Thukydides 1.56.
6. Die Bundesmitgliedschaft von Argilos und Berge wird durch die sog. Athenische Tributlisten bezeugt: IG I[3] 259–290. Tabellarische Zusammenfassung bei Meiggs, Athenian Empire 538f. Plutarch, Perikles 11.5 (Perikles' Siedlung im bisaltischen Land); IG I[3] 46 = ML 49 (Brea); Thukydides 4.102; Diodoros 12.32.3; Scholion zu Aeschines II 34 (Amphipolis).
7. So Hammond, History II 119f.; vgl. auch Raymond, Coinage, 136f. Die Münzen sind abgebildet bei Gaebler III 2, 153–155 mit Tafel XXVIII u. XXIX. Ob diese ungewöhnliche Prägetätigkeit des Perdikkas auch durch die Prägungen eines gewissen Mosses, der etwa um die Mitte des 5. Jhs. Münzen in diesem Gebiet geprägt hat (bei Gaebler III 2, 145–6 mit Tafel XXVII) erklärt werden kann, ist jedoch sehr unsicher (so aber Hammond, History II l.c.). 1) Die Münzen von Mosses sind keineswegs genau datierbar; 2) auch Mosses hat nur relativ kleine Nominale und nicht sehr viele davon geprägt (bloß vier Typen gegenüber den 12 Typen des Perdikkas und alle nur Drachmenstücke).
8. Die Zahlen bei Meiggs, Athenian Empire 538f.
9. Thukydides 1.57.4–5; 58.2. Zum Staat der Chalkidier vgl. Zahrnt, Olynth, 49f. Zum allgemeinen Verlauf des Krieges vgl. Kagan, Archidamian War mit ausführlichen Literaturangaben. Jede Geschichte Griechenlands befaßt sich mit den Kriegsereignissen.
10. Thukydides 1.58f.
11. Thukydides 2.29.7.
12. Thukydides 2.29.
13. Thukydides 2.100–101.
14. IG I[3] 61 = ML 65 Z. 1–32.
15. Thukydides 2.80.7.
16. IG I[3] 61 = ML 65 Z. 32f.
17. F 63, 8.

18. Thukydides 4.78–82.
19. Thukydides 4.124–128. Zur Topographie vgl. Hammond, History I 104–8.
20. Thukydides 4.132 (Abkommen mit Athen); 5.6.2 (Kleon).
21. Text bei Thukydides 5.18–20, dazu Gomme, Commentary ad loc., mit älterer Literatur. Neuere Diskussion bei Kagan, Archidamian War 342f.; zu Chalkidike vgl. Zahrnt, Olynth 66f.; vgl. auch Hammond, History II 131f.
22. Vollständig erhalten sind die Namen nur in der Schätzung von 422/1 (IG I³ 77 = ATL A 10 V, Z. 21–26), sie sind aber mit an Sicherheit grenzender Wahrscheinlichkeit auch für 425/4 ergänzt (IG I³ 71 = ATL A 9 IV, Z. 108–113). Das Argument von Hammond (History II 132 u. Anm. 3), daß Thukydides keine athenische Tätigkeit in diesem Gebiet in 425/4 erwähnt, schlägt nicht durch. Die letzte erhaltene ‚Tributliste' des thrakischen Bezirks stammt von 429/8: die drei Städte konnten ohne weiteres in einem der folgenden Jahre für den ‚Bund' gewonnen worden sein. Außerdem erwähnt Thukydides nicht jede Kleinigkeit: selbst ein so bedeutendes Ereignis wie die Einnahme von Methone fehlt bei ihm.
23. IG I³ 76 = StV II 188.
24. IG I³ 370 = ML 77, Z. 9 u. 26.
25. Thukydides 5.80.2–83.4.
26. Thukydides 6.7.3–4.
27. Thukydides 7.9.
28. Andokides 2.11.
29. Diodoros 13.49.
30. IG I³ 117 = ML 91.
31. IG I³ 89 = StV II 186.
32. Platon, Gorgias 471a.
33. Platon, Gorgias 471b–c.
34. Thukydides 2.100.2; vgl. oben S. 15.
35. Wie etwa die sog. Markovo Kule am Axios, die Hammond, History II 146–7, in diesen Zusammenhang gebracht hat.
36. Ailian, Varia Historia 14.17.
37. Ailian, Varia Historia 2.21; 13.4 (Agathon und Euripides); Athenaios 8.345d (Choirilos); Plutarch, Moralia 177B (Timotheus); Suda s.v. Euripides, Genos Euripidou vgl. Schmid-Stählin, Griechische Literaturgeschichte I 3, 325f. (Euripides).
38. Diodoros 17.16.3; Arrian, Anabasis 1.11.1 (Dion); Solinus 9.16 (S. 65 Mommsen) (Archelaos' Siege).

4. *Am Rande der Welt*

1. Aristoteles, Politika 5. 1311b.
2. Die Quelle ist die umstrittene Schrift Pseudo-Herodes, *Peri Politeias* 19f. vgl. Meyer, Theopomps Hellenika, 201f.; Albini, Erode Attico, Peri Politeias. Die Philologen werden sich nicht einig, ob sie eine zeitgenössische Streitrede vom Ende des 5. Jhs. v.Chr. oder eine rhetorische Schulübung des 2. Jhs. n.Chr. ist. Doch selbst im zweiten Fall muß die Situation, die der Rede zugrunde

liegt, nicht frei erfunden sein, sondern dürfte aus einem der uns nicht mehr erhaltenen Historiker des 4. Jhs. geschöpft sein.

3. Aristoteles, Politika 5.1311b. Eine ‚weichere' Tradition wird von Diodoros 14.37 überliefert, wobei Krataios den Archelaos bei einem Jagdunfall unabsichtlich tötete, verdient aber gegenüber Aristoteles keine Glaubwürdigkeit. Der Name des Mörders wird verschieden überliefert: Krateros (Diodoros 14.37), Krateas (Plutarch, Moralia 764 F [Amatorius]), Krateuas (Ailian, Varia Historia 8.9). Hammond, History II 167, bevorzugt den viel späteren Ailian aus unerklärlichen Gründen gegenüber Aristoteles.
4. Hammond, History II 167–8 u. Anm. 1, betrachtet diese jungen Männer als ‚königliche Pagen', und trotz der eindeutigen Aussage Arrians (Anabasis 4.13.1), daß diese Institution von Philipp II. erst eingeführt wurde, führt er sie auf Archelaos zurück. Er bringt kein Argument für seine Behauptung. Ailian (8.9) phantasiert von einer ‚drei- oder viertägigen Tyrannis' für Krataios, doch wissen von ihr weder Aristoteles noch Diodoros etwas. Sie ist völlig unglaubwürdig.
5. Diodoros 14.37.6; 84.6. Die Chronologie ist etwas unsicher: die beste Diskussion immer noch bei Beloch, Griech. Gesch. III 2 55f.
6. Die Genealogie wurde von Beloch, Griech. Gesch. III 2 62f. souverän festgestellt. Es gibt keinen Anlaß daran zu rütteln, wie es Hammond, History II 168f. tut. Völlig unglaubwürdig ist sein Versuch, Amyntas den Kleinen als einen Sohn von Perdikkas' Bruder Menelaos zu etablieren. Der Philippos, Sohn des Amyntas, bei Ailian, Varia Historia 12.43 ist eindeutig Philipp II., Sohn des Amyntas III. Ailians Angabe, daß er Enkel des Menelaos war, ist falsch (bei Ailian sind *alle* Philippoi, die er erwähnt, identisch mit Philipp, Sohn des Amyntas, bis auf den Vater des Antigonos Monophthalmos, der ausreichend gekennzeichnet ist [12.43]). Derselbe Fehler bei Justinus 7.4.3.
7. Die Münzen bei Gaebler III 2.
8. Aristoteles, Politika 5.1311b 3–4 (Amyntas der Kleine); Diodoros 14.89.2 (Pausanias).
9. Xenophon, Hellenika 5.2.38f.; Aristoteles, Politika 5.1311b 13.
10. Polyainos 2.1.17; 4.4.3.
11. Strabo 7.7.8 (C 326).
12. Zu Bardylis vgl. Hammond, BSA 61, 1966, 239f.
13. Diodoros 14.92.3f.
14. Diodoros 16.2.2.
15. Es wird zwar gelegentlich behauptet (zuletzt von Hammond, History II 174f., vgl. Geyer, Makedonien 118), daß Amyntas von den Illyrern zweimal vertrieben wurde und zweimal Land an Olynth verschenkte, weil Diodoros unter dem J. 383/2 etwas ungeschickt diese Ereignisse als die Ursprünge des damals herrschenden Mißtrauens zwischen Amyntas und Olynth erwähnt (15.19.2). Ellis, Makedonika 9, 1969, 1–8, hat dies jedoch richtig gesehen: dieselben Ereignisse werden gekürzt noch einmal als Erklärung erwähnt, weil die vorherige Erwähnung mehr als 40 Kapitel zurückliegt.

   Das Datum und die Umstände der Usurpation des Argaios sind umstritten. Um die ihm zugeschriebenen zwei Jahre mit den Amyntas zugeschriebenen 24 Jahren in Einklang zu bringen (Diodoros 14.92.3–4), muß er irgendwann gleichzeitig mit Amyntas, d. h. als Konkurrent, geherrscht haben. Dies könnte dort, wohin Diodoros es legt, 393 und im Zusammenhang mit der Vertreibung durch die Illyrer erfolgt sein: dann ist eine Beziehung zu den Illyrern wahrscheinlich, wie hier angenommen (so auch Hammond, History II 172). Es könnte aber in den 380er Jahren erfolgt sein, wo die späte chronographische Tradition es ansetzt (dazu Beloch, Griech. Gesch. III 2 56f.), etwa im Zusammenhang mit der Auseinandersetzung mit Olynth (so Ellis, ibid., Geyer, Makedonien 116f., allerdings mit verschiedenen zeitlichen Ansätzen). Hammond, History II 175–6 argumentiert, daß Argaios ein weiterer Sohn des Archelaos war, und zitiert Theopomp (FgrHist 115 F 29) als Stütze. Dies ist nicht unwahrscheinlich und könnte erklären, warum Argaios sich durchsetzen konnte.

16. Pseudo-Herodes, *Peri Politeias* 19f. (Archelaos); Xenophon, Hellenika 2.3.4 (Lykophron in 404); Diodoros 14.82.5–6; Aristoteles, Historia Animalium 9.31 (618b) (395). Zu den thessalischen Ereignissen vgl. Sordi, Lega tessala 138f.; Westlake, Thessaly 47f.
17. Thukydides 1.58.2.
18. Text bei Syll.[3] 135 = StV II 231. Wichtige Beobachtungen zur Epigraphik des Vertrages bei Zahrnt, Olynth 122–4. Die Inschrift ist zwar nicht datiert, dürfte aber aus dieser Zeit stammen.
19. Nach Isokrates, Archidamos (VI) 46, dauerte die eigentliche Vertreibung nur drei Monate.
20. Aeschines 2,28; vgl. Geyer, Makedonien 119.
21. Diodoros 15.19.2.
22. Xenophon, Hellenika 5.2.12–13 (Rede des Kleigenes von Akanthos).
23. Diodoros 15.19.3.
24. Xenophon, Hellenika 5.2.11–24.
25. Xenophon, Hellenika 5.2.25–5.3.26 (Kriegsereignisse), vgl. Zahrnt, Olynth 91f.
26. Isokrates, Panegyrikos 126.
27. Zu den Ereignissen in Mittelgriechenland vgl. Buckler, Theban Hegemony 15–45; zum 2. athenischen Bund Cargill, Second Athenian League, mit ausführlichen Literaturangaben. Von der älteren Literatur ist vor allem Accame, Lega ateniese, noch wertvoll.
28. Syll.[3] 157 = Tod II 129 = StV II 246. Die makedonischen Schwurzeugen sind Amyntas und sein ältester Sohn von Eurydike, Alexandros (Z. 20–21).
29. Aeschines 2.32.
30. Diodoros 15.60.2. Zu Jason von Pherai vgl. Sordi, Lega tessala 156f.; Westlake, Thessaly 67f.
31. BSA 17, 1910/11, 193f. Hammond, History I 117f. u. II 178 mit Anm. 3, hat hier Recht gegen Rosenberg, Hermes 51, 1916, 499f., der eine ‚Oberherrschaft' des Amyntas aus dem Schiedsspruch schließen wollte.
32. Vgl. Buckler, Theban Hegemony 46f.

II. Die europäische Großmacht

1. Die Herrschaftsfolge im Haus des Amyntas

1. Diodoros 15.61.3–5.
2. Diodoros 15.67.4; 71.2; Plutarch, Pelopidas 26; Justin 7.5; Aeschines 2.29 mit Scholion ad loc; Marsyas (FgrHist 136/7) F 3 (Alexander und Ptolemaios); Aeschines 2.26–29 (Pausanias). Die Chronologie ist im Detail unsicher: vgl. Beloch, Griech. Gesch. III 2, 61–2; 239f.; Buckler, Theban Hegemony 245f., Hammond, History II 182 bietet die grundlose Spekulation, daß Ptolemaios, der Sohn eines Amyntas war, ein Sohn des ‚Amyntas des Kleinen' war. Die Quellen geben dafür keine Handhabe: Amyntas ist einer der häufigsten makedonischen Namen (vgl. aber I 4 Anm. 9 oben).
3. Diodoros 15.77.5; Scholion zu Aeschines 2.29.
4. Demosthenes 2.14; Polyainos 3.10.14, vgl. Diodoros 15.81.6.
5. Aeschines 2.29–30 (Kallisthenes); Demosthenes 2.14; Deinarchos 1.14 (Methone und Pydna). Die Chronologie ist wieder einmal sehr unsicher; doch ging der vertriebene athenische Politiker Kallistratos 361/0 nach Methone (Demosthenes 50.48), das demnach erst nachher von Timotheus eingenommen worden sein kann.
6. Wann genau die Orestier sich an Molossis anschlossen und ob alle oder nur ein Teil des Stammes diesen Schritt machten, ist völlig unsicher. Eine undatierte Inschrift von Dodona aus etwas späterer Zeit (SEG 23, 471; Cabanes, L'Épire 536, Nr. 2) weist einen Orestier als Mitglied eines Beamtenkollegiums nach. Hammond, History II 185 möchte sie zu dieser Zeit datieren.
7. Frontinus, Strategemata 2.5.19.
8. Diodoros 16.2.4–5.
9. Ich lasse hier die Frage beiseite, ob Philipp nicht zunächst bloß als Vormund für seinen kleinen Neffen Amyntas, Sohn des Perdikkas, amtierte, wie Justinus angibt (7.5.9–10), und die neuerdings vorgetragene These, daß es ca. vier Jahre ohne König gab, in welchen Philipp nur Verwalter war (Hatzopoulos, in Adams u. Borza, Macedonian Heritage 21f.). Beide Thesen halte ich für unwahrscheinlich. Es ist unumstritten, daß Philipp sofort herrschte und unter den damaligen Umständen dürfte das ausreichen, um sein Königtum zu belegen.
10. Diodoros 16.3.4.
11. Justinus 8.3.10; vgl. 7.4.5.
12. Diodoros 16.3.5–6; 4.1; Demosthenes 23.121; vgl. StV II 298; Griffith in Hammond, History II 211f.
13. Diodoros 16.3.1.

2. Sicherheit im Westen

1. Diodoros 16.3.1; Polyainos 4.1.10.
2. Diodoros 16.4.

3. Diodoros 16.8.1.
4. Athenaios 13.557d = Satyros (FHG 3.161 F 5) vgl. Tronson, JHS 104, 1984, 116f. Es ist nicht unwahrscheinlich, daß er schon durch Phila, Schwester des Derdas und Machetas mit der Fürstenfamilie der Elimiotis, die seinem Vater sehr geholfen hatte, ehelich verbunden war (Satyros ib.).
5. Diodoros 16.22.3 mit IG II² 127 = Tod II 157; Plutarch, Alexander 3; Justinus 12.16.6.
6. Isokrates, Philippos 21; vgl. Demosthenes 1.13; 23.
7. Diodoros 16.69.7; vgl. Pompeius Trogus, Prologus 8; Justinus 8.6.3. Die Chronologie und der Umfang des Feldzuges sind sehr unsicher: vgl. Griffith bei Hammond, History II 469f. Vielleicht führte Philipp noch einen Feldzug gegen den Fürsten Pleurias durch (Diodoros 16.93.6), doch der Hinweis könnte sich auf die vierziger Jahre beziehen.
8. Arrian, Anabasis 1.5–6, dazu Bosworth, Commentary, ad loc. (335); Diodoros 18.11.1 (323).
9. Demosthenes 4.48; Justinus 8.3.7–8 vgl. Polyainos 4.2.12. Ausführliche Diskussion bei Hammond, History II 652f.
10. Diodoros 17.57.2 vgl. Berve, Alexanderreich I, 112f. Vgl. unten VI, 3.
11. Quellenangaben bei Berve, Alexanderreich II, ad locc.
12. Arrian, Anabasis 4.13.1. Hammond, History II 168 Anm. 1, meint diese Einrichtung schon unter Archelaos zu entdecken, aber die Quellen unterstützen ihn nicht. Kienast, Philipp II 264f., vertritt die These, daß sie nach persischem Muster eingerichtet wurde, was mir aber nicht einleuchten will. Auf jeden Fall läßt sie Philipps Streben, eine nationale Solidarität zu schaffen, erkennen.
13. Zu den Söhnen des Aeropos vgl. Berve, Alexanderreich Nrn. 37 (Alexandros), 144 (Arrhabaios), 355 (Heromenes), dazu auch Bosworth, Commentary 159–60; zum Regionalismus vgl. Bosworth, CQ 21, 1971, 93f.; Fears, Athenaeum 53, 1975, 120f.
14. Justinus 7.6.10–12; Plutarch, Alexander 2; Athenaios 13.557c–d (Satyros F 5). Zu Epeiros im allgemeinen vgl. Franke, Altepeiros; Hammond, Epirus, passim.
15. Hauptquelle: Justinus 8.6 vgl. Demosthenes 1.13; Pompeius Trogus, Prologus 8; Diodoros 16.72.1; [Demosthenes] 7.32. Die Chronologie dieser Ereignisse ist umstritten. Ich folge dem Ansatz, den ich GRBS 16, 1975, 41f. vorlegte; anders Griffith bei Hammond, History II 504f.
16. Um 330 wird Kleopatra als *Thearodokos* (Gastgeber der Heiligen Gesandten) für Epeiros in einer Liste aus Argos aufgeführt (Charneux, BCH 90, 1966, 156–239 u. 710–714, Z. 11 der Inschrift). Sowohl die Thesprotai als auch die Städte der Kassopeia fehlen, die Chaonen aber werden erwähnt (Z. 12). Die Thesprotai hatten also anscheinend ihre Existenz als Staat aufgegeben, dabei ist aber nicht gesagt, daß ‚Epeiros' der offizielle Name des neuen Staates gewesen sein muß: dazu Cabanes in La géographie administrative 19f. ohne jedoch auf den anzunehmenden makedonischen Einfluß hinzuweisen.
17. Quellen bei Berve, Alexanderreich II s. vv. Alexandros (38), Kleopatra (433 u. 434), Olympias (581), Antipatros (94).

3. Der Osten

1. Zu den Thrakern im allgemeinen vgl. J. Wiesner, Die Thraker.
2. Diodoros 16.3.3.
3. Diodoros 16.8.2–3; Demosthenes 1.8; Tod II 150 (Verbannung von Stratokles und Philon). Die Inschrift ist leider nicht genau datierbar, wird jedoch allgemein als eine Folge der Eroberung durch Philipp gedeutet. Möglich ist allerdings, daß Stratokles schon verbannt war, als er versuchte, mit Hierokles athenische Hilfe zu gewinnen.
4. [Demosthenes] 7.27; Theopompos (FgrHist 115) F 30 A und B; Demosthenes 2.6 (Verhandlungen); Diodoros 16.8.3 (Pydna). Ausführliche Diskussion von Griffith bei Hammond, History II 230f.
5. Demosthenes 2.6 (Athen); Robinson, TAPhA 69, 1938, 44 Nr. 2 = StV II 307. Der Stein ist nicht fertiggeschrieben worden; doch ist die Erklärung des Herausgebers, daß der Vertrag nicht ratifiziert worden sei, unmöglich (nichtbeschlossene Verträge meißelte man nicht auf Stein!). Eher kann Philipps Angebot während des Aufschreibens in Olynth eingegangen sein.
6. Diodoros 16.8.4–5.
7. Diodoros 16.3.7; 8.6–8. Zur Ereignisfolge vgl. Griffith bei Hammond, History II 246f., 358f.; zu Alexander vgl. die Inschrift bei Vatin, Proceedings of the VIII int. Congr. of Gk. & Lat. Epigraphy Bd. 1 (Amsterdam, 1984).
8. IG II^2 127 = Syll.^{3} 196 = Tod II 157, vgl. Demosthenes 23.179f. Diese Allianz war von athenischer Seite mit Sicherheit bloß ein Versuch, einen Stellvertreterkrieg zu führen: Grabos (und evtl. auch Lysippos) wurde von Parmenio geschlagen (vgl. Diodoros 16.22.3).
9. Diodoros 16.31.6; 34.4–5. Wann genau Methone fiel, ist unsicher. Ein athenisches Dekret von ca. November 355 für Lachares aus Apollonia, der jemanden aus seiner Familie nach Methone schickte, setzt den Anfang der Drohung vor dieser Zeit voraus (IG II^2 130). Demosthenes 4.35 behauptet, athenische Hilfe sei zu spät gekommen; wenn also Lachares' Verwandter ein Mitglied der zu spät angekommenen athenischen Hilfstruppen war, dann ging die Belagerung auch schon 355 zu Ende.
10. Gerade das Gebiet, das von Amphipolis verwaltet wurde – vielleicht von Philipp nach der Einnahme der Stadt und des Umlandes ausgedehnt –, scheint einige höhergestellte Neusiedler bekommen zu haben, die jetzt erst nach Makedonien kamen. Zwei sind zufällig bekannt: Androtimos aus dem kretischen Lato (Vater des Nearchos: Berve, Alexanderreich II Nr. 544) und Larichos aus Mytilene (Vater des Erigyios und Laomedon: Berve Nrn. 302 u. 464). Die Tatsache, daß Alexander in Amphipolis ein Kavallerieregiment *(Ile)* ausheben konnte, spricht auch dafür, daß nicht nur einfache Bauern dort angesiedelt wurden.
11. IG II^2 126 u. Add. 658 (= StV II 303; Tod II 151) (Berisades et. al.); IG II^2 127 (Syll.^{3} 196; Tod II 157) (Ketriporis u.s.w.). Zum attischen Seebund vgl. Cargill, Second Athenian League.
12. IG II^2 128 (Syll.^{3} 197; Tod II 159; StV II 312); Polyainos 4.2.22.
13. Demosthenes 23.183; Polyainos 4.2.22, vgl. Diodoros 16.34.1.
14. Diodoros 16.34.3–4, vgl. Demosthenes 23.103.

15. Scholion zu Aeschines 2.81; Demosthenes 3.4 (Heraion Teichos). Völlige Klarheit über die Verhältnisse in Thrakien 352/1 läßt sich nicht gewinnen. Gerade die Rolle des Amadokos bleibt obskur: Es sieht so aus, als ob Philipp, um Amadokos zu schlagen, Krieg gegen Kersebleptes führte, doch ist dieser Eindruck wohl der schlechten Quellenlage zuzuschreiben. Theopompos (FgrHist 115) F 101 sprach von zwei Amadokoi, Vater und Sohn, von denen der Sohn zu Philipp kam, um mit ihm gegen Kersebleptes zu kämpfen. Griffith bei Hammond, History II 282–3, erwägt die Möglichkeit, daß der Sohn den Vater ersetzt hätte, doch das Theopompfragment besagt nicht, daß der Sohn König war. Vielleicht handelte es sich um einen Versöhnungsversuch seitens Amadokos, sobald er die eigene Schwäche erkannte. Auf jeden Fall wird nach 351 von keinem der beiden mehr etwas überliefert.
    Dieser Feldzug versetzte die Athener in Panik (Demosthenes 3.4), doch Philipp scheint keine Neigung gehabt zu haben, in die Chersonnesos einzugreifen oder den Dardanellenverkehr zu beeinträchtigen. Die athenische Panik, die sich in einem Tätigkeitsdrang ausdrückte, ließ nach, sobald ein falscher Bericht nach Athen gelangte, daß Philipp gestorben sei (ohne daß Athen etwas getan hatte). Wichtiger für die Kurzfristigkeit der Stimmung jedoch ist die Tatsache, daß Athen nichts tat, auch nachdem die Meldung als falsch erwiesen war.
16. Demosthenes 3.7; 23.108, vgl. StV II 317 (Frieden mit Athen): Justinus 8.3.10–11 (Halbbrüder), vgl. Ellis, Historia 22, 1973, 350f.
17. Hauptquelle: Diodoros 16.52.9; 53.1–3. Auch, von einem athenischen Gesichtspunkt, die Olynthischen Reden von Demosthenes (Demosthenes 1–3), die als historische Quellen wegen der Eigentümlichkeit von Demosthenes' Meinung über die echten Interessen Athens die makedonische Entwicklung bloß verklären. Neuere Literatur ist umfangreich: am besten Cawkwell, Philip 82f. und CQ 12, 1962, 122f.; am ausführlichsten Griffith bei Hammond, History II 315f.
18. Aeschines 2.82f.; 3.73f.; Demosthenes 9.15.
19. Aeschines 2.90; 92.
20. Diodoros 16.71.1–2; [Demosthenes] 12.8–10.
21. Quellenangaben bei Griffith in Hammond, History II 557f.
22. Diodoros 17.62.5.
23. Justinus 9.2.1.
24. Vgl. Griffith bei Hammond, History II 364f. u. 379f.
25. Dazu vgl. unten II 5.
26. [Demosthenes] 12.2f.; Demosthenes 8, passim; 9.15.
27. Hauptquelle: Diodoros 16.74.2–76.4; 77.2; ausführliche Diskussion von Griffith bei Hammond, History II 566f.
28. Theopompos (FgrHist 115) F 292, vgl. Demosthenes 18.87–94; Plutarch, Phokion 14. Zur Haltung der Redner vgl. Demosthenes 8 passim; 10.15–16.
29. Dazu vgl. II 5 unten.
30. Arrian, Anabasis 1.3.3.
31. Athenaios 13.557d (= Satyros [FHG 3.161] F 5); Jordanes, Getica 10.65 (Kothelas und Meda); Justinus 9.2–3.1–4 (Atheas und Triballoi). Dazu Papazoglu, Central Balkan Tribes 18f.; Griffith bei Hammond, History II 559f.

32. Arrian, Anabasis 1.1.5f. mit Bosworth, Commentary 53f. (autonome Thraker); Theopompos (FgrHist 115) F 217; Polyainos 4.4.1 (Tetrachoritai).
33. Arrian, Anabasis 1.2–4 mit Bosworth, Commentary ad loc. (Feldzug); Diodoros 17.17.4 (Teilnahme am Alexanderzug). Die Zahl der triballischen Soldaten ist unsicher, weil sie nur als Teil einer Gruppe von insgesamt 7000 Thrakern und Illyrern erwähnt werden, und selbst diese Zahl ist umstritten. Vgl. Berve, Alexanderreich I, 139 u. 178. Für die Triballer im allgemeinen vgl. Papazoglu, Central Balkan Tribes 9f.
34. Arrian, Anabasis 1.3.5–4.5.
35. Berve, Alexanderreich II Nr. 712 (Sitalkes); IG II[2] 349 u. Add. S. 659 = Tod II 193 (Rhebulas). Deutungsversuche bleiben alle sehr spekulativ: vgl. Tod ad loc.; Berve, Alexanderreich II Nr. 686; Curtius 10.1.45, vgl. Berve, Alexanderreich II Nr. 702 (Seuthes).
36. Quellen bei Berve, Alexanderreich II Nr. 37.
37. Diodoros 17.62.4–6; Curtius 9.3.21, vgl. Berve Nr. 499.
38. Curtius 10.1.44–5; Justinus 12.1.4–5; 2.16–17; vgl. Berve Nr. 340 (Zopyrion).

4. *Thessalien*

1. Zu Thessalien im allgemeinen vgl. Sordi, Lega tessala; Westlake, Thessaly; Martin Sovereignty and Coinage.
2. IG II[2] 116 (= Syll.[3] 184 = Tod II 147 = StV II 293 mit Kommentaren); hinzu Sordi, 228.
3. Justinus 7.6.8f.; Athenaios 13.557c. Der Inhalt des Berichts von Justinus ist unmöglich, vgl. Griffith bei Hammond, History II 220f., insbes. 226, der die verworrene Chronologie, nach dem Ansatz von Sordi, 230f., soweit möglich, klarstellt. Ihm wird hier weitgehend gefolgt.
4. Diodoros 16.14.2.
5. Diodoros 16.23f. Zur Chronologie vgl. Hammond, JHS 57, 1937, 44f., dem ich hier folge. Zur Amphiktyonie vgl. Roux, L'Amphictionie, passim.
6. Diodoros 16.35; Justinus 8.2.1–7.
7. Diodoros 16.37.3; 38.1.
8. Vgl. Sordi, 246f.; Griffith bei Hammond, History II 270f.
9. Der ältere Titel, *Tagos*, den frühere Archonten des Bundes geführt hatten, ist von Philipp, wohl absichtlich, vermieden worden. Zur ganzen Frage und zum Datum vgl. Sordi, 249f.; Griffith bei Hammond, History II 220f.
10. Dieser Aufgabenkatalog ist eine Destillation aus tatsächlich ausgeübten Tätigkeiten. Inwieweit diese ‚Rechte und Pflichten' sich bis dahin formalisiert hatten, ist sehr unsicher: vgl. Sordi, 334f.
11. Demosthenes 1.22.
12. Polyainos 4.2.19.
13. Athenaios 13.557c.
14. Diodoros 16.38.1.
15. Diodoros 16.37.3; 38.1–2; Justinus 8.2.8f.; Demosthenes 4.17; 19.319.
16. Demosthenes 1.22, vgl. 2.8–11.
17. Diodoros 16.52.9.

18. Hauptquelle: Diodoros 16.59–60; Aeschines 2.132f. Zu Athen vgl. Demosthenes 5; 19.73f. Vgl. Roux, L'Amphiktionie.
19. Theopompos (FgrHist 115) F 81, vgl. Isokrates 5.21.
20. Demosthenes 19.36; [Demosthenes] 11.1, vgl. Sordi 362f.; 286f.
21. Demosthenes 18.48; Aristoteles, Politika 1306a26; Polyainos 4.2.19; Theopompos (FgrHist 115) F 81, gibt in seinem üblichen Schmähstil an, daß Agathokles ein ehemaliger Landsklave *(Penestes)* gewesen sei. Der Wahrheitskern könnte darin liegen, daß Agathokles zumindest nicht den regierenden Aleuadai angehörte.
22. Diodoros 16.69.8; Isokrates Epist. 2.20; [Demosthenes] 7.32, vgl. 19.260; 320.
23. Theopompos (FgrHist 115) F 208; vgl. Griffith bei Hammond, History II 527f.
24. Demosthenes 18.295; Syll.[3] 274.
25. Aeschines 3.107–29; Demosthenes 18.143–152. Vgl. unten II 6.
26. Plutarch, Demosthenes 18.2.
27. Diodoros 17.17.4.
28. Diodoros 17.4.1. Diodoros hat seine Quelle offensichtlich nicht völlig verstanden: Er spricht von der Anerkennung der ‚Führung Griechenlands', die jedoch der thessalische Bund nicht aussprechen konnte, vgl. Justinus 11.3.2. Polyainos 4.3.23 hat eine undatierte Geschichte von thessalischem Widerstand gegen Alexander bei Tempe. Diese Geschichte paßt nicht in das Jahr 336, trotz Westlake 217/8, Tarn, Alexander the Great I 4; vgl. Sordi 302 Anm. 2, die an den Lamischen Krieg denkt, wo aber kein Alexander beteiligt war. Möglich wäre, daß Polyainos den falschen Alexander nennt: Alexander II. hatte sicherlich mit Widerstand unter den Thessalern im Jahr 369 zu tun, der Anlaß zu diesem Strategem hätte sein können.
29. Eine schwer beschädigte Inschrift ist oft so interpretiert worden: IG II[2] 236; neueste Edition bei Heisserer, Alexander 8f. (vgl. Syll.[3] 260; Tod II 177). Doch die Bedeutung der dort angegebenen Zahlen scheint mir immer noch nicht hinreichend erklärt zu sein. Zum Korinthischen Bund vgl. unten S. 84f.
30. Aeschines 3.167.
31. Diodoros 18.11.1; 15.2. Zu dieser Entwicklung im Detail vgl. II 5 unten.
32. Diodoros 18.15.4; 17.6–7.
33. Diodoros 18.38. Vgl. auch unten II 5; vgl. Sordi 306f.

5. Die südlichen Staaten Griechenlands

1. Xenophon, Hellenika 7.5.27.
2. Polybios 18.14.
3. Aeschines 2.120.
4. Zu diesen Ereignissen vgl. oben II. 4.
5. Vgl. Demosthenes 4 (I Philippika) von 351.
6. Demosthenes 4.37 (Euboia).
7. Aeschines 2.112.
8. Aeschines 2.13.
9. Quellen bei StV II 329. Die neuere Literatur zum Philokrates-Frieden ist

umfangreich und der Strom droht nie zu versiegen: vgl. die einschlägigen Kapitel von Griffith bei Hammond, History II 329f.; Cawkwell, Philip 91f.; Ellis, Philip II 90f. für repräsentative neuere Abhandlungen.

10. Aeschines 3.89–90.
11. Demosthenes 6.13. Trotz Demosthenes' extremer Wortwahl – ‚Philipp *befahl* den Spartanern, Messene frei zu lassen' – ist klar, daß nur ein diplomatischer Vorstoß in Frage kam.
12. Demosthenes 18.43; 48; 295; Polybios 18.14.
13. Dennoch ist die ausführlichste Analyse jene von Griffith bei Hammond, History II.
14. Die Rede des Hegesippos ist erhalten: [Demosthenes] 7. Zu diesen Ereignissen im Detail vgl. Griffith bei Hammond, History II 489f.; Cawkwell, CQ 13, 1963, 120f. u. 200f.
15. Demosthenes' Rede ‚Über die Chersonnesos' (8) ist das Stimmungsbarometer für diese Ereignisse.
16. Eine Fassung dieses Schreibens ist im Corpus der Demosthenischen Schriften erhalten ([Demosthenes] 12). Nach der Untersuchung von Pohlenz (Hermes 64, 1929, 41f.) sind die meisten Historiker der Meinung, daß das überlieferte Schreiben von Philipp stammt: zuletzt: Griffith bei Hammond, History II 714f.
17. [Demosthenes] 12.23.
18. Diodoros 16.74.4; 75.1–2. Als Philipp die athenische Getreideflotte kaperte, war Chares wegen seiner Gespräche mit den persischen Satrapen nicht anwesend: Philochoros (FgrHist 328) F 162.
19. Philochoros (FgrHist 328) F 162; Theopompos (FgrHist 115) F 292.
20. Philochoros F 55.
21. Philochoros F 56.
22. Philochoros F 56; Plutarch, Demosthenes 18.3 (= Theopompos F 328).
23. Es gab Stimmen gegen den Krieg. In Athen etwa Phokion (Plutarch, Phokion 16.1–2), in Theben diejenigen, die Demosthenes als gekaufte Anhänger Philipps bezeichnete (Demosthenes 18.175; dieser Standardvorwurf galt allen Demosthenesgegnern und hat in den meisten Fällen nur die Bedeutung eines nicht zu groben Schimpfwortes: Trotz der wiederholten Vorwürfe hat Demosthenes *niemals* einen politischen Gegner in Athen wegen Bestechlichkeit angeklagt!). Sie konnten sich aber nicht durchsetzen.
24. Hauptquelle: Diodoros 16.84–6. Die neueste Detaildiskussion dieser Ereignisse von Griffith bei Hammond, History II 596f.
25. Pausanias 1.25.3.
26. Pausanias 1.34.1 (Oropos); Aristoteles, Athenaion Politeia 61.6; 62.2; Plutarch, Alexander 28.1; Diodoros 18.56.7 (Insel); Diodoros 16.87.3 (Gefangene), vgl. StV III 402.
27. Plutarch, Demosthenes 21 (Demosthenes); IG II² 237 (= Syll.³ 259; Tod II 178) (Akarnanen).
28. Diodoros 17.13.5 (Wiederaufbau der Städte); Justinus 9.4.7f. vgl. Roesch, Études Béotiennes 266f.; Gullath, Boiotien 8f.; Griffith bei Hammond, History II 610f. (Neuorganisation); Diodoros 16.87.3; Arrian, Anabasis 1.17.1 (Besatzung).

29. Quellen und ausführliche Diskussion bei Roebuck, CPh 43, 1948, 73f., vgl. Griffith bei Hammond, History II 616f.
30. Quellen bei StV II 242: Zum Allgemeinen Frieden vgl. Ryder, Koine Eirene.
31. Das genaue Verhältnis zu Hermeias ist obskur: vgl. Wormell, Yale Classical Studies 5, 1935, 57f.; Diodoros 16.74.2; Plutarch, Alexander 10.1 (Pixodaros); Diodoros 16.75.1–2 (Perinthos); Plutarch, Demosthenes 20.4–5 (Demosthenes). Die Entstehung von Philipps Persienplänen ist umstritten: vgl. meinen Überblick in AJAH 6, 1981, 69f.
32. Isokrates, Philippos (5) 119–120. Isokrates' erste überlieferte Äußerung in dieser Richtung ist der Panegyrikos (4) vom Jahr 380.
33. Badian, Ehrenberg Studies 62 Anm. 13.
34. Quellen in StV III 403; neueste Diskussion, auch der älteren Literatur bei Griffith in Hammond, History II 625f.
35. Plutarch, Demosthenes 22.
36. Diodoros 17.3.3–5.
37. Diodoros 17.4.
38. Arrian, Anabasis 1.7–9; Diodoros 17.8.3–14.
39. Arrian, Anabasis 1.10.4–6 mit Bosworth, Commentary 92f.
40. Arrian, Anabasis 1.9.9–10.
41. Arrian, Anabasis 1.11.3.
42. [Demosthenes] 17.19.
43. Plutarch, Demosthenes 24. Demosthenes' Verteidigungsrede, die berühmte De Corona (18), ist erhalten.
44. Diodoros 17.48.1; 62.6–63.4; Curtius 6.1, vgl. Badian, Hermes 95, 1967, 170f.
45. Diodoros 17.73.5; Curtius 6.1.19–21.
46. Arrian, Anabasis 1.16.7 (Granikos); 3.16.8 mit Bosworth, Commentary ad loc. (Tyrannenmörder).
47. Arrian, Anabasis 3.6.2.
48. Arrian, Anabasis 3.19.5 mit Bosworth, CQ 26, 1976, 132f., vgl. Commentary 335.
49. Zum allgemeinen Problem: Seibert, Die politischen Flüchtlinge.
50. Vgl. Badian, JHS 81, 1961, 16f.; Jaschinski, Alexander und Griechenland 62f.
51. Diodoros 18.8.2–4.
52. Urkunden aus Tegea (Syll.^{3} 306 = Tod 202 = Heisserer Nr. 8) und Mytilene (OGIS 2 = Tod 201 = Heisserer Nr. 5) liefern zwei Beispiele.
53. Zu Samos vgl. Errington, Chiron 5, 1975, 51f.; Habicht, ib. 45f.; Rosen, Historia 27, 1978, 20f. Kurzer Überblick bei Seibert, Diadochen 95f.
54. Vgl. Badian, JHS 81, 1981.
55. Mitglieder der Allianz: Diodoros 18.11.1–2.
56. Hauptquelle: Diodoros 18.11–13; 14.4–15.9; 16.4–17.5.
57. Diodoros 18.1–6; Plutarch, Phokion 26–28.

III. Das Element Asia

1. Einführung; 2. Die alte Garde

1. Aus der Flut der Alexanderliteratur seien hier bloß einige Gesamtdarstellungen genannt: Seibert, Alexander der Große, gibt einen Literaturüberblick bis 1970; danach etwa Schachermeyr, Alexander der Große; Hamilton, Alexander the Great; Lane-Fox, Alexander der Große; Lauffer, Alexander der Große; Hammond, Alexander the Great.
2. Neuerdings bestritten von Fredericksmeyer, in Adams u. Borza, Macedonian Heritage, 85 f.
3. Die Quellen liefern nur punktuell Information, die für eine Rekonstruktion dieses Feldzuges nicht ausreicht: Diodoros 16.91.2 (Parmenio und Attalos); Arrian, Anabasis 1.17.10f. (Ephesos); IG XII 2 526, in der neuesten Ausgabe von Heisserer Nr. 2 (Eresos).
4. Diodoros 17.7.8. Anscheinend im Jahr 336 (Attalos, der kurz nach Alexanders Herrschaftsantritt ermordet wurde [Diodoros 17.2.3–6] lebte noch) gab es eine Auseinandersetzung mit dem großköniglichen Befehlshaber Memnon bei Magnesia (Polyainos 5.44.4). Polyainos sagt nicht, um welches Magnesia (das am Maeander, unweit von Ephesos, oder das am Sipylos, nördlich von Smyrna) es sich handelte. Doch bei einem Heer, das von Ephesos aus operierte, liegt es nah, hierin die Nachbarstadt Magnesia am Maeander zu sehen. Anders die meisten Forscher, die das Ereignis allerdings mit dem Feldzug von 335 in der Aiolis in Zusammenhang bringen, wobei Magnesia am Sipylos dann tatsächlich in Betracht käme (vgl. z. B. Badian in Ancient Society and Institutions, 40–41).
5. Diodoros 17.16.2.
6. Z. B. Arrian, Anabasis 1.13.2 (Granikosschlacht); 1.18.6–9 (Milet); 2.25.2–3 (Euphrat); 3.10.1–2 (Gaugamela); 3.18.12 (Persepolis), jeweils mit Bosworth, Commentary ad loc.
7. Arrian, Anabasis 2.25.2–3; Plutarch, Alexander 29.7–8; Curtius 4.11.1–22. Zum Datum vgl. Bosworth, Commentary, 227f.
8. Arrian, Anabasis 3.19.5–6. Zu Parmenio vgl. Berve, Alexanderreich II Nr. 606.
9. Curtius 6.2.15 f.; Plutarch, Alexander 47.1.
10. Vollständige Quellenangaben bei Berve, Alexanderreich II Nrn. 606, 802. Neuere Literatur und Diskussion bei Bosworth, Commentary 359f.
11. Diodoros 17.80.4; Arrian, Anabasis 3.29.5; Curtius 7.5.27 vgl. Arrian, Anabasis 5.27.5.
12. Zu dieser Entwicklung im Detail vgl. Errington, Chiron 8, 1978, insbes. 105 f.
13. Plutarch, Alexander 47.6; Curtius 8.51; Diodoros 17.108.1–3 vgl. Arrian, Anabasis 7.6.1.
14. Plutarch, Alexander 47.5. Für Quellen vgl. Berve, Alexanderreich II Nrn. 357 (Hephaistion), 446 (Krateros), 654 (Polyperchon), 668 (Ptolemaios).
15. Curtius 6.2.15 f.; Diodoros 17.74.3; Plutarch, Alexander 47.

16. Arrian, Anabasis 3.26–27; Curtius 6.7.1–7.2.38; Plutarch, Alexander 48–9; Diodoros 17.74–80. Die Details sind umstritten: vgl. Bosworth, Commentary 359f. Zur hier gegebenen Interpretation vgl. Chiron 8, 1978, 86f.
17. Curtius 8.1.20f.; Arrian, Anabasis 4.8.1f.; Plutarch, Alexander 50–1 vgl. Hamilton, Commentary 139f.; Chiron 8, 1978, 107–8.
18. Arrian, Anabasis 5.25–28; Curtius 9.2.12f. Zu Koinos Berve, Alexanderreich II Nr. 439.
19. Arrian, Anabasis 7.8f.; Curtius 10.2.12f.
20. Eine vollständige Liste der griechischen Feldzugsteilnehmer bietet Berve, Alexanderreich II 446, wo auch die entsprechenden Quellenangaben zu finden sind.
21. Vgl. die Liste bei Berve, Alexanderreich I 276 und die einzelnen Artikel in Bd. II.
22. Vgl. Diodoros 17.17.4.
23. Quellen bei Berve, Alexanderreich I 150f.
24. Curtius 9.2.33.
25. Arrian, Anabasis 7.8.2.
26. Plutarch, Alexander 70.3; Arrian, Anabasis 7.4.4f. vgl. Diodoros 17.107.6; Curtius 10.3.11–12.
27. Arrian, Anabasis 7.11.9. Zu modernen, weit auseinandergehenden Deutungen dieser zwei Ereignisse vgl. Seibert, Alexander der Groß 186f. Hier schulde ich am meisten der Interpretation von Badian, Studies 201f.

3. Rückkehr in die Heimat

1. Arrian, Anabasis 7.12.4.
2. Diodoros 18.1.4; Curtius 10.5.5; Arrian, Anabasis 7.26.3.
3. Für diesen Grundsatz vgl. Chiron 8, 1978, insbes. 99f.
4. Diodoros 17.117.3; 18.2.4; Curtius 10.5.4.
5. Die Hauptquellen zu den Ereignissen in Babylon sind Curtius 10.5f.; Diodoros 18.2f.; Justinus 13.1f. und die Fragmente der Diadochengeschichte Arrians (FgrHist 156). Die Grundlagen der hiesigen Interpretation wurden in JHS 1970 im Detail herausgearbeitet. Der ausführliche Forschungsbericht von Seibert, Diadochen, liegt jetzt vor, so daß sich eine längere Anführung von Sekundärliteratur erübrigt.
6. Zum Ansehen Philipps hier und in den folgenden Jahren vgl. Errington in Badian (Hrsg.), Alexandre le Grand 137f.
7. Curtius 10.10.1
8. Satrapienlisten bei Diodoros 18.3; Curtius 10.10.1–6; Arrian, Diadochengeschichte (FgrHist 156) F 1.5–8; Dexippos (FgrHist 100) F 8; vgl. Justinus 13.4.9–25. Neuere Literatur bei Seibert, Diadochen 89f.
9. Arrian, Diadochengeschichte 9. Daß es tatsächlich so funktionierte, zeigt Habicht, Akten des VI. Int. Kongr. für griech. und lat. Epigraphik 367f.
10. Diodoros 18.18.7.
11. Arrian, Diadochengeschichte 21; Diodoros 18.23.1–3.
12. Arrian, Diadochengeschichte 22–23; Diodoros 19.52.5. Zu Kynnane vgl. Ber-

ve, Alexanderreich II Nr. 456. zu den Heiraten vgl. Seibert, Historische Beiträge 11f.

13. Diodoros 18.26f.; Arrian, Diadochengeschichte 25; F 10.1. Aigai wird nur von Pausanias 1.6.3 erwähnt. Für eine etwas andere Deutung dieser Ereignisse vgl. Badian, HSPh 72, 1968, 185f.
14. Diodoros 18.23.3–4; 25.3–5; Arrian, Diadochengeschichte 20; 26. Das Datum der Heirat der Eurydike ist unsicher, paßt aber vorzüglich in diesen politischen Kontext: Pausanias 1.6.8; Appian, Syriake 62 vgl. Seibert, Historische Beiträge 16f. Daß für Antipatros die Aufsicht über die Könige jetzt schon vorgesehen war, scheint aus dem Widerwillen des Ptolemaios nach dem Tode des Perdikkas, dieses Amt, selbst nur vorläufig, zu übernehmen (Diodoros 18.36.6–7), hervorzugehen.
15. Diodoros 18.33f.; Arrian, Diadochengeschichte F 9,28–30.
16. Diodoros 18.39.2; Arrian, Diadochengeschichte F 9,33.
17. Diodoros 18.39.7.
18. Plutarch, Demetrios 14 (Phila); Diodoros 18.39.7; Arrian, Diadochengeschichte F 9,38 (Kassandros); Diodoros 18.39.5–6; Arrian, Diadochengeschichte F 9,34–38 (Satrapieneinteilung).

4. Das Ende der Argeadai

1. Diodoros 18.48.4 drückt dies so aus, als ob Antipatros die formelle Berufung vornahm. Doch sie kann erst nach seinem Tode erfolgt sein, und fiel eindeutig in die Kompetenz des Kronrates. Für die Chronologie dieser Ereignisse nach Antipatros' Tod vgl. Errington, Hermes 105, 1977, 478f.
2. Diodoros 18.38.6.
3. Zu Polyperchon unter Alexander vgl. Berve, Alexanderreich II Nr. 654.
4. Diodoros 18.49.1–3; 54; Plutarch, Phokion 31.
5. Diodoros 18.55–57.1 vgl. Plutarch, Phokion 32.
6. Diodoros 18.49.4; 57.2.
7. Diodoros 18.57.3–4; 58; Plutarch, Eumenes 13.1–2.
8. Diodoros 18.64f.; Plutarch, Phokion 32–33 vgl. Errington, Hermes 1977, 487f. (Athen); Diodoros 18.58.3–4; Plutarch, Eumenes 13; Diodoros 19.11.2 (Olympias).
9. Diodoros 18.68f. (Ereignisse in Griechenland); Justinus 14.5.1–4 vgl. Diodoros 19.11.1 (Eurydike).
10. Diodoros 19.11.1.
11. Diodoros 19.11.2–3.
12. Diodoros 19.11.4–9.
13. Diodoros 18.75.2 vgl. 19.35.7.
14. Diodoros 19.35.3.
15. Diodoros 19.35–36; 49–51.
16. Diodoros 19.52.4; 105.2.

IV. Das Zeitalter der Diadochen

1. Kassandros

1. Eine Art Kronrat in der Funktion des Königs wurde anscheinend in Babylon von Ptolemaios empfohlen (Curtius 10.6.13f.), aber der Gedanke taucht in Makedonien nie wieder auf. Vgl. Mooren, Egypt and the Hellenistic World, 233f.
2. Die Ereignisse in Asien können hier nicht im Detail aufgeführt werden: für weitere Information vgl. die ausführlichen Bibliographien bei Seibert, Diadochen und Will, Histoire politique[2]. Zu Hieronymos vgl. Hornblower, Hieronymus of Cardia.
3. Vgl. Errington, in Badian (Hrsg.), Alexandre le grand 145f.
4. Diodoros 20.37.4. Zum Datum vgl. Seibert, Historische Beiträge 21. Allgemein vgl. jetzt Goukowski, Essai I, 105f. Zum Knabengrab vgl. Andronikos, Verghina.
5. Diodoros 19.52.5. Zu den Gräbern (‚Philipps Grab'), deren Entdeckung durch Manolis Andronikos im Jahr 1977 großen Wirbel auslöste, ist inzwischen hinsichtlich der Identifikationsfrage eine große Bibliographie entstanden (zusammenfassend bis 1982: Green in Adams u. Borza, Macedonian Heritage 129f. vgl. Borza in Archaeological News 10.4.1981, 73f.). Die Chancen, daß das große Grab dasjenige des Philipp Arrhidaios und der Eurydike ist, haben sich durch den Fund des Knabengrabes, wo Alexander IV. bestattet gewesen sein dürfte, erhöht. Eine unvoreingenommene Untersuchung der Knochen (Xirotiris und Langenscheidt, Arch. Eph. 1981, 142f.) stellt dieser Annahme nichts in den Weg; die nach kriminalistischen Methoden durchgeführten Untersuchungen von Prag, Musgrave und Neave, JHS 104, 1984, die die umstrittene Identifizierung des Schädels des großen Grabes als Philipp II. schon kannten, ist zwar ein geschicktes interdisziplinäres jeu d'esprit, kann aber kaum als Beweis gelten, weil angebliche Porträts schon bei der Rekonstruktion herangezogen wurden. Vgl. auch Rotroff, Hesperia 53,1984, 343f. für den Nachweis, daß einige Gegenstände (Salzstreuer) des großen Grabes unbedingt erheblich später als 336 datiert werden müssen. Schöne Farbphotos der Gräber etwa bei Andronikos, Verghina; Hatzopoulos und Loukopoulos, Philip of Macedon.
6. Diodoros 19.52.1.
7. Diodoros 19.52.2 (Kassandreia); Strabo 7 F 21 (Thessalonike); Strabo 7 F 55; Plinius HN 4.10. 37 (Uranopolis).
8. Syll.[3] 332.
9. Plutarch, Demetrios 18.
10. Die Münzen bei Gaebler III.2,176–7. Syll[3] 332, dazu Errington, JHS 94, 1974, 23f. vgl. Goukowski, Essai, 201 (Kassandreia); Pandermalis, Dion 10 (Dion).
11. Pausanias 1.10.4; Appian, Syriake 64.
12. Vgl. Diodoros 19.73.1–2.
13. Diodoros 20.106.3.

14. Diodoros 20.19.1. Zu den Paionen vgl. Merker, Balkan Studies 6, 1965, 35f.; zu den Autariatai, Papazoglu, Central Balkan Tribes, 87f.
15. Diodoros 19.36.2; 52.6. Zu Polyperchons Geburtsort ist die Quelle zwar spät (Tzetzes, ad Lykoph. 802) und nicht immer zuverlässig, doch man hat hier keinen Grund für Zweifel.
16. Aiakides hatte Phthia, eine Tochter des thessalischen Freiheitskämpfers des Lamischen Krieges, des Menon von Pharsalos, geheiratet, die ihm Deidameia, Pyrrhos und Troas gebar (Plutarch, Pyrrhos 4). Dies war allerdings schon vor dem Krieg (Plutarch, Pyrrhos 4.2) (Verlobung der Deidameia mit Alexander IV.); Diodoros 19.35.5 (Deidameia in Pydna und Lykiskos). Die neuesten Untersuchungen zum epeirotischen königlichen Geschlecht: Kienast, RE s. v. Pyrrhos; Lévêque, Pyrrhos, 83f.; Hammond, Epirus. Lesenswert noch Beloch, Griech. Gesch. IV 2, 143f.; Diodoros 19.52.6 (Aiakides u. Polyperchon).
17. Diodoros 19.35.2; 67.3f. Zur Chronologie vgl. Errington, Hermes 1977, 478f.
18. Diodoros 19.78.1; 74.3–4.
19. Pausanias 1.11.5; Diodoros 19.89.2.
20. Pausanias 1.11.5; Plutarch, Pyrrhos 4. Die Chronologie ist unsicher, doch dürften die Argumente von Lévêque, Pyrrhos, 102f. durchschlagen.
21. Nach dem Lamischen Krieg ist der Bund in Thessalien erst wieder unter Antigonos Doson faßbar (vgl. unten S. 211). Im Jahre 322 setzte Antipatros die Kapitulation jeder einzelnen Stadt durch (Diodoros 18.17.7–8); und die späte chronographische Überlieferung, die bei Eusebios erhalten ist, läßt eine getrennte Liste thessalischer Herrscher mit Philipp Arrhidaios beginnen. Kassandros dürfte dann wohl ohne Bundesapparat direkt über die Städte geherrscht haben. Zu den Ereignissen: Diodoros 19.52.1 (Azoros und Polyperchon); 53.1; 63.3 (Durchzüge mit Heer); 20.28.3 (Reiter); 20.110.2; 111.1 (Demetrios in Thessalien).
22. Diodoros 18.74.3 vgl. Bayer, Demetrios Phalereus; zur Frage, ob Demetrios, weil philosophisch gebildet, auch nach philosophischen Prinzipien regierte vgl. die verneinende Antwort von Gehrke, Chiron 8, 1978, 149f.
23. Diodoros 19.54.2 vgl. Pausanias 9.7.1; Plutarch, Moralia 814 B; Gullath, Untersuchungen 86f. (Wiederaufbau); Syll.[3] 337 vgl. Holleaux, Études I.1f. (Spendenliste).
24. Diodoros 19.54.3–4.
25. Diodoros 19.56–57.2. Die Chronologie ist umstritten, die hier gegebene beruht auf Hermes 105, 1977, 478f. Unklar bleibt die Bedeutung der Forderung des Kassandros, die sich auf die weit von einander getrennt liegenden Landschaften Kappadokien und Lykien richtet. Eine Textänderung zu Kilikien (statt Lykien – so Tarn, CAH 6, 484) oder Lydien (Aucello, RFIC 85, 1957, 382f.) würde zwar vielleicht einen zusammenhängenden geographischen Block für Kassandros konstruieren (außerdem wurde Kilikien nach 301 seinem Bruder Pleistarchos zugesprochen, was auf familiäre Ansprüche aus dem Jahr 314 hätte zurückgeführt werden können). Aber überliefert ist Lykien, und weder in Lykien noch in Kilikien noch in Lydien hat sich u. W. Kassandros je betätigt. Für den Vorschlag Droysens, für Kassandros ‚Asandros' (Satrap von Karien) zu lesen (eine leichte Verwechslung in den Handschriften)

spricht nichts. Kassandros hat sich nachweislich in Kappadokien engagiert (Diodoros 19.60.2) und Asandros war kein Hauptbeteiligter an der Koalition. Vgl. Seibert, Diadochen, 155f.

26. Diodoros 19.60.1 (Aristodemos); 61.1–5 (Tyros). Diodoros' Antigonos-freundlicher Bericht stammt wahrscheinlich von Hieronymos von Kardia, der dabei gewesen sein dürfte.
27. Z.B. Korinth (Diodoros 19.63.4); Messene (id. 64.1).
28. Diodoros 19.62.1.
29. Diodoros 19.63.3; 64.3–4.
30. Diodoros 19.67.1–2 (Mord an Alexander); 66.2 (Aitolien); 68.2–4 (Herbstaktion).
31. Diodoros 19.73 (Lysimachos und Seuthes); 74–78 (Erfolge des Antigonos); 87 (Telesphoros).
32. Diodoros 19.105.1; OGIS 5 (= Welles, RC 1); 6 (Abkommen); OGIS 5 Z. 38f. (Polyperchon). Es gibt eine umfangreiche Literatur zum Abkommen, die von Seibert, Diadochen 123f. geordnet und diskutiert wird. Hier ist nur Kassandros relevant. Diodoros vermittelt den Eindruck, daß die Begrenzung der Herrschaft bis zu Alexanders Volljährigkeit nur für Kassandros galt, andererseits, daß *alle* erleichtert waren als Kassandros ihn ermordete (ib. 105.3–4), was wiederum nur heißen kann, daß alle gleichermaßen betroffen waren. Der falsche Eindruck kann entweder auf Diodoros' erhebliche Kürzung seiner Vorlage (Hieronymos von Kardia) oder auf eine bewußte Irreführung durch Antigonos' Hofhistoriker Hieronymos zurückgeführt werden. Den Tatsachen kann es nicht entsprechen.
33. Diodoros 19.105.3 (Tod des Alexander); 20.19.2 (Polemaios).
34. Diodoros 20.20; 28 (Herakles); der Text von Diodoros 28.1 muß eine leichte Änderung erfahren (vom unbekannten ‚Stymphaia' zu ‚Tymphaia'), die aber richtig sein dürfte. Polyperchon war im Jahr 303, als er zum letztenmal erwähnt wird, dem Kassandros noch treu: Diodoros 20.103.6–7.
35. Diodoros 20.37.
36. Diodoros 20.37.2. Zu Ptolemaios in Griechenland vgl. Seibert, Ptolemaios 185f.
37. Diodoros 20.19.3 vgl. Welles RC 1 für Antigonos' Selbstdarstellung.
38. Diodoros 20.45.2.
39. Diodoros 20.45–46; Plutarch, Demetrios 8f.
40. Diodoros 20.100.2–6; 102–103; Plutarch, Demetrios 23–26 (Ereignisse); IG IV 2 I 68 (= StV III 446); Moretti, ISE I 44 (Bundesurkunde).
41. Diodoros 20.106.2.
42. Diodoros 20.106.3–109.
43. Diodoros 20.110.4.
44. Diodoros 20.110–111.2.
45. Zur Schlacht: Plutarch, Demetrios 28.f.

2. *Nach Ipsos*

1. Zur Aufteilung nach Ipsos vgl. Seibert, Diadochen, 155f. Für eine Rückkehr zur alten Theorie von Wilamowitz (Antigonos von Karystos. Berlin 1881,

198), daß ein größeres Reich des Pleistarchos in Südkleinasien existiert habe, das sowohl Kilikien als auch Karien umfaßte, besteht kein Anlaß: Die literarischen Quellen erwähnen nur Kilikien (Plutarch, Demetrios 31.4–5), nicht präzis datierbares Urkundenmaterial belegt eine Herrschaft in Karien. Weil Pleistarchos schon 299 aus Kilikien vertrieben wurde, ist die Lösung Roberts, (Sinuri 55f. Nr. 44), daß er erst nachher in Karien herrschte, vorzuziehen, selbst dann wenn sein – ihm wohl von Lysimachos abgetretener – Herrschaftsbereich etwas größer gewesen sein dürfte, als Robert annahm; aus Hyllarima (Ist. Mitt. 25, 1975, S. 339), Tralleis, Herakleia am Latmos und Euromos ist er belegt (Merkelbach, ZPE 16, 1975, 163f., wo jedoch Amyzon von den Belegorten zu streichen ist). Ein Pleistarchos, Sohn des Pleistarchos aus Olba, wird in Kanyteleis (Kilikien) als *Epimeletes* in einer auf einem Turm angebrachten Inschrift aus dem frühen III. Jh. belegt (Maier, Griechische Mauerbauinschriften Nr. 78, datiert zwar III./II. Jh., doch die Buchstaben deuten eher auf IV./III. Jh.: Mein Urteil beruht auf Autopsie und Photo). Diente der Sohn des Pleistarchos dann evtl. doch dem Seleukos nach der Vertreibung seines Vaters durch Demetrios? Oder handelt es sich um einen völlig anderen Zeitgenossen?

2. Plutarch, Demetrios 30f. (Athen und Demetrios); IG II² 641 vgl. Marmor Parium (FgrHist 239) B 27 (Athen und Kassandros); Plutarch, Demetrios 31 (? Korinth); Pausanias 10.18.7; 34.2–3 (Olympiodoros); Porphyrios (FgrHist 260) F 3, 5 (Tod des Philippos in Elateia 297); Diodoros 21.2 (Kerkyra).
3. Justinus 16.1.1–7; Diodoros 21.7.
4. Plutarch, Demetrios 31–32 (Stratonike; Arsinoe, Ptolemais); Plutarch, Pyrrhos 4 (Antigone). Zu den Ehen im einzelnen vgl. Seibert, Historische Beiträge 30f.; 48f.; 74; 76.
5. Plutarch, Demetrios 31.4–32.3; 20 (Lysimachos bei Soloi).
6. Vgl. Anm. 1.
7. Plutarch, Pyrrhos 5 (Pyrrhos); Plutarch, Demetrios 33–34 (Athen). Zur Chronologie der athenischen Ereignisse vgl. Habicht, Untersuchungen 1f.
8. Plutarch, Demetrios 35 (Demetrios in der Peloponnes) ib. 36; Pyrrhos 6 vgl. Justinus 16.1.5–19 (Pyrrhos); vgl. Diodoros 21.12 (Lysimachos und Geten); Plutarch, Pyrrhos 7.2 (Thessalien).
9. Plutarch, Demetrios 36–37; Justinus 16.1.8–19.

3. König Demetrios

1. Strabo 9.436; Plutarch, Demetrios 53.
2. Plutarch, Demetrios 39–40; Diodoros 21.14 vgl. Gullath, Untersuchungen 186f.
3. Plutarch, Demetrios 39.3 vgl. Diodoros 21.12.
4. Plutarch, Demetrios 43. Plutarch nennt die Zahlen 98000 Mann und 12000 Reiter, doch dürften sie wohl übertrieben sein.
5. Die großen privaten Gräber bei Lefkadhia (Petsas, O taphos ton Levkadion) und die reich ausgestatteten Häuser in Pella (id. Pella) sind wohl nur einige Beispiele von Wohlstandsinvestitionen des späten IV. und III. Jhs. Bislang sind aber – bis auf die Königsgräber in Verghina – solche Funde isoliert. Zu

berücksichtigen ist, daß wenn sich überhaupt ein üppigerer Lebensstil entwikkelte, er eben in der Hauptstadt Pella und im alten makedonischen Siedlungsraum am Bermios zu erwarten ist, d.h. da wo die Funde tatsächlich herkommen. Man darf nicht ohne weiteres auf andere Gebiete extrapolieren. Zum Luxus des Demetrios vgl. Plutarch, Demetrios 41.

6. Plutarch, Demetrios 42.
7. Plutarch, Demetrios 41.
8. Plutarch, Demetrios 41; Pyrrhos 7 vgl. 8.1 (Pantauchos); Plutarch, Demetrios 43 (Edessa).
9. Plutarch, Demetrios 44; Pyrrhos 11.
10. Plutarch, Demetrios 45.1 (Kassandreia); ib. 46.1–2; SEG 28, 1978 Nr. 60 (= Shear, Hesperia-Suppl. 17, 1978) (Griechenland und Athen). Zur Chronologie und zur Interpretation der Inschrift vgl. Shear, l. c.; Habicht, Untersuchungen, 45f., dessen Ergebnisse hier zugrunde gelegt werden. Plutarch, Demetrios 46.3–52 (Demetrios' Ende).

4. *Interregnum*

1. Plutarch, Pyrrhos 12.1 (Aufteilung). Die späteren Herrscherlisten bei Eusebios, Chronographia (ed. Schöne, Bd. I) vgl. Porphyrios (FgrHist 260) F 3, 7f; Plutarch, Pyrrhos 12.6–7; Justinus 16.3.1; Pausanias 1.10.2 (Vertreibung des Pyrrhos).
2. Plutarch, Pyrrhos 12.4–5. Eusebios nennt Pyrrhos unter den Herrschern von Thessalien und weist ihm 3 Jahre und 4 Monate zu (Chron. I).
3. Plutarch, Pyrrhos 12.6. Zu Paionien Polyainos 4.12.3 vgl. Merker, Balkan Studies 6, 1965, 48.
4. Freundliche Beziehungen zu Athen (vgl. Habicht, Untersuchungen 79f.), zu Elateia in Phokis (Syll.^{3} 361), zu Theben (Robert, BCH 1933, 485f. = OMS I 171f.) und Oropos (Syll.^{3} 373) sowie zu Aitolien, wo eine Stadt in Lysimacheia umbenannt wurde (vgl. RE s. v. Lysimacheia), sind belegt.
5. Pausanias 1.10.4; Appian, Syriake 64 (Ehe); zum thrakischen Reich vgl. Michailov, Athenaeum 39, 1961, 33f.; Danov, ANRW II 7, 21f.; Diodoros 20.29.1 (Lysimacheia).
6. Justinus 17.1. vgl. Pausanias 1.10.3–5; Memnon von Herakleia (FrgHist 434) F 1,5.6–7 vgl. Heinen, Untersuchungen 3f. Kurzer Problemüberblick bei Seibert, Diadochen 165f.; 192.
7. Memnon von Herakleia F 1, 7.-8.3; Justinus 17.2.1–5. Grundsätzlich zu Keraunos vgl. Heinen, Untersuchungen 3f. Zu den Kindern der Eurydike vgl. Beloch, Griech. Gesch. IV 2, 178f.
8. Memnon von Herakleia F 1, 8.4–6 (Seeschlacht); vgl. Justinus 24.1 (Frieden mit Antiochos); Pompeius Trogus, Prol. 24 (Ptolemaios und Monounios); Justinus 17.2.13–15; 24.1.8 (Pyrrhos); Justinus 24.2.1–3.9 (Arsinoe). Zu den Ereignissen und der Chronologie vgl. Heinen, Untersuchungen 54f.
9. Justinus 24.4f.; Pausanias 10.19.5f. Vgl. Heinen, Untersuchungen 88f.; am ausführlichsten Nachtergael, Galates, 126f.
10. Porphyrios (FgrHist 260) F 3, 10. Antipatros wurde so genannt, weil seine sechs Wochen (40 Tage) der Dauer der Sommerwinde (Etesiai) entsprechen.

11. Justinus 24.5.12f.; Porphyrios F 3, 10. Ob Sosthenes mit dem Strategos des Lysimachos, der aus Priene bekannt ist (OGIS 12 = Inschr. Priene 14 Z. 12, wobei der Name allerdings ergänzt wird), zu identifizieren ist, ist sehr unsicher. Wenn er aber mit Lysimachos nach Makedonien gekommen war, könnte diese Tatsache seinen Rückhalt bei den wohl noch aus dem Heer des Lysimachos stammenden Soldaten erklären sowie einen Grund dafür geben, daß Justinus ihn anscheinend widersprüchlich einmal als *unus de principibus* und einmal als *ignobilis* (24.5.12; 13) bezeichnet. Er gehörte sicherlich keinem der bisher regierenden Geschlechter an.
12. Porphyrios F 3, 10–11.
13. Polyainos 4.18; 6.7.

V. Die Antigoniden

1. Konsolidierung

1. Polybios 18.11.4–13.
2. Er zählte die Jahre seines Königtums vom Tode seines Vaters, obwohl er erst seit 277/6 in Makedonien selbst herrschte: vgl. Chambers, AJPh 75, 1954, 385f.
3. Polybios 18.37, insbes. 8–9.
4. Der Mangel an guten Quellen hat die Phantasien vieler Forscher beflügelt. Insbesondere Tarn, in seinem leider immer noch vielfach als Standardwerk betrachteten „Antigonos Gonatas", leistete sich Spekulationen, welche das Buch zu einem der unzuverlässigsten der griechischen Geschichte überhaupt machten. Hier kann nicht auf jede unbegründete Behauptung aufmerksam gemacht werden: auf Polemik im Detail wird also meistens verzichtet. Weitaus am besten sind jetzt die vorsichtig abwägenden Kapitel von Will, Histoire Politique I[2] und die entsprechenden Kapitel von Walbank in CAH[2] 7.1.
5. Justinus 24.3.10, vgl. Longega, Arsinoe II., 69f.
6. Justinus 25.1.1 (Frieden); Vita Arati (Westermann, Biogr. Graec.) 53; 60 (Eheschließung); Diogenes Laertius 2.141 (Schlacht bei Lysimacheia).
7. Vgl. Bagnall, Administration, 159f.; zu Ainos vgl. Buraselis, Hell. Mak. 127f.
8. Vgl. Robert, OMS II 144–5.
9. Polyainos 4.6.18.
10. Plutarch, Pyrrhos 26.2–7, vgl. Lévêque, Pyrrhos, 557f.
11. Justinus 26.2.9–12.
12. Quellen bei Tscherikower, Städtegründungen, 2–3, vgl. aber Robert, OMS II 144–5. Das von vielen Forschern dem Antigonos zugeschriebene Antigoneia in Chaonia (Tscherikower Nr. 15) dürfte aber von Pyrrhos gegründet und nach seiner Frau Antigone genannt worden sein: so richtig Hammond, Epirus, 278–9.
13. Texte und Diskussion in Herzog u. Klaffenbach, Asylieurkunden; vgl. Giovannini, Archaia Makedonia II, 40f. Vgl. unten Kap. VI, 2.
14. Syll.[3] 459.
15. Plutarch, Pyrrhos 26.6.

16. Vgl. etwa den Bericht von Manolis Andronikos in Philip of Macedon (Hrsg. Hatzopoulos u. Loukopoulos), 188f. Seine Meinung, der Hügel sei von Antigonos auch für sein eigenes Grab errichtet worden, ließ sich jedoch durch weitere Ausgrabungen nicht bestätigen (ib. S. 204). Sie ist auch nicht notwendig.
17. Andronikos, Makaronas, Boutsopoulos, Bakalakis: To Anaktoro tes Verghinas; Andronikos, Verghina (beide auf Neugriechisch); vgl. aber Andronikos, in Studies in Mediterranean Archaeology 13.
18. Hauptquellen sind die anonymen Viten des Aratos von Soloi in Biographoi (ed. Westermann), insbes. S. 60; für Zenon, Persaios und Philonides vgl. Diogenes Laertius 7.6–9 (Persaios war aber nicht nur als Literat tätig: im Jahr 243 war er sogar Kommandant von Korinth: Plutarch, Aratos 23). Ein Besuch des Wanderpredigers Bion von Olbia (Borysthenes) in Pella (wie etwa Tarn, Antigonos Gonatas, 233f. annimmt: „the most important figure ... from the point of view of philosophy") entbehrt jeder Quellengrundlage. Lediglich eine Begegnung in Athen und Bions Tod in Chalkis werden von Diogenes Laertius 4.54 bezeugt. Tarn wird im wesentlichen noch von Kindstrand, Bion of Borysthenes, 14f. gefolgt.
19. Plutarch, Pyrrhos 26.8f.
20. Justinus 24.1.1–7, aber ohne genaueres Datum.
21. Syll.^{3} 434/5; StV III 476. Die Chronologie und die Deutung der Ereignisse um den Chremonideischen Krieg sind noch höchst zweifelhaft und umstritten. Am besten jetzt Heinen, Untersuchungen, 95f.; Habicht, Untersuchungen 95f. Guter Problemüberblick bei Will, Histoire Politique I^2 219f.
22. Ausgezeichnete Diskussion der ptolemäischen Außenpolitik bei Will, Histoire Politique I^2 153f.
23. Pausanias 1.7.3.
24. Vgl. Buraselis, Das hellenistische Makedonien, 60f. und 180f.
25. Trogus, Prologus 26; Plutarch, Agis 3.7.
26. Zur makedonischen Besetzung des Piräus vgl. jetzt grundsätzlich Habicht, Untersuchungen 95f.
27. Krateros, Sohn der Phila und des Alexandermarschalls Krateros, wird erst im Jahre 281 bezeugt (Epikur, Hrsg. Arrighetti, Nr. 42). Seine brüderliche Treue wird von Plutarch als beispielhaft gelobt (de am. frat. 15); zu den Stadtschlüsseln von Korinth vgl. Plutarch, Aratos 23.4.
28. Polybios 2.41.10.
29. Ausführliche Diskussion der überaus schwierigen Materie bei Habicht, Studien 13f.
30. Vgl. Flacelière, Aitoliens 179f.
31. Dazu jetzt Urban, Wachstum 5f.
32. Plutarch, Moralia 545 B; Athenaios 209e. Vgl. Buraselis, Das hellenistische Makedonien 141f.
33. Justinus 28.1.2; Josephos, c. Apionem 1.206, vgl. Seibert, Historische Beiträge 34f.
34. Pausanias 3.6.6; Eusebius, Chron. II S. 120 (Schöne) (Mouseiongarnison); Syll.^{3} 454 (Herakleitos von Athmonon); SEG 25, Nr. 155 (Athener im Besatzungsdienst) vgl. Habicht, Studien 16f.

35. Plutarch, Aratos 2.4f. mit Urban, Wachstum 13f. (Argos und Sikyon); Polybios 10.22.2; Plutarch, Philopoimen 1.1–2 (Megalopolis).
36. Zur Chronologie von Alexandros' Aufstand vgl. Urban, Wachstum 13f.; ob Alexandros den Titel *Basileus* annahm, der von einer Inschrift aus Eretria (IG XII 9 212) bezeugt zu sein schien, ist durch eine neue Lesung Dr. R. Billows' sehr zweifelhaft geworden. Die Orientierungsphrase der Suda s. v. Euphorion, *basileuontos Alexandrou* reicht nicht aus, um die Titelannahme zu belegen.
37. Neueste Diskussion bei Buraselis, Das hellenistische Makedonien 119f.
38. Plutarch, Aratos 17.
39. Plutarch, Aratos 17–24.
40. Plutarch, Aratos 24.3.
41. Polybios 2.43.9, vgl. 9.34.6.
42. Justinus 26.2.9–11 (Chremonideischer Krieg); Syll.³ 459 (Briefe des Demetrios an Harpalos von 248/7). Die immer wieder geäußerte Behauptung, Demetrios habe mit Antigonos einige Jahre zusammen regiert und den *Basileus*-Titel geführt, habe ich in Archaia Makedonia II, 1977, 115f. widerlegt.
43. Diskussion der schlecht überlieferten Ereignisse bei Urban, Wachstum 63f. Guter Überblick bei Will, Histoire Politique I² 343f.
44. Justinus 28.1–4. Alle Widersprüche des Berichts des Justinus werden auch von Cabanes, L'Épire 93f. nicht ausgeräumt. Doch dürfte er darin Recht haben, daß Stratonike vor 246 zu Antiochos zurückkehrte. Andererseits wird Demetrios *regem* genannt, was erst nach 239 korrekt wäre. Chryseis muß aber spätestens um 239 bei Demetrios gewesen sein, zumal Philipp 238 geboren wurde (dies schließt den Ansatz von Seibert, Historische Beiträge 38–9, aus, der die Ehe mit Chryseis erst nach dem Tode der Phthia ansetzt). Die im Text vorgetragene Lösung scheint sowohl der makedonischen Tradition in diesen Dingen zu entsprechen als dem Quellenproblem gerecht zu sein. Von älteren Lösungsversuchen vgl. Dow und Edson, ‚Chryseis', HSPh 28, 1937, 127f., die gegen frühere Zweifler deutlich machen, daß Philipp doch Sohn der Chryseis war. Neue Zweifel daran, auch nicht überzeugend, von Le Bohec, REG 94, 1981, 34f.
45. Vgl. IG II² 1299, wo ihr Name bei Opfern vom Jahre ? 234 fehlt: dazu Tarn, CQ 18, 17f. vgl. Hoffmann in RE s. v. Phthia Nr. 8.
46. Justinus 28.3.2–8; Polyainos 8.5.2. Zur Republik am besten Cabanes, L'Épire 198f.
47. Polybios 2.2.5.
48. Trogus, Prologus 28 vgl. Papazoglu, Central Balkan Tribes 144f.

2. *Ein neuer Anfang*

1. Justinus 28.3.14 vgl. Flacelière, Aitoliens 254f.
2. Polybios 20.5.7–11 vgl. Flacelière, Aitoliens 279f.
3. Plutarch, Aratos 34; Pausanias 2.8.6 vgl. Habicht, Studien 79f. Daß Diogenes Athener war, wird auch von Robert, REG 94, 1981, 359 Anm. 101 angenommen.
4. Polybios 2.44.6.

5. Plutarch, Aemilius Paullus 8. Ausführliche Diskussion bei Dow u. Edson, HSPh 48, 1937, 127f., die zwar für ca. 226 plädieren, mit ihrer Argumentation jedoch große Unsicherheiten erkennen lassen.
6. Justinus 28.3.14 vgl. Frontinus, Strategemata 2.6.5; Fine, TAPhA 63, 1932, 126f. Bylazora wurde erst im Jahre 217 wieder makedonisch: Polybios 5.97.1. Die Thessaler wurden Mitglieder des Hellenischen Bundes, der erst im Jahre 222 bei Sellasia faßbar wird (StV III, 507); die Inschrift (Gallis, AAA 5, 1972, 277 vgl. Robert, BE 1973 240, mit neuer Lesung von Habicht) gehört wegen der Datierung durch den *Grammateus* und wegen der Schriftform (Auskunft von Ch. Habicht) in die Zeit vor der Gründung des neuen Bundes durch die Römer (195) und belegt den Bund für das späte III. Jh. Auch unter den *adscripti* zu dem Frieden von Phoenike (205) (Livius 29.12.14) werden die Thessaler aufgeführt. Daß Doson den Bund nach 229 neugründete, ist eine naheliegende Annahme.
7. Justinus 28.3.11–16, wo allerdings die Details nicht glaubwürdig erscheinen.
8. Justinus 29.1.2; Polybios 4.24.7; 87.6.
9. Trogus, Prologus 28. Der Text ist verderbt, und wegen der äußerst knappen Ausdrucksweise ist es möglich, daß das Verbum *subiecit*, das sich auf Thessalien bezieht, fälschlicherweise auch auf Karien bezogen wird. Vgl. auch Polybios 20.5.11.
10. Die Urkunden: Crampa. Labraunda III 1, Nrn. 4, 5, 6, 7 u. S. 123f. (Labraunda); IBM 3, 441 vgl. Holleaux, Études 4, 146f., Crampa, ib. 93f. (Iasos). Manchmal wird behauptet, auf der Basis von Inschr. Priene 37 Z. 137 und Z. 141, daß auch in Priene makedonischer Einfluß herrschte. Entscheidend aber ist der Einwand von Wilamowitz (SB Berlin Akad. 1906, 41f., referiert in Inschr. Priene S. 309) gegen die ebenda gedruckte Ergänzung, wobei Philipps Name verschwindet. Der dort erwähnte Antigonos dürfte Monophthalmos sein. Neueste Stellungnahme zum Karienfeldzug bei Will, Histoire Politique I² 356f. Walbank, CAH² 7. 1, 459f. vgl. Robert, Amyzon 147f.
11. Polybios 2.48f.; Plutarch, Aratos 38.11, vgl. die ausführliche Quellenkritik von Urban, Wachstum 117f.
12. Das geht aus ihrer Teilnahme an Dosons Hellenischem Bund hervor: Quellen bei StV III 507. Vgl. Walbank, Commentary I 256 ad Pol. 2.54.4.
13. Polybios 2.51.2 vgl. Urban, Wachstum 135f. (Achaia und Ptolemaios). Das große Ptolemaierdenkmal in Thermon dürfte aus dieser Zeit stammen und bezeugt die aitolische Annäherung: IG IX 1² 56 = Moretti, ISE II 86; in Athen bekam Ptolemaios III. Euergetes sogar einen Kult im Jahre 224/3: vgl. Habicht, Studien 105f.
14. Polybios 18.14 (Philipp II.); 2.70.7; 5.9.10 vgl. 9.36.2–5 (Doson); vgl. Welwei, RhM 110, 1967, 306f.
15. Polybios 2.54.1–5.
16. Polybios 2.54.6f.; Plutarch, Aratos 45.8–9.
17. Normalerweise wegen Polybios 2.54.3 im Winter 224/3 angesetzt (so Schmitt in StV III 507). Das könnte richtig sein, doch in Polybios 2.54.3 stimmen nur die Achaier über Antigonos' Stellung ab (was kaum ausreicht, um die Gründung des Bundes hier anzunehmen) und im Jahr 223 werden Bundesmitglieder außer Makedonien und Achaia nicht erwähnt: weil der Bund eben vorder-

gründig gegen Kleomenes geschaffen wurde, ist das schon bemerkenswert. 223/2 scheint also etwas wahrscheinlicher zu sein.

18. Quellen und Diskussion der Formalien in StV III 507.
19. Hauptquelle: Polybios 2.65 f. vgl. Walbank, Commentary I ad loc.
20. Tacitus, Annales 3.43.4 (Denthalietis); Polybios 4.24.4–8 (Sparta evtl. im Hellenischen Bund); Polybios 2.70.1 mit Walbank, Commentary ad loc. Vgl. Oliva, Sparta 263 f.
21. Polybios 28.19.3; 30.29.3; Plutarch, Kleomenes 16.7 (Antigoneia), vgl. Polybios 2.70.5; 5.9.10; Plutarch, Aratos 45.3; IG IV^2 1 589 = Moretti ISE I 46 (Epidauros); IG V 1, 1122 (Geronthrai); IG V 2 299 (vgl. SEG XI 1089) (Mantineia).
22. Polybios 4.6.4; vgl. 87.8.
23. Polybios 2.70.6–7; Plutarch, Kleomenes 30.
24. Plutarch, Aratos 46.2–3.
25. Polybios 4.87.7–8.
26. Polybios 7.11.8.
27. Justinus 29.1.10; Polybios 4.29; 66; 5.97.
28. Crampa, Labraunda III, 1 Nr. 5 u. 7 (Karien); Polybios 4.5.8 (Messenien).
29. Polybios 4.25 vgl. Fine, AJPh 61, 1940, 129f.; Will, Histoire Politique II^2 69f.
30. Polybios 4.29f. vgl. Walbank, Philip V. 22f.
31. Polybios 2.65.4 (Sellasia); 4.19.7 (220); zum II. Illyrischen Krieg vgl. Gruen, Hellenistic World 368 f.
32. So Polybios 5.2.1–3.
33. Polybios 5.2.8.
34. Vgl. Errington, Historia 16, 1967, 19f.
35. Polybios 5.97.1 (Bylazora); 100.1–8 (Phthiotisches Theben); Syll.^{3} 543 vgl. Habicht, Archaia Makedonia I 273f. für das Datum; (Larissa); Polybios 5.101.1–2 (Skerdilaidas).
36. Polybios 5.103.7 vgl. StV III Nr. 520 (Naupaktosfrieden); 109.1f. *(Lemboi).* Diskussion mit neuester Literatur bei Will, Histoire Politique II^2 75f.

3. Der neue Aktionismus

1. Zur illyrischen Expansion im III. Jh. vgl. Dell, Historia 16.1967, 344f.; Cabanes L'Épire 208f.
2. Hauptquellen zu den illyrischen Kriegen: Polybios 2.2–12; Appian, Illyrika 7 (17). 8 (22); Dio Cassius 12 Frg. 49 (229); Polybios 3.16; 18–19; Appian, Illyrika 8 (22–24); Dio Cassius 12 Frg. 53. Die neueste Diskussion bei Gruen, Hellenistic World 359f.
3. Livius 22.33.3; 5.
4. Polybios 5.110.
5. Hauptquelle: Polybios 7.9.1–17; vgl. auch StV III 528.
6. Livius 24.40.
7. Polybios 3.19.9.
8. Livius 27.30.13; 29.12.13 (Atintanes); Livius 29.12.3; 13 (Parthinoi und Dimallon); Polybios 8.13–14 (Lissos); Polybios 8.14b (Dassaretis).
9. Quellen bei StV III 536; neueste Diskussion bei Gruen, Hellenistic World 17f.

10. Livius 26.25.1–3; 8; 15. Die Lage der dardanischen Stadt Sintia, welche er einnahm, ist unbekannt. Vielleicht ist der Text verderbt vgl. Papazoglu, Central Balkan Tribes 152.
11. Livius 27.32.10–33.1 vgl. Justinus 29.4.6 (209); Livius 28.8.14 (208).
12. Quellen: StV III 543.
13. Polybios 15.21.3–23 (Kios, Chalkedon, Lysimacheia); Strabo 12.6.3 (Myrleia); Polybios 15.24.1–3 (Thasos); 18.2.4 (Perinthos); Livius 31.29.4 (Aitoler und Rom).
14. So Polybios 15.23.6.
15. Zu Kreta vgl. Van Effenterre, La Crète 221f.; Holleaux, Études IV, 124f.; Errington, Philopoemen 27f.
16. Vgl. Will, Histoire Politique II² 112f.
17. Polybios 16.18–19; 22a; 39; Josephos, AJ 12.130f.; Justinus 31.1–2; Hieronymos in Daniel. 11.13f. vgl. Will, Histoire Politique II² 118–9.
18. Habicht, AM 1957, 253f. Nr. 64; Polybios 16.2.9 (Samos); Polybios 16.15.5–6 (Miletos); Livius 31.16.4 (Maroneia und Ainos). Die Frage des ‚Vertrages gegen Ptolemaios' gehört zu den umstrittensten Problemen der hellenistischen Geschichte. Vgl. Schmitt, Antiochos III 237f.; gegen den Vertrag Errington, Athenaeum 49, 1971, 336f.; vgl. auch Will, Histoire Politique II² 114f.; Gruen, Hellenistic World 387f.
19. Polybios 16.2–9 (Chios); id. 16.10.1; 15 (Lade); id. 16.1 (Pergamon); id. 24 (Bargylia). Die Reihenfolge der Ereignisse ist höchst unsicher vgl. Walbank, Commentary II 497f.
20. Polybios 18.44.4 vgl. Walbank, Commentary II 611 (Lemnos). Zu den anderen Inseln gehören Andros, Paros, Kythnos (Livius 31.15.8) und vielleicht Imbros (vgl. Livius 33.30.11).
21. Polybios 16.34.5; 18.6.2.
22. Polybios 16.12; 24.1; 18.44.4 (Iasos, Euromos, Pedasa, Bargylia); Livius 33.18.22; Polybios 30.31.6 vgl. Walbank, Commentary III ad loc. (Stratonikeia). Die Umbenennung von Euromos geht aus einer unveröffentlichten Inschrift hervor (für die Information seien Richard Harper und Ümit Serdaroglu gedankt).
23. Polybios 16.11.1; Polyainos 4.18 (Knidos und Prinassos); Syll.³ 572 (Nisyros) vgl. Livius 33.18, woraus weitere makedonische Angriffe auf rhodische Besitzungen zu schließen sind.
24. Polybios 16.24.
25. Polybios 16.29–34; Livius 31.16.3–18.9.
26. Livius 31.2.3.
27. Livius 31.6–8.6; 14.2.
28. Polybios 16.27.2–5.
29. Livius 31.15.6f. Zu Athen um diese Zeit vgl. Habicht, Studien 142f.
30. Pausanias 1.36.5f.; Moretti, ISE I 33.
31. So kann Livius 31.15.4 *dum etiam Romanos haberent* verstanden werden.
32. Livius 30.26.3–4; 42.2; 31.3.3f.; Polybios 18.1.14.
33. Polybios 16.27.2–5.
34. Polybios 18.44 liefert die Kernbestimmungen.
35. StV III 548.

36. Ausdrücklich bei Achaia: Livius 32.19f. (Herbst 198).
37. Zu den Kriegsereignissen sind die Hauptquellen: Polybios 18; Livius 31.22.4–47.3; 32.4.1–6; 9.6–25.12; 32–40; 33.1–21.5; 24–25; 27f.
38. Vgl. Polybios 18.44 mit Walbank, Commentary II ad loc.
39. Polybios 18.37.8–9.
40. Zur umstrittenen Frage, ob über die Friedensbedingungen hinaus auch ein Bündnisvertrag abgeschlossen wurde vgl. Gruen, CSCA 6, 1973, 123f. (verneinend).

4. Unter dem Schatten Roms

1. Zu Antiochos in Kleinasien vgl. Schmitt, Antiochos III, 262f.; zu seinem und der Aitoler Verhältnis zu Rom vgl. Badian, Studies 112f. Neuere Gesamtdarstellung etwa in CAH[2] Bd. 8.
2. Polybios 18.48.3–4 vgl. Livius 33.35.2–6. Dazu Gruen, CSCA 6, 123f.
3. Livius 34.26.10.
4. Livius 35.12.10–14; 39.28.6.
5. Livius 35.31.5f.
6. Livius 36.10.10; 39.23.10.
7. Details etwa bei Walbank, Philipp V. 219.
8. Livius 39.24–26.
9. Livius 39.27.10 (189); 23.13; 24.9 (186/5); 27–29.2 (Thessalonike); 33.4; 34 (184); Polybios 23.3; Livius 39.53.10 (183).
10. Livius 33.19.1–5 (197); Livius 31.28.1–3 (200); 33f.
11. Livius 37.7.8–16 (190); 38.40–41 insbes. 40.8 (Vulso); Polybios 22.13 (Maroneia).
12. Livius 39.27.10.
13. Polybios 22.14.12; Livius 39.35.4 (Amadokos); Diodoros 32.15.5 (Teres: das Datum ist zwar unbekannt doch paßt die Ehe besser in die Politik Philipps hinein als in die des Perseus, so aber Seibert, Historische Beiträge 44); Livius 39.24.3–4; Polybios 23.10.4–5 vgl. Livius 40.3.3–4 (Bevölkerungspolitik); Polybios 23.8.3–7; Livius 39.53.12–16 (Feldzug von 183); Livius 40.21–22 (Feldzug von 181).
14. Polybios 21.13.3.
15. Livius 40.57–58 (Angriff); 40.5.10 (Perseus).
16. Diese Interpretation liegt dem ganzen Bericht des Polybios und derjenigen, die ihm folgen (insbesondere Livius), zugrunde. Von der neueren Historiographie wird sie fast ausnahmslos abgelehnt.
17. Polybios 23.10.9–10; vgl. 5.9.4.
18. Vgl. Livius 41.24.4–5.
19. Polybios 23.1–2; 3.4–9 (Demetrios in Rom); Livius 40.5f.; 20.3f. (spätere Entwicklungen): Klassische Diskussion von Edson, HSPh 46, 1935, 191f.; wahrscheinlichere Rekonstruktion bei Gruen, GRBS 15, 1974, 221f.
20. Livius 40.58.9.
21. Polybios 22.18.2–3; Livius 42.13.5; 40.5; 41.11 vgl. Meloni, Perseo 61f. (Abrupolis); Livius 42.29.12; 51.10; Polybios 30.17 (Kotys); Livius 42.67.4f. (Autlesbis).

22. Polybios 25.6.2–6; Livius 41.19.4–11.
23. Livius 41.23.12 – diese Aussage ist allerdings deutlich tendenziös gegen Perseus.
24. Syll.[3] 636 vgl. Daux, Delphes 303f.; Giovannini, Archaia Makedonia 1, 1970, 147f.
25. Polybios 25.3.
26. Polybios 25.4.8–10; Livius 42.12.3–4.
27. Livius 41.23–24.
28. Livius 41.22.4–8 (Dolopia und Delphi); 42.12.5 (Boiotia).
29. Livius 42.11–13; Appian, Makedonike 11.1–2.
30. Livius 42.10.11.
31. Der Ausbruch des III. Makedonischen Krieges wird sehr kontrovers beurteilt. Sicher scheint, daß Perseus keinen Krieg suchte (vgl. z.B. Gruen, Hellenistic World 403f.), doch die Grundsätzlichkeit der römischen Entscheidung läßt ahnen, daß weniger ehrenhafte Emotionen im Spiel waren, als Gruen schließlich annimmt. Vgl. Harris, War and Imperialism 227f., dem ich eher zustimme.
32. Zumindest Chalkis, Athen und Abdera litten unter C. Lucretius Gallus und L. Hortensius: Livius 43.7.5–11 (Chalkis); 6.1–3 (Athen); 4.5–13 (Abdera) vgl. Livius 43.17.2.
33. Livius 44.33–46; 45.4–8; Plutarch, Aemilius Paullus 12–27.

5. Nach dem Sturm

1. Livius 45.18.
2. Diodoros 31.40a; 32.15; Zonaras 9.28; Livius, Periochae 48–50.
3. Zu Recht in Zweifel gezogen von Gruen, Hellenistic World 431f.
4. Überblick bei Papazoglu, ANRW II 7, 1, 302f.

VI. Der makedonische Staat

1. König und Staat

1. Außer Andriskos vgl. Zonaras 9.28; Livius, Periocha 53; Eutropius 4.15; Varro, De re rustica 2.4.1–2.
2. Zur fiktiven Abstammung von den Argeadai vgl. Errington in Badian (Hrsg.); Alexandre le Grand 153f. für Belege und Diskussion. Hinzu kommt jetzt (für die Ptolemäer) Robert, Amyzon S. 162 Anm. 31.
3. Vgl. Ritter, Diadem und Königsherrschaft. Das sog. Diadem, das in Grab II in Verghina gefunden wurde, ist kein Diadem: vgl. Ritter AA 1984, 195f.
4. Plutarch, Demetrios 41–42 (Demetrios); Diodoros 16.3.1 (Philipp II.); Polybios 5.27.6 (Philipp V.).
5. Zur ganzen Frage der Heeresversammlung vgl. Errington, Chiron 1978, mit weiterer Literatur, vgl. auch oben I 1 Anm. 6.
6. Demosthenes 1.4.1; 18.235.

7. Vgl. S. 217 unten.
8. Ailian, Varia Historia 2.20.
9. Herodot 5.21.
10. Satyros bei Athenaios 13.557d. Vgl. Tronson, JHS 1984, 116f.
11. Systematische Ehensammlung bei Seibert, Historische Beiträge.
12. Vgl. Syll.[3] 459 (Demetrios an Harpalos); Moretti, ISE 110 (Philipp V. an Archippos); vgl. ib. 111 (Andronikos), 112 (Nikolaos und Doules). Vgl. VI 2, unten.
13. IG X 2, 1028; Moretti, ISE 111 (Thessalonike); Plutarch, Moralia 178 F (Philipp II.).
14. Herodot 5.17 (Alexander I.); Diodoros 16.8.6 (Philipp II. und Krenides); Livius 39.24.2 (Philipp V.). Das Studium der makedonischen Münzen steckt in den Anfängen. Bis eine gesicherte Chronologie feststeht, ist eine systematische historische Behandlung über weite Strecken leider nicht möglich. Die Ordnung der ersten großen Zusammenstellung von Gaebler, Die antiken Münzen von Makedonia und Paionia wird zunehmend in Frage gestellt: vgl. etwa Le Rider, Le monnayage d'argent et d'or de Philipp II; Boehringer, Chronologie 99f. Für die Ziegelei (bei Florina) vgl. Bakalakis, Praktika 1934, 104–113.
15. Livius 39.24.2; [Aristoteles] Oik. 2.22 (1350a); vgl. unten S. 210.
16. StV 186 Z. 22–23; 231 Z. 9f.; Livius 45.29.14 (Holz) vgl. Meiggs, Timber 126f.; ib. 45.29.11 (Bergwerke).
17. Durrbach, Choix Nr. 48 (Aristoboulos), der ihn allerdings mit der älteren Forschung als Käufer versteht; doch war Makedonien kurz danach (J. 227) in der Lage, den Rhodiern 100000 Scheffel Weizen zu spendieren (Polybios 5.89.7) und Perseus, der nicht mehr über Thessalien verfügte, hatte zum III. Krieg mit Rom Riesenmengen angesammelt (Livius 42.12.8). Makedonien dürfte also zumal zur Zeit der Herrschaft in Thessalien größere Überschüsse gehabt haben. Zu Thessalien vgl. die Inschrift, die von C. Gallis veröffentlicht wurde: Communications of Eighth Conference of Greek and Latin Epigraphy at Athens, September 1982; Text mit englischer Übersetzung auch in JRS 74, 1984, 36.
18. Livius 45.29.4 vgl. 39.24.2.
19. Plutarch, Aemilius Paullus 20.6.
20. Herodot 5.22; Justin 7.2.14 (Alexander I.); Solinus 9.16 (S. 65 Mommsen) (Archelaos); Diodoros 17.16.3; Arrian, Anabasis 1.11.1 (Dion); vielleicht hieß dieses Fest im III. Jh. unter Gonatas *Basileia* (wohl zur Ehre von Zeus Basileus): vgl. IG II[2] 3779; Plutarch, Alexander 3.5; 4.5 (Philipps Siege).
21. Dio Chrysostomos 2.23 (Alexander); Suda s. v. Hippokrates, Melanippides (Perdikkas); oben I 3 Anm. 37 (Dichter); Dio Chrysostomos 13.30 vgl. Diogenes Laertius 2.25 (Sokrates).
22. Diogenes Laertius 5.1 (Nikomachos); Athenaios 11, 508e; Platon, Epist. 5 (Euphraios); Demosthenes 19.308 (Philipp).
23. Plutarch, Moralia 14b, vgl. Robert, BE 1984, 249.
24. Plutarch, Alexander 7.2f. (Aristoteles); zu Philipp vgl. Cawkwell, Philipp 50f. mit Belegstellen.
25. Diogenes Laertius 2.141f. (Menedemos); id. 7.6f. vgl. oben V 1 Anm. 18.

26. Beispiele der Epigrammata von Samos: Anthologia Palatina 6, 114, 115, 116; Photios, Bibliotheka 176, 35 = FgrHist 115 T. 31 (Theopompos).
27. Die Fragmente wurden von Jacoby in FgrHist gesammelt: Nr. 114 (Antipatros); 135–6 (die beiden Marsyai; 342 (Krateros); 133 (Nearchos); 139 (Artistobulos); 154 (Hieronymos); 138 (Ptolemaios).
28. Repräsentative Abbildungen dieser Sachen bei Hatzopoulos u. Loukopoulos, Philip; Andronikos, Verghina; vgl. den Ausstellungskatalog, Treasures of Ancient Macedonia (Thessaloniki, o. J.); Petsas, Lefkadhia.
29. Belege unten VI 2, Anm. 6.
30. Syll.[3] 459 (Demetrios' Brief); zum Herakleskult und den Antigoniden vgl. Edson, HSPh 45, 1934, 213f.; Livius 42.51.2 (Athena Alkidemos).
31. Moretti, ISE 111; zum makedonischen Kultwesen im allgemeinen vgl. Baege, De Macedonum sacris, passim; Hammond History II, 184f.
32. Plutarch, Alexander 2.1 (Philipp und Olympias); Hesperia 37, 1968, 220; BCH 95, 1971, 992 (Philipp Arrhidaios und Alexander IV.); Justin 24.3.9 (Arsinoe); Livius 44.45.15 (Perseus); SEG 12, 399 (Lemnos).
33. Herodot 8.121.2 (Alexander); Solinus 9.16 (S. 65 Mommsen) (Archelaos). Zur Amphiktyonie im IV. Jh. vgl. Roux, L'Amphictionie, passim; zum II. Jh. Giovannini, Archaia Makedonia I, 147f.; zu Perseus, Plutarch, Aemilius Paullus 28.2.
34. Pausanias 5.20.8 vgl. Griffith bei Hammond, History II, 691f. (Philippeion); Pausanias 6.16.3 (Doson und Philipp V.).
35. Zu Delos, Bruneau, Recherches, 545f. mit sämtlichen Belegen; zum Nesiotenbund vgl. Buraselis, Das hellenistische Makedonien, 60f.
36. Durrbach, Choix 55; andere Makedonen oder makedonische Funktionäre sind bei Durrbach 45, 47, 48, 49 belegt.
37. Lindische Tempelchronik = FgrHist 532 F 38 u. F 42.
38. Inschr. Stratonikeia I (= Inschriften griechischer Städte aus Kleinasien Bd. 21) Nrn. 3 und 4.
39. Herzog-Klaffenbach, Asylieurkunden (Kos); Kern, Inschr. Magnesia Nr. 47 (Magnesia): Holleaux, Études IV 178f. (Teos).
40. Curtius 10.9.11–12 (Babylon); Livius 40.6.1–2 (Perseus).
41. IG VII 3055: Zum Betrieb, Pausanias 9.39.5f., allerdings wohl etwas raffinierter für Besucher des II. Jh. n. Chr.

2. *Verwaltung und Städtewesen*

1. Livius 45.29.1; 4.
2. Vgl. Giovannini, Archaia Makedonia 2, 465–472 für die Antigoniden.
3. Volksversammlung: Herzog-Klaffenbach, Asylieurkunden Nr. 6, Z. 22–3, woraus der Rat zu erschließen ist; *Epistates* und eponymer Priester: Lazarides, BCH 85, 1961, 426f. Nrn. 1–3; Syll.[2] 832; Geras Keramopoullou 159f.; Asylieurkunden Nr. 6 (Priester Z. 20; Archontes Z. 32). In der jüngsten Urkunde der Königszeit, die aus Perseus' Regierungszeit stammt, wird eine Behörde von *Politarchai* zum ersten Mal erwähnt (Koukouli-Chrysanthaki, Ancient Macedonian Studies Edson, 229f.). Ob sie die bisher bekannten

Funktionäre ergänzen oder ersetzen, ist nicht bekannt. In der römischen Zeit werden in fast allen Städten *Politarchai* zu führenden städtischen Offizieren: vgl. Schuler, CPh 55, 1960, 90f.

4. Asylieurkunden Nr. 6 Z. 36; 40; 43.
5. Giovannini, Archaia Makedonia 2, 465f. möchte die Volksversammlung auch für Kassandreia annehmen, doch nur wegen der Parallele zu einem Beschluß aus Thessalonike (IG X 2 1028), welcher aber deutlich zeigt, daß ein Ratsbeschluß beanspruchte, die Stadt zu vertreten; so auch in Kassandreia, Asylieurkunden 6 Z. 1f. (insbes. Z 8); ib. Nr. 7 (Pella).
6. Für Amphipolis vgl. Anm. 5, oben; Philippoi: unveröffentlichte Bruchstücke in schöner Schrift des IV. Jhs. wurden von Charles Edson 1938 photographiert und aufgenommen. Seine Notizbücher sind jetzt am Institute for Advanced Study, Princeton, deponiert: es handelt sich um seine Nummern 585 und 588. Dort wird ein Archon, offenbar als Eponym, erwähnt, vgl. auch Asylieurkunden Nr. 6, 35f. *(Tamias, Archon, Strategoi);* Kassandreia: Syll.[3] 332; 380; Asylieurkunden 6, Z. 1ff. (Priester, *Strategoi, Tamiai, Nomophylakes*); Beroia: Moretti, ISE 109 (Priester), zur Datierung vgl. jedoch Errington, Archaia Makedonia 2, 115f. Vgl. auch das Gymnasiarchengesetz, kurz nach dem Ende der Königszeit, für andere Ämter, die wahrscheinlich auf die Königszeit zumindest teilweise zurückgehen: Cormack in Archaia Macedonia 2, 139f.; Pella: Asylieurkunden Nr. 7 (Priester, *Tamiai*); Thessalonike: IG X 2 Nr. 2 (Priester, *Tamiai*).
7. Belege Anm. 6, oben.
8. Kassandreia und Philippoi: Asylieurkunden Nr. 6, Z. 2, 15, 52; Beroia: Moretti, ISE 109; Amphipolis: vgl. Anm. 15.
9. Kassandreia und Philippoi: Asylieurkunden Nr. 6 Z. 2; 63; Beroia: Archaia Makedonia 2, 139f.
10. Livius 33.19.3.
11. Asylieurkunden Nr. 6 Z. 10 vgl. 13 (Kassandreia); 6 Z. 31 vgl. 24/5, 30 (Amphipolis); Nr. 6 Z. 48/9 vgl. 46/7; Nr. 7 Z. 5/6, 12. Dazu Giovannini, Archaia Makedonia 2, 465f.
12. Syll.[3] 459 (besser SEG 12, 311).
13. IG X 2, 3 = Moretti, ISE 111.
14. Moretti, ISE 112.
15. Der früheste *Epistates* ist Kallippos (BCH 85, 1961, 426f. Nr. 1), der allein steht; Spargeus ist mit Priester Hermagoras (Geras Keramopoullou 159f.) sowie Euainetos (BCH 85, 1961, 426f. Nr. 3) bezeugt. Auch gibt es Aischylos (Syll.[2] 832), Kleandros (BCH 1961, 426f. Nr. 2) und Xenios, Sohn des Orgeus (Asylieurkunden Nr. 6 Z. 20/21).
16. IG X 2 Nr. 2 Z. 3–4; Nr. 3 (= Moretti ISE 111) Z. 23 *(Epistates)*; ib. 1028 Z. 10 *(Hypepistates)*.
17. Moretti, ISE 110.
18. Veligianni, ZPE 51, 1983, 105f. Die Zuweisung des Steins durch die Herausgeberin an eine ad hoc vermutete Herrschaft des Ptolemaios Philadelphos über Gazoros dürfte kaum stimmen. Außerdem gibt der Stein keinen Anlaß, an eine durchorganisierte Polis zu denken (so S. 112): keine städtischen Organe werden erwähnt, obwohl die etwas holprige Textgestaltung sich stark an aus

ähnlichen Anlässen verabschiedete Polisbeschlüsse anlehnt. Robert, BE 1984, 259 nimmt an, Plestis sei nur Privatmann gewesen.

19. Polybios 31.2.12.
20. Thrakien: Alexandros von Lynkestis (Berve, Alexanderreich II Nr. 37); Memnon (Berve, Alexanderreich II Nr. 499); Zopyrion (Berve, Alexanderreich II Nr. 340); Onomastos (Polybios 22.13.3–7); Paionien: Didas (Livius 40.21.8).
21. Livius 39.24.2 vgl. für das 4. Jh. [Aristoteles] Oik. 2.22. (1350a).
22. Syll.[3] 332.
23. Vgl. Anm. 20, oben.
24. Vgl. oben, II 4, S. 65f.; 69 (Philipp und Alexander); ib. S. 69 (Lamischer Krieg); V 2 u. Anm. 6 (Doson).
25. Syll.[3] 543; zum Datum des ersten Briefes, Habicht, Archaia Makedonia I, 273f.
26. Polybios 4.76.2.
27. Vgl. oben IV 1, S. 127 u. Anm. 22 (Kassandros); V 1, S. 154f. u. Anm. 29 (Gonatas).
28. Plutarch, Demetrios 39.2.
29. Polybios 18.11.6.

3. *Das Heerwesen*

1. Vgl. Kap. I, oben.
2. Diodoros 16.3.1–2; Polyainos 4.2.10.
3. Zu Philipp II. und Alexander dem Großen sind folgende neuere Studien von grundsätzlicher Bedeutung: Berve, Alexanderreich I (eher wegen der Materialsammlung als wegen seiner zu ausgeprägten Neigung zu systematisieren); Griffith in Hammond, History II; die Diskussion von Milns in Badian (Hrsg.), Alexander le Grand 87f.
4. Diodoros 16.85.5.
5. Diodoros 17.17.3–5. Für Abweichungen und Diskussion vgl. Berve, Alexanderreich I, 177f.
6. Arrian, Anabasis 1.29.4.
7. Arrian, Anabasis 3.16.10; Diodoros 17.65.1; Curtius 5.1.40.
8. Diodoros 17.63.1.
9. Arrian, Anabasis 7.12.4.
10. Diodoros 18.16.11.
11. Diodoros 20.110.4.
12. Polybios 2.65.1–5; vgl. Plutarch, Aratos 43.
13. Livius 33.4.4–5 (Kynoskephalai); 33.14.3–4 (Korinth); 33.18.9 (Karien); 33.19.3 (Dardanoi).
14. Livius 44.42.7; 42.41.3.
15. Moretti, ISE 114 B[1] Z. 3.
16. Moretti, ISE 114 B[1] Z. 3–8 vgl. Polyainos 4.2.10, wo allerdings das Schwert fehlt und wo auch andere Bezeichnungen für die Einzelteile (bis auf Sarissa und Beinschienen *[Knemides]*) vorkommen: Liegt das an der nicht-technischen Wortwahl des Polyainos oder doch an gewissen Änderungen in der Bezeichnung, die evtl. Modifikationen der Ausrüstung in den 150 Jahren zwischen den zwei Belegen verbergen?

17. Vgl. die große Materialsammlung bei Launey, Recherches I 366f.
18. Launey, Recherches II 633f.
19. StV III 498; 501; 502. Zu kretischen Söldnern vgl. Launey, Recherches I 248f.
20. Polybios 4.53–5; 7.11.9.
21. Quellen bei Berve, Alexanderreich I, 104f. und 112f., der eine durchgehende landschaftliche Gliederung annimmt, vgl. aber Griffith bei Hammond, History II 367f., 411f., 426f., der regionale Einheiten im strengen Sinne nur für die Kavallerie annimmt.
22. Arrian, Anabasis 3.16.11.
23. Frontinus, Strategemata 4.1.6 (Philipp); Polybios 12.19.6 vgl. Arrian, Anabasis 7.23.3–4 (Alexander).
24. Arrian, Anabasis 2.10.2; 3.9.6 vgl. Milns, Historia 20, 1971, 194; Griffith bei Hammond, History II 419f.
25. Nach der Heeresordnung von Amphipolis: Moretti, ISE 114, wo weitere Literatur (mit teilweise vom oben Dargestellten abweichenden Meinungen) zu finden ist. Die *Lochoi* neuen Stils werden zwar dort nicht erwähnt, doch bei dem Brief Philipps V. an Archippos vom Jahre 181 (ISE 110) scheint der *Tetrarchos* der unmittelbare Vorgesetzte des *Lochagos* zu sein. Es handelt sich um Soldaten, die in irgendeinem ‚ersten *Lochos*' organisiert waren.
26. Griffith hat sehr verdienstvoll diese Entwicklung bei den makedonischen Truppen herausgearbeitet (bei Hammond, History II 408f., 705f.). Ganz sicher ist sie nicht, doch scheint sie die wahrscheinlichste Lösung eines äußerst schwierigen Quellenproblems zu sein, vgl. auch Milns in Badian (Hrsg.), Alexandre le Grand 137f.
27. Vgl. oben Kap. 3.
28. Insbes. Plutarch, Eumenes 16.6.; 18.2 vgl. Launey, Recherches I 297f.
29. Polybios 2.66.5; 4.67.6; Livius 44.41.2; Plutarch, Aemilius Paullus 18.8. Der bloß deskriptive Name wurde auch in anderen hellenistischen Heeren gebraucht: Polybios 5.91.7 (Megalopolis); 30.25.5 (Antiochos IV.); Plutarch, Sulla 19.4 (Pontos).
30. Moretti, ISE 114 A^2 Z. 3; ISE 110 Z. 13; Polybios 18.33.2.
31. Zur Entwicklung: Polybios 2.65.2–3 mit Walbank, Commentary I 274–5.
32. Polybios 4.87.8.
33. Kougeas, Hellenika 7, 1934, 177f.; eher zugänglich in Welles, AJA 42, 1938, 252f.
34. Arrian, Anabasis 7.23.3.
35. Für die Seleukiden vgl. Cohen, The Seleucid Colonies; für die Ptolemäer Uebel, Die Kleruchen Ägyptens.
36. Vgl. Hauben, Ancient Society 1975, 51f. (Philipp); 1976, 79f. (Alexander).
37. Diodoros 19.69.3 vgl. Hauben, Ancient Society 1978, 47f.
38. Plutarch, Demetrios 43.
39. Vgl. Buraselis, Das hellenistische Makedonien 107f.; Walbank in Adams u. Borza, Philip II. 213f.
40. Polybios 5.109.3; Livius 24.40.
41. Polybios 16.2.9.
42. Polybios 18.44.6.
43. Plutarch, Aemilius Paullus 9.3; Livius 44.28–9.

Bibliographie

In dieser Bibliographie sind Werke aufgenommen worden, die in den Anmerkungen in abgekürzter Form erwähnt wurden oder die dem Leser sonst nützlich sein könnten. Vollständigkeit ist nicht angestrebt worden.

Accame, S., La lega ateniese del sec. IV. a. C. Roma 1941.

Adams, W. L. u. E. N. Borza (Hrsg.), Philip II, Alexander the Great and the Macedonian Heritage. Washington 1982.

Albini, U., Erode Attico. Peri Politeias. Firenze 1968.

Andronikos, M., Verghina, the prehistoric necropolis and the hellenistic palace, Studies in Mediterranean Archaeology 13, 1964.

– Verghina. Athen 1984.

– Ch. Makaronas, N. Boutsopoulos, G. Bakalakis, To Anaktoro tes Verghinas. Athen 1961.

Aucello, E., La politica dei Diadochi e l'ultimatum del 314 av. Cr., RFIC 85, 1957, 382f.

Badian, E., Harpalos, JHS 81, 1961, 16f.

– Studies in Greek and Roman History. Oxford/New York 1964.

– Agis III, Hermes 95, 1967, 170f.

– Alexander the Great and the Greeks of Asia, Ancient Society and Institutions: Studies presented to Victor Ehrenberg on his 75th Birthday, 1967, 37f.

– A King's Notebooks, HSPh 72, 1968, 183f.

– (Hrsg.), Alexandre le Grand: image et réalité, Entretiens du Fondation Hardt, Bd. 22, 1976.

Baege, W., De Macedonum Sacris. Halle 1913.

Bagnall, R. S., The Administration of the Ptolemaic possessions outside Egypt. Leiden 1976.

Bayer, E., Demetrios Phalereus der Athener. Stuttgart/Berlin 1942.

Beloch, K. J., Griechische Geschichte, 4 Bde. Straßburg/Berlin/Leipzig ²1912–27.

Berve, H., Das Alexanderreich auf prosopographischer Grundlage, 2 Bde. München 1926.

Boehringer, Chr., Zur Chronologie der mittelhellenistischen Münzserien 220–160 v. Chr., Antike Münzen und geschnittene Steine, Bd. 5, 1972.

Bohec, S. le, Phthia mère de Philippe V., examen critique des sources, REG 94, 1981, 34f.

Borza, E. N., The Macedonian Royal Tombs at Vergina: some cautionary notes, Archaeological News, 10.4, 1981, 73f.

– Athenians, Macedonians, and the origins of the Macedonian Royal House, Hesperia, Suppl. 19, 1982, 7f.

Bosworth, B., Philip II. and Upper Macedonia, CQ 21, 1971, 93f.

– Errors in Arrian, CQ 26, 1976, 117f.

– A Historical Commentary on Arrian's History of Alexander I. Oxford 1980.

Bruneau, Ph., Recherches sur les cultes de Délos à l'époque hellénistique et à l'époque impériale. Paris 1970.

Buckler, J., The Theban Hegemony 371–362 BC. Cambridge, Mass. 1980.

Buraselis, K., Das hellenistische Makedonien und die Ägäis, Münchener Beiträge zur Papyrusforschung und antiken Rechtsgeschichte Bd. 73, 1982.

Cabanes, P., L'Épire de la mort de Pyrrhos à la conquête romaine, 272–167 av. J. C., Paris 1976.

– Problèmes de géographie administrative et politique dans l'Épire du IVe siècle av. J.-C., La géographie administrative et politique d'Alexandre à Mohamet (Actes du colloque de Strasbourg 14–16 Juin, 1979), Leiden o. J., 19f.

Cargill, J., The second Athenian League. Empire or free alliance? Berkeley/Los Angeles 1981.

Castritius, H., Die Okkupation Thrakiens durch die Perser und der Sturz des athenischen Tyrannen Hippias, Chiron 2, 1972, 1f.

Cawkwell, G. L., The Defence of Olynthus, CQ N. S. 12, 1962, 122f.

– Demosthenes' Policy after the Peace of Philocrates, CQ NS 13, 1963, 120f. u. 200f.

– Philip of Macedon. London/Boston 1978.

Chambers, M., The first regnal year of Antigonos Gonatas, AJPh 75, 1954, 385f.

Charneux, P., Liste argienne de théarodoques, BCH 90, 1966, 156f. u. 710f.

Cohen, G. M., The Seleucid colonies. Studies in founding, administration and organization, Historia Einzelschriften 30, 1978.

Cormack, J. M., The Gymnasiarchal law of Beroea, Archaia Makedonia II, 1977, 139f.

Crampa, J., Labraunda III,l. The Greek Inscriptions. Lund 1969.

Danov, C. M., Die Thraker auf dem Ostbalkan von der hellenistischen Zeit bis zur Gründung Konstantinopels, ANRW II, 7, 21f.

Daux, G., Delphes au IIe et au Ier siècle. Paris 1936.

Dell, H. J., The origin and nature of Illyrian piracy, Historia 16, 1967, 344f.

Dow, S. and C. F. Edson Jr., Chryseis, HSPh 28, 1937, 127f.

Durrbach, F., Choix d'inscriptions de Délos. Paris 1921–22.

Edson, C. F., The Antigonids, Heracles, and Beroea, HSPh 45, 1934, 213f.

– Perseus and Demetrius, HSPh 46, 1935, 191f.

Effenterre, H. van, La crète et le monde grec de Platon à Polybe. Paris 1948.

Ellis, J. R., Amyntas III, Illyria and Olynthos 393/2–380/79, Makedonika 9, 1969, 1f.

– The step-brothers of Philip II., Historia 22, 1973, 350f.

– Philip II and Macedonian Imperialism. London 1976.

Errington, R. M., Philip V, Aratus, and the ‚conspiracy of Apelles', Historia 16, 1967, 19f.

– Philopoemen, Oxford 1969.

– From Babylon to Triparadeisos: 323–320 B. C., JHS 90, 1970, 49f.

– The alleged Syro-Macedonian Pact and the Origins of the Second Macedonian War, Athenaeum 49, 1971, 336f.

– Macedonian „Royal Style" and its historical significance, JHS 94, 1974, 20f.

– Samos and the Lamian War, Chiron 5, 1975, 51f.

– Arybbas the Molossian, GRBS 16, 1975, 41f.

– An inscription from Beroea and the alleged co-rule of Demetrius II., Archaia Makedonia II, 1977, 115f.
– Diodorus Siculus and the Chronology of the Early Diadochoi, 320–311 B. C., Hermes 105, 1977, 478f.
– The nature of the Macedonian State under the Monarchy, Chiron 8, 1978, 77f.
– Alexander in the Hellenistic World, in: Badian (Hrsg.), Alexandre le Grand, 137f.
– Alexander the Philhellene and Persia. Ancient Macedonian Studies in Honor of Charles F. Edson. Thessaloniki 1981, 139f.
– Review-Discussion: Four Interpretations of Philipp II, American Journal of Ancient History 6, 1981, 69f.
Fears, J. R., Pausanias, the assassin of Philip, Athenaeum 53, 1975, 111f.
Fine, J. V. A., The problem of Macedonian holdings in Epirus and Thessaly in 221, TAPhA 58, 1932, 126f.
– The background of the Social War of 220–17 B. C., AJPh 61, 1940, 129f.
Flacelière, R., Les Aitoliens à Delphes. Paris 1937.
Franke, P. R., Alt-Epirus und das Königtum der Molosser. Kallmünz-Oberpfalz. 1955.
Fredericksmeyer, E. A., On the final aims of Philip II, in: Adams und Borza, Macedonian Heritage, 85f.
Gaebler, H., Die antiken Münzen Nord-Griechenlands, Bd. III, 1–2. Berlin 1907 und 1935.
Gallis, K., Epigrafai ek Larises (Ἐπιγράφαι ἐκ Λαρίσης) AAA 5, 1972, 275f.
Gehrke, H.-J., Das Verhältnis von Politik und Philosophie im Wirken des Demetrios von Phaleron, Chiron 8, 1978, 149f.
Geyer, F., Makedonien bis zur Thronbesteigung Philipps II., Historische Zeitschrift, Beiheft 19, 1930.
Giovannini, A., Philipp V., Perseus und die delphische Amphiktyonie, Archaia Makedonia I, 1970, 147f.
– Le statut des cités de Macédoine sous les Antigonides, Archaia Makedonia II, 1977, 40f.
Gomme, A. W., A. Andrewes, K. J. Dover, A Historical Commentary on Thucydides. Oxford 1945–70.
Goukowski, P., Essai sur les origines du mythe d'Alexandre. 2 Bde. Nancy 1978, 1981.
Granier, F., Die makedonische Heeresversammlung. München 1931.
Green, P., The royal tombs at Vergina: A Historical analysis, in: Adams und Borza, Macedonian Heritage, 129f.
Gruen, E. S., The Supposed Alliance between Rome and Philip V of Macedon, CSCA 6, 1973, 123f.
– The last years of Philip V, GRBS 16, 1974, 221f.
– The Hellenistic World and the Coming of Rome. Berkeley/Los Angeles 1984.
Gullath, B., Untersuchungen zur Geschichte Boiotiens in der Zeit Alexanders und der Diadochen, Europäische Hochschulschriften 3, Bd. 169. Frankfurt/Bern 1982.
Habicht, Ch., Samische Volksbeschlüsse der hellenistischen Zeit, AM 72, 1957, 152f.

– Epigraphische Zeugnisse zur Geschichte Thessaliens unter der makedonischen Herrschaft, Archaia Makedonia I, 1970, 265f.
– Literarische und epigraphische Überlieferung zur Geschichte Alexanders und seiner ersten Nachfolger, in: Akten des VI. int. Kongr. für griech. und lat. Epigraphik. Vestigia Bd. 17. München 1973, 367f.
– Der Beitrag Spartas zur Restitution von Samos während des Lamischen Krieges (Ps. Aristoteles Ökonomik II. 2,9) Chiron 5, 1975, 45f.
– Untersuchungen zur politischen Geschichte Athens im 3. Jahrhundert v. Chr. Vestigia 30. München 1979.
– Studien zur Geschichte Athens in hellenistischer Zeit. Hypomnemata 73, Göttingen 1982.
Hamilton, J. R., Alexander the Great. London 1973.
Hammond, N. G. L., Diodorus' narrative of the Sacred War, JHS 57, 1937, 44f. (= Studies in Greek History, 1973, 486f.).
– The kingdoms in Illyria *circa* 400–167 B. C., BSA 61, 1966, 239f.
– N. G. L., Epirus. Oxford 1967.
– A History of Macedonia. Bd. 1. Oxford 1972; Bd. 2 (mit G. T. Griffith). Oxford 1979.
– Alexander the Great. London 1982.
Hampl, F., Der König der Makedonen. Diss. Leipzig 1934.
Harris, W. V., War and Imperialism in republican Rome 327–70 B. C. Oxford 1979.
Hatzopoulos, M. B., The Oliveni inscription and the dates of Philip II's reign, in: Adams und Borza (Hrsg.), Macedonian Heritage, 21f.
Hatzopoulos M. B. und L. M. Loukopoulos (Hrsg.), Philip of Macedon. Athen 1980.
Hauben, H., Philippe II, fondateur de la marine macédonienne, Ancient Society 6, 1975, 51f.
– The expansion of macedonian sea-power under Alexander the Great, Ancient Society 7, 1976, 79f.
– The ships of the Pydnaeans: remarks on Kassandros' naval situation in 314/313 B. C., Ancient Society 9, 1978, 47f.
Heinen, H., Untersuchungen zur hellenistischen Geschichte des 3. Jahrhunderts v. Chr. Zur Geschichte der Zeit des Ptolemaios Keraunos und zum Chremonideischen Krieg, Historia, Einzelschriften 20. Wiesbaden 1972.
Heisserer, A. J., Alexander the Great and the Greeks. Norman, Oklahoma 1980.
Herzog, R. und G. Klaffenbach, Asylieurkunden aus Kos, Abhandlungen der Deutschen Akademie der Wissenschaften zu Berlin. Klasse für Sprachen, Literatur und Kunst 1952, Nr. 1. Berlin 1952.
Holleaux, M., Études d'épigraphie et d'histoire grecques. 6 Bde. Paris 1938–1968.
Hornblower, J., Hieronymus of Cardia. Oxford 1981.
Jaschinski, S., Alexander und Griechenland unter dem Eindruck der Flucht des Harpalos. Bonn 1981.
Kagan, D., The Outbreak of the Peloponnesian War. Ithaca 1969.
– The Archidamian War. Ithaca 1974.
Kalleris, J. N., Les anciens Macédoniens. I. Athen 1954.

Kienast, D., Philipp II. von Makedonien und das Reich der Achaimeniden. München 1973 (= Abh. d. Marburger Gelehrtengesellschaft 1971 Nr. 6).
Kindstrand, J. F., Bion of Borysthenes. Uppsala 1976.
Kougeas, S., Diagramma stratiotikes oikonomias ton makedonikon chronon ek Chalkidos (Διάγραμμα Στρατιωτικῆς Οἰκονομίας τῶν Μακεδονικῶν χρόνων ἐκ Χαλκίδος), Hellenika 7, 1934, 177f.
Koukouli-Chrysanthaki, Ch., Politarchs in a new inscription from Amphipolis, in: Ancient Macedonian Studies in Honor of Charles Edson. Thessaloniki 1981, 229f.
Lane-Fox, R., Alexander der Große. Düsseldorf 1974.
Lauffer, S., Alexander der Große. München 1978.
Launey, M., Recherches sur les armées hellenistiques. 2 Bde. Paris 1950.
Lazarides, D., Epigrafe ex Amphipoleos (Ἐπιγραφὴ ἐξ Ἀμφιπολέως) in Geras Antoniou Keramopoullou. Athen 1953, 159f.
– Trois nouveaux contrats de vente à Amphipolis, BCH 85, 1961, 426f.
Lévêque, P., Pyrrhos. Paris 1957.
Longega, G., Arsinoe II. Roma 1968.
Maier, F. G., Griechische Mauerbauinschriften. Heidelberg 1959 (= Vestigia 1).
Marek, Ch., Die Proxenie. Frankfurt/Bern 1984.
Martin, T. R., Sovereignty and Coinage in Classical Greece. Princeton, 1985.
Meiggs, R., The Athenian Empire. Oxford 1972.
– Trees and Timber in the ancient mediterranean World. Oxford 1982.
Meloni, P., Perseo e la fine della monarchia macedonica. Rom 1953.
Merkelbach, R., Ein Zeugnis aus Tralles über Pleistarchos, ZPE 16, 1975, 163f.
Merker, I., The Ancient Kingdom of Paionia, Balkan Studies 6, 1965, 35f.
Meyer, Ed., Theopomps Hellenika. Halle 1909.
Milns, R. D., The Hypaspists of Alexander III: some Problems, Historia 20, 1971, 194f.
– The Army of Alexander the Great, in: Badian (Hrsg.), Alexandre le Grand, 87f.
Mooren, L., The nature of the Hellenistic Monarchy, in Egypt and the Hellenistic World. Louvain 1983, 205f. (= Studia Hellenistica, 27).
Nachtergael, G., Les Galates en Grèce et les Sôteria de Delphes. Brüssel 1977 (= Acad. royale de Belgique. Mémoires de la classe des Lettres. Coll. in 8°, 2e sér. Bd. 63, fasc. 1).
Oliva, P., Sparta and her social Problems. Prag/Amsterdam 1971.
Pandermalis, D., Dion. Society for Macedonian Studies Abroad. o. J.
Papazoglu, F., The Central Balkan Tribes in pre-Roman Times. Amsterdam 1978.
– Quelques aspects de l'histoire de la province de Macédoine, ANRW II. 7, 1, 302f.
Petsas, P. M., Ho Taphos ton Levkadion. Athen 1966.
– Pella. Thessalonike 1978.
Piraino, M. T.,Antigono Dosone re di Macedonia, Atti dell'Accad. Palermo 13, 1952/3, 301f.
Pohlenz, M., Philipps Schreiben an Athen, Hermes 64, 1929, 41f.
Pouilloux, J., Recherches sur l'histoire et les cultes de Thasos. Bd. I. Paris 1954.
Prag, A. J. N. W., J. A. Musgrave, R. A. H. Neave, The Skull from Tomb II at Verghina. King Philip II of Macedon, JHS 104, 1984, 60f.

Raymond, D., Macedonian Royal Coinage to 413 B. C., New York 1953 (= Numismatic Notes and Monographs Nr. 126).
Le Rider, G., Le monnayage d'argent et d'or de Philippe II frappé en Macédoine de 359 à 294. Paris 1977.
Ritter, H. W., Diadem und Königsherrschaft. München 1967 (= Vestigia 7).
– Zum sogenannten Diadem des Philippsgrabes, AA 1984, 105f.
Robert, L., Le sanctuaire de Sinuri près de Mylasa. Paris 1945.
Robert, J. u. L., Fouilles de Amyzon en Carie. I. Paris 1983.
Robinson, D. M., Inscriptions from Macedonia, TAPhA 69, 1938, 43f.
Roebuck, C., The Settlements of Philip II. with the Greek States in 338 B. C., Classical Philology 43, 1948, 73f.
Roesch, P., Études Béotiennes. Paris 1982.
Rosen, K., Die Gründung der makedonischen Herrschaft, Chiron 8, 1978, 1f.
– Der „göttliche" Alexander, Athen und Samos, Historia 27, 1978, 20f.
Rosenberg, A., Amyntas, der Vater Philipps II., Hermes 51, 1916, 499f.
Rotroff, S. I., Spool Saltcellars in the Athenian Agora, Hesperia 53, 1984, 343f.
Roux, G., L'Amphictionie, Delphes et le temple d'Apollon au IVe siècle. Lyon/Paris 1979.
Ryder, T. T. G., Koine Eirene. Oxford 1965.
Schachermeyr, F., Alexander der Große. Wien 1973.
Schmid, W., O. Stählin, Griechische Literaturgeschichte. München 1921f.
Schmitt, H. H., Untersuchungen zur Geschichte Antiochos' des Großen und seiner Zeit, Historia, Einzelschriften 6. Wiesbaden 1964.
Schuler, C., The Macedonian Politarchs, CPh 55, 1960, 90f.
Schuller, W., Die Herrschaft der Athener im ersten attischen Seebund. Berlin 1974.
Seibert, J., Historische Beiträge zu den dynastischen Verbindungen in hellenistischer Zeit. Wiesbaden 1967 (= Historia, Einzelschriften 10).
– Untersuchungen zur Geschichte Ptolemaios' I. München 1969 (= Münchner Beiträge zur Papyrusforschung und antiken Rechtsgeschichte, 56).
– Alexander der Große. Darmstadt 1972.
– Die politischen Flüchtlinge und Verbannten in der griechischen Geschichte. Darmstadt 1979.
– Das Zeitalter der Diadochen. Darmstadt 1983.
Shear, L. Jr., Kallias of Sphettos and the Revolt of Athens in 286 B. C. Princeton 1978 (= Hesperia, Supplement 17).
Sordi, M., La lega tessala fino ad Alessandro magno. Roma 1958.
Tarn, W. W., Antigonos Gonatas. Oxford 1913.
– Philip V and Phthia, CQ 18, 1924, 17f.
Tronson, A., Satyrus and Philip II, JHS 104, 1984, 116f.
Tscherikower, A., Die hellenistischen Städtegründungen von Alexander dem Großen bis auf die Römerzeit. Leipzig 1927 (= Philologus, Suppl. 19).
Uebel, F., Die Kleruchen Ägyptens unter den ersten sechs Ptolemäern. Berlin 1968 (= Abh. Akad. Berlin 3).
Urban, R., Wachstum und Krise des Achäischen Bundes. Wiesbaden 1979 (= Historia, Einzelschriften, 35).

Veligiani, Ch., Ein hellenistisches Ehrendekret aus Gazoros (Ostmakedonien), ZPE 51, 1983, 105f.
Wace, A. J. B., M. S. Thompson, A Latin Inscription from Perrhaebia, BSA 17, 1910/11, 193f.
Walbank, F. W., Philip V of Macedon. Cambridge 1940.
– A Historical Commentary on Polybius. 3 Bde. 1957–1979.
– Sea-Power and the Antigonids, in: Adams u. Borza, Macedonian Heritage 213f.
Wallace, M. B., Early Greek Proxenoi, Phoenix 24, 1970, 199f.
Welles, C. B., New Texts from the chancery of Philip V of Macedon and the Problem of the „Diagramma", AJA 42, 1938, 252f.
Welwei, K.-W., Das makedonische Herrschaftssystem in Griechenland und die Politik des Antigonos Doson, RhM 110, 1967, 306f.
Westlake, H. D., Thessaly in the fourth century B. C. London 1935.
Wiesner, J., Die Thraker. Stuttgart 1963.
Will, E., Histoire politique du monde hellénistique. 2 Bde. Nancy [2]1979, 1982 (= Annales de l'est, Mémoire 30 u. 32).
Wirth, G., Philipp II. Geschichte Makedoniens Bd. I. Stuttgart 1985.
Wormell, Y., The literary evidence on Hermeias of Atarneus, Yale Classical Studies 5, 1935, 57f.
Xirotiris N. F., F. Langenscheidt, The Cremations from the Royal Macedonian Tombs of Verghina, Archaiologike Ephemeris 1981, 142f.
Zahrnt, M., Olynth und die Chalkidier. München 1971 (= Vestigia 14).
– Rezension von Hammond und Griffith, A History of Macedonia, Gnomon 55, 1983, 36f.
– Die Entwicklung des makedonischen Reiches bis zu den Perserkriegen, Chiron 14, 1984, 325f.

Herrscherliste

Diese Liste dient nur der allgemeinen chronologischen Orientierung, berücksichtigt nicht alle Unsicherheiten, die auf die Schwächen der Überlieferung zurückgehen. Die ersten drei Argeadenkönige dürften mythische Gestalten sein, außerdem sind für Könige vor Amyntas I. auch nicht annähernd Jahresangaben möglich. Aufgenommen werden nur diejenigen Personen, die in Makedonien selbst herrschten. Bei den Vätern sind diejenigen, die in Makedonien *nicht* selbst herrschten, kursiv gedruckt.

Argeadai		Vater
Karanos		
Koinos		
Tyrimmas		
Perdikkas I.		
Argaios		Perdikkas I.
Philippos I.		Argaios
Aeropos I.		Philippos I.
Alketas		Aeropos I.
Amyntas I.	bis ca. 497	Alketas
Alexander I. (‚Der Philhellene')	ca. 497 – ca. 454	Amyntas I.
Perdikkas II.	ca. 454 – 413	Alexander I.
Archelaos	413 – 399	Perdikkas II.
Orestes	399 – 396	Archelaos
Aeropos II.	396 – ca. 393	
Pausanias	ca. 393	Aeropos II.
Amyntas II. (‚Der Kleine')	ca. 393	Archelaos
Amyntas III.	ca. 392 – 370	*Arrhidaios* (S. des Alexander I.)
Argaios	ca. 390	
Alexander II.	370 – 368	Amyntas III.
Ptolemaios Olorites	ca. 368 – ca. 365	*?Amyntas*
Perdikkas III.	ca. 365 – 359	Amyntas III.
Philipp II.	359 – 336	Amyntas III.
Alexander III. (‚Der Große')	336 – 323	Philipp II.
Philipp III. Arrhidaios	323 – 317	Philipp II.
Alexander IV.	323 – 310	Alexander III.

Antipatriden		Vater
Kassandros	315 – 297	*Antipatros*
(mit Königstitel	ca. 305 – 297)	
Philipp IV.	297	Kassandros
Antipatros	297 – 294	Kassandros
Alexander V.	297 – 294	Kassandros

Antigoniden und andere		
Demetrios I. (‚Der Belagerer')	294 – 288	*Antigonos* (Monophthalmos)
Pyrrhos	288/7	*Aiakidas* (von Epeiros)
Lysimachos	287 – 281	*Agathokles*
Ptolemaios (‚Keraunos')	281 – 279	*Ptolemaios* (‚Soter' von Ägypten)
Anarchie		
Meleagros		*Ptolemaios* (‚Soter')
Antipatros (‚Etesias')		*Philippos* (Sohn des Antipatros)
Sosthenes		
Ptolemaios		Lysimachos
Arrhidaios		
Antigonos I. (‚Gonatas')	ca. 277 – 239	Demetrios I.
Demetrios II.	239 – 229	Antigonos I.
Antigonos II. (‚Doson')	ca. 229 – 222	*Demetrios*
Philipp V.	222 – 179	Demetrios II.
Perseus	179 – 168	Philipp V.

Stammtafeln

Diese Stammtafeln dienen nur der allgemeinen Orientierung über die Familienzugehörigkeit der makedonischen Herrscher (die in großen Buchstaben angeführt werden). Um unnötige graphische Komplexität zu vermeiden, wurden nur diejenigen Familienmitglieder aufgenommen, die von diesem Gesichtspunkt aus relevant sind oder sonst im Text erwähnt werden. Jahresangaben sind Herrscherjahre in Makedonien (Tafeln I., II., IV.) oder auch Epeiros (Tafel III.), unabhängig davon, ob ein Königstitel dort oder auch sonst geführt wurde. Vollständige Quellenangaben und Diskussion sind etwa bei Beloch, Griechische Geschichte[2], Bde. III, 2 und IV, 2 zu finden.

Stammtafel I
Die Argeadai bis Philipp II.

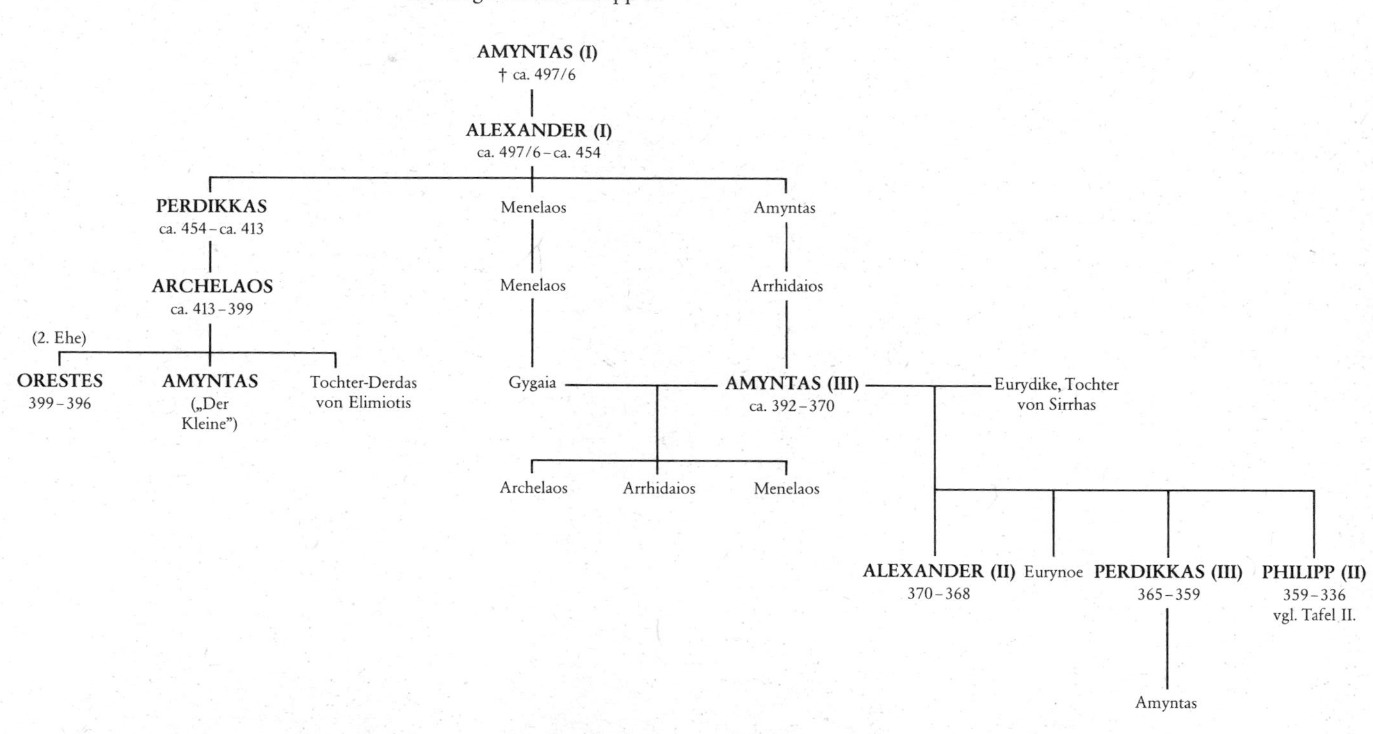

Stammtafel II
Die Verzahnung der makedonischen Dynastien

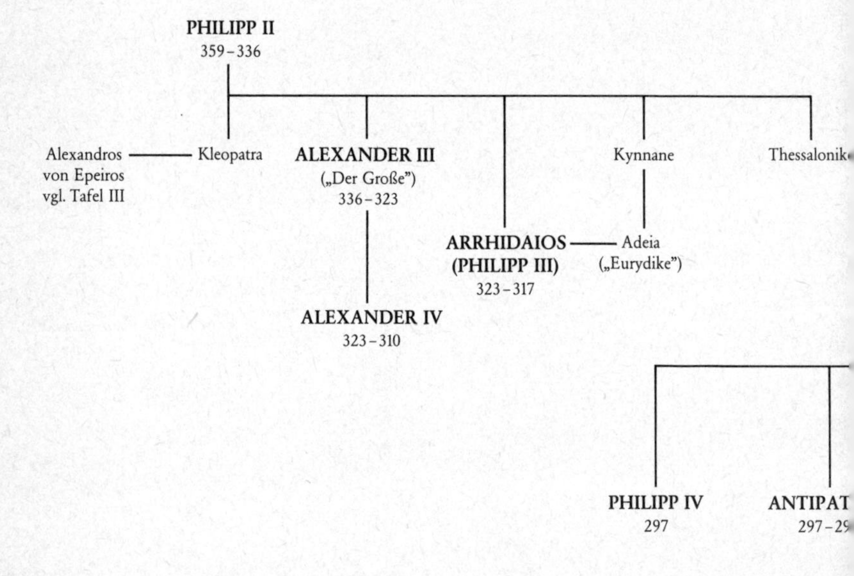

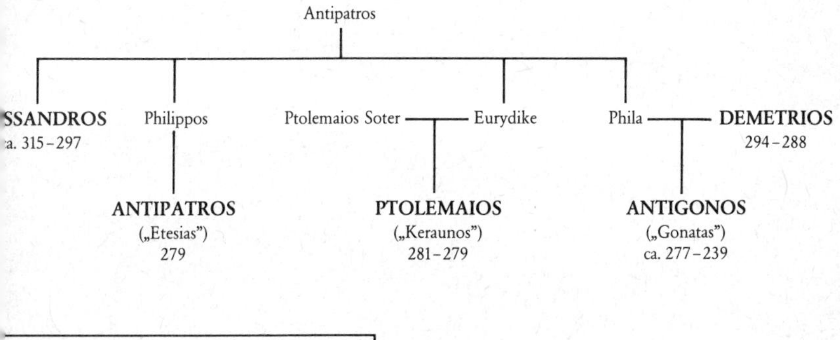
Antipatros
SSANDROS
a. 315–297
Philippos
Ptolemaios Soter
Eurydike
Phila
DEMETRIOS
294–288
ANTIPATROS
(„Etesias")
279
PTOLEMAIOS
(„Keraunos")
281–279
ANTIGONOS
(„Gonatas")
ca. 277–239

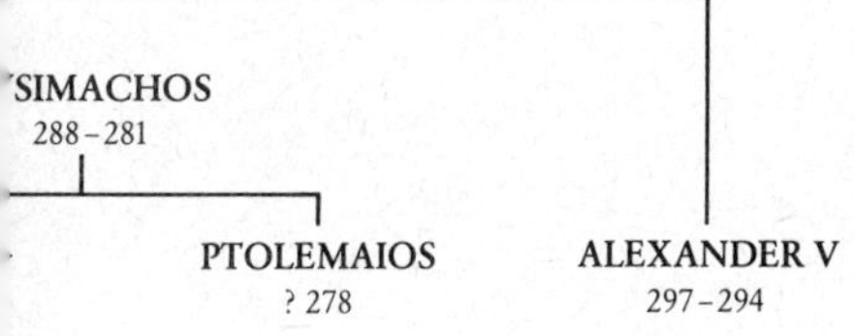
SIMACHOS
288–281
PTOLEMAIOS
? 278
ALEXANDER V
297–294

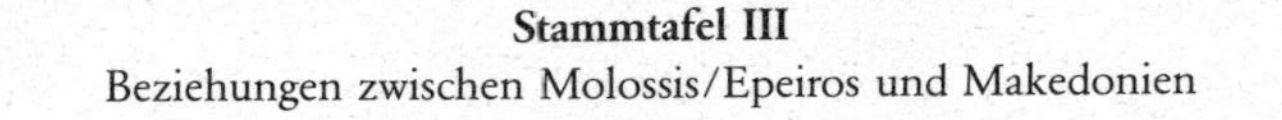

Stammtafel III
Beziehungen zwischen Molossis/Epeiros und Makedonien

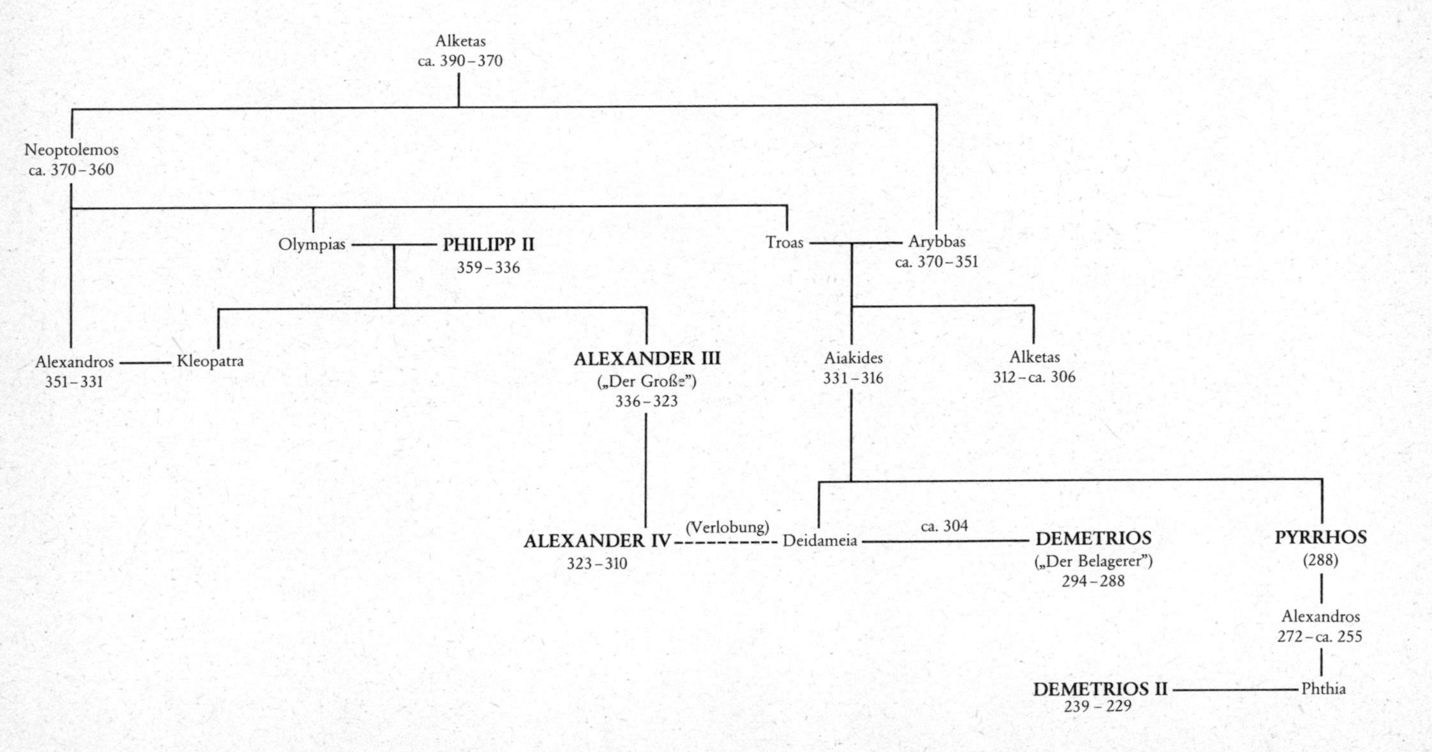

Stammtafel IV
Die Antigoniden

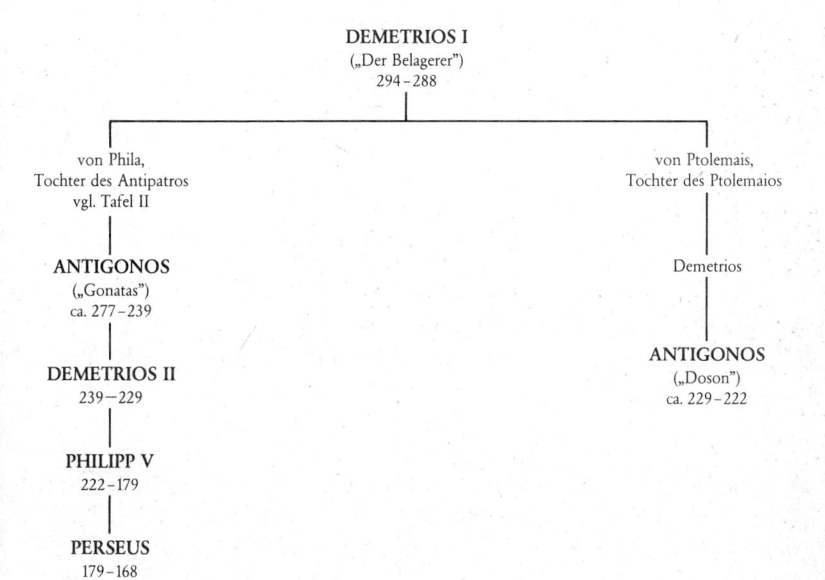

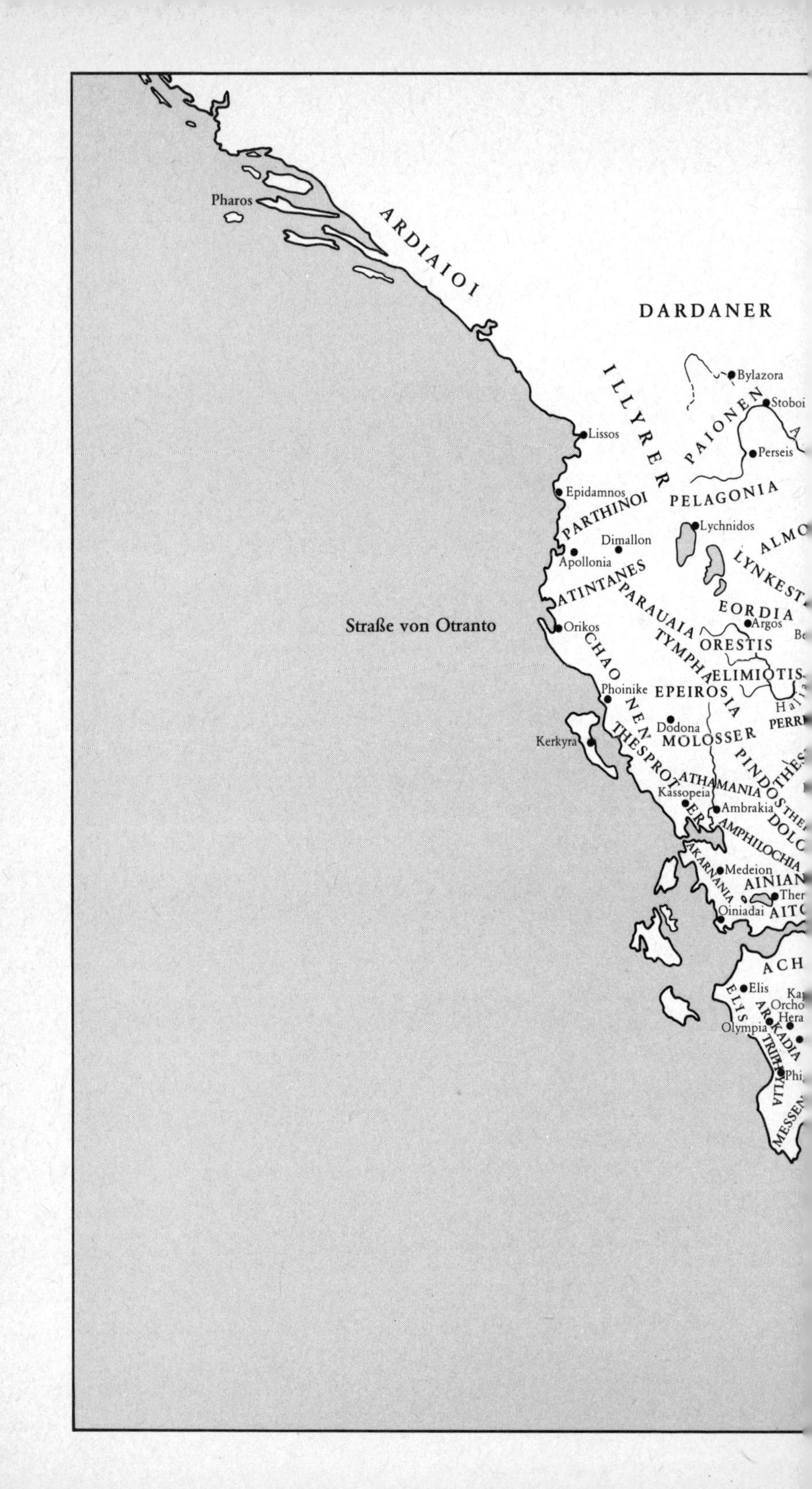
Pharos
ARDIAIOI
DARDANER
ILLYRER
Bylazora
Stoboi
PAIONEN
Lissos
Perseis
Epidamnos
PELAGONIA
PARTHINOI
Lychnidos
Dimallon
Apollonia
ATINTANES
PARAUAIA
EORDIA
Argos
Straße von Otranto
Orikos
CHAONEN
TYMPHAIA
ORESTIS
ELIMIOTIS
Phoinike
EPEIROS
Dodona
MOLOSSER
Kerkyra
THESPROTER
ATHAMANIA
Kassopeia
Ambrakia
AMPHILOCHIA
AKARNANIA
Medeion
Oiniadai
Elis
ELIS
Olympia
ARKADIA
TRIPHYLIA

BASTARNAI
Donau
Haimos Gebirge
Apollonia
Hebros
Philippopolis
Kabyle
Nestos
THRAKER
Bosporos
Amphipolis
Drabeskos
Philippoi
Neapolis
Myrkinos
Oisyme
BISALTIA
Eion
Galepsos
Apollonia
Stratonikeia
Akanthos
Olynthos
Torone
Athos
Thasos
Abdera
Maroneia
Doriskos
Ainos
Kypsela
Samothrake
Heraion Teichos
Selymbria
Byzantion
Hieron
Chalkedon
BITHYNIA
Perinthos
Ganos
Hieron Oros
Lysimacheia
Kardia
Kallipolis
Marmara-Meer
Kios
Myrleia
Alopekonnesos
Sestos
Abydos
Madytos
Aigospotamoi
Imbros
CHERSONNESOS
Hellespont
Lemnos
Granikos
HELLESPONTISCHE PHRYGIA
AEOLIS
Atarneus
Pergamon
Kaikos
Eresos
Lesbos
Mytilene
Pitane
Gryneion
Skyros
LYDIA
Sardes
Euboia
Chalkis
Eretria
Theben
Oropos
Eleusis
Marathon
Athen
Piräus
Salamis
Aigina
Sunion
Troizen
Hermione
Chios
IONIA
Teos
Ephesos
Andros
Samos
Alabanda
Alinda
KARIA
Herakleia
Labraunda
Euromos
Mylasa
Lade
Milet
Iasos
Bargylia
Pedasa
Stratonikeia
Delos
Kos
Nisyros
Knidos
Rhodos
KRETA

Register